让 我 们 一 起 追 寻

幽的坎
灵 尼

The Ghosts of Cannae

Hannibal and the Darkest Hour of
the Roman Republic

〔美〕罗伯特·L. 欧康奈尔 ／著
Robert L. O'Connell

葛晓虎 ／译

社会科学文献出版社
SOCIAL SCIENCES ACADEMIC PRESS (CHINA)

目 录

地图列表

登场人物

叙拉古（Syracuse，又译作锡拉库萨）的阿加托克利斯（Agathocles）：于公元前 310 年入侵北非，随后在战场上获得胜利。在他被迫从迦太基撤出时，其所获之胜利激起并鼓舞了利比亚原住民奋起反抗。这次入侵昭示着迦太基国内的羸弱不堪。

安条克三世（Antiochus Ⅲ）：塞琉古帝国（Selecucid Empire）的国王（Basileus），在第二次布匿战争结束之后不明智地聘用汉尼拔作为军事顾问。此后又让自己卷入同罗马的灾难性战争之中，并最终在公元前 189 年的马格内西亚战役中遭遇惨败。

阿庇乌斯·克劳狄乌斯（Appius Claudius）：坎尼战役幸存下来的罗马将领。他帮助西庇阿·阿非利加努斯平定了卡流苏门（Canusium）的叛乱，之后还参与了马塞卢斯（Marcellus，又译作马尔凯鲁斯）指挥的叙拉古围城战。

阿基米德（Archimedes）：古希腊伟大的数学家，曾组织领导了叙拉古的防务以抵御罗马。

哈米尔卡·巴卡（Hamilcar Barca）：汉尼拔的父亲，第一次布匿战争期间的迦太基将领。战后，他在西班牙建立了自己的家族势力，并且被认为是其子憎恶罗马的源头。

汉尼拔·巴卡（Hannibal Barca）：汉尼拔挑起了第二次布匿战争，入侵意大利，跻身史上最有才干的将领之列。

哈斯德鲁巴·巴卡（Hasdrubal Barca）：汉尼拔的弟弟。在第二次布匿战争期间，他留守西班牙以守卫其家族基业。之后，他翻越阿尔卑斯山入侵意大利，但在公元前207年的梅陶罗（Metaurus，又译作梅陶鲁斯）战役中阵亡。

马戈·巴卡（Mago Barca，又译作马可尼·巴卡）：汉尼拔幼弟。他在坎尼战役中起到了关键的作用，并在之后返回西班牙，在那里同罗马军队作战。他于公元前206年入侵意大利，并在到达之后受伤并死亡。

马尔库斯·波尔基乌斯·加图（Cato, M. Porcius，即老加图）：罗马政治家和军人。他是典型的保守派，是西庇阿·阿非利加努斯的终身劲敌，也是迦太基的死敌。

昆图斯·费边·马克西穆斯（Q. Fabius Maximus）：罗马执政官与独裁官。他制定了一项并不受欢迎的战略，旨在避免与汉尼拔正面交战而通过消耗来达到目的。

格涅乌斯·福尔维乌斯·弗拉库斯（Gn. Fulvius Flaccus）：

执政官昆图斯·福尔维乌斯·弗拉库斯的弟弟。他在第一次赫多尼亚战役中战败。他以叛国罪受审，其残部被迫背井离乡加入"坎尼军团"。

昆图斯·福尔维乌斯·弗拉库斯（Q. Fulvius Flaccus）：罗马执政官，同时也是第二次布匿战争中的重要将领。他是加普亚（Capua）围城战的重要参与者之一。

盖乌斯·弗拉米尼乌斯（Flaminius, Gaius）：罗马执政官。他参与了攻击高卢人的军事行动，并将征服的土地划给了罗马殖民者。他在特拉西梅诺湖遭到汉尼拔的伏击，与其军队的大部分一起被歼。

提图斯·奎克提乌斯·弗拉米尼乌斯（Flaminius, T. Quinctius）：罗马将军以及西诺赛法拉（Cynoscephalae，又译作狗头山）战役的胜利者。这场战役的胜利实际终结了腓力五世的统治。之后，弗拉米尼乌斯被派至比提尼亚（Bithynia）追杀汉尼拔。

"伟大的"汉诺（Hanno "the Great"）：迦太基内部反对巴卡家族的人的领袖。在第二次布匿战争中，他是巴卡家族的反对者，同时似乎也是商业性农业生产事业利益的代言人。

哈斯德鲁巴（骑兵统帅）[Hasdrubal（cavalry commander）]：在坎尼战役中出色地指挥了凯尔特（Celtic）和西班牙的骑兵。

哈斯德鲁巴·吉斯戈（Hasdrubal Gisgo）：长期在任的迦太基统帅，在第二次布匿战争期间先后在西班牙和北非参与战斗。虽然不是一位杰出的军人，但他百折不挠。此外，他还是索芙妮斯芭（Sophonisba）的父亲。

"英俊者"哈斯德鲁巴（Hasdrubal the Handsome）：迦太基政治家哈米尔卡·巴卡的女婿。他在哈米尔卡逝世后接管了巴卡家族的产业。他在公元前 221 年遇刺身亡，由汉尼拔接替其位。

希波克拉底与埃披库代斯（Hippocrates and Epicydes）：有叙拉古血统的迦太基兄弟。他们的策略极大地推动了叙拉古对罗马的反叛。

因迪毕里斯（Indibilis）：一位强大的西班牙本地部族首领。其摇摆不定的忠诚反映了第二次布匿战争期间伊比利亚半岛变幻莫测的政治环境。

盖乌斯·拉埃柳斯（Laelius, Gaius）：长期担任西庇阿·阿非利加努斯的部下。他是一位当之无愧的卓越将领。在罗马入侵迦太基并迫使后者投降期间，他在确保对北非乡村地区的控制方面起到了重要的作用。

马尔库斯·瓦列里乌斯·利维努斯（Laevinus, M. Valerius）：在罗马对阵腓力五世的第一次战争中，在希腊担任罗马军队的指挥。

之后，他在西西里服役。

提比略·森普罗尼乌斯·隆古斯（Sempronius Longus, T.）：在公元前218年特雷比亚河（River Trebia）战役中惨遭败绩的罗马执政官。

马哈巴尔（Maharbal）：奉行机会主义的迦太基骑兵将领。在坎尼会战之后，他与汉尼拔针锋相对，认为应当进军罗马。

马尔库斯·克劳狄乌斯·马塞卢斯（Marcellus, M. Claudius, 又译作马尔库斯·克劳狄乌斯·马尔凯努斯）：在第二次布匿战争中起到关键作用的罗马将领，他同时也是叙拉古的征服者。他是一名好战的统帅，在公元前208年死于汉尼拔的一次伏击。

卢修斯·马尔西乌斯·塞普蒂默斯（L. Marcius, Septimus）：罗马驻西班牙军队的将领。在老西庇阿兄弟战败之后，他重组了部队。

马西尼萨（Masinissa）：努米底亚（Numidia）君主，之后成为北非马西利亚（Massylia）的国王。他是一名出色的骑兵将领。一开始他在西班牙为迦太基而战，旋而转投罗马。他为战胜迦太基及迦太基最终的毁灭出力良多。

慕提尼斯（Muttines）：出色的努米底亚骑兵将领。他在叙拉古投靠了罗马，之后成了罗马公民。

盖乌斯·克劳狄乌斯·尼禄（Nero, G. Claudius）：在第二次布匿战争期间担任了西班牙和意大利战区的指挥官。其对梅陶罗河出其不意的进军，决定了哈斯德鲁巴军队覆灭的命运。

卢修斯·埃米利乌斯·保卢斯（Paullus, L. Aemilius）：在坎尼战役中被击败的两位罗马执政官之一。他在这场战役中战死。

腓力五世（Philip V）：马其顿国王，在坎尼战役后，他同汉尼拔缔结盟约，之后同罗马两度交锋。

昆图斯·普莱米尼乌斯（Pleminius, Quintus）：罗马军团将领，西庇阿的副手（legate）。他在洛克里（Locri）对该城居民和其罗马将领同僚的野蛮行径，几乎令西庇阿·阿非利加努斯声名狼藉。

普鲁西阿斯二世（Prusias Ⅱ）：比提尼亚（Bithynia）国王。他在公元前180年前后聘用汉尼拔为市政规划者以及海军指挥官。不过最终他还是选择了背叛汉尼拔。

皮洛士（Pyrrhus）：伊庇鲁斯（Epirote）国王。曾于公元前280年至公元前275年侵入意大利，并且与罗马进行了三场消耗巨大的战役。

马尔库斯·阿提利乌斯·雷古鲁斯（Regulus, M. Atilius）：

第一次布匿战争期间入侵北非的罗马执政官，但随后惨遭失败并被擒获。其事例在第二次布匿战争期间，被警惕此类入侵的罗马人反复征引。

马尔库斯·李维·萨利纳托尔（Salinator, M. Livius）： 罗马执政官。自隐退与失宠中复出，和尼禄一同领导了梅陶罗战役中的罗马军队。此役终结了哈斯德鲁巴·巴卡的入侵。

格涅乌斯·科尔内利乌斯·西庇阿（Scipio, Gn. Cornelius）： 普布利乌斯·科尔内利乌斯·西庇阿的兄长，也被人称作老西庇阿。和他弟弟一样，格涅乌斯也在西班牙阵亡。

普布利乌斯·科尔内利乌斯·西庇阿（Scipio, P. Cornelius）： 西庇阿·阿非利加努斯之父。他与其兄长率领罗马士兵在西班牙奋战，直至他们兵败身死。

普布利乌斯·科尔内利乌斯·西庇阿·"阿非利加努斯"（Scipio Africanus, P. Cornelius，即"非洲征服者"西庇阿）： 他在西班牙领导罗马军队获得胜利，并在北非的扎马战胜了汉尼拔。

索芙妮斯芭（Sophonisba）： 哈斯德鲁巴·吉斯戈的女儿，她行事英勇果断。她也是西法克斯的妻子，对其夫影响颇深，一直维持着其夫对迦太基的忠诚直至他战败被擒。

西法克斯（Syphax）：马塞西利（Massaesyli）国王。西庇阿·阿非利加努斯入侵北非之时，他对罗马军队进行了殊死抵抗。

提图斯·曼利厄斯·托夸图斯（Torquatus，T. Manlius）：罗马强硬派，他谴责了在坎尼被汉尼拔俘虏的罗马人。随后他巩固了罗马对撒丁岛（Sardinia）的控制。

盖乌斯·特伦提乌斯·瓦罗（Varro，G. Terentius）：在坎尼被击败的罗马执政官。他幸存之后令人费解地获得了指挥其他部队的机会。

赞提帕斯（Xanthippus）：希腊佣兵。在公元前255年，面对雷古卢斯领导的罗马人的入侵，他组织了迦太基一方的防御。

第一章　战火踪迹

一

生于麦加洛波利斯的波利比乌斯，自意大利一侧的阿尔卑斯山垭口俯视，目所能及处，翠绿的伦巴第平原上沃野千里。此般诱人美景，正是 70 年前汉尼拔展示给他那饥寒交迫、士气大挫的袍泽们的景致，激励他们沿着这条最终成为举世惊叹的征服之途迈步前行。波利比乌斯或许更能直观地目睹这些精疲力竭者的蛛丝马迹，他确信自己身处正确的地点。然而后世的编年史家否认了波利比乌斯的论断，他们掀起了古代史中最为持久且无益的争论之一：汉尼拔究竟从哪里翻越了阿尔卑斯山？[1] 但对于波利比乌斯来说，他可以不必拘泥于此，从而将关注点放在他认为更重要的问题上去。

他的目的是——努力用四十卷著述的篇幅——向他的希腊同胞们解释，一个迄今为止默默无闻的意大利半岛城邦，是怎样主宰了整个地中海世界，而且事实上成就这项伟业只用了一代人的时间。但是，假如罗马站在波利比乌斯探寻的舞台中央，那么汉尼拔和迦太基则会沦为陪衬。而这两者都险些用自己的方式终结了罗马的野心。时至今日，两者俱已被罗马翦灭，然而其对罗马造成的挑战以及加诸的灾难，都深深地吸引着波利比乌斯。因为无论遭受何种噩运，罗马总能坚决回击，从历史的陈迹中崛起，坚定向前。在波利比乌斯看来，相对于胜利，罗马伟大的本质在失败中更能得到体现。

形势从未如坎尼会战那般危急。公元前216年8月2日，意大利南部的终结之日，共有12万士兵绞入了一场大规模的兵戈之戮。在这场战役结束的时候，至少有4.8万名罗马勇士倒毙沙场或是奄奄一息，伏尸于他们自己的鲜血、呕吐物与粪尿当中，他们被自己最为熟知的残酷手法夺去生命，他们的肢体被裂解，他们的面庞和胸部被洞穿，血肉模糊。这便是坎尼会战，一场以汉尼拔为典范而被战争艺术后世实践者颂扬与学习的盛宴，一次决定性胜利的巅峰。在另一方面，罗马则在那一天遭受了甚于美国越战期间阵亡人数总和的死伤，遭受了西方军事史上单日作战中的阵亡人数之最。更糟糕的是，坎尼的惨败发生在同样是汉尼拔指挥的一系列残酷的挫败之后，这位剑指罗马的复仇者注定会在接下来的13年中蹂躏意大利，击溃一支又一支部队，斩杀一位又一位将领，但没有一次失败会像8月的那个灾厄般的午后那样，程度如此之深。

有人质疑波利比乌斯，认为他过于夸大了坎尼会战的象征意义，故意建构自己笔下的历史使得这场战役成为罗马命运中的触底点，进而使这场战役的重要性得以夸大。[2]然而，不仅单纯的伤亡数字可以驳斥这一异议，而且罗马在那一天也损失了大批来自统治阶层的精英，四分之一到三分之一的元老命丧沙场，他们急于亲临现场，希望自己可以目睹一场注定会胜利的战斗。然而事与愿违，从任何角度来看这都是一场大溃败，局势如此恶劣以至于坎尼会战的后果比波利比乌斯描述得还要糟糕，事后想来，其可谓罗马历史上的关键轴心点。或许，这年8

月的战事不仅仅引起并加快了历史大势，注定推动罗马从城邦向帝国嬗变，从寡头共和转向独裁统治，从临时征召的公民部队转向训练有素的职业军队，从小农地主之邦变成大地产和奴隶制主导的国家。而带来这一切转变的奇迹之人是一位幸运的战役幸存者，一名叫作普布利乌斯·科尔内利乌斯·西庇阿[3]的年轻军团长官，之后他以"阿非利加努斯"（非洲征服者）留名于史。在多年鏖战之后，罗马依旧急需一名将领和一支部队以击溃汉尼拔，而西庇阿·阿非利加努斯得到了坎尼会战残存的承受着战败之耻的流亡者的助力，响应号召，同友军并肩作战。

二

有两个问题萦绕在脑海：我们如何知晓这段历史？我们又为什么在意这段历史？毕竟这是古代史，存在于我们记忆中最灰暗的角落与最模糊的深处。我们暂且把历史的现实意义搁置一边，我们不得不认可剑桥西方古典学教授玛丽·比尔德所提出的一个观点，她认为："在古代史的研究中，我们获取的认知与如何获得这些认知同样重要。研究同材料梳理的过程息息相关，有助益的忽视、革命性的重新释解、蓄意且带有误导的再诠释交织在一起，构成了'事实'……这些'事实'从混乱、混沌与矛盾之中脱胎而出。"[4]

换句话说，可以肯定的是，我们的认知完全受到限制，那些剩下的基本上都是带有个人色彩的观点。这一点可以通过一条琐碎的考古学证据来说明，它被用以证明汉尼拔是否真的入侵了意大利——一行碑文被认为是用来纪念费边·马克西穆斯攻占港口城市他林敦（Tarentum，塔兰托的旧称）之事，碑文中包含了汉尼拔的名字，但并没有任何有关他林敦和费边的词。[5]历经沧桑岁月与战火洗礼，碑文只保留下这么多。提到战争，那些军事史研究者倾向于亲临曾经的杀戮现场，而不在意土地上的泥沙沾污鞋靴。他们从现场的地形地貌中获得洞见，继而寻找无法从典籍摊开的书页中所获得的灵光一现。对于坎尼会战以及第二次布匿[6]战争中的其他所有战役，当人们充分认识到他们已经无法以任何精确度以锁定战场的确切位置时，这种活动只是沦为一种仪式而已。在 2200 多年间，河流变更河道，湖岸推进和收缩，当代无序的发展也让地形支离破碎，这些都是导致无法定位的原因。[7]

我们所能真正获取的只有文字，这些文字以最为随意的方式从大部头的文献中摘录而出并得以保存。所以古代史的研究大致类似于检查一张腐败不堪的拼接被面，被面上千疮百孔，布满先前织物的零星碎屑。理解研究过程的重点在于持有一项认知，那就是，除去考古学家从荒漠中偶得的残片外我们并没有更多的物证。同拼接被面一样，所有的研究都必须基于手头织物的合理分析。很显然，一些织物碎屑的质量和完整性远远超过另外的织物，在可能的情况下这些更完整的碎屑将会得到重视并被引为凭据。然而因为材料自身的限制，研究者经常会碰到一些诱惑。这些诱惑促使研究者将重心转向那些洋溢着异国情调的圆点花布抑或是奢靡浮华的格子图样上，哪怕只是为了找出它们从何而来、有何寓意。最终，哪怕在那些目光如炬、谨小慎微的古史学者的圈子里，这些东西也总是聊胜于无。

然而我辈之幸在于，这些"东西"通常包含着军事材料。古代的历史学者都一致认为武力是人类事务的最终裁决者。毫无例外，战争和其带来的后果都是他们作品围绕的中心。古代并没有印刷设备，而识文断字几乎被一小撮围绕在统治阶层周围的精英所垄断。军事史不仅仅具有戏剧性和娱乐性，还对统治者大有裨益。

很明显，波利比乌斯的作品给我们提供了十分可靠的资源。在他看来，战役的指挥是一项"最为光荣且严肃的差事"（3.48.4）。同时，他在写作之时还能够充分听取那些久经战阵、热情洋溢的实践者的意见。他身处罗马绝非巧合，也绝非出自自己的选择。波利比乌斯是一名人质，曾经是一名希腊的骑兵将领（hipparch）或者说是一名骑兵长官，在公元前167年，他与1000名同胞一起被羁押至此。罗马希望通过这种举措确保希腊阿凯亚（Achaea）联盟在未来的日子里能够服从罗马，行事得当。这一举措也是罗马逐步扼杀希腊自由的折磨与压迫过程中的一部分。在罗马这座恩荫庇护意味着一切的城市里，波利比乌斯设法投效于西庇阿·埃米利安努斯（即小西庇阿）及其家族门下。小西庇阿的祖父曾经是坎尼会战中牺牲的两位执政官之一。波利比乌斯所投效的栖身之所，为他提供了接触资料的无与伦比的便利。这些资料正是波利比乌斯探寻罗马成功之道的伟大写作工程所需要的。除了徒步翻越阿尔卑斯山，波利比乌斯还造访了国家档案馆，阅读迦太基和罗马之间的古老条约，查阅那些大人物的私人文稿和交往通信，漫步于战场旧址，游历与这场战争相关的其他地方。他甚至检视了汉尼拔铭刻的铜牌。铜牌上刻写并枚举了汉尼拔在离开意大利之前所取得的血腥成就。波利比乌斯还采访了不少坎尼会战的参战者，包括两名西庇阿·阿非利加努斯的追随者——盖乌斯·拉埃柳斯以及马西里亚国王马西尼萨，他甚至还可能同一些坎尼会战的幸存者有过交谈，虽然他们已然年迈。

他也阅读了大量的历史书籍——当时的抑或是临近当时的记述，而这些现今已经散佚。其中最为关键的参考文献是费边·皮克托（Fabius Pictor）的作品，他是一位享有盛名的元老，在坎尼会战惨败之后被委派去求取德尔斐神谕，以弄清到底是什么地方出了问题导致这般惨剧的发生。费边·皮克托之所以对这段史实感兴趣，部分原因是他同费边·马克西穆斯有着亲缘关系。后者有着卓越的见识，是消耗和拖延战略的缔造者，这一战略最终减少了罗马对战迦太基时的损失。另一个原因则是，皮克托笔下的历史似乎揭示出对迦太基支持汉尼拔入侵意大利这一问题上产生了巨大的分歧。[8]我们知道，波利比乌斯引用了卢修斯·辛辛图斯·阿利曼图斯（L. Cincius Alimentus）的作品，阿利曼图斯是一位较为重要的罗马军人和政客，他曾被汉尼拔擒获，并且同这位迦太基侵略者建立了某种联系。波利比乌斯也引用了奥鲁斯·波斯图米乌斯·阿尔比努斯（Aulus Postumius Albinus）的论述，此人曾于公元前151年担任执政官。除此之外，波利比乌斯可能还引用了罗马方面的其他作者所写的作品。

显而易见，虽然"历史由胜利者写就"的观点已是老生常谈，但波利比乌斯依旧可以接触到大量从迦太基视角，或者至少是从汉尼拔一方视角写就的作品。特别是两位历史学者，斯巴达的索西鲁斯（Sosylus）和卡拉克特（Kaleakte）的赛利纳斯

（Silenos），同汉尼拔一起来到意大利，并且陪伴他直至"命途终点"。[9]尽管波利比乌斯对索西鲁斯嗤之以鼻，认为他的作品不过是街谈巷议，但是这位斯巴达人与汉尼拔交情匪浅，曾教授汉尼拔希腊文。索西鲁斯的七卷著述所遗留下来的残篇也反映出他的史学造诣。这很重要，因为很多人认为波利比乌斯对坎尼会战的记载可能恰恰出自汉尼拔本人同索西鲁斯和塞利纳斯的交谈。[10]

即使是那些怀疑主义者也承认波利比乌斯能够与希罗多德、修昔底德以及塔西佗比肩，位居古代史家的前列。倘若没有他对于第一次布匿战争的单卷本记述，我们将对这场古代史上旷日持久的冲突知之甚少。业已佚失的他对于第三次布匿战争的记述被认为是历史学者阿庇安（Appian）叙事的基础，阿庇安的作品中关于第三次布匿战争的描写也因此比其他部分要优秀得多。尽管波利比乌斯的论述在行文之中有着很大缺漏，但他对于罗马同迦太基的第二次布匿战争的记载铸就并保持了其不朽史家的英名。[11]对我们而言幸运的是，他的记述刚好在坎尼会战之后被掐断——除了一些大多关于西西里和西班牙战事的微末片段——并在即将步入高潮的扎马战役开始时又再次衔接上了。然而，中间段落的缺失使得许多事件坠入迷雾，我们只能依靠仅剩的资源——李维（Livy）的作品，而李维更像是一个说书人而非分析者。对于波利比乌斯而言，首要的任务是寻找真相，仔细衡量事实，一如既往地对互斥双方进行审视。他稳若磐石，是我们对于这个历史时期理解的根基所在。尽管谨慎公正若波利比乌斯，他的归属、资源以及动机都使得波利比乌斯本人带有一些偏颇——西庇阿、费边以及他们的同僚都被描述得光彩熠熠，而其他人则被迫成为替罪羔羊以掩盖他们的过失。而归根结底，他认为相较于迦太基，罗马更值得在这场斗争中存活。此外，波利比乌斯对于数字也颇不在行。他笔下的军队数量常常会低于或者高于实际兵力。他记载的在坎尼会战中的死亡人数甚至比能够参战的人数还要多出不少。[12] 当然，他的作品中还有其他不当之处。但是人无完人，金无足赤。

李维——或者更正式地称为提图斯·李维（Titus Livius）——的作品也是不完美的。不久之前，一位杰出的古典学者戏谑地称呼希罗多德是一位身着夏威夷衬衫，历史地理学意义上的不朽背包客。[13] 如果这么说的话，便可以把李维想象成一位古代版的好莱坞巨头，他运用自己出色的电影天分，用广角镜头捕捉罗马历史的点滴。幸运的是，在李维 142 卷巨著仅存的 32 卷当中，有 10 卷都与第二次布匿战争有关。在字里行间，人们仿佛可以听到：军乐阵阵，震若闷雷——铜钹、战鼓、军号声相互交织；短剑砍向高卢盾的铮铮声；元老激昂的拉丁语演讲声，他们激辩着如何应战汉尼拔。历数历史文献，鲜有描述能够与李维笔下坎尼战场次日可怖而清晰的描述匹敌，此刻坎尼战场上遍布着失去生命或是奄奄一息的罗马人，被刀剑肢解的苟延残喘者乞求被施以光荣的解脱。李维精于布置场景。但这也会是一个问题。李维笔下的历史总是比史实更加丰富多彩。逼真并非真相，它只会是真相的表象。

李维生于公元前 59 年，是一名土生土长的帕多瓦人（Padua）。他的一生几乎与奥古斯都·恺撒——罗马第一位皇帝，或者按照奥古斯都自己的偏好称其为"元首"——的时间线重合。李维在自己 30 岁那年动笔写作，此时坎尼会战已过去了约 190 年，所以并没有任何当事者可以接受李维的访谈。他稳坐书斋，尽可能地避免亲临战场或是接触烦琐的档案，取而代之的是完全依赖他人所著的文献。李维引用了波利比乌斯的作品，但看上去他的作品，至少是部分内容，是通过转引他人的内容而完成的。李维对于坎尼会战以及战争早期事件的描述，很可能全部基于卢修斯·科埃利乌斯·安提帕特（L. Coelius Antipater）现今佚失的 7 卷本著作。安提帕特曾经运用了许多波利比乌斯同样参考过的材料，尤其是费边·皮克托和塞利纳斯的作品。这种共性可以解释为何波利比乌斯和李维的作品在事件的描述上并行不悖。不过，与波利比乌斯不同的是，李维肯定是没有从军经历的，同样他也没有从过政，这在罗马著名史家当中尤为独特。[14]因为是为爱好者所写的非学术作品，所以他对战役的描写显得清晰细致，且层次分明。[15]因为实际对战是一片混战，所以李维的描写可以使混战变得连贯且富有条理，但这绝对是以扭曲事实为前提的。

类似的批评也会针对李维对于政治决策制定的写作处理上。他是一位狂热的爱国者，也是一位偏执的党派偏见者，尽管奥古斯都的统治大获成功，但李维的政治观点依旧偏向保守寡头性质的元老院体制。那些被认为是"平民派"的人士，诸如弗拉米尼乌斯、米努基乌斯及其尤为突出的特伦提乌斯·瓦罗（那位在坎尼会战中不幸的罗马最高指挥官），李维都不吝用各种远非公正的话语去批判。在法院争辩氛围的营造上，李维可谓得心应手，敌我双方巧妙地构思辩驳的问题，无情地削弱敌对的阵营——这些皆为逻辑思辨中的上佳之作，直至我们幡然醒悟，发现这一切完全是作者的捏造。除了大致的轮廓以外，作者何以知晓那些具体的话语？

　　这涉及更高范畴的问题。古代史总是充斥着形形色色的演说，它们对于勾勒事件前因后果，增强戏剧性，时而达到修辞意义上的鼓舞人心都有着积极效果（我们可以想一下修昔底德笔下的米诺斯对话以及伯利克里的葬礼演说），但这些振聋发聩之语都不可被完全当真。因为当时并没有录音取证，也没有速记员。大多数的演说都是临场发挥的。大战将至，军队指挥官的例行演说也是此般情况。李维和波利比乌斯的作品里都充满了这种演说。那么问题来了，不是演讲准确性的问题，而是如何向士卒传达的问题；即使是具备庄严低音的将帅，若是不借助扩音器，面对数以万计的士兵，他的声音也只能被他麾下极少数的人听到。而在汉尼拔的阵营里，他的演说会遭遇麾下士卒无法听懂的困窘，因为这些士兵都操着各式口音与方言。很明显，这些我们看到的文字都不是他们亲口说出来的。

　　尽管如此，相较于其他久远之事，第二次布匿战争更加为人熟知，这不仅仅得益于两份史料，也得益于两位位居或靠近前列的史家。当其他竞争者——恰如慢慢跟不上战鼓鼓点的掉队者——被加以考虑时，我们的这份幸运变得明晰起来，却又多了几分尴尬。其中最为重要的一位是阿庇安，他是一位生于亚历山大城而在罗马发迹的希腊人，之后于 2 世纪中叶安顿下来，继而撰写了一部长达 24 卷的历史著作，这部著作更像是一部专著论文集而非一部连贯的编年史。其内容的质量往往因史料来源而异，经常难以辨明。当他为撰写第三次布匿战争而引用波利比乌斯时，他的作品尚佳，但是他对于第二次布匿战争的记载则十分糟糕，可谓一团乱麻，他的记述是如此不堪，以至于杰出的德国历史学家汉斯·德尔布吕克曾引述阿庇安对于坎尼会战的描写，以说明我们拥有李维和波利比乌斯是多么幸运。[16]阿庇安对于扎马战役的描写读起来像是脱胎于《伊利亚特》(The Iliad) 一般，其中的主要人物，如汉尼拔、西庇阿·阿非利加努斯、马西尼萨都进行了决斗。正如我们所见，罗马人有着双人对决的嗜好，这种决斗可能会发生，但它更有可能是被杜撰的。因为他们身为统帅，已然军务缠身，无暇他顾。这就是阿庇安的叙事方式，但是许多通常我们认为的荒谬行为都有其发生的可能，因此它们不能被全盘否认。与波利比乌斯不同，阿庇安对数据的运用通常合乎情理，他笔下的军队规模、伤亡人数都同其他人提供的一样可靠。就算是阿庇安对于坎尼会战荒诞不经的描写也有一丝可取之处，他的笔下展现出一场精心策划的伏击，李维在这部分的描述则稍显模糊，而这恰恰是为了反映汉尼拔这位大名鼎鼎的骗术师所不可忽视的部分。

　　其他人亦是如此。在时间上再次往后推移，狄奥·卡西乌斯 (Dio Cassius)，一位家族源自小亚细亚比提尼亚的罗马元老，于 3 世纪撰写了 8 卷本的《罗马史》，虽然其只有三分之一以残篇的形式保存了下来，但一位 12 世纪的拜占庭僧侣佐纳拉斯 (Zonaras) 以连贯的摘录使这本著作被补充完整。据悉，虽然狄奥·卡西乌斯是一位严谨周密的研究者，但他同时也是一位修辞学的狂热爱好者，因而他的作品往往文体胜于内容。最终带来的净效应便如同沉积岩，早期的材料被压缩扭曲成一点，而在这一点当中，除了一些有趣的细节之外很难寻获令人信服的事物。这里提供了一份坎尼会战的描述，其中包括伏击战，然而我们无法知道狄奥·卡西乌斯是否运用了我们已有材料以外的资源。

　　除了这些叙事性作品，还存在大量传记——但是在内容上稍显单薄。其中最为著名且最有裨益者当属普鲁塔克（Plutarch），他于 1 世纪晚期收集整理了一系列有关希腊罗马名人的传记并将其汇编成集。他的写作目的在于勾勒出笔下主人翁的个性与品质，他还尝试将有价值的历史片段融入其中。然而让人遗憾的是，其中并没有汉尼拔和西庇阿·阿非利加努斯的传记，不过费边·马克西穆斯、马塞卢斯以及提图斯·托夸图斯·弗拉米乌斯的传记则提供了信息，这些信息证实或是扩展了可信认知的结构。科尔内利乌斯·尼波斯，一位公元前 1 世纪的罗马传记家，也撰写了汉尼拔及其父的生平，其中包含了许多其他材料所没有的信息，这些信息十分简短，容易被忽略。

　　剩下的织物意味着许多片段的拼贴，这些片段来自地理学者斯特拉波（Strabo），学者老普林尼（Pliny the Elder），历史学者狄奥多罗斯（Diodorus）、庞培·特罗古斯（Pompeius Trogus）、查士丁（Justin）、尤特罗庇乌斯（Eutropius）、亚历山大城的提马根涅斯（Timagenes of Alexandria）。这些作者都会关注这样或那样的兴趣点。最终，还有一块巨大且并不美观的补缀，其外观是如此平庸，以至于让整个材料保存的过程都饱受嘲弄。那便是西利乌斯·伊塔利库斯（Silius Italicus）所著的《布匿战记》（*Punica*），一部关于第二次布匿战争相当糟糕的史诗，全诗 12000 行是保留至今的对我们而言最长的罗马诗篇。通过研究这充满明喻与血腥的畸形之物以求得些许有用的东西，读者会感念世事无常，因为恩尼乌斯（Ennius）的《编年纪》（*Annales*，这部长诗更为优秀，有些人认为该书对波利比乌斯产生了影响）除了部分残简其余已经散佚，而西利乌斯的作品却称不上内容优秀，但西利乌斯是尼禄时代的幸存者，他看上去也深谙第二次布匿战争的两个关键要点：坎尼会战是罗马史上的转折点，而罗马需要培养一位足以在未来的战事中与汉尼拔对垒的将领，哪怕条件是罗马开始逐步进入内战并最终导致专制独裁。[17]这是汉尼拔无意中喂给罗马的毒药么？继而，这将让我们回到前文所述的第二个问题上：我们为什么应当在意这段历史？

三

在古代世界以及嗣后的多数时代中，历史被看作君王之师。而隐于其后的，是一种对命运的信仰，是一份对操纵命运的神祇的畏惧，还是一种信念，即倘若能够以前事为师，避免曾经的失误，那便不会重蹈覆辙，好运才会向主人翁露出微笑。如今我们的观点与之大相径庭。物理学家告诉我们，没有哪件事是天注定的。事情的结果具有高度偶然性，它对事件顺序中的细微扰动是如此敏感，以至于任何在可能范围内的结果都会成为现实。预言这种行为已经日薄西山了，然而同样是那些物理学家告诉我们说，事态发展中会有一种难以理解的自我构建。因此，过去的事情是否会是未来道路上诱人走入歧途的闪光呢？在复杂科学将自己困在命运的辐条之间的很久以前，马克·吐温似乎就有了正确的认识，他总结道，历史不会重演，但总是惊人的相似。

罗马与迦太基冲突的许多情景都让人感觉似曾相识，令人难以忘怀。战争的物理量级，布匿战争尤其是前两次的战事规模和持续时间，让我们回想起不久前发生的战事。和两次世界大战一样，布匿战争都是发生在海外的冲突，并且规模巨大。例如，罗马和迦太基海军在埃克诺穆斯角（Cape Economus）海上的决战，就参战者数量而言，依旧是到目前为止最大的海战。[18]同样的，就比例而言，这两场古代历史上的冲突所造成的死亡，与我们这个时代的两次世界大战一样规模巨大，可谓前所未有。

正如20世纪的世界大战一般，第二次布匿战争的爆发不过是第一次布匿战争未竟事业顺理成章的延续。或许，更重要一点是，在这两个例子当中，初战告负的一方往往是因为一个关键人物的行为而被拖入第二次战争，汉尼拔之于迦太基，犹如希特勒之于德意志。这两个人都在战争初期获得了一系列令人目眩的胜利，将他们的对手逼到了崩溃的边缘，1940年的英国如此，坎尼战败以后的罗马亦是如此。然而英国和罗马都做到了正视逆境，并且设法在灾难的尘埃中重获胜利。

当然，还有第三次布匿战争。这场战争因复仇而被挑起，发起的一方精心谋划，意图让迦太基彻底毁灭——或者称之为斩草除根。我们已经避免了遭受这般命运，但是倘若真的发生了第三次世界大战，那么几乎可以肯定的是，多数我们称之为文明的结晶之物将会遗落于废墟之中。最终，我们会认识到我们需要而且必须限制战争。

我们也可以从更为个人的角度审视这些古代冲突体现出的东西。一个国家的良知通常可以从退伍士兵，尤其是战败的退伍老兵的命运中得以展露。尽管举措姗姗来迟，但是现在美国人已然在力所能及之处尽力帮助那些越战老兵恢复健康，消除他们孑然而归的不堪记忆，并且郑重保证那些自伊拉克回归的老兵不会再遇到这种糟糕的情况。罗马的例子无可辩驳地说明了，这不是一个简单的关爱问题，而是一个需要审慎以待的问题。

在坎尼会战结束之后，元老院不仅背弃了战役的幸存者，还往他们身上泼脏水，将他们放逐至西西里岛长达十数载。只有那些来自同样被汉尼拔粉碎的部队的被放逐者们，才会加入他们的行列。绝大多数战斗中的幸运儿，会在一两次战役后，被撤销编制，而后回归故乡，与家人团聚。乡间的生活举步维艰，一个家庭的生存需要依赖士兵。但是这些被集体冠以"坎尼军团"的牺牲者们，已然臭名昭著，被遗弃于地狱边缘，因为他们的家庭生活早已不复存在。他们变成了实实在在的"坎尼的幽灵"，而他们的故事也在很大程度上成了本书的主要内容。现在我们只需要知道，在诸多指挥官们走马灯似地上任卸任之际，唯有一位将领愿意给予这些坎尼幸存者们努力救赎的机会，他便是西庇阿·阿非利加努斯。他们追随西庇阿来到非洲，向当初摧残他们的敌人进行了可怕的复仇，他们的忠诚也理所应当地发生了根本性的转变。西庇阿和元老院开创了一项危险的先例。不久之后，罗马的军队将会唯其统帅马首是瞻，而非元老院，因为前者更能保证他们的将来无虞。而当军队的统帅剑指罗马之日，他的部下亦会应声而战。这将会是一个永志不忘的教训。

坎尼会战所带来的致命辉煌是如此意义深远，以至于这场对决成了日后被学习和效仿频率最高的战役，甚至时至今日，依旧在军事史和人类战争事业上投下了长长的阴影。这场战役在精神与记忆中的正式地位，同样也提供了一个反例，这个反例同我们对于传统西式战争的基本预判大相径庭。一般我们都认为，武装冲突在本质上是集结大量军力去对抗并取得压倒性胜利，继而可以行之有效地击溃敌军，取得最终的全面胜利。然而以下有一个很好的反例：在汉尼拔盘踞意大利半岛期间，他从未遭受大的战术性失败。公元前 216 年，在坎尼会战以及之前的一系列击溃之后，汉尼拔已经几乎消灭了罗马所有的野战部队。在此之后，虽然不太广为人知，但汉尼拔持续消灭了整个罗马的诸多部队。然而，他依旧无法取得全面胜利。"我们在意大利，在我们的家园领土上进行战斗，"费边·马克西穆斯对日后阵亡的卢修斯·埃米利乌斯·保卢斯如是建议，"而恰恰相反，汉尼拔是以一个异乡人的身份，在一片充满敌意的土地上战斗……假如我们稳如磐石，那么最终我们将取得胜利，因为我们的对手会被不断削弱，难道你会对此表示怀疑么？"（李维，22.39.11ff.）时间是罗马的盟友，这位狡猾的中流砥柱所提出的策略类似于一种全民暴动——小规模战斗、骚扰汉尼拔的补给源，并且对那些误入歧途投靠汉尼拔的人进行残酷的报复。作为罗马人，罗马当局从未满足于这种策略。但是，在罗马涌现出能够以牙还牙击溃汉尼拔的将领之前，这种策略足以让罗马继续维持战争，逐步限制汉尼拔的行动自由，并且渐渐将汉尼拔孤立在靴状意大利半岛的鞋尖部位。最终，汉尼拔不得不率军撤离，虽然世人皆知他赢得了每一场战役，但他输掉了整场战争。

14

　　时至今日，美国人也面临着一个类似的窘境，这份窘境发生在同伊斯兰极端分子的冲突当中，无论是个别冲突还是普遍冲突。我们有理由质疑，我们激烈且迅速的战斗方式，是否与现在面临的军事问题相适应；我们关于组织性暴力能够取得胜利的观点，是否需要其他战略选项进行补充和替换，其中最为成熟的战略莫过于《孙子兵法》所代表的东方方式。有主张认为，同特拉法尔加战役一样，坎尼会战为 20 世纪上半叶那种造成尸横遍野的战术性胜利提供了模板。现在，身处 21 世纪，当可以通过非对称攻击，以更小伤亡对我们造成损失的时候，有谁还会情愿在正面战场上与我们一决雌雄？也许还会有一些正面冲突的战例，但大多数人都选择了叛乱。

罗马人运用了这一策略。但是我们应当清楚地认识到，这绝非罗马偏爱的策略，这点很重要。因为这项策略十分奏效，他们利用杠杆效应将劣势转化为优势，直至他们最终能够给对手压倒性的一击。所以，过去的事情，至多只是彼此间相似而已。罗马和迦太基以各自的方式进行战斗，这是因为他们的性格和家乡已经决定了这一切。他们的预判，而非我们强加的预判，最终在第二次布匿战争中变成了现实。

四

在坎尼发生的一切，乃至准备在当日进行会战的决定，都是仪式与传统造成的结果，同时也是参战双方的抉择所导致的。因此，想要了解这场战役，我们必须回溯时间，尽可能地考虑造成这一切的因素的起源和含义。在坎尼会战发生之时，人类进行我们所说的有组织的军事冲突，已然有超过 5000 年的历史了。[19]而在很久之前，我们便已经参与了其他类型的暴力活动，这些带有侵略性质的活动为我们积累起了具有行动力的有形资产，使得我们能够成为真正的战争动物——相当于战争的原材料。

15

　　狩猎活动有着关键性的作用。在进化成人类之前，我们的祖先不断进化，猎杀并且食用其他的动物。[20]想要完成狩猎，我们的祖先不仅需要行之有效的策略，还需要趁手的武器，但这两点都取决于猎物体型的大小。

　　在一方面，存在追踪并猎杀小型猎物的问题和可能性。这些小型猎物很多已经是其他动物的捕食目标，因而也发展出了依赖体质与速度的规避策略。因为徒步而慢上不少的人类祖先，需要一些远程打击的方式，这就意味着他们需要速度与准确性。自从人类从类人猿中分化出来变成健全的两足动物之时，人的臂膀便可以自由投掷物品，人的双手则可以紧握棍棒、石块并且定向投出。在很长的时间里，这都是我们的拿手好戏。之后，在漫漫进化之路上，大约从 5 万年前开始，现代人类开始在行动中逐步了解并利用了器械的优势。他们开始制作套索、掷棒、回旋镖以及最重要的终极产物——投石环索和弓箭。[21]最后两件器械开始不断被人使用，不仅仅用于打猎，也用于战争。它们是有效的杀器，而且因为可以远距离解决被攻击者，还可以给使用者带来一定程度的心理上和生理上的安全感。但是，同其他将风险最小化的策略一样，使用此类器械，会在潜在获益方面付出一些代价，这将最终成为古代历史中演化发展的一个重要因素——不仅存在于狩猎活动中，也存在于军队种类和动机之中。

　　更早的时候，当现代人类从非洲迁出，向北迁徙之时，他们发现有一大群体型巨大的动物已然等候多时，这些动物很多都成群结队。此时已是更新世的末期，高度可以用英里计算的冰川此消彼长，刺激着物种基因的创造力，继而演化出种类繁多的巨兽，这些野兽巨大的体型是其适应环境的核心优势，因为他们身处的环境需要其体内储存大量的热量。在自然母亲摆满菜肴的桌子上，人类掠食者凭借自己的狡诈与勇气，将这些动物族群视为移动的盛宴。但是，这场狩猎依旧充满了危险，掷石的环索和锐利的弓箭都不足以保证一切无虞。

这些野兽并不习惯被追猎，尤其是被这些两足新来者追杀。这就意味着你需要接近这些猎物，而且你必须得接近它们。要杀死这些皮糙肉厚、反应迟钝的巨兽，需要进行正面的对抗，不是用尖矛将其刺穿，就是得用棍棒和斧头重击它的头部。但是，单枪匹马无异于自杀。这些猎物是如此巨大，足以致命，以至于男性人类必须要进行团队协作，共同狩猎。有证据表明，早期的人类就曾狩猎过巨兽，而如今，我们拥有先进的语言能力、想象力以及记忆力去制定协调策略，同时拥有不断促进社会凝聚的能力。随着时间推移，面对体型巨大、易被激怒而足以致人于死地的野兽时积累的经验，将狩猎者的群体凝成一个团队，专门用以应对危险，紧密联合，不惜一切代价追求共同的目标，同时保护每一位身陷危险之中的队友。狩猎团体演变成了杀戮者公会，以班为基本单位的小队，在日后成为军队基层组织的雏形。

同时，在狩猎者们回到自己的团队中，向队友描绘并互相庆祝自己的狩猎成果的时候，他们很可能会纵情于舞蹈，随着他们分享着这充满节奏与虬结肌肉的舞步，他们彼此更为紧密地凝聚在了一起。这些舞蹈是行军与操练的编舞雏形，在将来会使部队团结起来，进而激发出战场上的战术动力。[22]

毫无疑问，在此期间，这些进行生死交易的互助团体，在

16

狩猎方面有着史无前例的高效率。这个观点已经由在德国发掘的 10 万具马骨遗骸佐证，这些马匹是被狩猎者从山崖赶下去的，这类情况也存在于其他地方。[23] 这种史诗般的杀戮行为，似乎违背了海量证据的描述。这些证据将狩猎采集者，描绘成行为倾向于厉行节俭的杀戮者，而且是名副其实的猎物管理者。[24]但其实两者并不矛盾。成群结队是动物用于逃避厄运的防御机制。这样会使得捕食者和猎物之间的接触减少，而一旦双方得以接触，捕食者会负担过重，因为他会被杀戮时间和能力所限制。这便是为什么，对于猎物的捕杀有时会变成毫无节制的杀戮。他们只是服从了丛林法则的铁律：尽你所能去杀戮。数百年之后，汉尼拔的军队加诸被困于坎尼的罗马军团身上的，正是这一法则的变体。不过，这就需要截然不同的环境以及相应的心理调适。

目前，人们的侵犯行为多半是由个人原因引起并且彼此不相关联的——这类侵犯集中于有关交配、主导以及必要时的领地纠纷上。[25] 很少有直接证据来证明这是如何展开的，但这是我们自身遗留下来的行为，而且那些其他物种的行为给予了我们很好的指导。因为大多数动物的行为都与繁殖交配密切相关，所以争执与对抗非常典型地以个体竞争者为中心，而且在绝大多数物种中，这些争斗都发生在雄性生物身上。虽然战争经过古代世界中的演化，在本质上成了男性的群体性行为，但是对于个人对决的向往依旧时常存在，以罗马人为例，他们就很好地利用了这一点。

基于此类攻击行为的基本动机，将事情做绝，既没有必要也没有好处。人类有着一种强烈的禁忌，会抗拒对同类下杀手，这一点在文献中多有记载，虽然这种禁忌完全可以被废除[26]，同样的，其他动物也有类似的抗拒心理。谁会杀戮，谁不会杀戮，谁可以对杀戮云淡风轻——这些问题并没有过多地被置于军事史当中进行研究，但它们无疑是性命攸关的重要议题，对于贴身近战更是如此。汉尼拔侵略部队的核心，便是由一群久经战火、经验丰富的老兵所组成的。经过阿尔卑斯的干燥寒苦和无数军团鲜血的淬炼，他们已经学会在毫无疑虑、愧疚的情况下杀戮。而这些，都是那些刚刚投入战场、毫无经验的罗马人无法匹敌的。

不管怎样，这些毫无愧疚与疑虑的杀戮，自然而然地让人感到战栗，因而必须被遮盖、伪装、合法化，种族内部侵犯行为的特征形态似乎又一次提供了情境。在哺乳动物当中，我们可以看到战斗中仪式化的形态，交战双方通常谨守规则——或者至少是已成定势的行为——彼此相称地运用防卫机制，例如鹿和麋会用犄角对决。噪声、视觉冲击，特别是体型，都十分重要。对决中的动物会尽可能地让自己表现得更大声、更巨大、更具有威胁性。这种仪式化还具有时间和空间的维度，这些争斗发生的时间会与雌性生殖周期相吻合，有时候这些对决还会发生在约定俗成的地点。同样，第二次布匿战争的参战部队经常会在特定时间集结，在双方认可的战场上进行战斗，交战的战场通常会被仔细挑选。军号奏响，战鼓隆隆，在军阵当中的士兵也会带上羽饰的头盔，这样可以使他们看上去更加高大，士兵们竭尽所能，发出震撼人心的怒吼，鼓舞己方的战斗精神，正面对战，刀剑相加，一齐面对终末之战的残酷现实。这种模式并没有延伸至所有的物种，也不是每一场古代战争所必须具

18

有的特征，但是它们代表了一些时常出现的旋律，也与一般的狩猎掠食行为有着显著的差别，它们更具有实效性、自发性以及无差别性。[27]逻辑指引我们接受掠食行为的特征、生殖支配所关联的侵犯行为、我们不断改进的武器以及我们每次参与其中所持有的态度。将这一切整合进我们自己发明并称之为"战争"的框架之内。

五

人们很难确切指出真正的战争始于何时——这指的不是那种偶发性的群体性或个例性的骚乱，而是具有社会性质的系统化暴力。最为可能的猜想是认为，战争兴起于人们保卫数个丰饶却不持久的食物来源的目的，最终在人类开始定居古代近东，种植作物、驯养动物的数千年以后，战争起步并得到持续发展。

简单地说，这种农业经营的逻辑，会驱使最初的牧人同他们的畜群一起，远离农耕者和他们的庄稼，并且开始一种独立的存在形式。尽管两者已经分离，但在那片土地上生活依然是十分艰苦的，储粮之地对于游牧民族而言更像是磁石，吸引着他们不断掠夺农业定居点。这种情况导致的危机终于在公元前5500年前后彻底爆发。这一切都合乎常理，因为大约在这段时间，散布于这一区域的农业聚落，开始在定居点周围修建城墙和石制屏障来对抗不怀好意的外来者。

时间轴再往后稍稍推移，牧人们学会了骑马，得到了这一大助力，这使得他们可以走出近东，深入亚洲内陆的草原。在那里，他们继续着纵横驰骋、偷窃牲口、奔袭劫掠的生活，这种生活注定会让他们定期自高海拔地带涌出，向着东部和西部的定居区发动袭击，对这些定居区造成短暂却是灾难性的影响，直至 13 世纪，成吉思汗率领的蒙古人进行了史诗般的领土扩张。

这些亚洲内陆草原的骑兵的的确确是另外一类人，与我们这本书故事里的军事主线并不相干。但是他们向我们提示了重要的一点。当他们袭击牺牲者们并带来恐惧和迷惘时，他们的行为是有目的性的，绝非任意发挥的暴力。这些都是有组织的偷窃行为，特别是为了弥补他们社会中的短板，即周期性的牧群萎缩。在古代世界中，所有其他类型的战争，都因为受到某种社会短板的驱动而爆发。而以任何其他理由发动战争，其代价都太高了。

回到农耕之地，战争的种子已然独立发芽，不同的农耕团体为了领土和统治，也开始在彼此之间进行周期性的战事。在底格里斯河与幼发拉底河河畔的平原上（现今战火纷飞的伊拉克）的苏美尔城邦纷争不断，这为我们提供了极佳的图景。特别是我们还拥有两件颇具启发性的文物，其中的第一件便是一尊于公元前 2500 年雕刻的残缺的胜利纪念碑，以其"鹫碑"（the Stele of the Vultures）之名广为人知。[28]

这块石碑是反映苏美尔秩序下的战争的一张石制快照，它展现出一个根本上的分歧。位于石碑前部的，是拉格什国王安纳吐姆（Eannatum），他装备着用于决斗的武器，具有象征意义地展望着未来，期盼某一天可以在近东觅得精锐武士，面对面地一决雌雄，而与此同时那些轻装走卒只需要在战场上努力保命即可。但是，在"鹫碑"当中，安纳吐姆所倚仗的却是更具毁灭性的力量—— 一支步兵纵队，这些士兵全部顶盔披甲，肩并肩在严密的矩形盾牌的保护下行进，并且向前伸出刺猬般密集的长矛，这是一个成熟而完善的步兵方阵。军事史学者常常会忽视对早期方阵描述的意义，取而代之的是更加关注 2000 年后由文化璀璨夺目的希腊人所形成的、所谓先进步兵的发展历程。事实上，对于步兵方阵的技术上和战术上的要求都很简单。所需要的，是在近距离面对敌人和以团队的方式共担风险方面的意愿，从精神层面上和狩猎巨兽所需要的是一致的。这也正是我们第二件文物所要告诉大家的。

一位大致与安纳吐姆同时代的统治者的书面编年纪，被人们保留在了一块块泥版之上。这位统治者是乌鲁克的吉尔伽美什，人类文学史上的第一位英雄人物。在吉尔伽美什功绩的记载当中，有这么一则令人浮想联翩的故事，讲述了为了争夺灌溉权而与敌对城邦基什的战争。这场战争始于基什对乌鲁克人在争议领土掘井灌溉发出警告。吉尔伽美什想要开战，但没有足够的权力去实现。而他必须前往元老院，当元老们拒绝他的要求时，他发动城邦的全体战士组成议事会成功逆转了元老院的决议。[29]那些直面战斗冲击的兵士，能够从战斗的结果中获得明确且直接的利益，这或许就是为什么他们愿意置身危险且关键的步兵方阵之中。彼时彼地之战争，全在于保持并加强各独立政治实体间的力量均衡，是一项基于合作的事业；但那并不是中东的未来之道，也不是那些该地区中位于严密战阵里的步卒的未来。

灌溉农业中单调的苦役，加之农业需要养活的大量人口，意味着统治支配的动力，会极大地倾向于强制劳役与严格执行的权力金字塔所代表的方向。同时，处于竞争关系的苏美尔城邦之间所构成的平衡是短暂的，这个体系在公元前 24 世纪中叶被一位强者所推翻。他叫萨尔贡（Sargon），他在一生中坚持不懈地推行着王权专政的蓝图。他的代理人散布于两河的冲积平原，构建了一套架构，这套架构由税册、忠诚的当地官员、卫戍部队、王室总督以及随侍在旁的一支重装亲卫队等构成。[30]

随着时间推移，那些经历相仿，由精锐战士进阶而成的骨干，会成为古代中东军队的核心，这支部队还由那些人数众多、临时强制征召且损耗巨大的步兵进行补充。这些缺乏动力和共同目标感的部队需要被征发至战事最为激烈的地方，对于这种部队，最好的装备方式就是给他们提供远程打击武器——例如最典型的弓箭——以配合并支持战役指挥官和他的亲卫队。这些亲卫队士兵会在战车上或在马背上同敌军近身交战。

虽然这样的部队阵容庞大且令人印象深刻，但本质上效率低下，这十分荒谬，部队的高效只是关注点的很小一部分而已。当人们透过统治者的贪婪，便可看到潜藏其后的军队所显现出的社会内在的不稳定性。这样的社会依靠民众不断地挖掘沟渠、种植更多的粮食来驱动，直至自然灾害、粮食歉收、传染疾病突然逆转了螺旋上升的趋势，要求采取紧缩措施。人口的增减呈现出过山车般的状态，而这一点无法避免，但是军事行动可以让其间的颠簸冲撞趋于缓和。帝国的部队或许会暴起而掠夺新的劳力，但当人口过剩之时，又会攻占更多土地或是让臣民自生自灭，这样需要供养的人口便会减少。正因为人们在服役于军队和服侍君王时具有的基本忠诚十分单薄，所以这支军队是脆弱且易崩溃的。因此，古代中东的历史充斥着兵祸，而那

21

些埃及、美索不达米亚、安纳托利亚以及波斯的帝国和朝代都是勃然而兴，倏忽而亡。但这些统治者的逻辑是行得通的，于是乎新的暴政在陈迹中崛起，没有人能够逃脱历史的掌控。

但是有一些人成功地跳出了怪圈，他们定居于一连串的小型自治城市之中，这些城市分列于现今叙利亚、黎巴嫩、以色列的海岸上。这些人被冠以一个共同的称谓——腓尼基人，并且扬名四海。在帝国巨兽的侵略压迫之下，这些腓尼基城市实际上已经是背朝大海了，腓尼基人活动的主要中心——贝莱图斯（现在的贝鲁特）、比布鲁斯、西顿、推罗（Tyre，又译作泰尔/苏尔）——将自己转化成了驱动商业的发电机，不仅买卖兴隆，还对商品附加值有着深刻的了解，他们将骨螺萃取物变成了皇室御用的紫色染料，将黎巴嫩的杉木变成华丽的家具，而且更为常见的是，他们会将玻璃制成小件饰品、宝珠项链以及一些花哨的玩意。[31]腓尼基人是最早的一批从事制造和大宗货物贸易的民族，而他们的事业得益于一项关键的发明，一种能够承载数以吨计而非磅计的货物并进行运输的帆船，有了这些船，腓尼基人可以纵横整个地中海海域。

大海不仅仅是一条财富之路，还是躲避陆地强权的避难所。腓尼基和陆地帝国的对峙在亚述碑文当中于不经意间被提及，其中描述了推罗国王努尼（Luli）从长达 5 年的围城战中脱身，从碑文上看，他应该是从城市的后门逃离，登上舰船，远遁他乡。[32]他之所以这么做，一部分是因为想要避开亚述的压力，而另一部分是因为已经预计到希腊人的到来，这些希腊人已经开始涉足这片水域了。在公元前 9 世纪晚期，腓尼基人开始在地中海西部沿岸建立起星罗棋布的殖民点，其中最为著名的是推罗人建立的迦太基。与希腊人不同，腓尼基人对于控制内陆并不感兴趣，他们只是将自己限制在用作贸易口岸和港口的飞地上。这些据点被分置在一日航程的间距中，多半会选址在沿海的小岛、崎岖的海岬、避风的港湾，同黎凡特（Levantine）地区的城邦类似。除了对故土强权进行强硬抵御和温和贿买，生存和繁荣的关键还在于维持贸易通道的畅通。

战争对于腓尼基人而言成了一种权宜之计，成为竞争日益激烈的环境下开展贸易的一个必要组成部分。当然，腓尼基人曾经打过不少大型海战——其中最令人难忘的莫过于萨拉米斯（Salamis）海战了——但是正规海战的重要性，同依靠海岸巡逻来打击海盗相比，要稍逊一筹，海军承担了更多的治安职能，而非军事角色。[33]这对于我们的故事非常重要，因为过分关注海上警戒而忽视海战，将被我们两位主角之一——注定覆亡的迦太基所继承，并根植于本能来加以运用。

另一位主角——罗马的军事观，则很大程度上受到了腓尼基人的海上对手希腊人的影响，这些希腊人指的是在本土上进行陆战的那一部分。在希腊的土地上散落着各式各样的城邦，这些城邦都致力于维护自己的自治权，并且积极地参与永无休止的战争闹剧，其中充满联盟与背叛。正如早先的苏美尔城邦一般，势力的均衡催生了公元前675~前650年对于好战狂热的典型形态——步兵方阵的战术性依赖。对于希腊（Hellas）诸城邦的士兵而言，这种战斗形式可以深刻表达他们的社会团结理念。共同作战、并肩勇担风险是他们城邦存在的核心。但是，倘若有人问起是谁完美诠释了他们的战斗精神，这些行伍中的兵士和故纸堆中的文件会无一例外地指向一位数世纪前的盲人诗人，这位诗人回溯 400 年记下了英雄的事迹，这些书中的迈锡尼勋贵们英勇无比，却并不善于团体作战。

荷马的《伊利亚特》是一本洋溢着粗暴的个人主义的故事，在书中几乎全都是单打独斗，为了个人的威望，也为了军队的优势。[34]然而诗人在描述他们和他们的行为时，所采取的方式如此令人信服，以至于让希腊人确信自己在与他人的战斗中该如何作为，他的言语跨越时光与地域，使西方战争的基础得以永固。将这种战法总结起来就是，对战的兵士都威势逼人，两军对称地持械对峙，首先轮流掷出投枪，接着相互接近，使用另一柄长枪进行刺击，接着再接近一些，用他们的佩刀进行搏杀，士兵们"短兵相接"是荷马作品中最为常见且积极的用语。[35]这些英雄中的不朽者们——阿喀琉斯、赫克托耳、狄俄墨得斯、埃阿斯——体型壮硕、战吼嘹亮、脚力迅猛，且毋庸置疑全副武装。这些特征被人们尊崇，在西方武装战斗的发展历程中具有巨大的影响力。

任何不掺杂对抗性的争斗都会遭到世人的鄙夷。狄俄墨得斯向帕里斯所说的话正好阐明了荷马式英雄的心声，这位帕里斯是劫持海伦的通奸者，也是《伊利亚特》全篇唯一将弓箭作为主要武器的重要角色。狄俄墨得斯如是说道："你这个弓箭手，卑劣下流的斗士，徒有一副好皮囊，贪看不谙世事的少女。倘若你要试着与我武装对决，你的弓箭将不会给你带来任何好处。"[36]

所有的这一切都成为希腊人约定俗成的主流，他们将其中的本质融入他们的步兵方阵当中。在军阵当中，士卒以独立的战斗者姿态进行武装，但他们共享着咄咄逼人的战斗意志，协同作战，有着侵略性的奋发激情。而终有一天，这一切会像利刃一般撕开以弓箭为主的东方军队。同时，这种精神将会向西方传播。

自公元前 8 世纪起，希腊人就开始在西西里和意大利南部海岸定居，这片区域后来被罗马人称为"大希腊"（Magna Graecia）。作为希腊人挚爱的故事，《伊利亚特》一书必然和这些殖民者们形影不离。（关于这部长诗，最早的文献佐证被雕刻于一个陶制酒器上，年代大约是公元前 730 年，该酒器出土于那不勒斯湾伊斯基亚岛的一处墓穴中。）显然，希腊人的军事体制对于北方之地亦有所影响。无论是间接地通过已经深深希腊化的埃特鲁里亚邻居，还是直接实地观摩了希腊人的作战技巧，总之在公元前 550 年，罗马人已经开始采用他们自己的重装步兵方阵了，这次变革也被载入了"塞尔维乌斯改革"之中。[37]尽管随后的军事冒险所带来的跌宕起伏，让罗马人戏剧性地放弃了原始的步兵方阵，但是随后改革的形式与内容都延续了荷马式的方针，依旧是单兵作战、列阵迎击，这种作战定势显然与《伊利亚特》的英雄战斗颇为相似。

促成这一转变的动力始于公元前 390 年，一个令人震惊的事件就发生在这个时期。一支高卢人队伍越过亚平宁山脉突袭并劫掠了罗马人。这些高卢人侵者原本居住于北方，以混合部落的形式存在，人数多达 3 万。这些高卢人在体型上远比罗马人高大，他们肆意挥舞着长剑，在阿里亚河一役完全消灭了罗马军队的军团方阵。为了加重受害者的创伤，这些掠夺者们随后扫荡了罗马，彻底洗劫了这片土地。李维（5.38）描绘了背井离乡的罗马人站在附近的山丘绝望地眺望，"如同命运将他们安置在那里，亲眼看见一座垂死之城的死亡盛典"。但他们的决心从未被击垮，当其他的一切已然失去，他们望着"自己手中的盾牌和刀剑，那是他们仅存的希望"。

山丘上的情节很可能是虚构的，但是这份情感足够真挚。同时，自那时起，罗马人便对高卢人产生了一种近乎病态的恐惧与仇恨，而这份恐惧被汉尼拔巧妙地加以了利用。在坎尼会战之前，罗马人针对高卢部落所在的区域也进行了一连串报复与侵犯，作战双方都保有这种仇恨与恐惧。尽管罗马人形容高卢人是一群酗酒粗野的混蛋和一帮只能打顺风战的战士，但是这些高卢人都是令人敬畏的战士，都具有狂战士般的攻击性。想象高卢人围绕着篝火吟诵荷马诗篇的场景无疑需要相当程度的思维延伸，但是这些高卢人酷爱单打独斗，他们勇气所诱发的戏剧性行为，以及他们十足的杀戮欲，让他们在特洛伊后裔生活的平原上如同在自己家里一般悠闲自在。总的说来，这就是那些自意大利一路延伸至西班牙的高卢部落亲族共同拥有的战斗风貌。他们中的每一位都会在坎尼会战中持续奋战。这场战役如此干脆地落下帷幕，难道是因为奇迹吗？

六

在公元前216年，整个地中海海域已经被整合纳入了一个单一的战略环境当中，由相对少数的几个强大国家所构成。虽然存在一些经济成分，但主要还是政治和军事主导的现象，其中主要参与者的领导阶层进行着外交接触，关注着基本的权力关系，尽管肯定会存在一些误判。在5年之前，华夏之地已经被中国的首位皇帝秦始皇给统一了，同东亚的情况类似，地中海体系已经为更进一步的联合做好了充分准备。但是，在西方，这一切并不明朗，人们也无法确定到底谁会脱颖而出。

一位希腊人，更确切地说是一位来自马其顿的希腊人，或许是最佳的投注对象。一个多世纪以前，一对有着经天纬地之才的父子推动了变革的车轮，他们来自缺乏机遇、落后闭塞的希腊北疆。首先，身为父亲的腓力二世通过冷血手腕和军事才华，将纷争不断的希腊本土暂时联合，随后不久便遇刺身亡。在这一时刻，他的亲生儿子和创业伙伴——亚历山大抓住机遇，扼住了命运的咽喉，率领着希腊-马其顿联军进行了一次伟大的远征，向一个半世纪前侵入希腊的波斯展开复仇。公元前323年，亚历山大在巴比伦城去世之时，已经证明了自己是一位比他父亲更加强大的战士。通过使用一种配备改良加长版长枪的马其顿方阵，以及一支残酷有效的重骑兵，他得以消灭一支又一支由弓箭手和波斯精锐主力构成的部队，在这一过程中，亚历山大将整个古代中东之地纳入了统治之下。

然而，大一统并没有带来那个时代的秩序。恰恰相反，一批后继者们，在这自相残杀的史诗内战中，尽可能地攫取权力，继而为了更多的土地相互争斗。一个世纪之后，埃及落入托勒密帝国的掌控之中，波斯帝国残余的大部分落入塞琉古帝国之手，而马其顿本土，长枪方阵的发源地，被原先亚历山大的部将独眼的安提柯统治。因为亚历山大的继任者们都是马其顿人，所以他们的作战方式基本相仿，都是依靠长枪阵和骑兵的稳定供给。他们也需要全职武装兵士维持自己的统治，这样无疑推动了军队专业化、职业化的潮流，在东部尤为如此，而在地中海的其他地方亦然。一个世纪以来的战争让希腊人以全局的眼光严肃地思考战争，阐述战术战略，制造攻城器械，完善海军战法。无论希腊人还是马其顿人，无论军官、部下还是雇佣军，他们都走在了时代的前列。

这会赋予所有参与者一种见利忘义的"大博弈"心态，尤其对于那些希腊化国家以及他们的军事后继者们。戏剧性的起起落落、出乎意料的倒戈一击、忠诚的摇摆不定充斥于这样的军事环境当中，在这里，久历战火的佣兵才是该地区最坚挺的货币。就大部分而言，这个系统催生出了基于实用主义的约束力。战争很少会因为超过自身实力的战略目的而爆发。[38]在这么一个头脑正常之徒断然不会一直站在输的一边的环境下，一场决定性的胜利往往足以锁定整盘战争的胜局。因为军队效忠的主人经常变换，所以失败的一方会希望能在对面阵营留有一席之地。另外，系统中所蕴含的犬儒主义会令胜利者认为，将被征服的一方扔进奴隶市场，能够给他们带来更多的价值和利益，大量铁链与镣铐的使用似乎能够证明这一观点。[39]

按照修昔底德所阐释的[40]，在这个世界，很大程度上是强者可以为所欲为，而弱者只能疲于奔命。保守主义学者现在开始对古代史产生了兴趣，某种程度上，似乎是因为他们发现了如今的后冷战时代所具有的隐蔽的危险，也看到了早先的历史和当代有着某种平行联系。但是我们正在讨论的时代之残酷性远甚于今日，在那个时代，力量便是唯一正当的理由，弱小的后果就是完全将自己置于他者的威胁之下。打个比方，当一座市镇或城池被围困的时候，摆在它面前的是两条路：开城投降并忍受折磨，或是坚持抵抗，那么如果城池陷落，受到的惩罚会更可怕。起初，陷落城市的居民或许会被不分青红皂白地屠杀和奸淫，之后很可能会被贩卖为奴。这并不总是发生，不过这类惨剧发生的频率很高。对于军人而言，命运简单且直接——胜利，只要你没有负伤或是阵亡，你便获得了成功；失败，你很可能会失去一切。不过，假如你的另外一种选择是当一名苦役或是一位受压迫者，那么当一名士兵或许生命短暂且充满危险，但至少它给人带来兴奋与刺激。

因为这是一个充满军事冒险和传奇英雄的年代。亚历山大大帝所起到的榜样作用绝对不会被人低估，对于那个时代的雇佣军人而言，亚历山大大帝是荣耀的象征，任何一位有足够勇气、胆识和技艺的将领都有可能获得这份荣耀。倘若荷马笔下的海伦能够使千帆竞发，那么对于亚历山大大帝的追忆将会使千军万马踏上命运之途。

在希腊佣兵领袖当中，最为典型的是皮洛士，他拥有"雄鹰"这一别称，一度是伊庇鲁斯的国王和一位彻底的机会主义者。在 17 岁那年，他参与了奏响独眼安提柯挽歌的伊普苏斯（Ipsus）战役；他曾与托勒密共事，并且成了托勒密的女婿；他曾干预马其顿的内政，直至不再受人欢迎后被迫返回伊庇鲁斯，回到了无趣单调的生活中，但他并没有赋闲太久。在公元前 281 年，他发现在意大利有他的用武之地。希腊人建立的城市他林敦（Tarentum，塔兰托的旧称）遭到罗马人的压制，形势危急，他林敦向皮洛士发出邀请，让他帮助自己和大希腊的残余之地脱困。在一年之间，"雄鹰"皮洛士率领了 2.5 万人的职业步骑联军和希腊军事体系中的破局利器——20 头战象登陆意大利。正如我们将看到的，对于这种皮糙肉厚的巨兽的战略构想被极大地高估了，但是对于缺乏经验的对手而言，它们具有实实在在的震慑力。马匹会本能地排斥大象的气息，而未经特殊训练的步兵在大象面前显得异常脆弱。

然而，在侦察过罗马人的营地之后，皮洛士似乎意识到了他将要经历一场异常艰苦的战斗，他评价道："这些野蛮人军纪肃然，没有丝毫野蛮性。"（普鲁塔克，《皮洛士传》，16.5）皮洛士说得没错。在随后于赫拉克利亚附近进行的战役中，罗马人直面皮洛士的步兵方阵毫不退缩，然而罗马骑兵被皮洛士的战象驱离，罗马军队的侧翼随之瓦解，留下 7000 多具尸体仓皇撤离。这场战役所付出的代价是巨大的，但是皮洛士毫无疑问获得了最终的胜利，并且他明确表示希望罗马人前来媾和。他甚至将兵锋直指罗马，以期罗马盟友分崩离析，但并没有人选择背叛。[41]

尽管如此，皮洛士还是准备表现得宽宏大量，做出些许让步，但最终遭到了罗马人的严词拒绝。所以在赫拉克利亚战役的次年，也就是公元前 279 年，他与罗马再度交战，这一次罗马人硬撑了两天。尽管皮洛士的方阵军团和战象部队最终获胜，但是他的军队伤亡惨重，损失兵员多达 3500 人。据说皮洛士曾如此总结战果："如果我们和罗马人的交战，再取得如此惨胜的话，我们真的就要全军覆没了。"（普鲁塔克，《皮洛士传》，21.9）但是他没有屈服，皮洛士做了一些很有希腊风格的事情。

这只"雄鹰"舒展双翅，离开了意大利本土，响应西西里岛上的希腊人的召唤。在那里，迦太基人正准备将全岛收入囊中。皮洛士的军队随即击溃了迦太基人，这些迦太基人曾想如以往那般收买皮洛士，但是皮洛士并不这么认为。不过之后他犯了一个错误，他将两名来自叙拉古的希腊贤达给处死了，这让他很快大失民心。就在皮洛士准备重返意大利之时，坚忍顽强的罗马人终于于公元前 275 年，在贝奈温敦（Beneventum，如今的贝内文托）彻底击溃了皮洛士。两年之后，皮洛士死于一场在希腊发生的巷战。皮洛士所怀有的亚历山大大帝的征服者之梦最终沦为镜花水月。与他那些西方的敌手不同，皮洛士缺乏持久力。但是，当皮洛士离开西西里的时候，他说了一番颇具预言性的话语："我的朋友，我们为迦太基人和罗马人留下了多么巨大的角斗场啊！"（普鲁塔克，《皮洛士传》，23.6）他们两方中的一方，而非希腊人，将会承载未来。

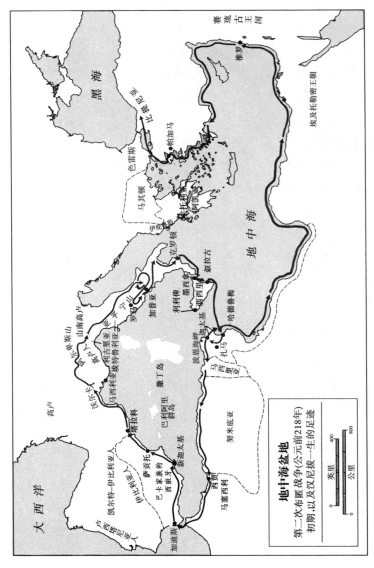

地图1

地中海盆地
第二次布匿战争(公元前218年)
初期,以及双尼拔一生的足迹

第二章　罗马

一

　　他们到来的第一个迹象，就是骑兵移动时带起的漫天薄尘。
随之而来的，是步兵和补给运输队的步伐所带来的较低的、更
加浓厚的灰尘。[1]这支庞大的军队，缓缓地向着东南，面向亚得
里亚海岸平原移动，大军时刻警惕着汉尼拔可能设下的伏击，
后者的伏击曾让特拉西梅诺湖战役中的弗拉米尼乌斯及其部队
吃尽了苦头。波利比乌斯在他所写的历史中曾暗示，罗马的领
导层或许早已获悉迦太基人身处坎尼，但是曾经苦痛的经历，
让他们明白了一点，那就是汉尼拔可能出现在任何一个地方。

　　他们并非一心求败。尽管遭遇了令人震惊的三次战败，但
在所有罗马人民的心中，上至元老下至走卒，都具有铁石般的
坚定。挫折在他们的历史中已然司空见惯，但每一次挫折，都
被证明会促成最终的胜利。如果你是一名罗马人，那么你有充
分的理由相信，一连串不幸的事件会成为最后成功的前奏。

　　纠错的步骤已然有序展开。假如早先的战斗是因为汉尼拔
具备了数量上的优势，那么这一次，这种情况将不复存在。因
为针对这一情况，罗马人纠集起了规模庞大的部队：这支部队
的规模是以往执政官下辖部队的 4 倍，其中的每一个军团都达
到了 5000 人的超大规模。现代研究资料基本同意波利比乌斯

(3.113.5) 的估算，如果加上骑兵和同盟部队，那么大约有 8.6 万名罗马士兵向坎尼开拔。[2]这支庞大军事力量的规模很好地说明了它的意图。在过往的失败中，罗马的中军曾被汉尼拔突破，但是罗马对于防止两翼被汉尼拔骑兵粉碎的措施，明显做得太晚。这一次，罗马锐不可当的势头意在速战速决——这不是一份巧妙的计划，但它无疑是一份合理的计划，更符合罗马人对于战争的看法。已然游荡至意大利南部的汉尼拔，不仅远离故乡迦太基和位于西班牙的家族基业，而且还和为其提供了优良兵员的高卢部落相距甚远。一场重大的失利，将会为他侵略意大利的事业画上句号。

30

罗马人所采用的指挥体系给人留下了深刻印象，其意在正面与汉尼拔对决并且将之粉碎。费边·马克西穆斯的拖延骚扰战略，在最近的几次推举中都遭到了严词拒绝。时任执政官的盖乌斯·特伦提乌斯·瓦罗和卢修斯·埃米利乌斯·保卢斯都主张战场上的正面对抗（尽管李维极力否认后者持有这项主张）。[3]为组建这支军队而征召的军团长官（military tribunes）或是军队指挥官，人数都比往常的部队所拥有的更多，作战经验也更加丰富。[4]或许最为重要的是，在这支大军中还有四分之一到三分之一的元老，还有更多的元老有近亲在军队中服役。有些人只是纯粹来增加他们的履历的，许多军人有宝贵的从军经验可以传授给他们，而且不可否认的是，罗马统治阶层的相当一部分成员，都将自己的未来投注到了这支军队的命运之中。

为了贯彻这一点，在行伍之间一项前所未有的举措被加以实施，李维（22.38.2-5）告诉我们，军团长官让罗马军人和拉丁盟友进行了正式宣誓，而这一情况史无前例，这项宣誓以法律的形式约束了他们，所有人绝不允许"因为逃避、怯战或惊恐而擅离岗位，除非是为了寻找武器、击杀敌人或者是拯救袍泽"。在自己的岗位上迎接胜利或者死亡，除此之外别无他选。这传达出一条坚定的信息，也非常符合罗马的风格。对于坎尼会战的幸存者而言，这份宣誓会塑造他们未来15年的命运。虽然对于参战的大部分人而言，这也没有那么复杂，因为他们只有不到一周的时间可活了。

　　但到目前为止，罗马人依旧可以否认那种认为他们正在迈步走向灾厄的奇想，这种奇想还认为，罗马人的这项计划和他们军队的性质最终会反噬其主。他们是罗马人，罗马社会和罗马历史的本质都使他们确信，他们正沿着坦途迈向胜利。所以考虑这一问题的细节或许更有价值，因为这将解释为什么罗马人会陷入汉尼拔为他们设下的陷阱。更仔细地观摩研究也有助于解释他们从这惨痛的一课当中学到了什么，从而最终战胜汉尼拔。

二

　　公元前216年的罗马处于大量的矛盾和混乱之中，它的矛盾性最终产生了内在的力量和可塑性，而不是导致首尾失调。罗马既顽固不化，又能随机应变。它十分重视传统，却又能在实际经验中选择变革。它由寡头集团主导，但又为自己披上了民主的外衣。它的国家结构由一系列并不牢靠的制度构建而成，尽管如此，它却颇为实用且适应力极强。专注于律法以至于到了法律至上的程度，但同时，罗马的核心却是由私人庇荫网络编织而成的社会，庇护人和受庇护者的关系延伸远远超过了罗马城墙限制的范围。虽然罗马保留了一定的城邦意识，但它已经变得更加庞大，且具有扩张性。而且虽然被《祭司法》（*fetial law*）所约束，禁止挑起侵略性的战争，但罗马依旧贪婪地致力于征服土地。对于那些战败者，罗马的处理方式是骇人听闻的残忍和宽宏大量的仁慈并存。在这些战败者当中，罗马树立起了一个基于同盟假象的霸权，但在这一过程中，罗马却能够在一些被征服的土地上发展出真实且牢固的忠诚。但是，唯有一个领域，罗马并不存在丝毫矛盾，那就是对于军事力量的投入。从根本上看，罗马是一个建立在战争之上的国度，战争从本质上来说是当地的一大产业。

罗马的经济反映出它军事意图的明确性以及文化灵魂的模糊性。在一个层面上，将罗马称为农业国家无可厚非[5]，它不是由一群灌溉农业中的苦役，而是那些经营着赖以生存的小土地的所有者们构成的。这样的生产会有盈余，于是便存在农业的商品化，但是这些商品化的一面，不会在符号化和公共话语层面被人所强调。小型农庄经济被视为道德层面上的升华，因为在很大程度上，它孕育了优秀的士兵，而且帮助国家对被征服的土地施加控制。罗马不断地发动无产者去建立殖民地，而当32 他们涉足大希腊地区复杂的经济环境之后，这种移民或许起到了阻碍经济发展的作用。不过这种扩张方式，存在战略上的合理性，至少在理论上，它增加了军事上的人力资源——这些兵员和部队通过田间繁重的农活来强化锻炼，成了可用之材。

不过正如许多罗马史实一样，这段沿革也颇为复杂。在20世纪60年代中叶，著名的历史学家阿诺德·汤因比[6]曾经发表了一篇论述，在这篇论述中，汤因比阐释了汉尼拔在意大利南部的蹂躏，摧毁了当地的乡村经济，并且使得当地人口减少，为大农场主和大地产铺平了道路，这些大型农庄靠廉价而充足的奴隶来驱动。这使得罗马乡村美德的良性循环短路了。而更进一步的研究调查显示，早在一个世纪之前，罗马便已经踏上了奴隶制社会的道路。[7] 在第三次布匿战争和之后的战争中，罗马不断取得军事胜利，加快了这一进程，大量的战俘被奴役和售卖，数量或许已经超过 10 万。[8] 这给军队将帅和国库内帑带来了丰厚的利润。与此同时，在行伍之中，掠夺战利品的可能，或许成了昔日农民抛却耕犁、拾起刀剑的动力。[9] 虽然很难去估计罗马将多少份额的金属加工生产力，投入了战争器械的生产中，但是我们基本可以肯定，城市里的锻造作坊更愿意铸犁为剑，而非铸剑为犁。在国内负责军需供应也有油水可捞，但这有点跑题了。元老院通常期待能够战胜敌手，从而投入与敌作战而耗费的大量成本，这些投入多以食物和军需的形式呈现。[10] 毫无疑问，至少对于罗马而言，战争事关国家的兴旺。

领导统治和国家管理同样是一连串具有迷惑性的动机。早先，罗马经历了一个复杂的宪政发展历程，这是一场平民（plebeians）向贵族世家（patriciate）争取权利和权力的阶级斗争，至少在形式上是如此。事实上，到公元前 216 年为止，平民和贵族世家的称谓已经没有多少意义了，罗马由来自两个阶层的强大家族所共治。正如乔治·奥威尔的《动物庄园》里所描绘的那样，所有的猪都是平等的，但有些比其他的更加平等。在罗马，于政府部门任职的人都高人一等，但仅有少数具有影响力的人才可以发号施令。[11] 因此，除了元老院以外，另外三个大会——森都利亚大会（the Comitia Centuriata，又译作百人团大

33　会）、特里布斯大会（the Comitia Tributa，又译作部族会议）[12]、平民会议（the Concilium Plebis）[13]——的与会者只能对议案表达赞成或反对，却不能进行辩论。此外，刚才提到的第一个会议，也就是森都利亚大会，在表决宣战、接受和平条款和选举主要官员（执政官、副执政官以及监察官）上有着重要的地位。大会成员中，占相对少数的富有者掌握着大部分的话语权，反映出了早期军事秩序的影响。特权根源得以巩固的另一方面原因，是支撑罗马社会秩序的恩荫系统：如果你足够聪明的话，就会知道，你绝对不会去咬那只给你喂食的手。这对于我们接下来要说的故事至关重要，因为尤其是李维，他试图将那些死在汉尼拔剑下、已然声名狼藉的执政官——盖乌斯·弗拉米尼乌斯和特伦提乌斯·瓦罗——标记为"平民领袖"，他们是民众忤逆罗马上层的正确决断而选举出的。[14]同时代的史料则表明，这样的论断纯属一派胡言。因为按照当时的选举机制，倘若弗拉米尼乌斯和瓦罗没有贵族势力强有力的支持，他们绝对不会当选并出任公职。

　　真正负责决策的其实另有他处，那便是元老院。不过基于罗马的特质，元老所施加的影响，在于其隐性的支配力，而非形式上的花架子。其主体是通过惯例而非法律进行主宰，他们主动积极地争取支配地位，而非通过宪法的授权。[15]通常，元老们是终身任职的，大约有 300 人，由监察官管理，监察官有权定期修改名册。这些元老多半来自乡间士绅，也包括那些曾经被推选治理共和国的官员们。

　　这点十分重要，因为一部分元老享有比其他元老更高的平等。这里的权力事关中心地位，在其核心，是一个小圈子，这个小圈子由祖先曾任执政官阶的家族所构成。这些权贵们才是这个国家真正的原动力和弄潮者，他们属于一个排外的团体——在公元前223年～前195年，只有5个新兴家族得以攀得如此高位。与此同时，费边家族（Fabii）、科尔内利家族（Cornelii）、克劳狄家族（Claudians）、埃米利家族（Aemilii）、阿提利家族（Atilii）同其他一小撮显赫的家族持续掌控了元老院，轮流统治国家，特别是在财政和外交领域，他们有着举足轻重的作用。

34

　　但是国家的大政方针是如何制定，又是如何确定方向的呢？这个问题是存在争议的。直至最近，历史学家开始倾向于相信，特定的政策和几个核心家族组成的派系密切相关，这些派系的关联已经长达数代人。尽管这种想法在分析上颇具吸引力，但是由于缺乏古代原始资料的佐证，所以渐渐不受欢迎了。[16]不过元老院政治活动可能比我们之前设想的更具流动性，但是依旧可以看到，在短时间内，一些政策派系会围绕在某些关键人物的身边，这些关键人物很可能代表了拥有庞大支持者的世家大族。因此，认为费边·马克西穆斯领导的费边家族倾向于稳健谨慎的说法便说得通了。而以西庇阿·阿非利加努斯为代表的科尔内利家族，则可以被认为倾向于更具侵略性的战略，希望和汉尼拔在正面战场一决雌雄。[17]

　　总的来说，元老院的统治更容易被解析。不像其他的会议，元老院的会议未曾中断，不是说只有在当权者需要表决重要事项时它才会召开。不仅审议从未间断，而且元老院一直都是领导层的会集之所。除非因为蒙羞或失格，否则在特定的部门任职的每一位元老，例如执政官，在卸任之后最终都会回到元老

院，成为其普通的一员。所以，执政官将重要的事务发还给元
老院的前辈们去审议，这已经成了惯例。同样的，那些行政官
员也被希望能够听取元老院的建议，尤其是当这个事项已经以
元老院法令的形式被正式提出时。尽管以罗马通常的惯例来看，
元老院并没有立法的权力。但是只有个别胆大包天的行政官员，
才敢违逆这个他卸任之后将会待上一辈子的机构。[18]

最后，有必要强调的是，元老院关心的几乎全是战争事务。
有关外交政策的事务常常会演变成这样的问题："我们该和谁战
斗？"尽管将战争的理念埋藏于防卫性的话语中是元老院的特
色，但是相关学术研究表明，元老院一直有意识地在寻找可以
征服的对手。[19]虽然人民对于是战是和保留着最终的发言权，但
是元老院极大地影响了最终的决策，因为元老院牢牢地把持着
外交事务。同样的，虽然执政官们都是由森都利亚大会选出的，
但是元老院决定了他们将于何处就职，更现实地说，是将于何
处作战、与谁作战。而元老院还会决定每场战役所能征发的军
队规模及其组成。

元老院职能强大且调度有方。在元老院内部，政治上的领
导力、经验以及声望，在很大程度上会转变为军事上的领导权、
资历以及威望。当爆发战争的时候，罗马元老院的集体智慧令
人印象深刻。正如我们所能看到的，罗马的将领们在与汉尼拔
的对战中，战术疏漏频出，但是元老院负责的宏观战略方向，
却无可指摘。当我们抽丝剥茧直至核心的时候，可以看到元老
院的行事方法包括三项原则：尽一切可能发动攻势，保持对汉
尼拔的施压，永不言弃。除了极少数例外的情况，就算罗马完
全陷入颓势、正濒于战败，元老院也绝对不会同敌方战斗人员

进行交涉，除非是建立在敌方屈服的基础之上。在第二次布匿战争期间，事态发展得越是恶劣，元老院的态度越是坚定不移。元老院制定了一套强硬的规定，它是严厉的督促者，不过它有时也会同它所指挥的人步调一致。

三

无论华丽的辞藻和冰冷的现实有何等差异，信仰的热望与现实的条件有何等鸿沟，罗马人都从爱国主义的根基中深深地汲取了养分，这养分绝非来自司空见惯的"廉价饮品"，因为它能够让罗马人更加强大。这是一个正处于不断复杂化的社会，正在迈向一条通往内战和共和的终结道路。但是当汉尼拔降临的时候，罗马还是一个统一且恢复力极强的实体，如同世界上的任何其他社会一样坚韧。罗马人以及其规模稍小的盟友们，都对罗马充满信心，甚至愿意为之效死。他们在军事天才汉尼拔的攻击下，一次又一次地失败，但这绝不是消极的忍耐，而是抱有坚定求胜的执念，坎尼的幸存者是这份执念的缩影，这同样也是整个罗马社会的象征。

在较高的阶层中，罗马人十分热衷于参与选举进而获得公职，这份渴求在共和国后期达到了疯狂的程度，最终成了制度崩盘的关键因素。但在与迦太基的争霸中，政治的野心尽管炽热，但是依旧在传统约束的限界之内。在罗马，个人的成功往往会以"晋升体系"（cursus honorum）为标准，这是一个人通过渐进的选举而步步高升的过程。波利比乌斯（6.19.4）告诉我们，为了开始这一过程，年轻的精英成员都要有 10 年的作战经历（通常是在骑兵部队服役）。这个说法很有说服力。罗马将帅从政是一件稀松平常的事情，这能表明那些政客都已经军事化了。

限于罗马的规模，高阶公职的数量很少，交接尤为频繁——基本上都是一年一换，这种规则与艺术家安迪·沃霍尔的想法不谋而合①，就算不会让每个人都因此而成熟老练，也可以使脱颖而出的人越来越多，达到极致。除此之外有 10 位选举产生的平民保民官，他们行使独立职权，进行权力监督，并通过否决权臧否官员行为；以及 4 位市政官，他们主要负责行政事务和节日庆典；其余的重要官员都要承担某种兵役。每一年，24 位军团长官都由选举产生并接受任命，每个军团有 6 位军团长官前去任职，轮流担任军队统帅的副手。[20]财务官（quaestors）有 8 人，他们多半是掌管财务的军官，但同时也担任执政官军团的行政人员，而且能够独立承担军事义务。在这之上的则是副执政官（praetors），在当时，担任该职的共有 4 人。副执政官原本是在国内代替执政官履行公民职责的官职，但之后却更多地被委派进行行省管理和军事指挥。

选举竞争的顶点便是出任执政官，这不仅仅是对个人事业成功的认可，还确保了其家族的持续影响力。执政官仅有两名——当时他们分别来自贵族和平民——在他们长达一年的任职期间，他们需要解决国家最为要紧的重大事项，这通常意味着他们需要同罗马最危险的敌人进行作战。他们一切权力的基础是"执行权"（imperium），它使执政官拥有了指挥军队和执

① 20 世纪著名的波普艺术家安迪·沃霍尔曾表示，"在未来，每个人都能出名 15 分钟"。之后他又说，"每个人都可能在 15 分钟内出名"。——译者注

法的权利。为了让所有人都牢记这一点，执政官和少数被授予"执行权"的官员，都会有规定数额的扈从（lictors）随行——这些扈从装备着一种由棍棒和斧钺束在一起组成的武器，这种武器叫作"法西斯"（fasces，束棒），这是一种象征，标志着他们的领导者具有执行死刑和体罚的权力。[21]

我们可以看到，当执政官在罗马城的时候，他的职权是元老院划定的，但是当执政官离开罗马、身处战场的时候，他拥有绝对的指挥权。一般情况下，这都运转良好，但是在第二次布匿战争的危急时期，在数个关键时刻，各执政官下辖的部队都会集结于一处，那么这就存在谁来负责指挥的问题。坎尼会战便属于这类情况。或许因为在早期的历史中尝到了王政的苦果，罗马人深刻致力于共同掌权和复式领导的原则，但他们也强调务实。

所以，可能早在公元前 500 年[22]，他们便创设了独裁官一职，从而在一定程度上减少了双重权威（dual authority）带来的问题。基于元老院法令，由执政官任命一位官员担任独裁官，任期 6 个月。独裁官拥有绝对的权力，即使是在罗马城内也是如此。相对于执政官的 12 名扈从，独裁官所拥有的法西斯扈从足足有 24 名，以彰显其地位。独裁官常常都是在深夜接受任命，且通常不能在马背上履职，独裁官有权任命一位权力同副执政官相当的助手，并且顺理成章地称之为骑兵统帅（master of horse，又译作骑兵长官）。[23]独裁官会被委派履行选举和宗教相关的职责，但这项职位最根本的要义，是一种在面对灾祸时集中军权的手段。随着公元前 4 世纪和前 3 世纪，罗马对外战争的频率和强度的不断增加，罗马对独裁官也愈发倚重，终于出现

了这类情况的典型人物，那个人便是费边·马克西穆斯。诚如
独裁官的职责所规定的那样，费边在尽心履行了 6 个月职权之
后便下台了。但最终，就像苏拉和恺撒的生涯所展示的那样，
赋予独裁官的权力，对于共和政府而言将是致命的。因为在这
个制度的核心，即使是在政坛稳定的岁月里，军事力量和无上
荣耀足以胜过一切。

随着罗马的扩张，世家大族的财富与土地迅速增长，正如
他们的荫庇网络迅速扩展一样。但是，所有的一切不过是达成
最终目的的手段而已，他们的最终目的是获取声誉，继而可以
起到转化为军事威望的根本作用。这是罗马贵族们核心动机之
所在，它可以清除一切挡在仕途之上的障碍，也是在台伯河河
畔成功的精髓。那些拥有"执行权"的官员在击溃异国敌寇，
赢得重大胜利之际，元老院会对是否给予其大凯旋式（triumph）
进行表决，而能够举行大凯旋式，是一个罗马人政治军事生涯
中名副其实的至高成就。假如这位官员的作为不符合举行大凯
旋式的严格标准，那么他会获得小凯旋式（ovation），这相当于
一个安慰奖。

在大凯旋式的庆典上，得胜归来的统帅会在面部涂上一层
赭红色的油彩，宛若朱庇特的神像，元老和官员在前方开道，
他驾着战车紧随其后，带着被擒获的敌酋（通常情况下，这些
敌酋即将被处决）。队列后方还跟着其统帅的部队，他们以雄壮
英姿列队穿过罗马的街道，道路两旁皆是欢呼的人群，这些热
情的市民向胜利游行的队伍抛散鲜花。与此同时，战车上的一
位奴隶会为统帅戴上黄金花环，并在他耳旁低声告诫："记住，
你只是一名凡人。"这些统帅或许会意识到，对于罗马人，还有

38

一项更高的荣誉，那便是最高战利品（spolia opima，或译作最高荣誉、荣誉战利品、至尊战利品），这项荣誉被授予那些在决斗中手刃敌酋并剥取铠甲的将领。虽然这项至高荣誉只被授予过三次（其中一次是在公元前222年，它被授予了马尔库斯·克劳狄乌斯·马塞卢斯，我们在之后还会多次听闻他的事迹），但它依旧值得一提，因为它表明了在战术手段上，罗马对于个人对决的重视程度。因为从某种程度上来说，每个人都应该成为一名英勇的战士。

即使罗马普通男性公民不会像斯巴达人那样，生来就是士兵，他们的一生也和军事息息相关，特别是要履行军事义务。波利比乌斯如是记载（6.19.2–4），所有体格健全的有产者都必须在骑兵部队服役10年，或在步兵部队服役16年，他还补充说："在国家陷入紧急状态之时，在步兵部队的服役时间可能要延长至20年。"虽然军事行动都具有季节性，在一年内只有少数公民会被应征入伍，但这依旧是个沉重的负担。在被征召服役之前，罗马的年轻人都要接受教官的训练，练习行军、奔跑、游泳、负重和使用武器[24]——这点值得一提，因为波利比乌斯（3.70.10；3.106.5）将罗马早期惨败于汉尼拔之手的原因，归结于罗马军团中充斥着未加训练、缺乏经验的新兵。他们或许缺乏经验，但他们绝非一般的平民。人们时常将罗马的部队称为公民兵，这准确表述了早期罗马军队的性质。但是当迦太基人到来时，罗马军队更像是两次世界大战中临时征召的大军一般，[25]也许跟当时的美国类似，部队中充满了从乡间入伍的士兵，他们战前的生活方式让他们已经预先懂得该如何战斗，且具有狩猎和射击等一技之长。

不过，罗马的军事化不仅渗入文化之髓，也影响到了宗教。罗马人所崇拜的具有暴躁好战特性的神灵基本上和希腊相差无几，罗马人还尤其偏爱占卜。每逢战争之日，罗马人都会痴迷于占卜，且谨遵这些征兆。当读者以现代人的眼光，阅读李维笔下所记载的务实的罗马人在第二次布匿战争期间的种种作为，与此同时，还能看到有关天降陨石、双头小牛、乌鸦啄食神像镀金层的严肃记载，不禁会感到十分荒诞。弗拉米尼乌斯被视为不敬神的人，李维也将特拉西梅诺湖的惨败，全部归咎于这位执政官冥顽不灵地无视神灵表现出的不祥征兆，诸如军帐旗杆牢牢插在土里、无法拔出等（22.3.12–13）。

随着战局逐渐失控，罗马人表示愿意尽一切可能去安抚神明，这些行动包括在坎尼会战惨败后，以活人献祭以及向异国神明求助。于是乎，前文提到的史家和政客费边·皮克托被委派前往希腊，求取德尔斐神谕，以期弄清到底是哪里忤逆了神灵，如何才能将神的怒火平息。15 年之后，当汉尼拔长期蛰伏在意大利南部之时，罗马又一次试图通过占卜来获得神的旨意。当元老院注意到《西卜林神谕集》（*Sibylline books*）中的一则预言暗示，如果将小亚细亚的伊达山之母（Idaean Mother）的神像迎回罗马，便可以将意大利半岛的外敌驱逐出境。罗马派出使团，前往帕加马王国拜见阿塔罗斯一世（King Attalus of Perga-mum），协商并安排神像奉迎之事（Livy 29.10.4ff）。随后罗马再次遵从了德尔斐神谕，选取了"罗马最优者"普布利乌斯·科尔内利乌斯·西庇阿·纳西卡（Publius Cornelius Scipio Nasica）去迎接神像。虽然他的堂兄西庇阿·阿非利加努斯最后似乎在驱逐汉尼拔方面发挥了更大的作用，但迎回神像至少能让罗马人感到心安。

　　如果罗马的宗教是浸泡于鲜血和战斗之中的，那么它的世俗亦是如此。这就带给我们了一项有关角斗的争议性话题。在公元前264年，作为丧葬仪式的一部分，角斗被引入罗马。这项竞技很快获得了自己的生命，并且通常被人视作罗马社会生活中残忍变态的典型。[26]暂且不论这项竞技之后演变成了何种极端形式，起初角斗士的存在可能是出于一个很严肃的目的。在战术上，罗马的军队强调军人的单兵作战能力，这是心理负荷最重的一种作战形态，其本质就是屠杀人类。[27]参与杀戮并取得胜利，需要相当程度的调节：训练可以有所帮助，但是，将掩盖在弑杀屠戮上的神秘面纱揭除，也十分有必要。角斗士展现给罗马人战斗的主要形式以及与死亡的近距离接触，可以说是在与死亡相抗衡。[28]以现代人的情感来审视，这或许有些残酷、不必要且最终可以被称为犯罪。从一定程度上讲，很难跨越如今的我们和昔日罗马人的心理情境之间的鸿沟。但是，角斗士的竞技至少在一开始，并非一种公众娱乐，而是一种军事训练，这或许可以有助于我们理解。罗马人通过该项活动想要灌输的是美德（Virtus），或者可以称之为个人的勇武精神，有一位杰出的学者曾经称其为"罗马共和中叶的核心价值"。[29]

40

四

　　刻意强调罗马人的好战程度，或许有些过激，甚至有些无关紧要。因为许多同时代的文明社会亦是高度军事化的。然而，他们中的大多数，尤其是以灌溉农业为主的国度，基本都是专制政体，他们的军队在作为作战工具的同时，还是进行社会控制的重要工具。其他社会，例如希腊诸城邦，则是尽一切可能争取公民的忠诚，从而创建一种行之有效、基础广泛的作战形式。然而，希腊人一直陷在无休止的内战之中，即使是后来由政治上更为大一统的马其顿整合成了希腊化联盟，这个联盟也是脆弱的，最终证明这也只是昙花一现。而罗马人则完全不同。

作为罗马人的一项政策，战败者有必要表示臣服，但他们绝非被彻底征服。在古代世界中，这种做法是具有革命性的。罗马打造了一个基于吞并与联合双原则的坚固联盟，这是绝无仅有的，而且该联盟还始终奉行着"分而治之"的规则。[30]最值得一提的是，对于第一类人民（主要是意大利中部并入的民众），罗马提供了一系列复杂的授予方式，让他们获得了完全的罗马公民身份。而其余的则为盟友，他们彼此之间并不结盟，只与罗马缔结盟约——每一座城邦或国度都分别被单独签订的条约所约束，并被授予限定范围内的选择权。只有一项规定是全体适用的：所有的盟友都需要提供部队，以供罗马驱使。

为了确保盟友们能够切实履行条约，罗马人尝试将他们同自己的盟友，通过卓越的道路网紧密联合起来，这种道路由石子铺设而就。有朝一日，整个罗马帝国都会被这长逾 5 万英里的道路网相连接，但是在汉尼拔入侵时，这条网络仅限于意大利半岛，而且只向 4 个主要方向延伸。第一条是阿庇安大道（Appian Way，这些道路得名自建造它的执政官，他叫阿庇安·克劳狄乌斯·凯库斯），始建于公元前 312 年，一路向南，与加普亚相连。之后，随着罗马人涉足大希腊地区，他们又将道路伸入阿普利亚（Apulia）并一路扩展至亚得里亚海岸的布伦迪斯乌姆（Brundisium，又译作布林迪西），到达了意大利半岛的鞋跟部位。为了保护罗马以北地区，在公元前 241 年，他们修建了奥里略大道（Via Aurelia），从罗马一直通到比萨（Pisae/Pisa），这条大道顺着意大利西海岸延伸，面朝利古里亚海。最终，弗拉米尼乌斯为了寻求一个快捷的方式加强西北防务以抵御高卢入侵，修建了一条以他名字命名的大道，这条道路最终通往阿里米努姆（Ariminum，如今的里米尼，Rimini），深入半岛的亚得里亚海一侧。[31]

在第二次布匿战争的实际作战中，这些道路成为一柄双刃剑，因为迦太基人也会运用这些道路。不过这些大道能够传递给罗马同盟者一份心理信息，这是不容忽略的。道路的建设造价昂贵且耗费人力，这些道路通常被修得笔直，直如利箭，这样便可以让军队迅速投入战场。（这些坚固的路面主要适用于后勤补给的运输，而士兵则是在路肩行军。[32]）这些大道表明罗马建立起了同盟，并且决心一直维系下去。一朝入罗马，终身罗马人。

不过，这仅仅是勾勒出整个同盟的骨骼框架而已。随着罗马不断扩张，罗马人自然而然地在无意识间将国内的荫庇关系，推广到他们通过征服而建立起的主从关系之上。这样做，不仅仅因为它是一项国家政策，而且还通过重要的罗马人和其家族与海外同等势力的联系，从而建立起了一张涵盖个人忠诚和互利互惠的庞大关系网，这张大网最终导致了社交仪式和友谊关系的错综联系。[33]经过这一系列的构建所出现的，是一个比古代中东的寄生帝国形态强大坚韧得多的政体。罗马的同盟并非联邦，罗马承担的角色是一位占据支配地位的伙伴。典型罗马方式的整体格局，存在某种暧昧的元素，不过其包容性绝非虚伪的假象，而是能激发出真正的忠诚。

　　尽管如此，并不是所有的人都对他们所处的地位表示忠诚和满足。当汉尼拔的部队翻山越岭进入意大利之时，罗马以南的某些区域——萨莫奈（Samnium）刚刚并入的希腊人所建立的城邦，以及意大利半岛第二大城市加普亚，都有潜在的分裂迹象。但是更多的地区则保持了对罗马的忠诚，正如拉丁核心区域以及北部地区。正是因为迦太基人将一般传统意义上的帝国标准，套用到了外表极具迷惑性的罗马人身上，所以汉尼拔才认为，一旦他在战场上充分击溃对方，那么他们的盟友便会如同熟透的果实，纷纷逃离曾经的母树。但基于这一分析，他忽略了需要重视的东西，他的分析如同审视 X 光片，徒见其骨骼，而未能见其结缔组织。这种人际互动造就的结缔组织，保持了罗马阵营政治上的统一。

　　或许，汉尼拔还没有充分认识到，他的敌对阵营是何等的庞然大物。罗马的对外战争，尤其是第一次布匿战争，耗资甚巨，而且同时让如此之多的人保持武装，会导致生育问题的出现。[34]但是当汉尼拔到来之时，人口激增导致的问题变得不再尖锐，反而对罗马变得有利起来。罗马构筑的同盟系统所具有的核心优势之一——考虑到迦太基人会造成的巨大伤亡，这可能是最大的核心优势——便是系统所能提供的巨大的人力资源储备。[35]波利比乌斯（2.24.1-17）在他的著作中给我们提供了一份详细且合理的统计，据他估计："罗马及其盟友中的可服役人员，可以提供 70 万步兵和 7 万骑兵。而汉尼拔入侵意大利所带来的部队，只有不到 2 万人。"虽然这位历史学者忘了把迦太基的 6000 名骑兵算进去，但他的说法还是成立的。要与这头巨兽较量，无论汉尼拔有着多么高超的作战能力，这都是一场西西弗斯式的徒劳无功。

五

是经验主义，而非创造主义，塑造了罗马。罗马制度的演变，终究还是以实践出真知来驱动，这有助于解释为何演变过程会略显仓促。罗马从不拘泥于理论教条，也乐于向他者取经，哪怕是向他们的敌人学习。他们将见闻付诸实践，若成功，则收为己用。他们也从自己的错误和灾难中汲取教训，因此我们下面将要提到，罗马人最为倚重的，也是他们扩张的引擎、国家的支柱——罗马军团。

波利比乌斯在他有关罗马军事系统的著名段落中（6.19-42）描述的部队，同公元前390年在阿里亚河被高卢人碾压的罗马军队有着天壤之别。罗马军队在不断发展，甚至有些人认为波利比乌斯的描述，其实对应的是他所处时代的军队，而非第二次布匿战争期间的部队，但大多数研究者都认为波利比乌斯的描述基本正确。[36]不过，只有最为极端的再解构学派坚持认为，在汉尼拔入侵之时，罗马军队关键的一面依旧没有改变。[37]

当时，罗马军队的核心是作为单兵存在的步兵。这看上去是老生常谈，但它的的确确能够一针见血地解释，罗马的军事系统为何如此致命、如此高效，它又为何会在坎尼会战时崩溃。正如前文所述，最为传统的罗马重装步兵往往以单兵形式参与战斗，那么接下来我们将详细剖析这种作战形式。

这样的描述并不意味着，那些步兵都是各自为战、战术上彼此孤立的。每个步兵只是更宏观的军事部署中的一部分，但是其作战职责更具个人特色。[38]在罗马的表达方式中，个人勇武之美德（virtus）会与军事集体之纪律相均衡，两者被视作过度进取行为的制动装置。两者在一起，成了步兵战斗表现中互相调和的"阴"与"阳"。[39]

一开始，罗马人以和希腊步兵方阵类似的某种阵型作战。紧密集结而成的军团，由盾牌保护、以刺矛武装，整个步兵方阵毫不留情地向前推进，希望通过累积而成的挤压和伤害来突破对方的编队。换而言之，其造成的暴力，是整个集团的产物。但是随后罗马在阿里亚河战役中发现，这样的阵型容易陷入包围，且一旦被从两翼和后方渗透，那么方阵里的战士将变得不堪一击。所以在一段时间之后（具体过程在时间上很难界定），方阵步兵逐渐转变为更具弹性的部分，原先在希腊式方阵作战的士兵，变成了罗马军团里的战士，而他所具备的杀伤力则更加个体化。

这在很大程度上与武器紧密相关，或者至少关系到如何运用手中的武器。士兵手中的矛不再用作穿刺，大多数步兵（约占总数的五分之四）选择将他们的矛当作投枪（pilum）掷出，随后以一名剑士的身份出战——这一过程继承自《伊利亚特》中的荷马勇士。他们被精心编排，并非作为独舞者，而是作为位列战斗舞台前沿的血腥舞团而存在。假如战斗的精神是荷马式的，那么作战的细节则是罗马式的，多半都是先仔细观察敌方，然后找出万全之策。

对于多数军团士兵而言，当军队方阵逼近敌军之时，第一轮攻击就是掷出手中的投枪，一些史家认为，这种武器借鉴自罗马最强劲的对手萨莫奈人。[40]波利比乌斯坚称，一名罗马步兵携带着两种投枪，一种较粗，一种较细，且重量不等。较粗较重的那种投枪或许适用于较远距离的投掷，不过，很难了解步兵如何在冲锋之时，紧握手中的另一杆投枪的。[41]除此之外，投枪在相距 15 英尺之时能够发挥最大的穿透力，这便使得快速接近敌军的罗马人，只能完成一次精准的投掷。因为士兵手中的投枪，是一种完全靠单手力量投掷出去的穿甲武器——一根 4 尺长的木杆，同一个尖端有金字塔状倒钩的细长铁柄相连，可以有效地集中武器动能于一点。投掷目标可能是暴露在外的躯体或披甲之躯，也可能是盾牌一类的防具，这些武器和防具很好地说明了武器所凝结的智慧以及它的作用。现代实验表明，投枪能够穿透 1 英寸深的松木。[42]如果这种投枪恰好扎在了你的盾牌上，那你立马就会深陷困境，因为你很难迅速拔掉盾牌上插着的武器。而这些投枪在设计的时候，就是会遇到撞击而弯曲（这样的话，投枪就不会被敌军二次利用，反掷回去），一支突起的投枪既累赘且笨重，它会让保护你的盾牌在之后的近身战中几乎无法使用。

一旦接近对手，军团士兵便具备了双重威胁。其一，罗马士兵使用西班牙短剑（gladius hispaniensis），这是一种沉重且均衡的双刃武器，长逾 2 英尺，尖端是拉长的三角形。这种武器，可能是取材自第一次布匿战争期间的西班牙佣兵的装备[43]，而且可以轻易做到一击断臂。[44]不过，这种短剑在造成穿刺伤害时，才是最为致命的。细心观察的罗马士兵曾经坦言，只要在血肉之躯上用这种剑刺入两处 2 英寸深的伤口，那么造成的伤害几乎是致死的。[45]因此，军团士兵经常被描绘成微微蹲伏，持剑之手（一般是右手）与敌方拉开距离（这和现代的击剑者相反），时刻准备着给对方的腹部或是裸露的大腿上捅一刀。不过这也存在一个很基本的问题。虽然他手持的短剑用途广泛且攻击致命，但是剑身太短，这就意味着使出坚定一击的士兵，面对狂暴的反击，更容易受到伤害。这就引发了一些推测，认为罗马人通常会故意进行试探性攻击，从而造成一定数量的轻伤。[46]因为勇气和进攻性的个人差异，这可以说得通，不过罗马军团还有另外一种方式打开缺口，而这种方式常常被忽视，那就是使用盾牌。

　　所有罗马重步兵都携带着厚重的手持盾牌，在坎尼会战时，这些盾牌依旧保持着椭圆的形状，长约 4 英尺，宽约 2 英尺。而且，虽然这种盾牌源自萨莫奈人，不过它已经被加以改进，盾牌用三层胶合板精心制作，每一层的夹角都经过精心设计，这样可以使其得以强化。盾的中部坚硬厚实，而盾的四周则具有柔韧性，它具有很强的抗打击性，不过也十分沉重（现在的复原品差不多有 20 磅重[47]）。这种盾牌是以左手握水平手柄来使用的，假如使用垂直手柄，那么就会很难在防御时挥动它。不过，使用过肩抓举盾牌可以让使用者发挥肩部的全部力量，这种力量转化为盾击，从而使对手失去平衡甚至摔倒，这样会让对手暴露在接下来短剑给出的致命一击中。

　　整个攻击过程看上去不像是电影重构时展现的那种剑击或是狂暴的劈砍，更像是一场致命的剑舞，对战双方奔跑着从不同角度进行攻击。我们必须认识到，不同于紧密排列的希腊长枪方阵，军团士兵被给予了一定的个人空间来进行利用和防御。史料中对于士兵之间的间距说法不一。波利比乌斯（18.28-30）认为，每个军团士兵拥有 6 英尺×6 英尺的方形区域，而维吉提乌斯（Vegetius）则认为，每个士兵前方间距应该降至 3 英尺，同时稍微加大纵深；或许会随着情况变化而发生改变。不过不管怎么说，这种具体的尺寸还是因人而异的，士兵需要充分的战斗空间。假如这种自由调整的间距被定死，那么当进行坎尼会战之时，士兵便会陷入困境。这是一个要求很高的作战形式，不过经过足够的训练，并且在罗马人设计的战术战略方案中运行时，它会让军团士兵变成十分致命的勇士。

不过，在第二次布匿战争期间，这种作战体系依旧处于过渡期。在发展的最终阶段，所有的军团士兵都会统一武装，但是在当时，按部就班的罗马人依旧在他们的战线中保留了一些步兵方阵的元素。在军队中最为年长，且大概属于最为沉稳的那五分之一的重装步兵，也被称为老兵列（triarii），他们位居战阵之末，紧握长枪——这样安排是为了确保，当其他战友溃退时，他们能够组成最后一道屏障。

罗马士兵的防御工具也种类繁多，但是这些差异只能反映出财富上的而非战术角色上的不同。最为重要的差异是上身防御的不同，普通的士兵只能穿着 9 英寸大小的护心铠或胸披铠甲（Pectorale），而较富裕的人则买得起凯尔特式样的锁甲胸铠，这种锁甲可以穿戴于布饰衬料之上。不仅如此，波利比乌斯（6.23.12-5）还告诉我们，普通的军团士兵使用一种单片的护胫，而富裕者则可以额外加上一块。所有的步兵均配备精心制作的头盔，常用的制式有凯尔特式的改装版或是蒙特福尔蒂诺（Montefortino）式样的，基本上是一种带有护颈和颊片的半球形碗状盔——所有头盔的顶部均有 18 英寸高的羽饰。[48]

所有的这些——投枪、短剑、盾牌（Scutum），头盔、护胫、护胸——加在一起，是一大堆装备。军团士兵可谓名副其实的重装步兵。如果还要穿上链甲，在负重的最高峰，士兵的武器和装备将是重达 80 磅的负担，如果士兵只是穿上简单的胸披铠甲，那么他的负重也会有将近 50 磅。[49]这对于我们将讲述的故事十分重要，不仅仅是因为那些困于包围中的士兵，试图在特拉西梅诺湖洇水逃命时，像石头一样沉入湖底；而且还因为坎尼会战在意大利南部的仲夏之日打响，士兵的中暑虚脱也在大溃败中扮演了重要角色。而具有讽刺意味的是，防御更佳的罗马人反而最终承受了更多的痛苦。不过，在第二次布匿战争中，罗马士兵们依旧算得上配备着完善的装备投入战斗之中，权威的代表人物汉尼拔认可了这一看法，因为他把在特雷比亚战役和特拉西梅诺战役中缴获的罗马装备，武装在了自己的精锐部队上。[50]

在重步兵方面，罗马人十分珍惜他们的士兵，密切关注他们的需求。当我们将单个军团士兵置于编队之中时，便能够进一步进行说明了。正如我们之前所见的老兵列，罗马军队并没有完成从希腊式步兵方阵的完全过渡，而且在坎尼会战之时，罗马的战术体系明显需要进一步的提高。但无论如何，就我们目前可以弄清的情况来看，罗马不断改进的作战结构反映出，罗马人对于如何在大部队中进行战斗有着深刻的理解。[51]

方阵部队基本上都是在平坦地带交战的。其核心问题是，需要在行进之时确保部队的齐整。除非士兵行进的速度缓若爬行，否则哪怕是轻微的地形崎岖，都会让阵型破裂，因为有些士兵会走得靠前一些，而有些士兵则会落在后面。此时方阵便会出现一道致命的裂隙，足以让敌军像钢刀般插入。当罗马人移动到丘陵地带，试图征服那些山地部落时，他们解决了这一问题，正如汉斯·德尔布吕克（Hans Delbrück）在他的著名论述中所说的，罗马人通过给方阵增加"关节"来解决方阵破裂的问题。[52]其本质是将方阵分割切碎，使之变成小型作战团体或是中队（maniples，意为"一把"）。一个中队由两个基层军事单位百人队构成（一个百人队拥有72名士兵和一名负责指挥的百夫长），一支百人队在前，一支百人队在后。在中队与中队之间，留有一个百人队的间距。这样的话，军事单位可以顺利绕过障碍物，行伍间的混乱也被限制在了中队之中。

当然，这样的阵型存在很多间隙，所以我们下面要谈到中队制度的第二个创新点，这存在于中队内部。罗马人的中队内部有三线阵型（triplex acies），将队伍进行水平切割，从而产生三个单独的编队，三个编队前后排列，彼此之间留有足够的空间。处于中队最后的是老兵列，接着往前的是主列（principes），而排在最前方的是新兵列（hastati，也被称为青年兵，意为"枪兵"），主列和新兵列的士兵都装备有投枪和短剑。当部署作战时，各个中队会在前队留下的空当处，呈国际棋盘状或五点梅花形（与骰子掷到5点时的图像类似）分布。这样只能部分遮住间隙，不过，却能够让其他更为重要和机敏的实战行动展开。

近身交战最为耗费士兵体力。由好战与恐惧所形成的孤掷一注来驱动，加上肾上腺素的增压，你来我往的直接交战，一般可以维持15~20分钟，在这之后，参战者的机能便会被大幅削弱。[53]因此，现代的史料都认为，古代的战役基本上都是片段化的，以疯狂的暴力开始，假如双方均未被对方瓦解，那么会在之后的数个小时中进行数次休战以供休息、整顿和再战，随后又会重复多回合的战斗。军团中队制度中的几何原理，让士兵身体和情感上的局限被充分弥补，精力充沛的士兵会换下精疲力竭的士兵，同时给那些需要休养的士兵提供庇护。

下面将介绍罗马军团是如何运作的。一旦完成三线阵型的部署，军团便会以国际象棋棋盘般的阵型和稳健的步伐接近敌军，直至到达预期战场的边缘。到达指定地点后，战术性的分裂便开始展开，新兵列后部的那个百人队，向左移动，然后向前和前方的百人队合并，将队伍间隙填满，组成一道严密的阵线，此时新兵列的纵深减少一半。这部分军队迅速与敌军接战，他们掷出投枪，然后使用短剑向前推进。在新兵列当中——这一列由那些年轻且渴望战斗的士兵组成——军团士兵会向前替下已经倒下或已经精疲力竭的袍泽，直到对手已经表现出瓦解的征兆或至少双方打成平手。利用这一间歇，原先新兵列后排的百人队后退，回到原来的位置上。主列（第二列）的部队穿过新兵列空出的间隙，然后在最前方重复刚才的分裂，以精力饱满的士兵迎战已然摇摇欲坠的敌军，在战术上实现两连击。与此同时，随着战事进行，新兵列可以得到休息，而整个过程可以多次重复进行。假如形势危急或者前两列的士兵（新兵列和主列）都已经筋疲力尽，那么老兵列会向前推进，展开一道由长枪组成的坚实战线，这样能够让身后的新兵列和主列都得到保护，或者至少看上去似乎如此。

很显然，对于这套中队制度如何在实际战场上进行运用，存在不同的疑问和诠释。少数权威质疑这种塑造严密阵型的方式过于错综复杂，所以他们坚持认为，罗马人是直接以一开始的国际象棋棋盘状阵型参加战斗的。[54]但是，这种看法存在一个简单而致命的缺陷，因为如果罗马人这么做的话，就会让敌军穿插于阵型间隙之间，从而袭击中队侧翼，尤其是没有盾牌保护的那一面。而且，近身交战的情况复杂而险恶，上面勾勒的战争舞曲需要惊人的纪律和大量的训练以及出色的战术领导，这样才能够确保在持续的作战中维持稳定。特别是当百人队或中队需要后撤，以进行必要的重组之时，这些要素便显得尤为重要。[55]这意味着，向前推进和撤离敌军两者中，前者更为艰难，而后者更为危险。当然，士兵可以通过将战线前移来使危害降到最低，这样的话，中队无须逆行便可得到重组。但是，除非战事进展顺利，否则这样会过早地打断战斗中的必要间隙，这也是罗马人不希望看到的。不过，这足以说明，这种中队制度基本上是为了向前推进的，而非向后移动的。因此，和普通步兵方阵相比，它并没有根本性的改变。

但这种阵型有着更多可变的潜力。这套军事体系所具有的可细分特性，可以启发某种可能性，罗马人可以利用整个或部分中队进行独立作战，迂回穿插至敌方的侧翼或后部。不过，这就需要一名军事天才——西庇阿·阿非利加努斯——来展现这种可塑性。在此期间，正如汉尼拔所发现、波利比乌斯（34.9.9）所描述的，罗马人"排斥任何形式的欺骗与诡诈，他们坚持认为唯有直接正面的攻击，才是恰如其分的"。罗马的统帅和普通的罗马人都醉心于正面攻击，而他们的作战形式和过往的胜利让他们充满自信，坚信可以击溃一切敌手。

不过，这一体系本身就存在一些问题，从而让罗马人的期望很难实现。这种军事结构需要大量士兵的协调参与，这种精密协调不仅是个体性质的，而且是整体性质的。这就意味着不间断的训练和部队单位的延续性，然而通常罗马军团都会在服役期结束后解散，之后重新征召士兵。许多征召上来的士兵都曾有过作战经历，但就我们所知，这些士兵不一定曾在一起服役，而且他们的直属统领百夫长也未必具有专业素养。[56] 所以，这必然是一个建立与重建的过程。即使我们假设罗马军队的单兵素质足够优良，那么其整体组织的表现也是滞后的，直到危急的形势迫使罗马做出了进一步的系统变革，这一情况才得以改观。

除此之外，罗马的盟友也在这个体系之中。罗马军团在部署之时，通常还会有同盟翼军（ala）或者盟友随同参战，这些部队由罗马公民负责指挥。这些军事单位的规模看上去和普通罗马军团相近，不过骑兵部队是罗马编制的 3 倍。史料中对这支部队的军事性质总是保持缄默，某些人的笃信暗示，这支部队会像罗马军队一样组织并武装。[57] 不过，考虑到盟军部队的训练水平，这或许纯属猜测。我们现在知道那些精心选拔的盟军部队——三分之一的骑兵和五分之一的步兵——被人称为辅助精锐军（extraordinarii），他们由统帅直接指挥，这或许表明剩下来的那些盟军都是不太可靠的。毕竟，这些盟军都是由罗马的手下败将组建而成的，他们的军事效率怎能得到保证？当执政官直属部队列阵迎敌时，典型的阵型是罗马军团居中，而同盟翼军则分列两翼。这种位置分配可能意味着同盟军的战略角色是次要的，而罗马人则可以长驱直入，直捣敌军心脏。而汉尼拔总是会选择攻击罗马部队的两翼。之所以这么做有很多原因，但是有一点，汉尼拔已经料定在两翼，他所遇到的抵抗会相对减少。因此，虽然在第二次布匿战争中罗马盟友的忠诚广为人知，但是我们也有理由相信，这些同盟部队或许是战术上薄弱的一环。

　　虽然重步兵是罗马战力的核心，但是轻装部队和骑兵依旧　　50
是军队体系中不可或缺的一部分，尽管两者在军事打击的有效性方面都有缺憾。打个比方，在古代战争中，轻装步兵扮演着十分重要但不显眼的角色，他们可以掠夺敌军的粮草，袭击暴露的步兵，支援己方的骑兵，掩护部队重组的重装步兵。他们在破碎的地形上大显身手，而在公元前 4 世纪，希腊的轻装部队扮演着愈发重要的战术角色。之后，他们变得分工明确、专业可靠，直到汉尼拔的时代，他们组成了规模庞大、行之有效的佣兵，是汉尼拔手中能够发挥极大作用的有利资源。

　　罗马的轻装部队又被称作轻装步兵（velites，"疾速者"），在迦太基人到来之前并没有得到多少发展。这种士兵，原本装备十分简陋，波利比乌斯（6.22）形容这些轻装步兵是整个军队中最为年轻且穷困的部队。一些史家认为，在坎尼会战时，这些轻装步兵更像是军队仆役，而非正常士兵。直到公元前211年，他们才被重组，变成正规的轻步兵部队。[58]尽管多数人并不同意这一观点，但是战争初期，这些轻装步兵屡战屡败却很能说明问题。尽管有四分之一的轻装部队无力承担武器装备的成本，但是其余的那部分部队依旧装备齐全，他们配备刀剑和投枪，装备着像模像样的圆盾，头盔顶部有时还会覆盖狼皮来作为标识。他们自己似乎有独立的指挥官，而且有证据表明，他们同骑兵一起操练，协同作战，不过他们的军队组织依旧不太明朗。他们很可能以开放的队形进行战斗，也许是一波一波地发动攻击。[59]但是，这种攻击似乎并不奏效。

　　轻装部队在罗马军队中地位最低，颇不受人待见。他们中的大多数更像是学徒，成为轻步兵只是日后成为重步兵的第一步而已。因为他们十分年轻，所以他们英勇无畏，满怀热情，但也十分冲动。更糟糕的是，当他们面对汉尼拔的轻装部队时，同他们厮杀的都是经验丰富的杀手，他们的对手战斗方式很专业，且来自不同地域——有巴利阿里的投石兵、利比亚的掷矛手、利古里亚的长枪兵、西班牙的矛兵——这些人都用自己独特的方式作战，如同一个盛满戏法的百宝囊，里面混杂着各种致命的制敌手段。而罗马的那些轻装步兵只有一种作战方式，那便是掷出标枪，然后要么后撤，要么迅速接敌，像初级新兵那般用短剑作战。

　　另一个值得注意的是，罗马的轻装部队几乎从不配备弓箭，而弓箭简直就是致力于骚扰敌军的轻装散兵的理想武器。虽然在坎尼会战之前，叙拉古的统治者希伦，曾经派遣一支小规模的部队到罗马，这支部队中包括弓箭手，然而之后便没有了这支部队的消息了。[60]罗马人避免使用弓箭，迦太基人也是如此，假如弓箭能够运用于战场，那么这次醒目的亮相，将会展现这一武器的价值和它带给战斗对手的深切绝望。很显然，荷马和其反对弓箭手的告诫（他认为弓箭手都是愚蠢的），给整个地中海西部投下了长长的阴影。

　　不过，假如罗马的轻装步兵已然黔驴技穷，那么罗马人的骑兵部队也是半斤八两。共和时期的罗马人更加偏爱步兵作战，这点无可置疑。但是罗马重步兵的强大，似乎阻碍了罗马骑兵的有效发展。因为骑兵成员多半从上层阶级招募，而在骑兵部队服役，为晋升高位、获得指挥权铺平了道路，然而骑兵得不到良好的发展，所以这是一个很奇怪的现象。虽然这种风气并非如同某位评论家所说[61]，是一种不成熟的嬉闹，但是这个兵种确实缺乏一种严肃的军事目的。因为作战中所获得的荣誉，是罗马人政治生涯的基础，所以就会有人说，骑兵很容易因一时冲动做出英勇之举，但更倾向于单打独斗，而非身处纪律严明的军阵协同作战。[62]退一步讲，就算这些骑兵被编入了30人一组的骑兵中队（一个罗马军团有10个骑兵中队），但是他们如何确保方向无误和指令落实，都是一个问题。如何约束马匹十分重要，因为急速冲锋这一主要战术会很快导致编队散乱，马匹也会随之脱离战场，从而与战事脱节。不仅如此，罗马的骑兵都是有重装装备的，而且他们都是典型的罗马人，所以他们都倾向于从马背上一跃而下，然后徒步战斗，而这样做的话就丧失了骑兵的核心优势。

这点至关重要，因为骑兵的一项重要职责便是侦察，而相对整个庞大的战场，古代的军队显得十分紧凑且不易被发觉，所以，抢在敌军发现你之前，找出敌人位置所在，是一件不容忽视的事情。[63]然而很明显，罗马的年轻贵族们更倾向于上阵厮杀而非侦察敌情。而且由于罗马的盟友们提供了大多数的马匹，所以侦察的重要任务很可能交给他们去做。然而，在公元前3世纪和公元前2世纪之间，罗马经常陷入敌军包围，这可能间接反映出，盟军在侦察方面，并没有比他们的老大哥做得更好。即使罗马军团在战场上不是全盲的，那至少也是个近视。

最后，因为只有在骑兵部队服役才能走上获得罗马指挥权力的道路，那么这就产生了一个问题，这些升迁上来的指挥官，

52 最后还是要领导步兵部队的。当然，这些指挥官可以研习并体悟步兵的战术，而且他们的履职可以给部队带来机动性的优势以及更好的战场视野。但尽管如此，这些基层中队依旧是各级百夫长的天下，这些军官虽然在图腾柱上名次低微，而几乎所有百夫长以上的军官都有骑兵背景。也有古代其他势力的军队采取类似的领导方式，但是很少会有哪支部队对步兵的战绩如此依赖。这样的话，在从军经历方面，马背上的罗马指挥官和徒步的军队之间存在一定脱节，这一点必须被纳入考虑范畴之内，特别是因为汉尼拔已经对所有的作战形式都了如指掌。

六

我们在仔细研究了罗马军事体制的细节之后，还需要考虑军队中的不同组成部分是如何协调运行的。为了研究这一点，有必要去搜集罗马军队最有代表性的产物，即罗马战斗军团，那么这便需要像试驾一般，让罗马军队进行一次小规模的模拟军事行动。

在此期间，罗马人对于作战模式的选择，是标准的执政官指挥军队模式。[64]当这支部队被配置成本章开始时介绍的，开赴坎尼前线的罗马军队中的那四分之一时，虽然这支大军最终会覆灭，但是其中执政官的部队依旧是作战高效且响应迅速的。这支部队毁灭性力量的基础引擎在于其所拥有的两支罗马特别军团。每一支军团都包括 600 名老兵（triarii，处于老兵列），1200 名新兵部队（hastati，处于新兵列），1200 名主力部队（principes，处于主列）以及 1200 名轻装步兵（velites），共计4200 名步兵，除此之外，还有 300 名骑兵。此外，每个执政官军团还会有两支同盟翼军部队作为辅助，每支同盟翼军的数量同一个军团的兵力大致相当，与此同时，还会有两支同盟骑兵分遣队，每队各有 900 名骑兵。当加上弹性的编外人员后，总兵力可以高达 2 万人。虽然罗马军团以士兵自行负重装备而闻名，但是，很难想象每个军团还需要 1000 头额外的牲口，去驮运各种必要辎重。[65]

形象地说，这是一个拥有庞大骡马之力的巨型载体。当行进在征战之路上，行军的队伍居然可以长逾 1 英里，因此它的行进方式存在某些疑点。有些人认为，在特拉西梅诺湖伏击战之前，罗马部队的行军都是自由散漫、拖沓不已的，只能通过费边·马克西穆斯的铁腕来维持令行禁止。[66]不过，波利比乌斯（6.40.3-14）则勾勒出了一个更为秩序井然的行军序列。辅助精锐军（extraordinarii）打头阵，之后是战阵右翼的同盟军及其辎重，然后是第一军团和位于其后的辎重，紧跟而至的是第二军团，与之随行的是其自身的辎重和另外一支负责殿后的同盟翼军的补给队，殿后的任务通常交给同盟翼军。骑兵部队要么位于各自所属军团步兵的后部，要么跟在辎重车辆的两侧，维持负重牲畜的秩序。波利比乌斯还补充道，在危机突发之时，新兵、主力、老兵迅速组成三线阵型，严阵以待。

总的说来，我们的执政官所率领的部队是一辆适应全地形的汽车，然而它所能行驶的距离长短，很大程度上取决于它所奔驰穿行路面的情况。在最好的路面上，它能够一日推进 17～20 英里，而随着道路状况的恶化和路面障碍的增加，这个数字会逐渐缩小。[67]

然而，有一件事未曾改变。在日落之前、光照充足之时，军团长官会策马向前，选择并规划好合适的区域，这片区域不仅可供简单休憩，同时还是全方位汽车服务站一般的军团休整地。到达预定地点之后，整个军队将会花上 3 个小时来完成以下工作：挖一条经过仔细勘测之后的四方壕沟，建造防御土墙，扎下木栅，在每一侧都修建营门，从而形成一个封闭区域，在这个区域中，按照军队结构精心布置营房。波利比乌斯给予我们这样一份军营设施的蓝图，通过一些方案细节的展示，告诉我们这样的安排可谓滴水不漏。罗马军队为部队中的每一项预防性维护保养功能都留有特定的区域——餐饮、睡眠、操练、集合、斩获储备、出击、回营的空间，这些通勤的流量都经过了详细的考虑。不过，罗马的军营绝不仅仅是一个服务站那样简单。

无论是古代还是现代的评论者，都一致认为井然有序的营盘建设，是罗马作战的典型方式。[68]对于一个热衷于赏罚的体系来说，它是激励干劲的中枢。在这里，那些勇于直面危险、英勇无畏的士兵将会被当众给予罗马人梦寐以求的授勋奖励，这份荣誉激励着士兵们出生入死。又或者，假如有谁干了偷鸡摸狗的事情、在执勤站岗时睡着、抗拒军令、企图当逃兵或者表现得不够勇敢，那么这些人便会被施以野蛮而且常常致命的惩罚。惩罚由执法扈从负责执行——鞭打过失者或是将其斩首——或者由士兵自主实施。

和其他诸多事务相同，罗马人的军营既象征着一种精神状态，也是一种兼具防御和进攻的心理武器。在一方面，它为军团士兵提供了一片秩序井然的故土，在外界险恶的环境中，这里是熟悉的庇护之所。这里也是以班（contubernium）为编制的士兵们的休憩之地，这 8 个人组成的小队吃住在一起，强化着作战小队的凝聚力，这也是每一支成功军队的核心。但是在另一方面，从敌人的角度来看，罗马人的行军营盘传达出截然不同的信息。在每一天行军结束之际，罗马人习惯性地建造着近乎相同的防御工事，罗马人向外界传达出其坚定不移的前进步伐，集体的意志让他们不断推进。[69] 罗马士兵百折不挠，罗马军营不可阻挡。

但是从营地本身来看，它绝非无懈可击。任何用木桩和树枝在数小时内构成的栅栏，都是相当脆弱的，它只能抵挡住小规模的袭击。而这种固有的弱点引起了人们的质疑，对是否有必要建造这样一整套工事表示疑问。因为存在许多罗马人被劫营的例子，而且这几乎总是会发生在战场溃败之后。[70] 假如一支军队崩溃瓦解、士气低落，就像坎尼会战那样，那么没有任何一个军营可以保护这些幸存者。

不过，这样就忽略了真正的重点。从根本上来看，罗马营地只是一个开拔的集合地或是一处潜在的集结点。这就是为什么罗马指挥官们常常会选择在大营不远处与敌交战。他们的军队可以在营地休整之后，以良好的秩序投入战场，假如战事逐渐恶化，他们也会有可供逃生的地方。败逃的部队战斗力低下，正处于最为脆弱的时候。任何能够阻断敌军追杀和提供重整部队时间的都是潜在的救命法宝。军营会陷落，但许多罗马人正是靠着它得以复出，继而反败为胜。

但对于参加坎尼会战的罗马军队而言，这一切都言之尚早。破晓之时，哨兵们还在营区外围负责警戒，没有任何企图干扰士兵安眠的骚扰。尽管如此，一支敌军还是在此时悄然而至，

往执政官的营帐瞥去，一面红色的军旗立在帐外，这意味着今

55 日不会行军。在日出之前，执政官同他的军队议事会会面，议
事会成员包括财务官、军团长官、同盟翼军的指挥官以及每个
军团的首席百夫长——也称作高级先锋（primus pilus）。[71]经过讨
论，议事会成员一致决定交战，命令也随之下达。几乎在瞬间，
轻装部队的号角刺破清晨的空气，他们从军营中鱼贯而出，为
身后正在组队的重步兵提供掩护。骑兵旋即与之会合。

此时此刻，军团士兵已经吃完早饭，做着最后的准备——
磨锐短剑的剑锋，擦亮自己的头盔，穿戴整齐准备迎战。他们
加入各自的百人队，在营帐之间的道路上找到自己的位置，在
防御工事后的开阔地带组成新兵列、主列、老兵列三线构成的
战阵，每个中队、军团、同盟翼军都各就各位。每支部队从不
同的营门列队而出，以并行队列集合，纵向而行，向预定的战
场开进，直至到达罗马左翼预计到达的位置。此时，每个三线
阵型都会右转 90 度，面向敌方，并列行军，直到右翼军阵集结
完毕。这样，三线阵型的布置便完成了。

整个布阵过程看上去很简单，但实际上十分费时且困难重
重，军团长官骑着马来回奔波，以维持整个队形的笔直和匀速。
整个过程只有在百夫长开始纠正队列、注意留下的重要空隙
（千人军阵的几何学构造）后才能算完成。假如一切按照计划进
行，那么担任掩护任务的轻装部队会从间隙中撤出，而骑兵则
会占据两翼边缘，盟军骑兵在左翼，罗马骑兵在右翼。[72]

在中间的位置则是长达 1 英里的死亡阵线：密集的尖锐武
器、坚不可摧的决心，以及不怀好意的严阵以待。许多目睹如
此景象的敌军，都无缘存活到午后，但是身处汉尼拔军队中的

士兵则除外。对于汉尼拔而言，罗马人的部署意味着某种机遇。

　　这里描述的罗马军队，从某种程度上来说，更像是一辆可以试驾的现代车辆，它是可以更换的。当一辆损毁时，另一辆会被征调，整装待发。这既是巨大的优点，同时也是巨大的缺点。因为无论是军队统帅还是作战士兵，即使他们不是业余的，那也是临时的，尽管许多拥有相同才干的罗马人会被提拔，这样能保证军团的新旧交替，罗马的抵御也是近乎永无止境的。但是，当他们面对一位出色的罗马军团毁灭者时，他们所能获得的最好战绩只能是僵局，而非胜利。为了摆脱汉尼拔的梦魇，罗马需要一位和他旗鼓相当的统帅，也需要一支真正专业化的军队。这两者都是从坎尼会战当中被汉尼拔击败的受害者中选出的，不过当起用这些将领和其麾下的职业军队之时，罗马共和国已经逐步走上了覆亡的道路。

56

第三章　迦太基

一

　　他正在等待着他们。他派往罗马的间谍告诉他，一支庞大的军队正在集结。在过去的几天里，针对罗马俘虏和逃兵的审讯，让他获悉了罗马最新的计划及其进展。[1]尽管他截取了罗马的粮草储备，但是他所拥有的军队补给只能维持 10 天。不过，这没有关系，因为他已经严阵以待。他打算在坎尼消灭他们，之后他的军队便可以不受阻挠地搜寻补给。汉尼拔就是这样的统帅。他总是谨慎狡猾，但当时机来临时，他绝不怯战。

　　本能告诉他，时机已到，正是此时此地。他反复尝试不同地形，而后他得出结论，假如他背对东南风（Vulturnus）列阵，那么风沙会蒙蔽敌军（李维，22.46.9）。他对罗马人了如指掌，像钻研书本一样研究过他们。他清楚罗马人是如何列队的，他也明白罗马军队的目标在于突破中军。他会给予罗马人尝试的机会，在开战之时接战，让那些罗马人分心，继而让他们意识不到其实他的两翼早已大幅增强。当罗马人足够深入之时，他便会启动陷阱，像老虎钳一样将罗马人死死钳住。这是这项作战计划中最为大胆的部分。因为假如弄错时机，罗马人提前突破中军，那么汉尼拔便会兵败如山倒。从另一方面看，作战的成功，不仅仅需要卓越的统帅，还需要一支名副其实的兄弟连

（band of brothers）作为部属，从而执行其计划内容和作战意图。而汉尼拔作战计划的最后一块拼图，就是这些军队训练有素、经验丰富，能够熟练地运用汉尼拔的战斗方式，而且能够基于本能地随机应变、把握时机。

这一切都不符合传统的迦太基模式。从 9 岁起，汉尼拔就未曾踏入迦太基城，再过 14 年，他才会回到那里。与之相反，他同他的袍泽一同成长，这支部队历经 20 载，在西班牙精心操练，而不是在迦太基。可以这么说，这位统帅、这支军队在意大利进行的战争，都是不同寻常的，这些是巴卡家族向罗马复仇的渴望所形成的，是亚历山大大帝一类军事英雄的泛化图景，而并不仅仅是迦太基自身的产物。 58

迦太基是一个与众不同的地方，起初它偶然参与（第一次布匿战争），接着被迫卷入（第二次布匿战争），同一个自建立之初就立足于战斗和征服的社会发生了灾难性的激烈对抗。假如罗马是在按照战神的鼓点行进，那么迦太基则是沉醉于财富之神的温柔乡之中。假如罗马是被铁血所哺育，那么迦太基则是在贸易的平台上汲取营养。如果说罗马制造战火，那么迦太基则是创造财富。这种对比如此简单而又难以捉摸。

对于一个遗绪是由敌人记载的民族，我们还能说些什么呢？作为一场最为惨烈的种族灭绝的受害者，直至今日，依然很少有人凭吊迦太基。仔细审视下面的一段话——这番话语被现代社会的一位古史泰斗认同并引用——它是这么说的："留着东方式的胡须，身着宽松的长袍，点缀着花哨的饰品，时常会有引人注目的金制鼻环从鼻孔垂下，浑身洒满香水，畏畏缩缩，行着东方式的额手礼。不仅仅是其外表、其感官之欲，其背信弃义的残酷，还有其鲜血淋漓的宗教，所有的一切，都让人厌恶和反感迦太基。直到最后，他们依旧是一副小贩嘴脸，一心谋求私利，对他们的子民漠不关心。"[2]姑妄听之，这段材料原出自罗马史家之手，但就算是致力于了解迦太基生活的人，也会做出如下结论："总体而言，普鲁塔克将迦太基人描述成一个坚忍不拔的民族或许是对的，他们厌恶欢愉与享乐……其自身阴郁而野蛮的气息，而非自私与贪婪，使得其他民族如此厌恶迦太基，同时，一种深入骨髓的迷信，也导致迦太基不受人待见。"[3]放心吧，无论关于迦太基的真相如何，后人只能透过那些一直以来带有恶意的舆论去了解迦太基人了。

不仅如此，史家还大肆渲染迦太基人的种种不足。他们没有什么艺术细胞。他们的审美观一开始来源于埃及人，之后则来源于他们的老对手——希腊人。他们在文学方面没有留下任何东西。除了马戈（Mago）所写的一部有关农艺的极佳作品被罗马人翻译了以外，其余的不是被付之一炬，就是散佚流失。除此之外，他们的文字依旧只是一个没有元音的辅音框架，这十分适合记载贸易往来，但不适合记录思想。在我们认为有价值的地方，他们表现出消极和漠不关心的态度。他们的生活中没有剧场和竞技，他们的商品设计得十分糟糕，粗制滥造，他们的铭文充满了繁复的话语和仪式化的套路。他们的着装毫无风格，特别是男性，总是罩在又长又直的羊毛长袍之中，罗马的剧作家普劳图斯（Plautus）这样讽刺道："嘿，你这家伙连腰带都不系！"他们的名字缺乏变化。迦太基人并不按照双名法（binomial nomenclature）命名，他们只有一个单独的称谓，所以对于说拉丁文的人来说，这十分拗口，以至于在李维笔下，所有的迦太基人名都会被简化，例如汉诺（Hanno）、汉尼拔、哈米尔卡、马戈。[4]

但有一点是真实的，那就是他们对宗教无比虔诚，甚至到了走火入魔的地步，他们的宗教也沾满了血腥。或许在这点上，迦太基做得比地中海的其他社会更加极端，所有的迦太基人都笼罩在阴郁、贪婪、嗜血的神明的魅影之下。这些可以从迦太基人的遗绪中得到证实，例如他们的名字，"汉尼拔"的意思是"获得巴尔（Baal）神青睐的人"，"哈斯德鲁巴"的意思是"巴尔神是我的助力"，这些都展现出每一个迦太基人，无论贫富，都对神有着虔诚的信仰。迦太基的宗教是一种宇宙观，而在这个宇宙观中，世界似乎永远都会面临崩溃的危险，每逢灾异，主宰一切的神明就需要人们来对它进行安抚。迦太基神话和迦太基历史总是伴随着纵火自焚的插曲，一切起始于建城者艾莉莎（Elissa，又译作伊莉莎）的自焚，而终止于公元前146年迦太基末日时，城主哈斯德鲁巴之妻的自焚。[5]但是还有一项更为不祥的遗绪，虽然李维和波利比乌斯把它给忽略了，但是被更为浮夸而让人难以尽信的狄奥多罗斯给记载了下来，那便是"杀婴"。这一点在1921年的考古发现中得到了验证，当时在对首批真正的迦太基遗迹的发掘中，人们发现了一瓮一瓮的烧焦的新生婴儿尸骸。而且，进一步调查研究显示，这种行为不仅一直持续到了迦太基城的覆灭，而且用动物尸骸代替婴儿尸骸的做法也在随后渐渐减少。[6]或许，其中还有控制人口的深层次原因，但在那些仪式参与者的脑海中，灾厄之时和愤怒之神都需要用极端的牺牲来满足。有一点是肯定的：这种恐怖的背景，让迦太基和他的居民，无法在现代历史意识中获得平反。

60　所以迦太基的恶劣面貌被他的敌人——希腊人和罗马人不断地传播，而这种面貌图景，很大程度上将汉尼拔视为迦太基的代理人。当然，迦太基内部也涌动着暗流，尤其是李维对于"伟大的"汉诺的描绘，这个人是巴卡家族的政治劲敌。但总的来说，在古人眼里，第二次布匿战争是罗马和迦太基之间的交战，而非罗马和汉尼拔之间的战争。可以这么讲，因为此时的迦太基对于罗马来说，不仅陌生而遥远，而且完全是一片神秘的土地，甚至是深不可测的一个谜。古人眼中的历史基本上都是英雄式的，但是迦太基完全没有英雄气概。假如古人明白了这一点，那么他们或许能够弄清汉尼拔本人（一个以史诗传统而刻画出的英雄）的动机，为什么会和他的祖国迦太基有着天壤之别。但是，这还需要进行进一步的解释。

二

罗马人将迦太基人称作"布匿人"（Poeni），这是有依据的。迦太基人实际上都是腓尼基人。我们甚至可以称呼他们为服用了类固醇的腓尼基人，这不是指肉体上的，而是针对迦太基人的高效而言的。传统意义上来说，迦太基（Kart-Hadasht，腓尼基语"新城"的意思）是由腓尼基的推罗人于公元前814年建立的。和腓尼基人在地中海西部建立的其他货物集散地（entrepôts）不同，迦太基城拥有一个详尽的建城传说，艾莉莎公主为了逃避杀死其夫的邪恶的王兄——推罗国王皮格马利翁（Pygmalion），率领着追随她的公民，并在塞浦路斯吸引了更多定居者，在位于突尼斯湖以东的岬角登陆北非。到达之后，人们认为，她从不情愿的土著居民手中购得了一块地皮，而这张地皮的大小是一张牛皮所能覆盖的范围。然后她随即将牛皮裁剪成细条，这根牛皮条很细，以至于能够圈上一块周长为2.5英里的土地。这个传说除了为迦太基人赚取了精于讲价的声誉，也反映出了一件不属于推罗传统的事情，那便是对土地的饥渴。

迦太基人最初的发展符合腓尼基人的期望：对于海运贸易的依赖以及对于商品附加值的追逐，无怪乎对公元前8世纪到前7世纪的考古发现，能够清晰反映出当时工业和手工业区域的存在。[7]同时，迦太基人还突破了自己的界限，既为了寻找粮食，同时也为了让过剩的人口有可去之处，他们在靠近利比亚的黎波里的一片海岸（Syrtic coast）开展贸易，因为这里是小麦的产区。另外，公元前654年，迦太基人还在伊比沙岛（Ibiza）建立了第一个殖民地；[8]随后又陆续建立了其他的殖民地。

一个世纪之后，迦太基的繁荣已经是世人皆知了。殖民地和商业中心沿着北非海岸建立，同时还分布在西班牙东南部、撒丁岛以及西西里岛西部。迦太基的母邦推罗，在亚速人的手中变得一蹶不振，所以母邦曾经能够施加的控制，现在已经不再成为限制的因素了。另外，迦太基已经打破了原有的条条框框，如今占据了卡本半岛（Cape Bon）的内陆地带，这个地区约有2万平方英里。[9]这一点至关重要，建立在大庄园和密集种植基础之上的农业经济从此诞生。

自始至终，迦太基的敌人在审视迦太基的扩张时，都是以农业帝国主义的视角切入的。因此，这种扩张模式被专门收入军事词条中。按照这一视角，在迦太基军事力量的核心应当是它的海军，而这种视角就其实际运用而言是准确的。公元前535

年，迦太基人和埃特鲁里亚人（Etruscans）的联军在撒丁尼亚的阿拉利亚（Alalia）击溃了福西亚人（Phocaeans），赢得了决定性的海战胜利，从而建立起了地中海西部的海洋霸权。必须承认，迦太基人的确建立起了一支强大的海军，配备有优良的船只和出色的船员，他们以其航海技术而闻名。但是，迦太基海军的主要目的还是在于保护迦太基的商船免受海盗侵袭，而福西亚人正是因为干这种海贼勾当而臭名昭著。事实上，除了狄奥多罗斯（13.54.1；80）提及的一些西西里岛的军事行动，以及公元前 276 年击败皮洛士的那一仗之外，阿拉利亚海战几乎是我们已知的，迦太基在第一次布匿战争之前打过的唯一的海战。那个时候的海军战舰，都是以划桨为动力的冲撞型战舰，需要大量的船员以及相对有限的空间来储备水和食物——相较于一艘战舰，看上去更像是一个赛艇。这种船的战略航行距离十分有限，因为夜间航行容易搁浅，而且它们也无法远涉重洋。迦太基海军充其量只是一项脆弱的资产，他们很容易受到陆上的攻击，一场突如其来的暴风雨便会让他们遭受灭顶之灾。因此为城市服务的迦太基海军，更多是用来吓跑那些劫掠者，而远非作为一项作战工具来使用的。但是，对于迦太基的敌人而言，这支海军力量令人生畏，至少在罗马人开始打造自己的舰队之前，确实如此。

那么接下来，便是一段迦太基作为陆上入侵者的往事，这是一场长达 200 年之久，针对西西里岛控制权的拉锯战。按照希腊人的记述，这场争夺霸权的肥皂剧包括：野蛮的迦太基人数次兵临城下，无休止的布匿式背信弃义，突然的戏剧性转折。所有的一切，都是公元前 480 年希梅拉战役（Battle of Himera）

62

的缩影。当时，迦太基方面的最高统帅哈米尔卡，眼见自己的
30万大军（数字被夸大了）被击溃，投身烈焰之中，这也是迦
太基闻名遐迩的一种祭典了。作为一位致力于碾压西西里岛希
腊人的敌手，迦太基的某些举动让一些当代史家印象深刻，因
为这些行为简直愚不可及、令人生疑。[10]在胜利唾手可得的那一
刻，迦太基人会突然选择后撤。之所以出现这种情况，与其说
是像希腊人描述那般，因为怯懦、瘟疫或是皮洛士般的不负责
任，倒不如说是因为迦太基军队步调不一致而引发的。至少起
初，迦太基是和其他腓尼基势力结盟的，这样既可以求得自保，
又可以在商贸上分上一杯羹。后来，当他们愈加具有侵略性，
而且渴望确立正式的权力关系时，面对崛起的叙拉古和它想要
一统西西里的野心，迦太基决定做出回应。就所有情况而言，
能够让迦太基信心膨胀的基本凭仗便是它手底下的雇佣兵，这
些部队招之即来，挥之即去。直到汉尼拔和他的父亲创建一支
更加持久且专业的军队之前，一次性的佣兵结构都是迦太基陆
权的标志。

三

从经济学的角度，能够最为有效地解释迦太基强权内部所
存在的悖论。与罗马不同，在迦太基，军事力量和军功荣耀并
不是一切的根基，金钱才是至关重要的。置于现代的语境之中，
这其实很好理解，但是对于古人而言并非如此。因此他们坚持
着对迦太基的误判，而迦太基则以牙还牙——这犯了一个致命
的错误，正如之后发生的事情所展现的那样。因为他们彼此都
生活在同一个世界，在这个世界中，战争胜过贸易；而在他们

处的时代，当事态的发展足够恶化，那么便很难心平气和地达成协议。不过，假如一切都是他们的命运的话，那么他们一直都保持着可观的进展，直至终结。

迦太基的富庶举世闻名，但是迦太基的财富种类和具体的富庶程度依旧模糊不清，难有定论。在某种程度上，这是因为在传统的商业环境中，回报递减等商业概念会被隐藏在人际关系和政治关系之下。但这并不意味着这些概念会停止运作，也不意味着人们可以通过逐渐累积的经验信息，来充分了解这些概念并加以有力运用。据我们所知，古人对于经济，并无抽象理解，但他们知道哪些做法行之有效、哪些做法只是徒劳，迦太基人便深谙此道。

众所周知，迦太基人都是出色的交易商，他们也同样精于生产和销售那些由简单原料制成、带有附加值的商品。不过，古史研究分析者们经常会将研究就此打住，或是因为一些根本性的误解而短路了。

第一个误解与迦太基往北非内陆扩张的性质和后果有关。传统意义上来说，人们喜欢用政治语境去加以解释，庄园贵族和贸易贵族针锋相对，关于内陆扩张和海外扩张的两种主张不可调和。[11]不过，近年来，对于迦太基如何整合其农业，并将之纳入更广领域的贸易事业当中，出现了各种各样的解读和愈发深刻的见解。[12]在公元前 300 年，迦太基城周围的土地已经变成了大宗粮食的生产地：一个致力于生产葡萄、无花果、橄榄、杏仁和石榴的内环经济带，以及一个致力于生产大量谷物的外环经济带。这些迦太基的大型庄园，使用奴隶和难以驯服的利比亚佃农来耕作，并且提供了可观的出口份额。这就是为什么罗马人觉得应该让马戈的农学著作留存下来，因为此书能够告诉罗马人如何将作物种植转化为经济利益。不仅如此，迦太基的繁荣富庶令罗马人吃惊不已，也让罗马人感到恐惧。李维（31.19.2）告诉我们，在公元前 200 年，也就是迦太基在第二次布匿战争中战败后的次年，迦太基人还是设法向罗马和其驻马其顿的部队献上了 40 万蒲式耳的小麦。10 年之后，迦太基人为了讨好罗马人，将 50 万蒲式耳的小麦作为礼物献给罗马军队，然而罗马元老对于战败国的炫富行为深恶痛绝，他们坚持要付款交易。

　　不过，作为经济巨头的迦太基绝不只精于种植业和生产。考古学家的发现让很多研究评论者都开始注意到，迦太基的进口量也十分巨大。这通常会被当成迦太基的软肋——迦太基的匠人技艺不精，其作品除了能够取悦"淳朴的西方野蛮人"之外，根本不能让其他人满意。[13] 迦太基人偏爱罗德岛的精酿而非阿非利加的酒水，他们喜爱坎帕尼亚出产的器具，也坚持整船整船地往国内进口希腊的艺术珍品和奢侈器皿（de luxe），这些都造成了国内财富的流失，也是追求风尚压倒自给自足的表现。或许这两个现象并不能准确地反映事实，上述的一切或许暗示着更为复杂的真相。通过不断的尝试和失误，迦太基人摸索出了一套对自己相对有利的法则，假如其他地方生产某物的效率高于国内，那么本国应当在自己的优势产业集中精力，而其他产品则通过贸易获得。出现这种观点，并不代表迦太基出了一个大卫·李嘉图[14]式的人物或是迦太基人已经弄清了整个来龙去脉，而仅仅是因为迦太基人做出了相关尝试并且获得了成功。这条法则一直非常有效，直至他们积累了的惊人的财富。

迦太基人长于贸易，短于战争。奇怪的是，他们被罗马人击败之后，并没有在聚敛财富方面受到任何负面影响——他们变得越来越不好战，同时也变得越来越务实高效。第二次布匿战争结束之后，这一点尤为明显，当迦太基人几乎完全屈服于罗马之后，他们将战争外包给了罗马，而自己的商业繁荣却达到了新的高度，甚至在战后 10 年而非 50 年之后，提出了要提前偿清巨额的战争赔款（将近 60 万磅白银）。[15]这件事情激怒了罗马，同时也令罗马恐慌不已，因为军事力量是罗马称霸的底线。这也无怪乎老加图总是在他的演说末尾加上"迦太基必须毁灭"。他拿出了三天前刚刚在迦太基城采摘的无花果来作为罗马易受攻击的论据，并且这样说道："哦，是的，我们的敌人与我们的城墙只有这么近！"[16]在罗马人的眼中，迦太基的无花果不仅仅是无花果，他们坚信迦太基所拥有的巨额财富，必将颠覆他们的战神之邦。所以，迦太基城毁灭的命运，已被注定。

迦太基人应该明白，他们所拥有的财富，并不能让他们在这个由战争主宰的世界中得到保护。迦太基这种富庶的财富之地，天生就会招来外人的劫掠。因此，迦太基城具有坚固的城防，或许在整个古代世界都算得上首屈一指了，[17]然而其平整的郊外沃野能够让入侵者长期驻扎，并从肥沃的土地上获得源源不断的补给。早在公元前 310 年，叙拉古的阿加托克利斯一度被迦太基兵临城下，之后他扭转战局，在北非登陆，实现反攻，并且在被迫撤退之前，将迦太基城逼临崩溃边缘。阿加托克利斯不仅在突尼斯附近的开阔平原击溃了迦太基守军，从而让迦太基城孤悬于海外，得不到内陆领土的支援，而且还被利比亚人奉为解放者并得到了后者的欢迎。[18]这一点对于迦太基来说十分危险。因为利比亚人在过去的数百年间已经发动了两次叛乱，而且之后他们还会一次又一次地举起反旗。[19]

　　迦太基的扩张是由经济学上的逻辑所驱动的，只要这条纽带建立在贸易和销售之上，那么迦太基治下的领土便是松散的，而且无须担负繁重的义务。然而自渗透非洲内陆以来，迦太基开始实行比较常见的领土管控机制——由总督、行省组织和税收组成的架构，而且对自己领土的管控越来越严密。[20]虽然在公元前3世纪中叶，迦太基所控制的人口总数可能与罗马领导的意大利联盟大致相当，甚至还要多一些，但是，迦太基对于贡赋的兴趣，明显要大于其对于兵员的兴趣。[21]和罗马不同，迦太基并没有通过一定的补偿来尝试笼络其属民，更不要说给那些属民授予公民权了。迦太基只是属于迦太基人自己的霸权，而其他人只不过是经济上的输入者而已。这也难怪后来汉尼拔认为，击败罗马便可以让罗马的盟友作鸟兽散，因为属民的忠诚是迦太基根本不会去培养也不会去理解的东西。

　　不过，迦太基人的内部还是比较团结的。虽然我们不能把这个定期将大量婴儿投入火坑的地方称作健全的社会；但它至少看上去是紧密团结且物阜民丰的。在迦太基，巨商云集，或许也存在巨大的经济差异，但与当时同室操戈、内讧不断的希腊城邦相比，迦太基的阶级冲突就算还存在，也已经得到了相当程度的缓和。在公元前4世纪，妄图实施独裁的人曾经两次想要掀起暴乱但终被平息，因为这些人几乎得不到城市无产者的支持，甚至连城市里的奴隶也不愿助其一臂之力。

　　正巧，我们对迦太基的政府结构也有着深入的了解，亚里士多德便对这种体系有着颇多好评，他这样说道：这很好地体现了王政、寡头和民主三位一体的政治理念（《政治学》，2.11）。他也认识到这个体系是不断发展的，自公元前4世纪以来已经有了相当大的变化。亚里士多德的阐述将重点放在了迦太基的寡头制度上——这是一个由数百名长老长期任职的议事会，而这个议事会由104位法官（即"一百零四人院"）或另外30位核心议员组成的顾问团所控制。三者之间的关系也存在一定的不确定性，但是没人会否认他们共同代表了这个国家的富裕阶层。[22]在公元前3世纪，迦太基的最高行政官员，是每年经选举产生的执政官（suffete）①，虽然亚里士多德并没有专门提及，但是迦太基的执政官一职起源于原先的国王，而且带有浓重的宗教色彩。同时，他们也是财阀统治的产物，尽管具有最高的宗教权力和民事权力，但是对于军队并没有指挥权。假如执政官和元老们能够就议案达成一致，那么他们无须进行进一步协商就可以直接付诸实施。但是，假如他们无法达成一致，那么他们便会把议案提交公民大会审议，在大会上每一位公民都有权发言，甚至有权提出异议——这是迦太基政治体制中的民主成分。

迦太基政制很难通过严密的脉络来厘清，我们只能从古罗马和古希腊留下的文献中获取零星的资料。不过很显然，迦太基的内部存在政策层面上的派别林立和根本分歧，尤其是在公元前241年第一次布匿战争结束后的那个多事之秋。一些历史学家试图将其描述为"民主革命"的一部分，[23]但这明显将事实

---

① 执政官这一名称，是古代多种高级官员名的通译，包括罗马的"consul"，雅典的"archon"，迦太基的"suffete"，等等。——译者注

夸大了；不过，在寡头势力呈现衰颓之势时，权力似乎也在悄然转移，而在公民大会中发生的事情更为此增添了意义。在同罗马首次交锋期间，公民大会便承担起了选出迦太基军事统帅的重任。[24]不过，这仅仅是认可了一条亘古不变的真理：与罗马不同，在迦太基，政客和军人的生涯是截然不同的，从根本上看，前者是把后者当作雇员看待的。

迦太基的男性公民数量一直是比较少的（或许不到 12 万人），[25]因此，在其历史早期便不再依赖自己的公民兵了。唯有在生死存亡之时，迦太基的公民才会被征召入伍，即使这种部队战力有限（公元前 241~前 238 年的佣兵战争期间，只有 1 万人的军队能够被征召，并与哈米尔卡在孤注一掷的死战中并肩而战[26]），且并不能胜任战事，但是以方阵迎战，或许是这些业余士兵最佳的阵容了。不过直到阿加托克利斯报复性地入侵迦太基为止，迦太基依旧孤立在北非的土地上，维持着稳定，因而可以省去维持本土常备陆军的开销。那些海外的领土，则更愿意雇用部队而非自备军队，根据不同情况选择雇用或是解雇那些佣兵。

故而，精于领兵的迦太基人可谓凤毛麟角，仅仅局限在那些指挥佣兵的将领当中，或是那些从一小撮贵族家族中产生的军官骨干。[27]因为对军队将领服役的时长并没有限制，而且只要能够避免战败，他们通常都会自行决定征战，所以看上去似乎只要不断积累经验，他们便可具备高超的军事水平。但事实并非如此，其中一个原因便是，那些将领之所以能获得职位，其拥有的财富和社会地位与他们本身的军事能力一样重要。[28]倘若他们被授予相当大的军事自主权，那么，对于能力有限的他们

67

而言，这简直就是用足够的绳索或处刑的十字架来弄死自己。

具有商业集团性质的迦太基，总是期望能够从自己的军事将领那里获得捷报，而战败的消息对于迦太基而言，绝非皱皱眉的小事。战败失利的将领，将会接受"一百零四人院"的严厉查核，假如对于将领战场表现的评估是负面的，那么受审者将会在十字架上受刑。将败军之将钉死在十字架上，终结的不仅仅是几段刚刚崭露头角的军事生涯，单单在第一次布匿战争期间，便有 4 名指挥官以这种方式丢掉了性命。[29]这种负面的刺激，似乎象征着迦太基在民政和军务上的隔离。而罗马的元老院则由那些老兵充实，这些老兵熟悉战争的冲突与迷雾，元老院也对那些战败的将领给予了充分的宽恕，甚至原谅了坎尼惨败的罪魁祸首特伦提乌斯·瓦罗。由于迦太基缺乏罗马那样对于陆战的集体理解，因此他们会将罪责诉诸束棒，甚至是绞刑架。

这种同军事脱钩的特质，也能够有助于解释迦太基的另一个典型军事谬误——他们对于战象的依赖。和罗马人一样，在同著名的伊庇鲁斯君主皮洛士的交战中，迦太基人在公元前 278 年首次见识到这种装甲巨兽，当时皮洛士正在西西里短暂地停留，和罗马人不同，迦太基人很快就学会了如何对付大象，他们于公元前 262 年组建了自己的战象部队，并且很快就沉迷于这个兵种。

结果证明，这是一个糟糕的习惯。大象很容易受惊，这在战争中可不是什么优点。[30]当大象陷入躁乱时，它会无视敌我，疯狂乱动，踩踏任何挡路之人，而它踩踏的常常都是迦太基人自己。虽然值得肯定的是，大象可以让缺乏眼界的敌军受到惊吓，它们可以使骑兵陷入混乱，因为大象的气味会让马匹感到厌恶。但是，这些象兵的伎俩很容易被识破，他们在战争中的实际效用，也只不过是给战场上增添了一个不可控的变动因素。虽然在公元前 256 年，他们在挫败罗马将领雷古卢斯入侵北非时，起到了一些作用，但是除此之外，迦太基并没有凭借这种巨兽获得与之相称的胜利。而且，这还必须将捕象、训练、运输等一众消耗纳入衡量范畴，从任何现实考量上来看，都能够得出成本效益层面的负面结果。

　　然而很显然，迦太基被大象的巨大体型和强大力量所震慑——那是一种古代世界的终极武器。它们造成了一种海市蜃楼般的幻境，仿佛拥有战象之后，其他军事上的不足都已然无关紧要；那些并不擅长陆战的贪婪之辈，更是会产生这种带有欺骗性质的见解。此外，迦太基人也有办法获取大象。毕竟，迦太基人居住在北非，而所谓的非洲森林象（Loxodonta africana cyclotis）也能够在撒哈拉以北的非洲被找到。虽然这些非洲象的体型，比希腊化时代的那些希腊人所拥有的战象要小，但它们依旧十分引人注目，象肩距地有将近 8 英尺。[31]甚至连汉尼拔本人都被蒙蔽了，当他完成了翻越阿尔卑斯山的英雄壮举之后，只能眼睁睁地看着那些战象还未抵达坎尼战场，便已死伤殆尽。尽管如此，在公元前 201 年灾难性的扎马战役中，进行最后一搏的汉尼拔依旧对战象情有独钟，他派出了 80 头战象。但是，战争绝非马戏，和往常一样，这些战象陷入了慌乱，而这场最终的惨败也标志着，汉尼拔成了迦太基迷恋战象的所有战将中的最后也是最伟大的一位。

　　从军事观点来看，迦太基在海洋上的地位更为稳固。船运

68

贸易是城市的命脉，而有关航海的必要技能和经验，很大程度上都会在所有船员中共享。大量的船员服务于商业运输，这一点毋庸置疑。虽然不能肯定，但假如迦太基的海军不是全部由迦太基人构成的话，那至少很可能大部分都是迦太基人。[32]因为希腊人的海军都是由自己的国民来负责船只划行的，所以假如迦太基是例外的话，那么作为希腊人的波利比乌斯很可能会在作品中有所提及，而事实上他并没有这么做。也有人认为，迦太基人在本国海军服役能够有助于解释迦太基的政治稳定性，因为这样能够使赤贫的阶层实现稳定的就业。[33]

这绝非次要的命题。在公元前 256 年，迦太基的主要战舰——一种五列桨战舰（quinquereme，依据其船桨配置而得名），需要大约 300 名船员去驱动。[34]对著名的迦太基圆形军港的考古发掘表明，这里可以为大约 180 艘一线战舰提供泊地。这些船只总共需要 5.4 万名划桨手，而这占了迦太基男性公民总数的大部分。所有的迹象都表明，迦太基人对自己的舰队洋溢着自豪之情，这也可以反过来表明迦太基对航海事业的广泛参与。（李维在著作中如此写道，第二次布匿战争结束后，当西庇阿将迦太基舰队付之一炬时，悲惨的景象在迦太基人心中造成的哀痛，就如同自己的城市被烈焰焚烧一般。[35]）

可以这么说，这份对舰队的自豪和对航海的参与，将是迦太基悲剧命运的核心。如前文所述，这支舰队是一笔脆弱的资产，它的军事力量很难得到运用，但是这一点很难被察觉，无论是迦太基人还是其他人都没有发现。在公元前 3 世纪上半叶，这支舰队横扫地中海西部海域，旌旗招展，令人望而生畏。在公元前 276 年，普鲁塔克告诉我们，迦太基人在墨萨那（Messana，如今的墨西拿）海峡截住了皮洛士，并且摧毁了大部分负责运兵的商船护运编队。[36]之后，当迦太基人和罗马人步入战争时，迦太基的海军统帅汉诺曾夸口说，他甚至不会给罗马人在地中海中洗手的机会。有鉴于当时的情境，这段话听上去合情合理，但结果是罗马人用迦太基人的鲜血将西西里海域彻底染红。因为罗马人将会发现他们的作战如履平地，而迦太基人则会发现自己陷入了一场耗费巨帑的生死相搏。这一点已经被广泛承认。而另外一点被人忽视却更让人丧气的事情就是，组成海员的绝大部分迦太基公民都会遭到屠戮。

四

迦太基和罗马有着一段漫长却并不友好的外交关系，通过波利比乌斯（3.22ff）所援引的两国间的三项条约，可以追溯至公元前508～前507年。关于前两项条约的内容，学术界存在颇多争论，但是大多数人都同意，它们很大程度上划定了二者商贸的影响范围。迦太基人希望罗马人不要染指利比亚和撒丁岛，不过他们也做出了让步，默许了罗马人在拉丁姆地区（Latium）的优势地位，也授予了罗马人在西西里的商业权益——考虑到双方的动机和地位，这份协议是公平的。在公元前279～前278年的最后一份协议中，双方达成共识，相互协助，共同抵御皮洛士，尽管这份协议除了让人徒增恶感之外，并没有什么起到什么作用。在公元前272年，发生了一件扑朔迷离的事，当罗马人正在围困皮洛士昔日的盟友他林敦（Tarentum）时，一支迦太基的舰队悄然而至。这支迦太基舰队为罗马人提供了援助，但是，这让罗马人疑心大起，因为罗马并没有向迦太基请求这样的帮助。无论如何，罗马和迦太基的关系开始不断恶化。

70　　在公元前 3 世纪 80 年代，一支曾经受雇于阿加托克利斯的坎帕尼亚佣兵，攫取了西西里的墨萨那（墨西拿）的控制权。[37]他们冠以战神玛尔斯之名，自称为马麦丁人（Mamertines，意为战神之子），这些坎帕尼亚人趁着皮洛士的短暂停留给西西里造成混乱，劫掠周边地区，变成了长逾 50 年的恼人麻烦。但是，随着叙拉古新的统治者希伦（Hiero）上台，他精力充沛且对麦马丁人步步紧逼，迫使他们同时向罗马和迦太基求援。罗马和迦太基均做出了回应，这也将两方推向了竞争的对立面，并最终爆发了剧烈的冲突。许多当代的历史学者都同意波利比乌斯的观点，他认为罗马决定在公元前 264 年参与战争，基本上可以理解为一种投机行为——由罗马人的根本动机所驱动——因为参加战争就意味着获得军事荣誉和掠夺战利品的可能，且罗马人总是按照自己的逻辑行动。[38]除此之外，我们还能够发现一件有趣的事情，在与迦太基首次交锋的前几年，有着坎帕尼亚血统的家族（来自坎帕尼亚的阿提利家族，在公元前 267~前245 年共担任了 7 次执政官）在罗马政坛崛起，获得了举足轻重的地位，而产自该地的商品——陶器和葡萄酒——都是迦太基产品的直接竞争者。[39]

就迦太基自身而言，他们已经为西西里的那几块土地争执了整整 3 个世纪，但这并没有什么新奇之处，因为那只是他们日常事务的另一种延续罢了。但是，迦太基很可能没有意识到将会发生什么，按照李维（31. 34. 6）的话来说，迦太基人根本不清楚他们"将会与什么样的人作战"。归根结底，西西里只是座岛，而迦太基之所以会关注它，只是因为迦太基是海上强国罢了。

事实上，迦太基的局势危如累卵——这样一个岿然不动的目标将会面临罗马势不可当的力量。第一次布匿战争持续了23年，可谓古代世界史上持续时间最长的战争之一。而不到一个世纪之后，迦太基的土地上除了烟尘废墟之外，将别无他物。

第一次布匿战争在诸多不确定因素中爆发。迦太基的舰队被证明无法拒罗马于岛外，而当罗马人到达战场时也发现很难取得进展，因为这里崎岖的地形不利于集结部队进行大规模的陆战。（在整个战争中，只发生了四场陆战，而其中两场是发生在北非的。）而且，西西里岛上的大部分居民都在城墙保护之下，这就意味着罗马很难接触并控制那些平民。当经历了艰苦卓绝的阿格里真托（Agrigentum）围城战，并取得胜利之后，罗马人意识到，获得胜利的唯一途径在于将迦太基人彻底逐出西西里岛，这就意味着罗马需要组建一支舰队。[40]

这是一项大胆的主张。因为罗马人天生不擅长航海，而且很显然，在意大利并没有人有过使用五列桨战舰的经历。波利比乌斯（1.20.10）告诉我们，为了填补这一差距，罗马人使用了一艘战争初期缴获的搁浅的迦太基战舰，并且在60天之内，以此为原型制造了100艘相同的战舰——这是一项古代的逆向工程（reverse engineering）。与此同时，划桨手在层架上进行训练，他们按照海上航行时的座次进行练习。尽管很可能那些同盟的海军也参加了战斗，担任了划桨手，而这些同盟者来自意大利沿海的城镇，有着一定的航海传统，但是整个罗马舰队——无论是海员本身还是舰船的材料——和迦太基舰队相比，

71

都显得十分幼稚且不成熟。这很快在首次执行任务中得到了证实，当时，一支由17艘战舰组成的编队，面对敌军陷入慌乱并最终被俘虏，他们的指挥官——西庇阿·阿非利加努斯的先人，也不幸获得了"母驴"（Asina）的绰号。但一开始的战事不利是带有欺骗性的。几乎是紧接着，迦太基人便遭遇了罗马人的舰队主力，并且损失了大量战舰，然而这仅仅是他们所遭受的头一次不愉快的意外。

罗马人拥有一个秘密武器。当罗马人意识到他们的五列桨战舰远远不如迦太基时，有人建议可以通过在船头架设可旋转的登舰吊桥设备——波利比乌斯称之为"乌鸦"（Crows）——从而将船只变成转运水兵的运输系统。一旦迦太基的战舰接近罗马战舰的船头，那么罗马船头的"乌鸦"便会轰然砸下，用铁质的喙部深深地楔入迦太基战舰，让两艘战舰紧紧相连，这个时候，一队挥舞着短剑的罗马士兵便会沿着吊桥冲向敌方战舰，对无助的迦太基船员大肆屠戮。在西西里北岸的米拉（Myle，现在的米拉佐）进行的布匿战争首次大规模舰队行动中，尽管迦太基人对于罗马战舰上的奇怪设备感到十分困惑，但是他们依旧自信满满地向前航行，于是迦太基人的战舰被罗马人的乌鸦吊桥死死咬住，并且最终损失了45艘战舰和1万人，很多人都是在接舷战中丧生的。[41]如果说"乌鸦"的运用是一种以退为进的海军作战方式，使得罗马人可以将纯粹的海上作战转化为陆上的步兵作战，那么迦太基人对于罗马的这种新战术的反应明显过于迟钝，在萨尔赛（Sulci，又译作苏尔奇）和泰恩达里斯（Tyndaris）接连遭受败绩之后，他们仍然不思改进，在埃克诺穆斯角（Cape Economus）的海战中再一次惨败。

最后这场海战，有近 30 万人参战——参战人数之众，可谓前无古人后无来者——并且在某些地方足以比肩坎尼会战，都是中军崩溃之后内缩，继而惨遭围歼，只不过两场战役的获胜者截然不同。根据波利比乌斯（1.28.10–14）的记载，迦太基人有超过 30 艘战舰被击沉，有 64 艘被罗马人和罗马的乌鸦吊桥所俘获。

现在罗马获得了击倒对方的机会。[42] 罗马人在改进了自己的舰队之后，于公元前 256 年的夏季直取北非，在卡本半岛（Cape Bon）登陆，洗劫了富庶的农耕区，就像先前阿加托克利斯所做的那样。此时，从意大利本土来的信使命令大部分舰队带着战利品返航，只留下执政官雷古卢斯、40 艘战舰外加 2 个军团。雷古卢斯随即在阿迪斯（Adys）击溃了迦太基人，劫掠了他们的营地，让他们意志消沉，迫使他们面对本土原住民的反叛威胁。然而，雷古卢斯的表演过火了。他向迦太基提出的和平条款十分严苛，以至于他的对手决定继续抵抗，因为就算战事持续，他们也没有什么可以再失去的了。

当迦太基人被逼入绝境之时，他们开始从善如流。一位熟悉斯巴达训练方式的希腊佣兵赞帕提斯，开始负责指挥并训练迦太基平民构成的散兵游勇，让他们组成有效率的步兵方阵。公元前 255 年春，赞帕提斯率领着这支军队来到了精心选择的战场，佐以一支强大的骑兵部队和约 100 头战象。尽管罗马的骑兵在数量上占据劣势，但雷古卢斯并没有选择等待援军，而是直接出战，随后他身陷重围并最终被擒，只有约 2000 名罗马士兵得以侥幸脱身并逃至卡本半岛处的初始营地。这场惨败，给半个世纪后准备将第二次布匿战争的战火引向北非的西庇

72

阿·阿非利加努斯投下了长长的阴影。

迦太基人在这场战役中折损甚少，无疑备受鼓舞，然而这只是暂时的。在雷古卢斯从陆上进犯的同时，罗马人已经准备好了一支舰队来从海上封锁迦太基。然而计划赶不上变化，这支舰队现在被派遣前去营救罗马侵略军的残部。迦太基人打算在卡本半岛[43]处拦截这支舰队，然而最终损失了 114 艘战舰，大部分舰船都被罗马战舰驱逐并在岸上搁浅，然后被罗马的捕获战术所俘虏——这是迦太基人的第 5 次海战失败。

迦太基的所作所为不尽如人意，在近 10 年的战斗中几无所获。虽然整个城市不再面临威胁，但是迦太基的舰队已然被粉碎，并且还要再过 5 年，我们才能够听闻迦太基在海上重新开始活动的消息。[44]虽然迦太基的战舰和航海技术明显更胜一筹，但是在与罗马的作战中，大规模的近海交战是战役的主要形式，这样的话，迦太基的海军优势便很少有机会得到运用。而与之相反，迦太基人发现罗马人能够设法登上他们的战舰，而且俘获他们的战舰，在这种情况下，罗马的水兵们无疑不会手下留情。这种情况，加之船员溺水，必然导致成百上千的伤亡。虽然这些船员并不全是迦太基公民，但是战役造成的伤亡，对于迦太基男性公民人口来说是十分沉重的损失。但是对于迦太基而言，幸运的是，不同于之后罗马与汉尼拔的战争，这次战争中被俘获的迦太基人常常可以用金钱赎回，因此，许多人有幸重返家园。不过，战争过后，迦太基的人口统计数据必然会受到显著影响。迦太基依旧十分富有，它足以承担战争期间至少 5 次对于西西里岛上陆上佣兵力量的重建与巩固。[45]但是，海军舰队是一笔宝贵的资产，假如它被摧毁了，那么迦太基的海战将毫无胜算。

与此同时，罗马人也陷入了命运的困境，他们发现，在海上航行的时候，航海技术至关重要。当聚集了雷古卢斯的非洲军团残部之后，罗马舰队在西西里南部海岸的卡马里纳（Camarina）遭到了骤然而至的风暴。或许船上人员的重量使得船头吃水过深继而下沉，这些战舰面对波涛汹涌的大海和怪石嶙峋的海岸毫无招架之力。据波利比乌斯（1.37.2）所言，364 艘船中只有 80 艘得以幸存，他也将这次海难称为人类历史上最大的海难。波利比乌斯的断言至今依旧成立，因为即使是在现代，也没有规模能与之相比的海难。大约有超过 10 万名罗马人和意大利盟军溺亡，人员伤亡相当于坎尼会战的 2 倍。这个数字可能相当于意大利兵员总数的 15%。[46]

但是即使罗马人倍感沮丧，他们也没有明确表露出来。他们反而根据两位执政官在卡本半岛的胜利，授予了这两位执政官大凯旋式的荣耀，并着手重建舰队。到公元前 254 年春季时，罗马人可能已经拥有了 300 艘战舰，并且打算去四处招惹是非。[47]

罗马人很快找到了是非之地。在西西里海域建立了自己的优势之后，他们重返北非，对沿岸进行袭击。虽然迦太基的舰队无法与之匹敌，但是海浪潮汐可以，它让船只在滩涂搁浅，直到罗马人抛弃重物，设法脱困，想来那些被抛弃的物品中应该包含着他们掠夺的战利品吧。罗马人在不安中匆匆撤离，而他们的统帅森普罗尼乌斯·布拉埃苏斯（Sempronius Blaesus）则尝试从远海航行返回意大利，然而这只会使他所面临的问题更加严重。在返航途中，他们在卢卡尼亚的帕利努卢斯海角

（Cape Palinurus in Lucania）遭遇风暴，折损了超过 150 艘战舰。即使如此，他依旧因为战功而被投票授予了大凯旋式，不过在接下来的几年中，罗马人减少了自身的军事行动，同时对部队进行了改组。

公元前 249 年，罗马人对利利俾（Lilybaeum）实施了封锁，这里是迦太基在西西里所剩无几的基地之一，但是围攻战并不顺利，因为恢复了元气的迦太基舰队在附近的德莱帕那（Drepana）还有泊地，给利利俾源源不断的援助以缓解其压力。新到任的执政官普布利乌斯·克劳狄乌斯·普尔喀（Publius Claudius Pulcher）仓促之间想要赶紧解决这个麻烦，他指挥舰队趁夜航行，一路向北，准备对迦太基统帅阿德赫巴尔（Adherbal）发动奇袭。迦太基的舰队几乎是刚刚驶离港口，不过，一旦进入了开阔水域，他们便能够有效运用其卓越的海员和设备来对抗罗马舰队了。此役，罗马人似乎也放弃使用他们的乌鸦吊桥，最终他们损失了 123 艘战舰中的 93 艘。而这仅仅是一个开始。另外一个执政官卢修斯·尤尼厄斯·普卢斯（L. Iunius Pullus）率领着一支由 800 艘运输船和 120 艘战舰组成的编队，前去为围攻利利俾的罗马军队提供补给，然而他们中途被一支由加泰罗（Carthalo）率领的较小规模的迦太基舰队截获。双方并未直接交战，但是，迦太基的海军将领设法迫使罗马舰队中的两个分遣队贴近崎岖的海岸，随后他预见到可能会有一场风暴，于是率领舰队躲到了帕齐纳斯海岬（Cape Pachynon）的后面，留下罗马舰队独自面对肆虐的风暴。在风暴结束之前，罗马的海军舰队已然不复存在。

迦太基人在大自然当中寻获了自己的盟友，它能够更有效地对敌军造成杀伤，有超过 30 万罗马人及其盟友在卡马里纳、帕利努卢斯海角以及如今的帕齐纳斯海岬的风暴中葬身鱼腹。尽管罗马人精疲力竭，很难重组舰队，但是他们仍然没有放弃。与之相反，罗马人任命了一位独裁官，重新恢复了陆军在西西里的军事行动，并且静候时机。另外，他们的对手迦太基，似乎也走到了战略的岔路口。

回到迦太基国内，公元前 248 年，迦太基人似乎开始直面国内的动荡并着手处置，他们发动了对努米底亚人和利比亚人的战争，直至迦太基人最后控制了纵深 160 英里的地带，这就是同迦太基著名政客与统帅——"伟大的"汉诺息息相关的"非洲优先政策"。[48]很难说明这项政策与迦太基同罗马继续战争的意图，是否存在某种关联。但是，这种致力于陆地经营的努力，必然会抽离海外作战的资源。同时，汉诺着眼于先贤典籍，而这些典籍的焦点，常常是认为迦太基的美好未来应当寄予农业的核心地带。于是，汉诺成了汉尼拔家族的劲敌，他对汉尼拔家族随后的海外冒险也抱有疑虑。

随着汉尼拔的出生和他的父亲到达西西里，这两种发展趋势在公元前 248 年年底逐渐成形了。[49]早些时候，汉尼拔的父亲哈米尔卡获得了"巴卡"（迦太基语"雷电"之意）的绰号，这个绰号对于他本人以及其余家族成员来说，都是实至名归的。雷电般的不可预测和致命破坏力，都是巴卡家族为历史所铭记的特质，使得哈米尔卡一族在迦太基这样一个没有姓氏的社会中，保有着"巴卡家族"之名。[50]哈米尔卡所具有的侵略性，让他显得不像是一名传统的迦太基统帅。他被委派前去为一位更为谨小慎微的迦太基将军加泰罗（Carthalo）解围，但他的首次

75

军事行动是对意大利本土的奔袭，在洛克里附近的海岸纵横肆虐。这是第一次他将战火引至敌方的家门口，也成为他的家族传奇的开端。[51] 回到西西里之后，他在赫克特（Hercte）立足，这里是一处高耸于海上的海岬，接着哈米尔卡便开始了游击战，就如同夏日的雷电一般，在西西里西北海岸乃至意大利本土发动闪电战，最远时甚至深入了意大利的库迈（Cumae）。三年后，哈米尔卡突然向西移师 35 英里，到达埃律克斯（Eryx），在这里，他与两支罗马军队周旋了两年多，每一次罗马人的进剿计划都能被他粉碎。波利比乌斯认为，他是两个阵营中最为出色的指挥官，但是哈米尔卡一直在苦苦支撑，他为资源匮乏所困，只能寄希望于罗马能够率先放弃战争。

但这根本不会发生。在公元前 243 年年底，罗马人决定组建另一支舰队来打破僵局。然而因为国家缺乏资金，所以这一努力必须得到高层公民的私人资助——一个人或两三个人承担一艘船的建造费用——假如一切按照计划顺利进行的话，那么资助者将会获得补偿。尤其是考虑到先前罗马舰队的命运，这实在是一个既冲动又充满罗马特色的举动，事关信仰与决心。[52] 所有 200 艘五列桨战舰，均按照一艘俘获的迦太基快速战舰仿制而来，负责指挥的罗马执政官盖乌斯·卢泰修斯·卡图卢斯（C. Lutatius Catulus）于公元前 242 年，在西西里对罗马船员进行了严酷的训练。他们有着充足的训练时间，因为迦太基人迟迟没有派出舰队攻击他们，后者滞后了整整 9 个月。迦太基的滞后反映出他们在征召 250 艘战舰的划桨手时遇到了困难。

最终，迦太基人于公元前 241 年 3 月初扬帆起航，企图与哈米尔卡会合，此时的哈米尔卡已经被罗马舰队切断了补给。然而事与愿违，卡图卢斯在埃加迪群岛（Aegates，意为"山羊"）的惊涛骇浪中顺利截获了这支迦太基舰队。迦太基船只因为满载补给而被拖累，又因为船员缺乏经验，最终这些迦太基人被大海淹没。波利比乌斯（1.61.6-8）认为此役迦太基共损失了120艘船，其中有50艘不幸沉没，不过他没有记载确切的死亡人数，只是着重提及了有1万名迦太基船员沦为阶下囚。狄奥多罗斯（24.11.1-2）则将这个数字大幅调低，认为只有6000名俘虏。考虑到当时的天气条件，这意味着至少有15000人溺毙，死亡的人数甚至会更多。也有可能因为人手不足，迦太基的舰队根本就没有满员。但无论如何，从人力资源方面来说，迦太基显然已经走向穷途末路了。

战败之后，迦太基当局随即授予陷入绝望、孤立无援的哈米尔卡全权，让他去与罗马人媾和。这是一个失误。哈米尔卡本人急于与承认战败这件事情划清界限，于是他通过自己的部属吉斯戈（Gesgo）来和罗马统帅卡图卢斯交涉，希望能够让自己的部队不被解除武装，而这是另一个失误。[53] 此时的卡图卢斯也急于结束他任内的战争，不仅同意了哈米尔卡提出的条款，而且只是在其他方面施加了一些相对较轻的压力。大致来说，迦太基必须从西西里撤出，释放所有罗马俘虏，自行赎回迦太基人，在未来的20年间需要交付112000磅白银作为赔款（这项赔款后上升到了163000磅白银，限期10年交付，其中的51000磅需要立即结清）。这项交易达成之后，哈米尔卡移师利利俾，放弃了自己的指挥权，随即返回了故土，留下了倒霉的吉斯戈去干一项苦差事：在没有支付酬金的情况下，遣散这2万名佣兵。这应该是哈米尔卡的最大失误。因为虽然对于迦太基而言，战争已经结束了，但是战斗远没有终结。

第一次布匿战争是一场史诗般的战斗。就如同第一次世界大战那样，在战争爆发的时候双方都不清楚他们将会卷入什么样的冲突。这两场战争都存在大量无意义的战术消耗，也造成了巨大的损失和伤亡，这是二者共同的特征。罗马的死亡人数被历史学家所铭记，其伤亡之巨人尽皆知，而人们很少去关注迦太基付出的代价，这很大程度上是因为迦太基的舰队巧妙地躲开了那些致命的风暴，而这些风暴常常会让卷入其中的人统统丧生。[54]然而据波利比乌斯（1.63.6）估计，迦太基在与罗马的冲突中，一共损失了500余艘五列桨战舰。即使许多船只被俘获，而且那些被俘的船员并不完全是迦太基公民，但那些罗马水兵都是经过杀人训练的剑士，故而不会对迦太基人手下留情，而且大部分的迦太基幸存者并没有被赎回而是被贩卖为奴。因此总的说来，这意味着可能有大量的迦太基人已经失踪。

迦太基并不是一个为战争而生的社会。在与罗马对抗的漫长过程中，从来都是罗马人掌握主动权并获得了实际上的胜利——他们组建了一支舰队，并且入侵了北非。看上去似乎总是迦太基在勉强支撑。除了极少数的例外，迦太基人几乎不能有效运用他们的舰队，而自那时起，迦太基的海军力量便一蹶不振。[55]巨额的财富，让迦太基可以通过雇用源源不断的佣兵来苟延残喘，但是最终，这只野兽将会以最凶残的方式反过来对付它的主人，绝非简简单单地去啃咬给他喂食的手掌，而是要直扑饲主的喉咙。

五

这支曾被许以各种空头支票的 2 万大军，被哈米尔卡遗弃 77
在了西西里，可以想象，这些人愤恨不已，他们只能暂时接受
吉斯戈的安抚，而后吉斯戈将这支佣兵部队以小股团体的形式
分期分批地遣送回了非洲。[56]假如当初的承诺可以很快得到兑现，
那么所有人都会被相安无事地遣返。然而恰恰相反，迦太基人
显然希望达成一项更加有利的协议，于是他们拒绝支付报酬，
直至所有的佣兵均已到达北非，这是迦太基所酿成的头等大错。
这些佣兵聚集了起来，而且再一次被敷衍塞责，这一次不是哈
米尔卡，而是"伟大的"汉诺所为，于是这 2 万名佣兵开始向
迦太基进军。当这些佣兵意识到他们可以对曾经的雇主造成何
等威胁之后，就开始不断地提高价码。

接下来，事情变得更加糟糕。当那些在利比亚的部队变得
异常愤怒，并把正设法给他们支付报酬的倒霉的吉斯戈抓起来
之时，整个部队开始公然哗变。这随即导致利比亚的农民纷纷
加入了叛变的佣兵队伍，与罗马进行战争期间，这些农民身上
的赋税不断加重，变得苦不堪言。许多努米底亚的首领紧随其
后，这些人在过去的十数载间不断地反抗着迦太基的统治，很
快迦太基便会面对一支在人数上远超雷古卢斯远征军的部队。
迦太基又一次显露出其本土城市是多么脆弱。

这场冲突持续了三年以上，直至公元前 238 年年末才勉强
结束，用波利比乌斯（1.88.7）的话来说，这场战争"在残忍
血腥和蔑视原则的程度上，已经远甚于所有我们已知的战争
了"。被佣兵之潮所包围，迦太基虽然在雇用佣兵部队上遇到了

困难，但最终还是设法用迦太基公民以及一些与西西里老兵没
有关联的忠诚佣兵拼凑出了一支部队，尽管这支部队人数远不
及叛军，而且也不如叛军那般经验丰富。这种不均衡还因为高
层领袖的内斗而恶化。汉诺是一位优秀的组织者，但并不善于
征战，他发觉自己正在和哈米尔卡·巴卡共享指挥权，而哈米
尔卡则是一位更加优秀的军人。很可能已经成为政治劲敌的二
人，并没有协调一致，最终的结果是汉诺被迫辞职，但那已经
是初战受挫之后的事了。[57]

78 　　然而对于迦太基而言，幸运的是，他们的敌人是一群头脑
简单的家伙，而哈米尔卡得以使出他未曾在西西里使出的策略，
不断地让数量占优的叛军陷入慌乱，这些叛军只能用一些无谓
的行为来回应，比如将吉斯戈和与他在一起的人质统统肢解。
有时，巴卡还会运用外交手段，他争取到了努米底亚人纳瓦拉
斯（Navaras）及其军队，随后将自己的女儿许配给了这位首领
作为奖励。但是在大多数情况下，他显示出了和叛军同等的残
忍，他下令将那些被俘获的佣兵用大象活活踩死，并且在叛军
崩溃之时狠狠地折磨了他们的首领。

　　与迦太基隔海相望的罗马，对叛逃者的憎恶远甚于对迦太
基的仇视，因此一开始他们力求公正，拒绝让他们的商人同那
些雇佣军交易，甚至将剩下未赎回的迦太基战俘免费遣回。之
后，在约公元前 240 年，迦太基控制下的撒丁岛开始对罗马产
生诱惑，在那里，一群受雇于迦太基的外国佣兵抓住了混乱的
时机，弑杀了他们的军官，与曾经的麦马丁人一样向罗马求援。
自从建立了海军舰队之后，罗马人便一直垂涎该岛，他们一直
对佣兵叛军的求援态度暧昧，直至岛上的居民彻底驱逐了那些

哗变佣兵，这些失败的佣兵潜逃至罗马，并且再度向元老院提议。[58] 这一次，罗马人将他们的顾虑放到一边，投票决定远征撒丁岛，当迦太基人表示抗议时，罗马人直接对其宣战。因为已经无力战斗，迦太基最终不仅默许了割让撒丁岛，还必须支付一笔高达 6.1 万磅白银的额外赔款。

这是一项具有决定性意义的举措，也是一个决定性的时刻。罗马的所作所为，实际上是对迦太基的趁火打劫。少数现代史学家同意波利比乌斯（3.10.4）做出的论断，后者认为这个事件不仅进一步激怒了迦太基，而且是迦太基与罗马发生第二次战争的主要原因。这种境遇也表明了，哈米尔卡和整个巴卡家族因罗马之举而义愤填膺，而且只要他们手握刀剑，便会一直心怀怨恨。

想要还原公元前 237 年迦太基动荡的政治氛围，无疑是一项困难重重的尝试，因为这只能基于那些残简断牍。不过，某些事件的要素却从时间的迷雾中浮现，不像是幻景而更像是真实的。对于往日之事件，必然存在诸多不满，而且指责的方面也并不单一。而且，我们可以辨识出迦太基存在的两个不同派别，一派受"伟大的"汉诺指挥，而另外一派则由哈米尔卡·巴卡领导。

我们对于汉诺的看法，在很大程度上被福楼拜在其浮华夸张的历史小说《萨朗波》（*Salammbô*）中的描绘所蒙蔽。在福楼拜笔下，汉诺被描绘成一个皮肤溃烂、肥胖臃肿、喜食红鹳鸟舌和蝰蛇羹汤的家伙，这个面目可憎的人所表现出的怯懦仅次于他的残忍。其实汉诺并非如此不堪。退一步讲，就算李维显然是利用汉诺这个人物来衬托巴卡家族的野心，那汉诺本人也

79

具有很强的现实权力意识。他有关"非洲优先"和商业化农业的设想，对于迦太基来说都是合乎情理的前景。不过，他很明显是代表了那些错误指挥迦太基以致与罗马交战后失败的贵族寡头，而且他个人也和课征重税政策息息相关，而这项政策使得那些利比亚人在叛乱中加入了雇佣军的一方。[59]就此而言，汉诺的声誉和其主导的政府形式，都容易遭受质疑。

然而，对汉诺的质疑，并不意味着就会转化为对巴卡家族的支持。毕竟，当初哈米尔卡抛弃了他的佣兵部队，这才直接导致了他们灾难性的兵变。他早先希望在西西里继续顽抗的想法和他大体上对罗马的毫不妥协，都不会在精疲力竭、消耗巨大的迦太基得到多数人的支持。事实上，阿庇安曾经写下一则逸闻，在故事中，因为在西西里的行为，哈米尔卡曾被威胁要接受审判。[60]但对比汉诺与哈米尔卡这两个人，后者似乎更善于随机应变且能屈能伸。

公民大会会保存近期反对寡头政治的记录是符合情理的，而这里被"英俊的"哈斯德鲁巴占了一条——狄奥多罗斯（25.8）称其为"迦太基街头的领袖"。哈米尔卡和这位政客缔结了紧密的联盟，让他成为自己的女婿，或许他们俩还存在暧昧的关系。[61]有的人从这对搭档中看到了民主的萌动，但这似乎言过其实。不过更可能的是，两人的结盟是出于对现状的大体不满，在这两人之中存在共同的私利。哈斯德鲁巴十分年轻，而且显然雄心勃勃。哈米尔卡有一项计划，他需要军队的指挥权。迦太基的将领由人民选出。

这段姻亲倘若不是在天堂缔结，那也至少是在迦太基定情，随后这对甜蜜的夫妇前往西班牙南部欢度蜜月，而那里也是传说中的银矿之地，那里的人因而都很富有——至少富有到可以用钱将罗马人打发走。与这个方案相比，汉诺和他的农业产业相形见绌，这个方案是如此诱人，以至于哈米尔卡随即带着他的女婿一起迁往西班牙。[62]

　　不论如何，哈米尔卡在离开迦太基之前所做的几件事，都 80 对未来有着深远的影响。毫无疑问，在虔诚的宗教仪式之地，哈米尔卡按照惯例进行了牺牲祭典，祭祀的对象可能是巴力神（Ba'al Shamim），之后他要求给自己和 9 岁的儿子留一点私密的时间。哈米尔卡询问儿子是否愿意前往西班牙。小男孩恳求将自己带上，此时，他的父亲将他带到祭坛前，把男孩的手放在牺牲的遗骸上，让他立下誓言，永世与罗马为敌。[63]这个儿子，毫无疑问，就是汉尼拔，他在 40 年之后将这个故事告诉了塞琉古国王安条克三世，作为他的忠诚与承诺抗击罗马的铁证。这是一个充满戏剧性的故事，但是没有一则古代史料，而且很少有现代史学家，会怀疑其真实性。倘若有一件事情能够束缚巴卡家族，那必然是对罗马的仇恨。

　　近来与佣兵的战争似乎也促使哈米尔卡开始珍视部队的忠诚。他带往西班牙的部队，不是那些迦太基临时拼凑的散兵游勇，从时间上分析足以说明他并没有解散那些用于平叛的军队，而是将之带在了身边。更值得一提的是，哈米尔卡选择率军穿过北非，自"海格力斯之柱"渡至伊比利亚半岛。[64]或许此刻的迦太基只是缺少摆渡军队的船只而已，但这也不可尽信。这次长途跋涉所延伸的距离，和汉尼拔日后翻越阿尔卑斯山的行军距离大致相近，尽管没有后者行进时的艰难，但是这种长途行军能够让军队得到强化，让联系更加紧密，这种历练的运用，就如同哈米尔卡早期倾向于直接攻击意大利本土一样，是一个父亲做给孩子的示范。这次行军也被用来佐证一位史家认为巴卡家族"不喜海战，偏爱陆上的军事行动"的观点，这很诡异地与迦太基的海军传统大相径庭。[65]与典型的迦太基模式不同，巴卡家族更加关注陆权，而他们所拥有的军队，经过长途行军的磨砺，在公元前 237 年抵达西班牙，这支军队一直都是他们家族扩张的工具，是一支专业化的军队，与那些唯利是图的雇佣军不可同日而语。他们一直都保持着武装，直至近 40 年后，西庇阿·阿非利加努斯最终将其粉碎。

六

自公元前 1000 年腓尼基人在安达卢西亚海岸建立了商贸集散中心以来，西班牙东南部一直都处于腓尼基人的影响之下，不过之后迫于希腊人的压力，尤其是来自马赛尼亚（现在的马赛）城邦的压力，腓尼基人的影响大幅缩小。不过至少加迪斯（Gades）对迦太基是友好的，而哈米尔卡也正是在此处登陆的，在这里他能够非常便捷地到达位于莫雷纳山脉（Sierra Morena）的金银矿。而看上去，哈米尔卡在那里做的第一件事，似乎就是为迦太基建立一个稳定的贵金属供给地，而此举必然有助于使其在国内的政治地位得到稳固。[66]

在接下来的 8 年间，哈米尔卡几乎是在不停地征战，向东发展，占领了西班牙南部的海岸，并且深入了拜蒂斯河谷（Baetis River，现今的瓜达尔基维尔河），将这块内陆之地圈起来据为己有。马赛尼亚人目睹了哈米尔卡的扩张，忧虑之情与日俱增，而最终哈米尔卡也引起了马赛尼亚人的盟友罗马人的关注，后者随即派出了一支使团。哈米尔卡轻描淡写地告诉罗马人，他只不过是在努力还清需要交付给罗马人的战争赔款罢了。这是一个机智的回答，而且那里也不在罗马人的控制范围之内，但是对于哈米尔卡表露出的所谓的善意，罗马人或许并不买账。

两年之后，哈米尔卡阵亡，他死于一支凯尔特人部落奥雷塔尼人（Oretani）的伏击。根据一则传说，哈米尔卡牺牲了自己，使汉尼拔与其弟得以逃脱。瓦勒里利乌斯·马克西姆（Valerius Maximus）还描述了一则有关哈米尔卡的逸事，在数年之前，当他看到他的三个儿子——汉尼拔、哈斯德鲁巴、马戈——在彼此激烈地打闹时，曾骄傲地说道："那便是我所饲养的幼狮，他们将给罗马带来毁灭！"或许会如此，但时机未到。最年长的儿子汉尼拔还没到 20 岁，过于年轻，无力接管家族产业；而"英俊的"哈斯德鲁巴则被军队所推举，负责西班牙的事务，他的地位随后也得到了迦太基的认可。

在西班牙的产业到底归属于谁——迦太基还是巴卡家族？这都难下定论，因为现存的证据太过琐碎。有些人坚称，经营西班牙是迦太基的国策所规划并指导的，他们认为任何有关巴卡家族独立的迹象（尤其是包抄罗马的广阔战略眼光，以及将西班牙发展成媲美西西里和撒丁岛两处失地的地方）都是难以令人信服的，从而对此不屑一顾。

虽然细细看来，这种说法确实难以让人信服，但是现存的线索上都覆盖着巴卡家族的指纹。波利比乌斯（3.8.1-4）援引费边·皮克托的话说，在哈米尔卡死后，"英俊的"哈斯德鲁巴曾经在迦太基做了短暂的游历，并试图接管那里的政府，但是

他失败了，在失败之后，他随即返回了伊比利亚半岛，并且
82 "无视迦太基长老议事会的存在"来统治西班牙。那次游历的真
实性或许存疑，但是在西班牙的管理风格看起来似乎是真实的。

　　狄奥多罗斯（25.12）告诉我们，那些西班牙当地部落宣布
"英俊的"哈斯德鲁巴为"首席将军"（strategos autokrator），
科林斯同盟也曾经授予亚历山大大帝同样的称号。这不仅仅是
因为狄奥多罗斯是一位希腊人并熟悉这样的术语。巴卡家族在
西班牙的所作所为都有着深深的希腊化烙印，毕竟，这是整个
地中海区域深入内陆腹地并将其经营好的最佳模式。巴卡家族
的成员本质上都属于那种较为传统的军人和征服者。正因为如
此，他们代表一种权力秩序，这种秩序和迦太基所盛行的秩序
截然不同，反而与地中海以东的希腊专制主义更为类似。然后
便要提到货币的问题。我们现在拥有两枚 2 谢克尔（shekel）面
值的钱币，出自巴卡家族治下的伊比利亚矿藏，钱币上所镌刻
的或许是哈米尔卡或哈斯德鲁巴。这两者均以希腊化君主的形
象呈现，头上饰以王冠和月桂叶。[67]

　　哈斯德鲁巴的所作所为无疑更像是同时代的希腊化国王
（basileus），他迎娶了一位当地的公主（就像亚历山大大帝在亚
洲时所做的那样，也和汉尼拔日后的行为不谋而合），在当地的
部落首领间，小心翼翼地玩弄着分而治之的把戏。他还建立了
一座大城市——新迦太基（如今的卡塔赫纳），这座巨大的城堡
宫殿建筑群屹立于半岛之上，位于加迪斯以东 300 英里，这里
可以控制世界上最优良的港口之一，而且离富饶的银矿也十分
近。这里将成为巴卡家族的核心——它是一座军火库、一个藏
宝箱，通过源源不断地向迦太基输送贵金属来安抚家乡人那怯

懦的灵魂，也给巴卡家族带来了独立自主的神经中枢。自始至终，这里一切政策方针的制定，都秉承着家族优先的信条。

巴卡家族优先向东扩张，随着哈斯德鲁巴自新迦太基沿海岸线推进，眼下其势力已经延伸至了埃布罗河。罗马人担心他会试图与叛逆的利古里亚人和高卢人相勾结，他们很清楚扩张的事务是谁在负责，所以罗马人选择直接与巴卡家族交涉，而非迦太基的长老议事会，并于公元前 226 年派出了他们的使团。[68]双方达成了一项协议。按照协议，哈斯德鲁巴不会越过埃布罗河，他或许已经得到保证，罗马人不会插手埃布罗河以南的事务。[69]

不管怎样，这相当于在沙上画了一条线，而很明显，哈斯德鲁巴在之后的 5 年间着力巩固了对这条线之内领地的统治。之后，"英俊的"哈斯德鲁巴不幸遇害，他被一位愤怒的凯尔特人暗杀，这颇具讽刺意味，因为他总是表现得更像是一位外交官，而非军人。而他的继任者则不会获得这种评价。

经过口头表决，军队推举了时年 26 岁的汉尼拔作为统帅。李维（21.4.2）告诉我们，"这些老兵觉得汉尼拔恍若哈米尔卡再世……拥有一样生动的表情和锐利的眼睛，拥有相同的外貌特征"，而且可以补充的是，还有着相同的行事计划。

83

第四章　汉尼拔之路

一

汉尼拔是我们故事的核心人物，在第二次布匿战争期间，他居于每个人的故事的中心。可是，历史学家们依旧心有怨言，认为汉尼拔留给我们的不过是其光辉事迹投下的一抹阴影而已，他的性格让我们无法捉摸。[1]除了因为父子约定终生与罗马为敌外，他并没有留下予人启示的孩提逸事——年幼的汉尼拔设计戏弄他的玩伴，驯服一匹公马，或是捏造一些与勇气和魄力相关的故事——这些老生常谈经常被古人用来描绘其笔下的主人翁。不过，某些不世出之天才总会留下一些永不为人知的隐秘。用现代的人例子来说，就像是罗纳德·里根、富兰克林·罗斯福、托马斯·杰斐逊一般，那些难以被人概而括之的特征，或许就是汉尼拔智计频出、杰出才能的试金石。

汉尼拔个人所留下的点滴，很大程度上塑造并保留了这样一位军事狂人的形象。李维（21.4.1-8）透过汉尼拔母邦的军事传统来仔细审视了这位名将，将其描述为一位执剑的可敬之人，在战斗中英勇无畏，无视身体不适，与其袍泽席地而眠，共担风雨，为维生而非享乐而食。换而言之，汉尼拔其实是一位理想的罗马指挥官，作为罗马的眼中钉，他还是某种邪恶的存在。李维是这样描述他的："其残忍可谓非人，其背叛胜于布匿，言而无信，无敬于神圣，无畏于神祇……此种种。"事实上，就算对于迦太基人来说，汉尼拔都算不上对于宗教比较虔诚。整个巴卡家族都是这样，尽管这可能是事出有因，或是无据可寻。就其残忍而言，他的确处死了一个或更多在紧要关头掉链子的向导，也至少有一个例子，可以说明他曾下令处决战俘[2]，但是当罗马人宣扬敌人是如何残忍时，这些却颇具讽刺意味。这是一场残酷野蛮的战争，但很少有证据能表明，汉尼拔在仁慈的一面逊于罗马。恰恰相反，有证据指出，汉尼拔对待那些死去的对手——至少是那些敌军的指挥官——表现出了某种骑士精神，他给予对方以体面的葬礼，这和盖乌斯·克劳狄乌斯·尼禄的所作所为形成了鲜明对比，尼禄将哈斯德鲁巴的人头掷给了汉尼拔，向他宣示了梅陶罗河战役的最终结果。

　　很显然，汉尼拔并非怪物。就算是李维也承认这点，毫无疑问波利比乌斯亦是如此，他们所能控诉汉尼拔的，唯有其内心的贪婪——但这份特质对于一位远离故土、征战异国、需要为士卒提供补给的将领而言，并非大恶。汉尼拔并不贪恋美色。他只结过一次婚，迎娶了西班牙当地首领的女儿伊米尔珂（Imilce），不过老普林尼相信，汉尼拔之后在意大利南部城镇萨拉比亚（Salapia）还和一名妓女暗通款曲，即使是在 300 年后，这依旧是这座城镇引以为傲的逸事。[3]历史上没有留下汉尼拔其他情人的记载，无论是男是女。他似乎曾经也收获过友谊，尽管那些人几乎都是行伍之人。他也平易近人，善纳谏言，最有名的事例便是，他的骑兵指挥官马哈巴尔曾在坎尼会战结束后，对汉尼拔说道："你只知道如何获得胜利，汉尼拔，但你不知道如何利用胜利。"[4]尽管存在不足，但汉尼拔总是尽力做到最好，而且他的黑色幽默，总是能够透过诸多趣闻逸事而为人所知。
于是乎，在坎尼会战之前，一位名叫吉斯戈（Gisgo）的军官看
到如此庞大的罗马军队出现时，表现出了不安之情，而汉尼拔
对此口吐惊人之语："敌军虽众，但无人能叫吉斯戈。"在他林
敦突然陷落之时，尽管狼狈不堪，但汉尼拔依旧淡定地说，罗
马人肯定是找到了自己的汉尼拔。[5]

　　毫无疑问，从个人的角度来看，汉尼拔是一个神智正常、
心理健康的人。相较于亚历山大大帝嗜血谋杀的偏执狂热，以
及当日希腊化君主乱伦的王朝阴谋，汉尼拔便显得尤为正常。
汉尼拔并没有对其姐夫哈斯德鲁巴的嗣位表示出任何的嫉妒，
处处表现得体的他，作为下属，赢得了姐夫的信任。[6]在巴卡家
族兄弟之间，也没有丝毫兄弟阋墙的迹象，马戈和哈斯德鲁巴
都致力于保护哥哥汉尼拔的利益，至死不渝，毫无例外——这
是一个坚若磐石的家族，无法被割裂，事实上他们"每个人都
是优秀而年轻的汉尼拔"。

　　从文化的层面来看，汉尼拔不是一个纯粹的迦太基人，因
为他已经深受希腊化的影响，这是可以同亚历山大大帝相比的
一点。就像马其顿人一样，汉尼拔受到了希腊人的熏陶，他的
希腊语十分流利，而且他深谙当日希腊人的军事操练和作战历
史。而且，像那位波斯征服者那样，汉尼拔在踏上伟大征途之
时，随军带上了希腊史官来捕捉稍纵即逝的历史时刻。这一点
让人浮想联翩。亚历山大大帝不仅仅是那个时代最为出色的统
帅，他还为整个地中海区域的英雄壮举树立了标杆。那些古
人——至少是那些统治者——都想要青史留名，而在所有他们
追逐的事物中，得属军事荣耀最难磨灭。汉尼拔的浪漫主义之

处也存乎其间。其翻越阿尔卑斯山的史诗行军，其敌对罗马的报复事业，其出色地赢得会战之举，其在意大利半岛无休止的进军，所有的这一切，都可以在马其顿人报复波斯远征希腊的行动中和随后亚历山大在亚洲的冒险中，找到象征意义的相似之处。很可能，这就是汉尼拔获得寄托和坚持的情感源泉，随着岁月流逝，原本的目标反倒日渐模糊。

不过，倘若最终汉尼拔战略构想的源泉仅仅存于臆测之间，那么至少他的军事行动和战术技能是无可非议的。在这个层面上，汉尼拔能够跻身有史以来最为优秀的军事将领之列。在意大利的 16 个征战季中，他所表现出的足智多谋和贯彻一致都从未被超越，未尝输过一场重大战役，并且在 5 个不同情境中，有效摧毁了罗马的主力野战部队。[7]其智谋诡计层出不穷。无论是从看似无望的困境中逃脱，还是为倒霉的对手设计陷阱，他看上去总是能够捕捉意外之事，并且尽己所能将之淋漓发挥。对于罗马人而言，汉尼拔尤为擅长在战役爆发之前保持灵活机动，在汉尼拔——而非他们——选择的时刻和地点，调集麾下侵略的本能同他们作战。[8]

毫无疑问，汉尼拔拥有曾为迦太基服役的军队中最好的一部分，但是这支军队之所以能够取胜，很大程度上是因为汉尼拔在坐镇指挥。汉尼拔不仅仅能够将战斗的每个部分运用到极致，他那鼓舞人心的典范榜样同样是提升所有部署战斗表现的核心所在，这一点显而易见。整个远征期间，他们都待在意大利，时常陷入一连串的困顿匮乏之中，但是没有一起真正的哗变行为发生——对于迦太基军队而言，这是一个令人瞠目结舌的记录，就连西庇阿·阿非利加努斯麾下声名远扬、纪律严明的罗马军队也难以望其项背。

他的部下无条件地信任着他，这也是他用实力赢得的。有人认为汉尼拔缺乏攻城的耐心，但是在意大利，他很少有机会
87 能够稳定下来，在不让军队伤筋动骨的情况下发动如此攻势。他们一直都是汉尼拔最为宝贵的资产，在本质上是无可替代的，所以汉尼报从来不会让自己受到牵制，也绝不会将自己的部队浪费在毫无目的的战斗当中；当有其他方式可供选择时，他从不会迷信绝对的数量优势。曾几何时，在李维的笔下，汉尼拔说道："诸般事务虽自身繁杂，然可凭诡道轻取。"[9]这便可以将汉尼拔的战术以一言蔽之。若是在中世纪，那么这个信条或许可以为其徽盾增色。当代最为优秀的评述者 J. F. 拉曾比（J. F. Lazenby）曾经将汉尼拔比作"一名拳击手，面对一个重量级远超自己的对手，他声东击西、迂回运动、躲闪回避，和对手拉开距离——但是，当他瞧见机会时，便会给出毁灭性的一拳"。[10]倘若有人可以让一支军队"浮若飞蝶，螯如毒蜂"，那就是汉尼拔。

但是，这一点远远不够。或许汉尼拔有天纵奇才，但是他与罗马为敌和亚历山大大帝对阵波斯有着天壤之别。而且假如汉尼拔的战略智慧和其战术机巧彼此相称，他便会在一瞬间捕捉到这关键的一点。历时 23 载的第一次布匿战争，醒目地昭示着罗马所拥有的不屈决心和丰富资源。与此同时，至少在军事上，迦太基已然精疲力竭；事实上汉尼拔从这片土地上所能企盼的，不过是用西班牙产的白银所收买的冷淡支持。在第一次布匿战争之初，迦太基人至少还有理由在一场夺岛之战中，凭借自己的海军舰队压制住一个连海军都没有的国度；而现在，

汉尼拔准备直接在意大利本土袭击罗马，试图战胜这座城市最
为强悍的力量之源——陆军。汉尼拔确实有理由充分信任他自
己和其麾下的军队，他对于意大利本土联盟架构强度的低估也
可以得到原谅，但是从逻辑推演上来看，这种入侵本不应该发
生。我们应当看到，虽然在坎尼会战结束后的某个时刻，汉尼
拔确实有可能获得胜利，但这些都不是他在翻越阿尔卑斯山后
所能预知的。而恰恰相反，新近发生的一切都在告诫他不要尝
试这么做。

　　有人认为，罗马人必然不会坐视迦太基人继续主宰西班牙，
他们会持续干扰抑制，将汉尼拔逼至绝境，只能一战。[11]罗马与
萨贡托（公元前 226 年埃布罗河一线以南的城市）的联盟，以
及之后罗马严禁汉尼拔干预该处事务的最后通牒，无疑都在往
这个方向发展。既然起冲突只是时间上的问题，那为什么要在
自己的土地上作战，而不是将战火烧到罗马人的土地上呢？这似
乎是对罗马战略轨迹的合理推测。然而当是时，西班牙与意大
利相距遥远，而且自己的后方尚有更紧迫的问题亟待解决。汉
尼拔其实可以选择蛰伏，集中精力进一步蚕食扩张，巩固伊比
利亚地区的统治而无须惊动罗马，采取一种"萨拉米香肠战术"
（salami tactics）的渐进方式。[12]但是汉尼拔几乎未曾给人留下此
般印象，让人觉得他一度考虑过与罗马暂缓作战。入侵意大利
是最好的应对方式，但是最终却被证明并不是一个明智的想法。
因而，汉尼拔并没有遵循针对其行动风险的冷静评估，他更有
可能是被亚历山大式的征服幻梦迷惑了视野，因家族越积越深
的仇视罗马的怨念丧失了理智。这些动机转而导致了汉尼拔在
选择盟友时出了昏着。

二

倘若有梦魇一直困扰着罗马人，那它必然是那些高卢人，这些凯尔特人与罗马比邻而居。自从公元前 390 年洗劫并重创罗马之后，受到战果诱惑的高卢人便一直不懈地以出其不意的迅雷之势洗劫罗马，这一系列袭击都被波利比乌斯（2.18-21）事无巨细地记载了下来，他也似乎明白了高卢人造成的创伤而形成的累积影响。

对罗马人而言，这些高卢人是非理性、暴力与混乱的象征，他们的所作所为足以让弗洛伊德的信徒们在这里拾起老本行，进行田野实践。因为罗马人对于单兵优势十分看重，所以当他们同高卢勇士相比较时，自身的矮小身形让他们颇为困扰，这绝非微末小事。[13] 高卢人予人的尺寸观感，通常由一副狰狞可怖的外貌——棱角分明的石灰色头发，肌肉健美的身躯，上半身裸露直至腰部，手执加长的刀剑肆意挥砍——和浑身充满着的魔鬼般的战斗热情所构成，这一切都会被人用最可怕的词语来描绘。他们"如同野兽般"冲向他们的敌人，洋溢着"不受控制的怒火"，"纵使弓矢和投枪将他们穿透"他们也不会停止攻击。[14]

这些都显然成了他们的固有形象，几乎没有人会怀疑这基于事实的论述，也不会去怀疑这些凯尔特勇士割取敌首的野蛮癖好。这一形象又和世人公认且渗入种族的怯懦交织在一起——他们沉迷酗酒、缺乏耐力、对热敏感、易恐慌且毫无纪律——不过，当他们降临在你的军团或家乡时，依然是令人胆寒的幽灵。至少，这是罗马人看待的方式，是一份来自蛮族永无止境的威胁。

事实上，罗马人已然采取以彼之道还施彼身。渐渐地，曾经的受害者采取了攻势，纯粹的报复变成了军事的征服，而在波利比乌斯（2.21.9）的笔下，高卢人也愈发深信，"如今罗马人已不再为霸权与主宰发动战争，而是为了将他们彻底驱逐、赶尽杀绝"。

高卢人属于宽广的凯尔特语部族文化带的一部分，这条文化带由中欧穿过阿尔卑斯山脉延伸至意大利北部，北至低地国家，横贯法兰西，尔后进入西班牙中部和西部。这些部族主要还是一些处于依赖农业耕作的前国家时代（pre-state）的部落，由贵族和平民所构成的独立军事阶层控制着部落，整个阶层的武士是流动的。因而，这些部落是具有佣兵潜质的流动实体，可以迅速聚合成巨大的但有些原始的军事结构，而正是这一结构曾经让罗马人备受困扰。在军事层面上，他们也具备了一系列的技能，他们中有多达三分之一的贵族骑士，这些骑士多半是重装骑兵抑或是战车部队，其余的则是一大群纷杂的步兵剑士。[15]在战斗中，人皆好勇斗狠，归根结底，俱是单兵作战。他们狂热的行为——呼号尖啸、粗野手势以及战舞——令人罗马人胆寒，而现代人类学者则认为这是相当典型的武士文化。这些战士可以被更为先进的社会吸收进军事力量的建构之中——很显然，迦太基人在第一次布匿战争期间和之后都这么做了，但目前尚不清楚是迦太基被迫雇用他们，让其以传统方式进行作战，还是将他们塑造成一个特别的军事作战单位。[16]可以说，从传统作战方式到特殊作战单位的转变使汉尼拔在坎尼抢得先机，不过在当时，最让罗马人烦扰的凯尔特人依旧在沿着悠久的战争轨迹徐徐发展。

公元前 390 年高卢人入侵之后，他们于公元前 338 年又发起了严重的动乱，当时博伊人（Boii）鼓动了一些当地部落和阿尔卑斯山北的战士前去攻打阿里米努姆（Ariminum，又译作亚里米伦，如今的里米尼），这里是 30 年前为安置罗马无地贫民而设的定居点，作为罗马入侵的一部分渗入意大利北部肥沃的平原上，这片土地被罗马人称为山南高卢（Cisalpine Gaul）。高卢人内部的纷争使这次攻击被大幅削弱，但是两年之后，博伊人持续不断的侵扰还是让罗马派出了一支军队来恢复这里的秩序。[17]然而麻烦才刚刚开始。在公元前 232 年，盖乌斯·弗拉米尼乌斯——这位农民之友且最终成为特拉西梅诺湖战役中汉尼拔刀下亡魂的人，以护民官的身份推动并通过了一项法令，将占有的高卢土地细划成小份，分配给贫穷的罗马市民，而非将这些人简单地置于集中在一起的殖民地中，从而使得罗马人如潮水般涌入这里。

至此，因被驱逐而流离失所的凯尔特人，终于无可避免地爆发了怒火。公元前 225 年春，身处现今博洛尼亚（Bologna）附近的博伊人、身处如今米兰的因苏布雷人（Insubres）以及皮埃蒙特地区（Piedmont）的陶里尼人（Taurini）得到了一群来自阿尔卑斯山附近的流浪战士——盖萨塔依人（Gaesatae）的助力，自发纠集了一支 7 万之众，穿过亚平宁山脉倾泻而下，直扑埃特鲁里亚——那里是靴状意大利东北端的富庶之地。公元前 390 年对罗马造成致命袭击的阴影——高卢人满载着战利品，且离惊魂未定的罗马城仅有 3 天的行军距离——只在这一次终于选择了退却，因为他们面对的是执政官卢修斯·埃米利乌

斯·帕普斯（L. Aemilius Papus）所率领的 4 个军团，后者正准
备北上截击。而这些高卢人又不幸地遭遇了另一支由执政官盖
乌斯·阿提利乌斯·雷古卢斯（C. Atilius Regulus）率领的部
队，这支部队是从撒丁岛被匆匆召回的。在泰拉蒙（Telamon），
面对坎尼会战之前罗马所能动员的最大军队的两面夹击，高卢
人被迫背对背地列阵而战，只求绝境逢生。这是一场生死决战，
雷古卢斯的头颅被割下送给了一位凯尔特人首领，但在这一天
结束的时候，4 万名入侵者横尸沙场，而另外还有 1 万人则被罗
马人俘虏。[18]

　　危机解除了，但是罗马人与高卢人的纠缠远未终结。次年，
新到任的两名执政官提兵直取博伊人所在，威逼对方屈服。公
元前 224 年，罗马人故技重施，新任执政官弗拉米尼乌斯与其
同僚普布利乌斯·福吕乌斯（Publius Furious）合力推进至因苏
布雷人和切诺马尼人（Cenomani）的部落领地。在这里，弗拉
米尼乌斯大胜 4 万高卢联军，胜利得益于一项战场上的战术创
新，并于近日引发学界争议。是役，全军背水列阵，这是弗拉
米尼乌斯的一个坏习惯，麾下的军团长官（tribunes）将老兵列
制式的长矛配发给了位于前排的步兵中队，意在当高卢人最初
发起攻击时，用长矛阻止高卢人与他们砍刃的接近。这一战术
果然奏效，波利比乌斯（2.33.1–6）明确指出，之后军团士兵
是用他们的短剑来结束这场战斗的。但是，现代历史学者马
丁·塞缪尔斯（Martin Samuels）则认为古希腊的史家对于当日
罗马军团的装备的认知是混淆不清的，并用这段战斗描述来表
明，使用密集突刺的长矛是罗马人的首要战斗方式，此时如此，
7 年后的坎尼会战亦然。[19]虽然塞缪尔斯在其他方面对于罗马军

91

队的观点颇为引人关注，但是考虑到波利比乌斯作品的总体可靠性和其本身对于军事细节的学识，塞缪尔斯的这个说法并没有多少说服力。我们可以确信，在坎尼时，罗马人是用短剑战斗的，并且他们还将继续用短剑杀戮凯尔特人。

在遭到持续而彻底的攻击之后，凯尔特人于公元前 222 年遣使求和。但是罗马元老院回绝了他们的提议，反而委派两名执政官提兵再次对凯尔特人进行压制。在克拉斯提乌姆（Clastidium），其中一位执政官——马尔库斯·克劳狄乌斯·马塞卢斯单枪匹马地弑杀了高卢首领布里托玛路斯（Britomarus）并且剥除了他的盔甲，获得了"最高战利品"，用最合乎罗马人的方式赢得了不朽声名。他的同僚格涅乌斯·科尔内利乌斯·西庇阿（Gn. Cornelius Scipio）亦取得了丰硕战果，成功拿下了因苏布雷人的首都，即现今米兰。两个人所取得的战果都让他们——尤其是马塞卢斯——注定在未来的第二次布匿战争中，扮演着举足轻重的角色并且最终战死疆场。毫无疑问，这些部落投降了，并且被剥夺了更多的土地。罗马所做出的反应，则是向北推进到更远，公元前 218 年他们在波河两岸的皮亚琴察（Placentia）和克雷莫纳（Cremona）设置了 6000 个殖民点，这种行为进一步加深了高卢人的怨恨。[20]

这份怒火如同磁石般吸引着汉尼拔，当他的部队越过阿尔卑斯山，困顿且饥肠辘辘之时，这些高卢人为汉尼拔提供了同盟之谊、补给物资以及新征兵员。同蠢蠢欲动的山南高卢部落相结合的潜在可能，无疑是一项明智的洞见，这也是汉尼拔决意由北方陆路入侵意大利的根据。从根本上看，这些高卢人无疑是汉尼拔在漫长征途尽头，所掘得的一桶黄金。[21]然而，欲得利，必付偿。有人认为，汉尼拔在意大利的目标其实是有限的，但是同高卢人的联系只能让罗马向相反的方向做出判断。这些人都绝非平庸之敌。高卢人在罗马人的精神文化中，象征着更为可怕和危险的事物。通过与他们并肩作战，汉尼拔担负起一项责任，他将用最为分明的方式来界定即将到来的冲突。因而，这也就是为什么罗马人时常把我们所称的第二次布匿战争称为"与迦太基人和高卢人的战争"。[22]

三

公元前219年冬，汉尼拔抵达新迦太基，来自罗马的使者在那里等候已久，并警告他不要插手罗马盟友萨贡托和当地部落的纠纷，还提醒他不要越过公元前226年划定的埃布罗河一线。事实上，罗马人选择了这条线以南的城市作为自己的盟友，并且在该城与迦太基发生冲突之时为之助力，这不仅呼应了拉开第一次布匿战争序幕的马麦丁人（战神之子）事件，还体现了罗马独特的防御性进攻模式。

汉尼拔必然知道罗马所指为何。多数现代史学家遵循了波利比乌斯和阿庇安的说法，觉得汉尼拔认为有必要向母邦请示，虽然他将罗马人和萨贡托人偏执地定位为专门煽动迦太基治下的西班牙叛乱的角色。[23]很显然，汉尼拔得到了肯定的答复，因而他袭击了萨贡托，在经过8个月残酷的进攻之后他终于攻破该城，成年人惨遭屠杀，而丰硕的战利品被送至迦太基以作公关之用。

然而，罗马史家和元老费边·皮克托则完全不这么认为。他认为是汉尼拔主动挑起了战争，而没有任何一个迦太基要员

92

赞成他对萨贡托的军事行动。[24]倘若"要员"指的是传统寡头的话，李维（21.10）记载中，汉诺慷慨激昂的反战演说，在当日政坛绝非孤掌难鸣。"你是否对你的敌人，你自己，抑或两边民众之命运有所了解？……汉尼拔正在将攻城塔指向迦太基，他的攻城锤所砸向的分明是迦太基的城墙。萨贡托城墙垮塌之际，将是吾辈蒙受灭顶之灾之时，希望我的预言被证明是错误的。"

当罗马人的高级使团受遣至迦太基，并向迦太基索取和平的代价时，提出了交出汉尼拔及其手下的资深将官，以战争罪犯的名义对他们审判的条件，罗马方面的要求立刻激起了迦太基的怒火，而且超出了迦太基忍耐的上限。因此，当罗马的使团长——李维（21.18.1）告诉我们是费边·马克西穆斯——最终如是宣告，在他的外袍（toga）中，同时藏有战争与和平，这取决于迦太基会做出何等选择，而迦太基的首席执政官说让费边自己去选择。费边回复道，战争爆发了，随即他听到了高声回应："我们接受了！"无论从哪个方面看，这都不能被称为深思熟虑之商讨。做出这一决定很可能也有巴卡家族白银献金的促进，同时也是平民派的胜利，但事件真相是，迦太基还没有从第一次布匿战争中恢复，虽然不能做到，却最终极不情愿地投入第二次布匿战争。

回到西班牙，汉尼拔并没有坐以待毙，他在静候迦太基回音。恰恰相反，他期待着其派往前方的情报人员的汇报，这些探子很可能在萨贡托陷落之前就已经被派出，汉尼拔希望可以探得进入意大利的建议路线，并且和山南高卢部落取得联系。[25]当使者回报说翻越阿尔卑斯山的路途虽然艰险，但并非毫无可能，而且当他翻山越岭抵达之后将会受到当地部落的欢迎，汉尼拔已然决意进犯。

与此同时，汉尼拔利用公元前 219 年至前 218 年的冬季谋定了所有的核心决议，不仅为远征部队进行安排规划，而且还着眼于西班牙乃至非洲的防务。汉尼拔事必躬亲。在早期的换防安排中——罗马人之后成功地利用换防制度来戍卫其帝国——汉尼拔派遣了一支近 1.6 万人的伊比利亚部队来守卫其脆弱的北非后方，并且从北非带来了一支由可靠的利比亚人、努米底亚人以及利比-腓尼基人（Liby-Phoenicians）组成的人数可观的部队，将之置于西班牙，归于其弟哈斯德鲁巴的麾下，以镇守巴卡家族的土地。[26]

然而，汉尼拔的重心依旧放在其集结的远征大军上，这支数量被明显夸大的军队由 9 万名步兵和 1.2 万名骑兵构成，并且还随军配备了 37 头战象——可谓军队中的隐藏战力。[27]如此安排，或许是蓄意为之。军队中的大部分士卒很可能是新征召的西班牙人——伊比利亚人、卢西塔尼亚人（Lusitanians）、凯尔特-伊比利亚人，虽然未经历练，但仍是潜在的优良骑兵或步兵，但这支军队的核心无疑是由汉尼拔最初缔造的久经沙场的战士——战力强劲的努米底亚轻骑兵和精心操练的北非重步兵所组成，他们将在汉尼拔未来的战术诡计中崭露头角。意大利之行漫长无比，就像汉尼拔之父进军西班牙时所做的那样，汉尼拔似乎想要利用这次徒步行军来训练、磨砺他的军队，使之成为可以在罗马施展拳脚的钢铁之师。他必然料定，这将会是一场达尔文主义式优胜劣汰的锻炼，许多士兵将会倒毙路旁抑或是自阿尔卑斯的冰岩绝壁上坠下，不过他似乎低估了其间部队的损耗。尤其是他的北非部队，很可能无法忍受高山的严寒。

94

尽管如此，从这些初始军力的军事构建来看，汉尼拔坚信多数老兵依旧可以在长征中活下来，而那些新入伍的西班牙人一旦牺牲了那些脆弱的外层军力，将会变得和老兵一样强悍。

汉尼拔已然同他麾下的老兵以一种别样的方式紧密联系在了一起，这种方式与先前迦太基统帅的截然不同，他与自己袍泽同吃住共战斗，而且与士卒共成长。然而，进军意大利是对他领导能力的首次重大考验。其间虽有诸多初级挑战，但在翻越阿尔卑斯山时，确有可能全军覆没。面对逆境，他奋起应对，但仍旧千钧一发，或许在完成这场行军之后，汉尼拔自身也得以蜕变，历经险境之淬炼，继而受到一种新的决然心智之感召，将生死置之度外。

他从未形影单只，也绝不会孑然一身。尽管相对于汉尼拔本人，他那些随之出生入死的将领和各级指挥官为世人所知者甚少，但和其他的卓越统帅之师一样，他们是一个紧密的集体，可比挚友可比至亲，除却极少之例外，士卒一直对汉尼拔不离不弃。[28]诚如古谚"打虎亲兄弟，上阵父子兵"，汉尼拔的幼弟马戈，在特雷比亚战役期间便担任了汉尼拔的副手，而在坎尼会战期间则成了实际意义上的联合指挥官。另外一位巴卡家族成员，外甥汉诺——海军将领波米尔卡（Bomilcar）同汉尼拔的姐姐所生之子——刚及弱冠，便在坎尼会战中率领了努米底亚骑兵。另一位哈斯德鲁巴——不是那位留守西班牙的汉尼拔之弟哈斯德鲁巴——总领军需部队，在坎尼会战中率领凯尔特和西班牙骑兵，封死了罗马人最终败逃的路线。接着便是那位对汉尼拔战略意识提出无礼批评的将领、鲜明的机会主义者——骑兵将领马哈巴尔（Maharbal），普鲁塔克认为他也是巴卡家族的一员。[29]波利比乌斯（9.24.5-6；9.25）认为，汉尼拔的两位将领——汉尼拔·莫诺马库斯（Hannibal Monomachus）和萨莫奈人马戈（Mago the Samnite）是汉尼拔两大挚友，也是硬茬子——前者向统帅汉尼拔献计，教唆麾下之人食人肉以强撑下去，翻越阿尔卑斯山，而后者的贪得无厌全军皆知，就算是汉尼拔本人都会避免和他在战利品上发生纠纷。

所有的人组成了一个顾问内参圈子来制定绝少人知的军略要事，如果可以的话，可以将这一决策团队比作总参谋部。其他几位组成人员分别为：加泰罗（Carthalo），他在坎尼会战结束后率领轻骑兵俘获 2000 名罗马溃兵；吉斯戈，在大战开始前，他对于罗马军队庞大的兵员数量表达了担忧之情；阿德赫巴尔，他的麾下士卒专事工程建设；博斯达（Bostar）和波米尔卡，两人显然担任副手。[30]如今这支团队所留存的，唯有明显之骨干架构和考古所得之星星点点，除了汉尼拔以外，其他个人甚至都无法留下自己的人格印记。然而，彼此间的团队协作，让他们形成一个核心，继而出色且一致地贯彻统帅的意图，唯有相互间的信赖，才能够让他们出于本能适时将决策者的意志付诸实践。离开了他们，汉尼拔绝不可能抵达意大利，而有了他们，一旦踏上这片土地，汉尼拔便能够接二连三地获得胜利。

四

欲求抵达，汉尼拔所拥有的窗口时间颇为有限。每逢 9 月中旬，阿尔卑斯的翻山之径便被冰雪覆盖，使人无法成行。若按照常例，汉尼拔必须在早春时节离开新迦太基，但实际上，他似乎更有可能要等到 5 月末或 6 月初才能开拔。一旦离开巴

95

卡家族的土地，汉尼拔的军队需要觅寻粮草，收获的时令让给养补充成为可能，而随着他逐步北上，收获季节亦会稍渐推迟。[31]这是其在整场战争中经久不变的主题。汉尼拔军队的行进与否，取决于他们是否在挨饿，罗马人对于这一残酷现实的领悟与利用将使他们力挽狂澜，这也将会是日后整场战争持续的主题。一名士兵每日的行军需要消耗 4000～5000 卡路里的热量（或者说是 2～3 磅食物），那么一支 5 万人的军队就意味着每天都要消耗掉超过 60 吨的食物，而汉尼拔的初始军力是这个数量的 2 倍还要多，加之数以千计的骡马所需的草料，粮食总量简直是天文数字。[32]在开赴埃布罗河那初始的 280 英里路中，或许还有沿途的补给站可以提供给养，但一旦越过埃布罗河，汉尼拔和他的手下便只能自力更生了。这条河便好比他们的卢比孔河。

就在此到，李维（21.22.8-9）如是写道，雄心勃勃的征服者在梦中遇见了一位年轻的幽灵，他成了汉尼拔的向导。幽灵告诉汉尼拔要紧随其后，不要回头。然而，诚如《创世纪》中的罗得（Lot）之妻，凡人都无法抗拒这转身回头的诱惑。当汉尼拔转过身的时候，他发现有一条巨蛇裹挟着雷霆撕裂了身后的大地，当他询问那个幽灵这是何寓意时，幽灵告诉他："那是降临于意大利的灾祸：汝当继续前行，而非深究，接受尚在未定之天的命运。"汉尼拔疑虑顿消，起身前往那片未知之地。

不过，汉尼拔在行进的同时，很显然也试图通过安抚远至比利牛斯山的部落，在北方建立起一个缓冲地带，为此他调拨了 1 万名步卒和 1000 名骑兵担任驻军，由一位名叫汉诺（并非汉尼拔的外甥）的将领负责，同时将军中的冗余辎重也一并交给了他。到达比利牛斯山的基地之后，前往意大利的行程已经走完了一半，但是汉尼拔的军中依旧充斥着对风餐露宿抱有怨言的人。当大军攀登穿过佩尔图斯山口（col de Perthus）之时，尽管这只是一条高约 2600 英尺且易于通过的山路，但是仍然有3000 名西班牙卡佩坦尼亚（Carpentani）佣兵打了退堂鼓，折返西班牙，这无疑给全军带了轰动性的焦虑。[33] 然而汉尼拔对此表现出了让人难以捉摸的温和态度，他不但没有试图阻止他们，反而还让另外 7000 名他认为已经躁动不安的士兵脱离队伍自行离去。尽管没有留下记录，但几乎可以肯定的是，还有 2 万名步兵和 2000 名骑兵选择了离去。就如同一枚奔向月球的火箭完成各级分离一般，汉尼拔似乎有意识地为前方艰险的路途精简兵员。波利比乌斯（3.35.7）告诉我们，撤除了心怀怨言的士卒和冗余繁重的辎重后，抵达高卢的 5 万名步兵和 9000 名骑兵将会是更加精简的战争机器。

在佩皮尼昂（Perpignan）附近，一些焦躁不安且好勇斗狠的高卢人拦住了汉尼拔的去路，他们不知道这支陌生军队来到这里的意图为何。为了避免不必要的战斗，汉尼拔给他们送去了礼物以及保证，承诺自己只是路过，希望借此让自己前往罗纳河（the Rhône，又译作隆河）的道路畅行无阻。汉尼拔一直按照传统的行军路线，沿着日后的多美亚大道（Via Domitia，又译作多米提亚大道），也就是今日的朗格多克（Languedoc）滨海公路行军，走完了全程 900 英里之中的 700 英里，在这一过程中，还有 1.2 万名步兵和 1000 名骑兵脱离了大部队，他们很有可能是被安排在当地驻防。[34] 而很可能在 9 月中旬后的某一天，当他们行进到罗纳河河岸时，情况变得愈发复杂。

　　波利比乌斯（3.42.1）告诉我们，当汉尼拔的军队准备渡过罗纳河时（渡河点距离海边有 4 天行军距离），一支战意熊熊的凯尔特人——沃尔卡人（the Volcae）——军队正在对岸集结，对他们虎视眈眈，很显然他们并不想让汉尼拔渡过河去。对此，汉尼拔做出的应对是明智的，而且颇具个人风格：在耗费 2 天时间搜集船只和小舟之后，他派出自己的外甥率领一支骑兵劲旅北上 20 英里，在现今阿维翁（Avignon）处渡河，直插凯尔特人营地的后方，潜伏下来静候战机。一旦就位，他们放出狼烟，汉尼拔遂率领主力开始强行渡河，那些高卢人马上从营地中鱼贯而出妄图阻击河畔的异邦人。此时，汉诺立即率军袭击沃尔卡人的后方，这让那些沃尔卡人惊恐不已、四散奔逃，随之迦太基人在河畔开拓出了一片滩头阵地，从而让后续部队可以安全渡河。这是汉尼拔的一个典型战术，从后方突然杀到的骑兵决定了日后许多罗马将士死亡的命运。这一战略构想可以追溯至一个世纪之前亚历山大大帝在海达佩斯河（the Hydaspes，现在的杰赫勒姆河）从侧翼进攻的类似策略。这位迦太基指挥官之所以妙计层出不穷，不仅得益于其自身的战术创造力，而且考虑到其身边环绕的博学的希腊人所带来的影响，他的抉择很可能是饱受先进军事经验熏陶的结果，或许还有对先辈们的一丝英雄崇拜。

　　第二日是忙碌的一天，这一天发生的事情与未来息息相关。首先，发生了一件意外之事，汉尼拔获悉有一支罗马舰队停泊在河口，他立即派出了 500 名努米底亚骑兵前往侦察敌军人数和意图。接着，他将麾下众人集合，将他们引荐给了一支山南高卢使团——使团中有一位叫作马吉鲁斯（Magilus）的人和数位族长，这些人继而向汉尼拔的军队保证，当他们翻越阿尔卑斯山，到达山的另一边时，将会得到令人愉快的接待。当汉尼拔察觉到自己手下对即将开始的翻山越岭抱有悲观情绪时，他询问那些人是不是觉得那些博伊人"是靠着翅膀飞过阿尔卑斯山的？"[35]在散会之后，努米底亚人正好返回了营地。他们碰到了最糟糕的情况，他们同罗马的侦察骑兵发生了接触，而这些罗马骑兵发现了迦太基军队的主力，并且返身回营报告了所见情况。猝不及防之下，汉尼拔入侵的意图暴露了。

换作其他将帅，很可能会严阵以待，准备应对接下来来自罗马人的无法躲避的攻击，但是这位巴卡家族的成员并不会轻易分心，他似乎已经清楚，就算是短短几天时间的延误也有可能导致他这一年无法翻越阿尔卑斯山。[36]所以，汉尼拔立即命令步兵开始沿着河流向北开进，并且派遣骑兵向南迂回作为掩护。

如果他行事仓促，那么可能难逃迦太基人的窠臼，所以汉尼拔绝不会把大象扔在河的那一边不闻不问。波利比乌斯在作品中（3.46）向我们描述了汉尼拔所建的一座长达200英尺、覆上泥土以供大象行进的巨型突堤以及相关的渡河安排，他把那些巨兽引上突堤，然后将它们强行拖拽过河。多数大象都稳立在渡河设备上，不过仍有一些大象陷入了恐慌，从而掉进水中，象夫往往会被淹死，而那些大象却能够用自己的鼻子呼吸，泅水渡河。这场面无疑是壮观的，不过也反映了汉尼拔在一项颇为存疑的军队资产上耗费了大量时间和精力。

尽管过程不易，但好在渡河顺利完成。当普布利乌斯·科尔内利乌斯·西庇阿（西庇阿·阿非利加努斯的父亲）和他的兄弟格涅乌斯（本书上次提及他，是在他席卷因苏布雷人的首

98

都之时）抵达迦太基营地时，汉尼拔已经开拔三天了，深入河流上游。在没有补给的情况下，罗马人无法追击。此外，罗马人对于汉尼拔的行军路线和作战意图都是一知半解。这就像是在旷野中追逐一缕游魂。这是老西庇阿的团队所面临的诅咒，虽然他们是优秀的将领，却总是作为命运的玩物，与机会擦肩而过。

罗马人想要将战场定在西班牙和北非，假如不是汉尼拔的奇袭的话，那么这将是合情合理的完美计划，这样在打击巴卡家族大本营的同时，又可以攻击迦太基脆弱的后方。[37]因此，在公元前218年，两位执政官——普布利乌斯·科尔内利乌斯·西庇阿和提比略·森普罗尼乌斯·隆古斯，被派往伊比利亚和西西里，并且佐以适量之陆海军。森普罗尼乌斯·隆古斯率军开往利利俾这个前往北非的跳板，着手入侵，但是西庇阿的军队延误了。

山南高卢再度发动暴乱。这一次是博伊人和因苏布雷人，他们可能受到了汉尼拔即将到来的传言的鼓舞，这些人将罗马殖民者逐出皮亚琴察（Placentia）和克雷莫纳（Cremona）新建且未设防的定居点，并将这些罗马人围困在了穆蒂纳（Mutina，如今的摩德纳）。而当罗马人试图谈判时，这些高卢人又扣留了那些元老院代表。更糟糕的是，由副执政官卢修斯·曼利厄斯·乌尔索（L. Manlius Vulso）率领的解围部队两度遭遇伏击，最终被围于塔奈图姆（Tannetum）。[38]此时，在北方准备渡海前往西班牙的普布利乌斯·科尔内利乌斯·西庇阿，成了清理乱局当仁不让的军力来源。在元老院的任命下，另一位副执政官盖乌斯·阿提利乌斯·赛兰努斯（C. Atilius Serranus），从西庇阿麾下借去一个军团，将之同手下的 5000 名同盟军队合兵一处，迅速化解了穆蒂纳之围，接着他让这些部队留驻以镇局势。这就意味着，西庇阿不得不招募更多军队，导致宝贵的时间白白流逝。 99

最后，经过长时间的延误，西庇阿终于从比萨（Pisae）启程，沿着利古里亚（Liguria）海岸，抵达马西里亚（Massilia），这里既是罗马坚定的盟友，同时也是他得以随时跟进西班牙局势的地方。但是到达之后他却大为吃惊地得知，汉尼拔已然沿着罗纳河上溯而去。作为一名罗马人，西庇阿立即试图与汉尼拔短兵相接。然而，他的军队登陆需要耗费不少时间，因而他同迦太基人擦肩而过，不过西庇阿做出了一个意义重大且具有战略意义的决定。尽管敌方的入侵路线和传统的入侵路线不同，西庇阿似乎已经认定汉尼拔想要从北部翻越阿尔卑斯山，不过他同样也没有忘记巴卡家族的立身之本在西班牙。所以，他将部队一分为二，大部分军队交给了其兄——前任执政官格涅乌斯，这支部队前往伊比利亚，而他自己则率领剩下的部队折返意大利北部，以指挥那里驻防的两个军团，对汉尼拔严阵以待，不过前提是汉尼拔能够安然无恙地翻山越岭。

汉尼拔很可能会铩羽而归，但是这期间他侥幸获得一段喘息的时间。在沿着罗纳河行军 4 日后，迦太基军队来到了一块现今无法确定具体方位的地方，在史料中这里被称作"某岛"，在这里居住着一支繁盛的高卢部落，而当时，这支部落因兄弟争夺部落领导权而陷入纷乱中。这对兄弟转而向外人寻求调解，而汉尼拔则选择支持了哥哥布兰诺斯（Braneus），从而收获了这位兄长的感激之情，但更重要的是，他获得了粮草供给，同时也替换掉了磨损的装备，让部队换上了厚实的衣物和适宜攀登高山的鞋靴。布兰诺斯甚至派出了经验丰富的向导和一支骑兵将汉尼拔一路护送至阿尔卑斯山山麓。[39]尽管汉尼拔不是那种因一味依赖陌生人的善意而让世人皆知的家伙，但是当他凝视着这片横贯于面前的山岭时，或许会浮想联翩，也许正是这些高卢人施以的援手决定了他的成败。

五

在所有的古代血腥历史事件中，没有哪件能比汉尼拔翻越阿尔卑斯山之行更能受到笔墨青睐了。[40]似乎从那些迦太基人刚刚扑向伦巴第平原开始，文人的羽笔便在羊皮卷上任意挥洒、肆意揣测，一直延续至今，而其中很多作品都涉及汉尼拔的行军路线。[41]这里除了会提到一些可能的选项外，并不会对这个问题下定论。总而言之，我们需要真正知晓的是，汉尼拔的确做到了，这点毋庸置疑，而且也让其他的一切黯然失色，正因为这一壮举为史上最为重要的战争之一铺平了道路。当然，早年间一些无组织的凯尔特人也曾翻越过阿尔卑斯山，直扑意大利。但这一次是由高度组织化的军队首次尝试这一"惊险动作"，这支部队不仅远离故土，而且还有数万之众——其中有骑兵、工兵乃至各类后勤部队，更不用说那些战象了。说是"惊险动作"，绝非耸人听闻。由于局势的日益紧迫，这一幕愈发具有戏剧性，这是古人付诸笔下的，或许也是汉尼拔想让世人所铭记的，让亚历山大横扫亚洲的伟业相形见绌，唤起神祇赫拉克勒斯翻越阿尔卑斯山的荣光。[42]

在高耸的阿尔卑斯山区，有一支人丁稀薄的高卢人，他们被称为阿洛布罗基人（Allobroges），他们靠着自给自足的耕作勉强维生，偶尔也会靠劫掠行为来贴补家用，他们彼此联系紧密，所以当一支来自平原的可供劫掠的大军到来之后，消息在山谷间迅速传开。几乎是在迦太基军队刚刚踏上攀登多芬纳（Dauphiné）境内最初且地势较低的阿尔卑斯山山道时，汉尼拔便注意到了这些隐蔽于高处的部落居民，这些高卢人的人数日益增加，而且愈发肆无忌惮。

对此忧心忡忡的汉尼拔派出了侦察部队（很可能是马吉鲁斯的同伴，因为布兰诺斯的向导已经返回"某岛"了[43]），他们很快获悉，在翻过第一道山脊抵达山道之后，军队很快便需要穿过一道狭窄的山谷，而阿洛布罗基人准备在那里设伏。不过，汉尼拔还得知，每当夜幕降临，这些高卢人便会乖乖地返回村子、沉浸于温柔乡中。因此，狡猾的迦太基人采取了"营火不灭以惑敌"的策略，而这一诡计也注定将在未来让很多罗马人上当。他将部队开至狭窄山谷的入口处，将部队主力安顿下来，然后在夜色的掩护下，亲自率领一队轻骑悄无声息地驻扎在了阿洛布罗基人通常的集结点之上。

次日当高卢人返回的时候，他们发现汉尼拔如同守护的秃鹰般赫然耸现，这让他们踌躇了一会儿。但是接着他们发现了迦太基的大部队——行进迟缓且易受攻击，通常沿着陡峭的绝壁呈单列踽踽而行，这无疑让人蠢蠢欲动，于是这些阿洛布罗基部落战士俯冲而下、投掷石块、滚动巨石、发射弩箭。而那些驮运辎重的动物受到了惊吓，挣脱缰绳并坠入深崖，将驮夫也一并拽入山下的乱石中。在决定是否出手干预的时候，汉尼拔陷入了疑虑，他不想因为自己的干预而让局势愈发纷乱。但

101

最终，当意识到继续下去反而会冒损失绝大部分补给与运力的风险，汉尼拔便以雷霆之势横扫了袭击者，击杀了部分人并赶走了剩余的部落成员。局面终于趋于稳定，当军队走出山谷，向上方的山道行进时，所有人都陷入了阴郁的沉默，而尾随部队的战象，因为得到了小心的引导，在穿过山脊时并无损失。[44]

作为报复，不久后汉尼拔的军队袭击了阿洛布罗基人已经修筑工事的城镇，这些城镇被高卢人舍弃，以供愤怒的迦太基人劫掠。而留守居民的命运并没有被记载下来，但是其处境必然不妙，尤其是当迦太基士兵在城镇里找到了一些同胞时——那些征收粮草的士兵被捕获、捆绑，并作为囚犯被安置在散布于村镇各处的陋室之中，朝不保夕。与此同时，迦太基也将这里洗劫一空，收集到足够的粮草和牲畜以供未来三天的行军。

沿着第一条山脊往下走，穿过山谷，这支军队终于看到了阿尔卑斯山的全景——真正高耸入云的阿尔卑斯。同之前的山脉之巅相比，这里的海拔直接往上拔高了 5000 英尺，而若隐若现处高达 1.3 万英尺，对于一支军队而言这几乎是难以逾越的障碍，甚至连山南高卢派出的向导都似乎在这里迷失了方向。

不久，一支由当地部族长老组成的使团拜访了汉尼拔。他们向汉尼拔献上橄榄枝，并且表示他们慑服于汉尼拔最近对阿洛布罗基人所取得的胜利，使团代表许诺为汉尼拔提供补给和向导，为汉尼拔指引翻越高山的道路。汉尼拔虽然可能有些怀疑，但是或许他更苦于补给不足和方向不明，于是他违背了自己的本心，收留了一些人质，又一次完全依靠起了陌生人的善意。但这是一个致命的错误。

这些高卢人的意图并不在于提供向导，而在伏击。在接下来的两天当中，这些高卢人引导迦太基军队大致向意大利边境的方向靠近，而与此同时来自周围村镇的部落战士正在陷阱处集结，想要尽可能地摧毁汉尼拔的军队。因此，汉尼拔再次发现自己身处一个狭长幽深的山谷入口处。汉尼拔预感到了高卢人的背叛，所以他采取了预防措施，对军队进行了重组，辎重运输队位列中军，战象骑兵置于前列，而重装步兵负责断后。波利比乌斯（3.53.1）认为，这个安排使整个军队免于倾覆。尽管如此，汉尼拔所处的形势依旧危急，即将落入不怀好意的伙伴与部族共同设置的致命陷阱之中。大约有 4 万人挺进山谷，而只有 65% 的士兵才能在一周之后活着抵达伦巴第平原。[45]

　　起初，高卢袭击者分为两部：一部沿着上方峭壁部署，而兵员更多的一部则在平地阻击迦太基部队。高卢人一直等到几乎所有迦太基部队都进入隘道之后，方才对殿后部队发动首次攻击，而殿后的重装步兵随即同时转身，阻击敌军。假如这些重装步兵没有被安排殿后，那么高卢人很可能会从部队后部一路席卷全军。然而，迦太基人无法防备来自上方的毁灭性打击，因为这些部落战士开始从上部痛击迦太基军阵，尤其是投掷石块、巨岩、长矛与弓矢——如冰雹般的弹丸无休无止，而迦太基人唯有被动忍耐。高卢人甚至设法在道路最狭隘出设置了障碍，从而有效地将迦太基军队从中部一切为二。对于迦太基人而言，出路只有一条，那就是前方的道路，所以先锋部队不断向前突进。

　　而正是此刻——第一次，也或许是整场战争仅有的一次一次——这些迦太基巨兽真正展现出了一直保留它们的价值所在。毫无疑问，面对石块的疯狂袭击，大象更想逃出山谷而不是和

102

它的同胞待在一起，而它们的开路工作无疑是卓有成效的，因为那些拦截的高卢人没有料想到有如此巨兽存在，所以他们在大象面前因恐惧而四散奔逃。从隘道的另一端蜂拥而出的迦太基先锋部队得到了拯救。汉尼拔作为善于把握战机之人，似乎立刻率领战象折返以粉碎高卢人对迦太基后方部队的阻碍，从而救下了他余下的部队，但他们仍旧承受了不可避免的重大伤亡。[46]总的来说，这远远不是汉尼拔指挥的最为出色的战斗，而且事态很快就会变得更加糟糕。

在高海拔之地，寒冬之息不断灌入颈脖，而在汉尼拔的身后，则是一支饥肠辘辘的军队，现在的他们根本没有向导。很显然，汉尼拔迷失了方向。他被带到这处山谷，一部分原因是这里的山峡地势可以为伏击提供可乘之机，而另一部分原因则是这条路通往的是阿尔卑斯山以南最高且最远的山路。这将把我们带到一个同样相当令人困惑的学术关隘：这到底是阿尔卑斯山的哪条山道？

汉尼拔可能选择了以下两条基本路线。他或许在离开罗纳河之后，沿着伊泽尔河（Isère River）到达阿尔克（the Arc），然后翻过小塞尼山（Petit Mount Cenis），或者也有可能是克拉皮耶山口（col du Clapier）（这两条路线都备受学者青睐）。[47]又或者他可能通过了近在咫尺的萨万-科什（Savine-Coche）[48]。还有一种可能，那就是汉尼拔在稍南的地方离开罗纳河流域，沿着德龙河（Drôme）以及迪朗克河（Durance），翻过特拉维赛特垭口（col de la Traversette）。[49]所有的路线都通往都灵（Turin）附近，这是我们所知的汉尼拔出现的地方。在没有确切的考古证据的情况下，汉尼拔的选择没有留下丝毫印记，尽管有无尽的争论、主张、偏见、嫉妒乃至仇恨——这无疑是一个完美的学术争论案例，正因为所知甚少，所以这争论愈发激烈，而真相则潜藏于过往的岁月之中。对我们而言，真正需要知道的是，尽管汉尼拔和他的军队遭遇了重创，但最终他们翻越了阿尔卑斯山。

时间紧迫，已然无法回头。他必须尽快向前推进。因为不想同战象交锋，那些部落战士后来几乎不再与迦太基人纠缠，于是汉尼拔的部队攀至山顶的路途便显得相对顺利，次日正午先锋部队便已经抵达峰顶。所以，在离开罗纳河近 3 周、进入阿尔卑斯山 9 天之后，他们终于真正感受到了目标在望。

在峰顶让部队休整了两晚，并且等待掉队的士兵归营之后，汉尼拔在破晓时分唤起军队，往下向着意大利进军。从山道的顶端举目望去，是波河平原的绝美景致，翠绿的平原一望无垠，于是汉尼拔将自己的袍泽聚集起来，进行了一场振奋人心的会议，他向士卒承诺，从这里开始，都会是下山的道路，一切都将顺理成章——只需要几场战役，罗马就将归他们所有。[50]

汉尼拔所说的，至少前半部分是正确的，但是结冰的下山道路甚至比上山之途更加陡峭，片刻间从山上滑落的迦太基人以及随军牲畜便如同柳絮般众多。在经过数个小时婴儿般的蹒跚而行之后，队伍仅仅前进了几百英尺而已，而不久队伍在一个塌方处停住了。汉尼拔立即挺身向前，他认为或许山脊上方会有一条道路，但是行进在新积之雪上不久，那些辎重车队中的兵员便开始滑倒并跌入深达 1000 英尺的悬崖之中，因为前人的车辙所化的雪水很快就结成了坚冰。当汉尼拔意识到这么走下去难以成功的时候，他便命令他的部队原地驻扎，并且同阿

104

德赫巴尔（Adherbal）和他的工程师进行商讨。

被困于万尺高地，士卒散布于寒风拂过的山腰之上，弹尽粮绝，倘若没有决策者制定可行方案，那么很可能这就是这场征途的终点。他们赞成沿山侧开凿出一条新的道路，以取代被山体塌方抹去的路段，于是清晨汉尼拔便命令努米底亚人开始挖凿。

一切进展顺利，直到他们遇到了一块巨石，这石头太大，既无法移开也无法绕行。李维（21.37.1-4）告诉我们，工程师提出了一个独特的解决方案。他们用从低海拔运至的木材生火，当岩石表面被烧至足够烫时，再泼上部队定量配给的酸葡萄酒，这样便会形成裂缝，而铁镐和锲子可以将裂缝越扩越大，最终岩石会被分成多个小块。当这个障碍物被移除之后，剩余的绕行路程很快便完成了，这样迦太基的斥候便可以在数个小时内探到山脚谷底。

第二天，营造兵扩宽了整条了道路，让那些负重的驮兽和至关重要的战马——如今已经濒临饿毙——安全抵达山脚葱郁的植被区，开始进食以恢复健康的状态。这些人扎下营地，想来应该开始四处搜寻可以果腹之物。在数千英尺之上，努米底亚人未曾松懈，他们花了三天时间继续把道路拓宽，让迦太基军队中的 37 头庞然大物得以行进。[51]这些战象终于走了下来，但是状态糟糕，看上去似乎都无法继续存活了。但值得注意的是，经过数天进食草料，它们纷纷恢复了元气。对此，汉尼拔深感欣慰，毕竟每支队伍都得有吉祥物的存在。

不过总的来说，汉尼拔的军队已经与起初大不相同了，在数量上尤为如此。当营地里开始统计步兵兵员时，只有 40% 是西班牙人——从新迦太基远征开始时这支部队便是全军的主干，而今只剩下了8000人。而此外，还有1.2万名北非步卒——汉尼拔父亲军队中的中流砥柱——满员抵达。[52]有趣的是，有半数的初始骑兵——现在有6000之众——得以存活，特别值得一提的是，战马的消耗明显比人员要多得多。[53]

　　对于汉尼拔而言，每个骑兵都是必不可少的，而且需要被用在刀刃上，尤其是那些努米底亚骑兵。不论如何，现在整个军队仅剩约2.6万人，而一开始他们足有10万之众。许多人滞留在后方或者做了逃兵，不过，在山中的这两周，部队遭受了巨大的损失。在未来的16年中，除了西庇阿·阿非利加努斯，汉尼拔所面对的所有敌人都没有这次阿尔卑斯之行致命。然而，汉尼拔已经从山岭噩梦的魔爪中挣脱了出来，并且率领了一支可以自给自足的军队降临在意大利的土地上，一旦得到粮草和休整，他们将发挥出超常的战力。汉尼拔的军队经受了风蚀雨淋，经过山路之险和高山之寒的淬炼，这支部队可以立即攻城略地……当然还需要高卢人的辅助。

第五章　狐与猬

一

　　倘若古希腊诗人阿尔基罗库斯（Archilochus）和当代哲人以塞亚·伯林（Isaiah Berlin）穿越回公元前218年11月的意大利北部，他俩很可能会对当日的战略前景提出自己的推断。这位希腊诗人可能会这样说："汉尼拔通晓诸多事务，而罗马只明白一件大事。"而伯林却会回应道："开局兴许如此。但或许随着狐狸陷入困境，刺猬很可能已经习得了新的本领。"这已然成了第二次布匿战争的缩影。

　　这场战争被称为"人类历史上第一次世界大战"[1]，这种说法至少在地中海地区是比较合乎情理的，因为这场战略行动蔓延到了撒丁岛和西西里，甚至向东影响到了马其顿，而这场战争也被分为了两个阶段：始于西班牙，而后移步北非。然而，这场冲突以意大利战争之名为世人所铭记，因为在这里上演了最为持久且凶险的战斗，所造成的损害也是最重的——尽管关于战争影响的本质与后遗症的考量依旧存在争议。不过，可以肯定的是，战争的创伤主要发生在意大利。阿德里安·戈兹沃西（Adrian Goldsworthy），研究这段历史的著名史家之一，计算出在公元前218~前202年，共有12场主要的陆上会战，这是第一次布匿战争的3倍，而超过一半的战事都发生在意大利本土。[2]

在整场战争中，只有在意大利半岛上罗马人曾遭败绩。原因可以归结于一点：汉尼拔，毁灭行动的代言者，罗马的复仇人。在其他战场上，除却老西庇阿兄弟殒命的战斗以及其他一些小规模冲突之外，罗马人一直都保持着常胜不败的战绩。他们的军队更加优秀，他们的海军同样占据了主导地位，他们的将领至少和其他迦太基统帅一样优秀。这位巴卡家族的长兄或许是唯一的例外，他只手搅动了第二次布匿战争的整场战局。在任何方面——无论是因果关系、战术、执行、政治乃至社会意义上——这都是真正的汉尼拔的战争。

但是倘若他一直都是聚光灯的焦点，那么当他离开舞台的时候，便将成为败北的一方。最终，他被西方战争中最为重要的"相悖推论"（non sequitur，拉丁语，直译为不合逻辑的推论）所击溃：战术上的胜利并不必然带来战略上的成功。每一次作战胜利带来的仅仅是下一场战斗的胜利，一场接着一场，直到汉尼拔本人发现自己已然身陷意大利南部一隅的困境，最终只得败走北非。而与此同时，罗马人则师法刺猬，从而避免被狐狸所害，进而逐步掌握狐狸的伎俩，最终以牙还牙。但是在一开始，他们会在狐狸的利爪下挣扎翻滚、流血受伤。

二

由于在阿尔卑斯山折损了大部分军队，汉尼拔的前景并没有因为波河河谷等待他的东西——那些高卢人变得惺惺作态，还有那位普布利乌斯·科尔内利乌斯·西庇阿——而有所改善。汉尼拔必须挨个收拾这些麻烦。迦太基军队下山之后所到达的区域属于陶里尼人（Taurini），当时这些人正在同其邻居因苏布

107

雷人开战。因此，当汉尼拔派出使者到达他们的主要据点——很可能是如今的都灵，以求结盟并且让自己饥肠辘辘的军队获得补给时，这些陶里尼人果断拒绝了。汉尼拔没有忍气吞声，而是立即挥师围攻都灵并用三日攻陷了它，他想要给那些原住民来个杀鸡儆猴，在处决了成年男性和男童之后，对于那些妇女和食物，他则对自己的部下采取了放任的态度，毫无疑问，这些士兵欣然领命，如饿虎扑羊。附近所有的高卢部落心领神会，立刻派出使者做出结盟的承诺，很快，随着当地骑兵和步兵的加入，迦太基军队开始迅速扩充。

据波利比乌斯（3.60）记载，那些北部平原剩余的凯尔特人也想加入汉尼拔的队伍，但他们被正在推进的西庇阿军团所阻隔，这支罗马军团从皮亚琴察（Placentia）向西运动，甚至裹挟着一些被强征入伍的高卢人一同参战。而汉尼拔则为之后的行军制定了最佳路线，以期在推进的同时可以不断吸纳高卢人。一场狐狸与刺猬的殊死较量拉开了序幕。

普布利乌斯·科尔内利乌斯·西庇阿已然深陷险境。尽管汉尼拔对于这位罗马执政官迅速从罗纳河回援备感吃惊且印象深刻，但这只不过是统帅相同罢了，现在西庇阿麾下的军队与先前汉尼拔极力避免交战的部队不可同日而语。[3]（先前那支军队已经随同其兄长格涅乌斯前往西班牙了。）在向元老院汇报迦太基人正在翻越阿尔卑斯山之后，西庇阿受命前往波河，尽可能地拖延汉尼拔的军队，与此同时，另一位执政官提比略·森普罗尼乌斯·隆古斯（Tiberius Sempronius Longus）和他的军团被从西西里召回以协助西庇阿。因而，这是西庇阿执政官生涯中第二次被迫为自己临时打造一支新军，这一次他需要将那些初出茅庐的新兵和曾在卢修斯·曼利厄斯·乌尔索麾下与高卢人交过手的老兵凝聚起来。[4]但是，就算对麾下士卒的能力抱有疑虑，西庇阿也是一位不折不扣的罗马人，因此他急于抢在迦太基人从阿尔卑斯之行恢复过来前尽快与之交战。于是，他有意率领部队沿着波河北岸行军，并且借助罗马军用浮桥渡过其支流提契诺河（the Ticinus），移师至迦太基军队扎营处数英里开外。

而这个时候，汉尼拔一直扮演着狐狸的角色，玩弄着那一小撮受害者，并且在这过程中不断敲打自己的部队，使之明白自身如履薄冰之险。[5]汉尼拔将自己的士兵集中起来，并且把一些阿洛布罗基战俘带了上来。他询问这些战俘是否愿意参加一对一的决斗，胜者的奖赏将是自由、武器以及一匹快马，而对于败者而言，奖励便是以一死来从现有的痛苦中获得解脱。当志愿者脱颖而出，决胜的组（如果按照李维的说法则有数组）以抽签的方式选出，相互厮杀至死方休，而其他未上场的囚徒则为胜者与败者都喝彩，就算是败者也比阶下囚的境遇好得多。之后，汉尼拔向众人阐明了他此举的主旨所在，他提醒自己的士兵，他们现在的情况与那些阿洛布罗基人并无二致：要么战胜敌手，要么死于战斗——这两个选择都比被捕获后拴上锁链过着奴役与苦难的生活要强得多。这个信息传达给了将士，而他们也将之熟记于心——唯有死战到底，方能战胜罗马。

预感战事的临近，汉尼拔召回了马哈巴尔以及他派出去搜寻粮草的500名努米底亚骑兵，并且集结所有骑兵准备随同自己进行初次接战。或许还记得之前罗纳河畔努米底亚骑兵的望风披靡，此刻身处提契诺河的西庇阿战意盎然。为了方便侦察，

109

他只带了一小股重骑兵，并有一支轻装步兵徒步跟随。当通过烟尘发现迦太基军队到来之后，他将这些轻装步兵调到前列，希望能够作为屏障保护投枪手。然而这些轻装步兵被击溃了。汉尼拔意识到自己手头的骑兵数量明显不敌罗马人，所以他将西班牙重装部队置于战阵中央，努米底亚人则位于两翼，迂回包抄，然后发起冲锋，在罗马投枪手发起攻击之前，将惊恐万分的轻装步兵赶入向前推进的罗马骑兵部队中。当双方重骑兵交战时，战斗很快演变成了一场激烈的马下混战（dismounted mêlée）——这是罗马骑兵特有的攻击方式之一，当然或许也是因为那些迦太基战马已经体力不支。罗马人很轻易地在这场短兵相接中取得了优势，但是两翼的努米底亚骑兵迂回穿插，首先击溃了四散奔逃的轻装步兵，随后返身攻击了罗马骑兵的后方，造成了罗马人的全军溃退。

大概在此时，西庇阿身负重伤，险遭俘获。多数史料认为，是这位执政官17岁的儿子救了他，这位年轻人率领一队骑兵折返战阵，将父亲团团护住。[6]这不仅仅是一则孝义为先且富有启迪的故事；这位年轻人，也叫作普布利乌斯，之后因为在扎马战胜了汉尼拔，赢得了"阿非利加努斯"的称号。但离那一天的到来还很遥远，而这期间，这位年轻的西庇阿家族成员会用剩下的青葱岁月在那位迦太基名将的手中摸爬滚打，最终从后者那里学到真知。

因为这次战斗只不过是一场小型遭遇战，所以很快为人所淡忘。[7]然而，这次战争却是树立信心的标杆，向那些迦太基人证明了其最需要了解的事——在意大利，作战也可以取得胜利。更重要的是，这次接战展现了和当初对付高卢人相同的作战方法。同时它也揭示了汉尼拔最具毁灭性的作战技艺——将敌方中军牵制住，接着以迂回包抄之势攻击敌军后部。[8] 在即将到来的战争中，骑兵起到了十分重要的作用，此次提契诺河遭遇战无疑表现出了这一兵种更为卓越之战斗力，不仅仅是因为那些罗马骑兵被迫下马接战的不良趋势，还暴露出罗马骑兵无法与轻装部队协同作战的劣势，而在这一点上罗马人在很长一段时间中都逊于他们的迦太基对手。而这个暴露出的缺点将被汉尼拔充分利用，进而对罗马引以为傲的重装步兵进行反制乃至将其玩弄于股掌之间。所以，假使提契诺河之战只是前奏，这个前奏也是颇具预见性的。

　　普布利乌斯·西庇阿如今已濒临绝境，不仅是因为个人身体上的伤痛，还有其麾下并不可靠的部队的原因，然而很显然他也是一个很有自知之明的人。在汉尼拔——他认为在一到两天之内会有一场大型会战——获悉实情之前，罗马选择拔营而去，用浮桥渡河抵达了波河南岸，向皮亚琴察相对安全的地区行军。而当迦太基人到达浮桥处时，西庇阿的工程兵已经切断了系泊索具，只有滞留的 600 名罗马人被俘获，但是马上对罗马军队主力进行追击已经不可能了。没有采取追击行动的汉尼拔向着罗马人的反方向进军，沿着波河北岸上溯而行，直至寻得一片可以渡河的地方。汉尼拔把军队交给了军需部队负责人哈斯德鲁巴，让后者来负责部队的渡河任务，而汉尼拔自己则前去会见那些高卢使者，这些人准备与迦太基人同舟共济，为之提供稳定的兵员与补给。[9]

　　此时，迦太基人终于可以重新开始对西庇阿进行追击了，在沿着波河南岸行进时他们如同磁铁一般吸引着高卢人加入。

110

两天之后，汉尼拔到达了目的地，并在罗马营地之前摆开阵势准备战斗，很显然罗马人的营地位于特雷比亚河偏西的地方，但是西庇阿拒绝迎战。这无疑放出了一个信号：迦太基人主导了战局，而高卢人绝不会忽视这一点，那些刚刚被征入罗马军中的高卢人也是如此。当晚，2000 名高卢步兵和 200 名高卢骑兵屠戮斩杀了一些他们附近的罗马人，然后冲出罗马营地，前去投奔汉尼拔，而此刻汉尼拔正驻扎在数英里以外的地方。

西庇阿意识到他的处境危险——如果他手下的高卢人背叛了他，那么很快所有的高卢人都会涌向汉尼拔那边。因此，他准备带领自己的部队趁着夜色遁去。而他在整场战争中备受伤痛的煎熬，无疑成了其危机感来源的晴雨表。在距强敌如此之近的情况下选择撤退，本身就具有危险性。[10]在知晓罗马军队动向之后，汉尼拔立即派出了努米底亚骑兵前去追击。然而对罗马人而言幸运的是，显然这些努米底亚人依旧十分饥饿，所以他们停下脚步搜刮了被遗弃的营地，而这次分心无疑为西庇阿争取了时间，从而让他们的军队渡过特雷比亚河，前往地势更高的地方，在那里他可以建立起一个足够稳固的防御性营地，足以拒迦太基人于河畔。

至少就目前而言，汉尼拔显然并不满足于追击西庇阿，以及其扮演的不断吸引高卢人的磁石角色，他更想让他的部队得到充分的补给，从而继续全神贯注于征服事业。在附近的克拉斯提迪乌姆（Clastidium），4 年前马塞卢斯就在这里赢得了"最高战利品"，这里被公认为是罗马人的一座重要粮仓。当迦太基人准备对那里发起进攻时，驻守于此的指挥官达西乌斯（Dasius）和其手下的罗马同盟军投入了迦太基阵营。诸多史料认为这次招降不过是汉尼拔侥幸成功而已。[11]这位值守的叛将是一位来自南方土生土长的布林迪西人，而他所在的母邦对于罗马的忠诚是摇摆不定的，这一事件可能表明汉尼拔的间谍离间活动已经初步渗透了一些地区，而那里将是日后汉尼拔在政治合纵上大获成功的地方。而达西乌斯的部下很可能来自罗马的拉丁盟友，这就让汉尼拔不禁开始希望罗马的同盟系统或许可以被多点击破——虽然最终这只是一场幻梦罢了。尽管如此，从这个时间点到坎尼会战为止，有一点是正确的，那就是汉尼拔好像对罗马的战略意图和作战能力有着不可思议的清醒认识。当军队在北方的时候，这或许部分是因为那些在敌我双方都服过役的高卢人的存在，而之后还有一些逃兵的加入。然而，汉尼拔依旧存在一些史料无法完全解释的情报优势。这种优势透露出，或许有一位或者多位密探正在台伯河畔的神圣之地附耳静听。

提比略·森普罗尼乌斯·隆古斯和他的执政官部队如今已经返回了意大利。据李维（21.51.6-7）记载，他们从西西里向着阿里米努姆（Ariminum，如今的里米尼）航行，阿里米努姆位于靴状意大利北部靠近亚得里亚海的那一侧，但是在那个季节航行如此长的距离无疑具有致命的延迟性。因此波利比乌斯（3.68.9-14）的记载无疑更具可信性，在登陆之后，他们沿着弗拉米尼亚大道向着阿里米努姆行军，在12月初到达了目的地。据史家记载，他们在中途经过了罗马，在那里人民达成了共识：提契诺河之战的失利不过是小挫折而已。唯有步兵——而不是骑兵——才是重头戏，因而森普罗尼乌斯的部队——或许比西庇阿的部队更具战斗力——只需要前往战场，与迦太基人一决雌雄即可。

因此，踌躇满志的森普罗尼乌斯于 12 月中旬抵达了特雷比
112　亚河，并将他的士兵安置在了西庇阿防守完备的营盘旁边。他
发现自己的这位同僚依旧在治疗创伤，并且对于即将同迦太基
人作战的前景基本持悲观态度。西庇阿认为，最好将这个冬季
都用来训练他那些普遍缺乏经验的士兵，而这段时间的按兵不
动也会诱使那些反复无常的高卢人离汉尼拔而去。有些人认为，
这种推论是之后杜撰出来的，为的是保护西庇阿的声誉，[12] 但这
无疑是一条很好的建议。

森普罗尼乌斯不会采纳任何一条建议。毕竟，他是一个罗
马人，而且他的执政官任期正在飞速流逝。源自本能的点点滴
滴都告诉他（就如同早先西庇阿那样），必须尽快在沙场猎取胜
者的荣耀。而汉尼拔立马就给他提供了这个条件。

很显然，当地的一些高卢盟友欺骗了汉尼拔，他们两头下
注，同罗马人暗通款曲。汉尼拔清楚这种事情是危险的，而且
是不可接受的，所以他派出了数千名凯尔特人和努米底亚人，
蹂躏那些朝三暮四的高卢人位于波河与特雷比亚河之间的土地。
高卢人转而向罗马人寻求帮助。森普罗尼乌斯立即抓住机会，
派出了他的骑兵和数千名轻装步兵对付那些侵扰者。他们找到
了那些零散分布且为赃物所累的迦太基劫掠者，将他们逐回迦
太基营地。迦太基前哨部队指挥官在意识到这点之后，派出了
一支掩护部队，这支部队又将罗马人逐回了他们的营地。这种
针锋相对的军事行动不断升温，双方不断加派兵员，最后所有
的罗马轻装步兵和骑兵都被卷入其中，在广阔地带纵横驰骋，
你来我往。正当冲突将要升级为全面会战时，汉尼拔终止了行

动。波利比乌斯（3.69.12-13）如是写道，因为这位迦太基指挥官知道，"决定性的会战绝对不能因为草率的理由或没有明确的目的而发起"。然而，汉尼拔之所以叫停行动，并不是因为这种针锋相对的军事行动没有"明确的目的"，而是因为这种叫停行为本身就有着战略目的。按照现在的术语来说，他需要进行"战场准备"，尤其是要挑选敌方指挥官的盲区作为战场。

森普罗尼乌斯因其表面上的胜利而洋洋自得，尤其是这次取胜的军队相当一部分都是之前西庇阿所率领的被汉尼拔击败的部队。尽管他的同僚不断警告他不要冒进，但是只要机会到来，森普罗尼乌斯便会下定决心寻求决定性的会战——而这正是缺衣少食、苦于高卢人易变无常的汉尼拔所想要的。李维（21.53.7-11）告诉我们，汉尼拔已经获悉了森普罗尼乌斯冲动鲁莽的性格，因此他决定利用这一点布置一场战役。

敌我双方的营地隔特雷比亚河相望，这是一条浅滩交错的河道，冬雨让整条河水量充沛。汉尼拔所在的西岸是一片宽阔平坦、灌木稀疏的平原，适合骑兵作战，不过这也是罗马步兵所青睐的地形，换而言之，这里是一处典型的会战地点。而在探察了南部的地形之后，汉尼拔发现了一片覆有植被的草地，适合设伏。在他打算交战的前一晚，汉尼拔偷偷地派其弟马戈和一支约2000人的努米底亚混合部队埋伏在那里，随时待命，以在适当之时机从后方袭击罗马人。

拂晓时分，在阴郁的天色下，寒风呼啸中，白雪纷纷而落，而给罗马人的诱饵已然设下。汉尼拔派努米底亚骑兵穿过河流，骚扰罗马人的警戒部队，引诱他们以及任何想要横渡特雷比亚河之人。森普罗尼乌斯就像巴甫洛夫条件反射实验中的狗，如

113

汉尼拔所料做出了反应，派出了所有的 4000 名骑兵和 6000 名轻装步兵尾随努米底亚人，并且立即下令召集重装步兵，在没有吃早饭的情况下开出军营。这支部队——1.6 万名罗马人和 2 万人的同盟部队，基本上是两位执政官统兵的总和[13]——恪尽职守地穿过了齐胸深浅、冰冷刺骨的特雷比亚河，向着远处的平原进军，并且按照正常的情况部署战斗，罗马人位列中军，而盟军则身处两翼，这个过程可能已经在雨夹雪的天气中消耗了漫长的数个小时。[14]饥饿、潮湿、寒冷——即使坚毅如罗马人，这样开始一场战斗也绝不是个好主意。

当那些努米底亚骑兵让罗马骑兵和轻装步兵疲于奔命、精疲力竭之时，汉尼拔派出了 8000 人的轻装部队前去支援，作为掩护。直到这时——当汉尼拔的手下已然饱餐，在营火前涂上了防冻的油脂——他才把士兵投入战场。他麾下的士兵人数或许不如罗马人，但是并没有相差太多，他的部队已经扩充了大约 1.4 万名凯尔特士兵。[15]汉尼拔在骑兵上占据着明显的优势，无论在数量还是质量上均是如此。他的步兵列单横排阵，北非士兵和西班牙士兵分列左右，而高卢人则处于中军，这些高卢人魁梧高大的体格和狂暴的战力或许能够让罗马军团潮水般的进攻一时受挫，有幸撑到其他迦太基军队取得优势的时刻。西班牙和高卢的骑兵被安置在了侧翼，在甩开被扰袭的罗马人之后，努米底亚骑兵在那里和他们会合，两翼每侧足有 5000 人之众……看上去，那些战象已经冻得半死，几乎起不到作用。现在，是时候开战了。

这场战役一开始，迦太基骑兵向罗马骑兵倾泻而下，而这 2000 名罗马骑兵位于罗马盟军步兵的两翼。他们并没有坚持多久，因为此刻他们疲惫不堪且人数不济，他们被骑兵的狂飙突进和迦太基轻装部队如雨点般的投枪冲散，这些迦太基轻装部队已经回到了军阵的两翼。迦太基骑兵和轻装部队开始迂回包抄罗马阵线两端，四面八方的盟军重装部队簇拥而至，开始席卷整个战场。

在中军位置的罗马人，战事进展颇为顺利。新兵列和主列已经适应了单兵高卢剑士所带来的震撼，开始有条不紊地碾压后者以及一些北非部队，就在此时，马戈和他的努米底亚部队突然杀出，袭向罗马战线的后方。随着老兵列转身应对后方威胁，罗马军队前进的势头受到了滞缓。这位年轻的巴卡家族成员选择此时加入战团无疑是幸运的；假如罗马人的核心部队迅速突破了这些迦太基部队，那么这些罗马人便有机会从中分开，转而支援衰颓的盟军两翼。而事与愿违，马戈搅乱了罗马人的整条战线。[16]很快，两翼以及两翼周边的罗马军队便溃不成军。

尽管中军的 1 万名罗马军团士兵保持了阵型，最终突破了迦太基人的战线，但是，由于没有两翼提供保护，且身后只有迦太基军队和冰冷的特雷比亚河水，他们只能保持前进、撤出战场，前往皮亚琴察和附近的安全之地。而对于大多数受困的罗马同胞而言，死亡或许是唯一的归宿。虽然没有伤亡数字留下，[17]但是大多数人或许已经被迦太基人捕杀、溺毙河中或是横尸荒野。

几乎可以肯定的是，战事的节奏逐渐为低温所决定。随着时间的推移，雪花变成了刺骨的冻雨，所有参战者的活力必然大受折损。不管怎样，迦太基已经在阿尔卑斯山区适应了严寒，而他们的对手罗马人在一个多月之前还沐浴在西西里的温暖之

115　中。李维（21.54.9）指出，在泅渡特雷比亚河的时候，罗马人甚至都不能握紧手中的武器，而且虚弱之态愈发明显。因为汉尼拔已经确保每位迦太基士兵吃过早饭，而且做好了防冻准备，所以在战斗开始时，他们有着保暖充分的优势，但是李维（21.56）清楚地指出，严寒也让他们愈渐麻木。最后，在作战乃至最终的屠杀时，他们都只能用僵硬的四肢艰难地做着慢动作，没有人试图渡过特雷比亚河攻占罗马人的营地。恰恰相反，迦太基人蹒跚着返回了自己的营地，在那里进行休整，并在寒冷与被动中度过了接下来的数日，而在这段时间，他们的不少驮兽和几乎大部分战象都被冻死了。[18] 低温与怠惰或许拯救了西庇阿和那些留守营地的罗马人，他们得以乘坐木筏顺着特雷比亚河而下，最终同皮亚琴察的残兵会合。

　　看起来[19] 森普罗尼乌斯似乎打算掩饰他战败的规模，他向罗马派出使者宣布已经发生了一场战斗，只不过暴风雪剥夺了他的胜利。不过很快，他的同胞便获知了真相——汉尼拔和他的军队依然稳居营地之中，几乎所有的高卢人都投靠了他，而两位执政官的残卒分散于四处，补给被切断，只能靠波河运输补给。局势无疑变得十分严峻，但是，为了撑住局面，罗马的第一步便迈错了方向。罗马准备了一支由五列桨战舰组成的舰队，以巩固撒丁岛和西西里的防务，仿佛最大的威胁来自迦太基城，而非汉尼拔。据李维（21.57.3-4）记载，森普罗尼乌斯似乎想要挽回自己的声望，居然贸然前往罗马主持了执政官的选举。选举结果恰恰也反映出了时局产生的紧迫感，尽管这个选择并不一定明智。与盖乌斯·赛尔维利乌斯·格米努斯（C. Servilius Geminus）一同当选执政官的是盖乌斯·弗拉米尼乌斯（Caius

Flaminius），他是高卢人的死敌，因为他将征服的高卢人的土地分给了农民，故而成了农民之友。他绝对是一位富有争议的人物，尤其是在较为富有的权贵圈子里更是如此，他的整个生涯都在打击高卢人，而且他也作为一个行动派而广为人知。人们几乎可以听到台伯河畔回响着的传统看法："弗拉米尼乌斯就是专门料理北方事务之人。"但是，之后他碰到了强敌汉尼拔。

　　古希腊人有一个术语——壮举（aristeia），来表现一连串的卓越英雄之举——一种狂战士般的血腥盛宴，主角将会弑杀任何拦路之人。比如，在《伊利亚特》中，阿喀琉斯便以一人之力大破特洛伊军队。用这个词来形容汉尼拔似乎颇为合适，在他起初击败罗马的一次次胜利中便体现出了这种胜利的规模和过人的胆识。特雷比亚河战役仅仅是这一连串胜利的开始，而这一切在坎尼会战达到了高潮。不过，在首次接战中，他已经展现出将让他跻身史上最伟大军人之列的高超素养。他仿佛能够看穿敌人脑中所想，他诡计频出、尤好奇袭，审慎地使用麾下士卒，兼顾练兵与养兵，知道如何用兵以令各部取得最大之优势。[20]（在迦太基军队中，蒙受最大伤亡的往往是凯尔特人，他们位于战阵中心，以抵挡罗马主力的主要冲击，凯尔特人的部队缺乏忠诚、几乎未经训练，而且易于得到补充。）这是大师级的排兵布阵，然而对罗马人而言不幸的是，汉尼拔远远没有就此满足。

　　因为在公元前218～前217年的这个严冬，汉尼拔和他的军队远远没有脱离险境。粮草补给一直备受关切。李维（21.57-8）提及，在皮亚琴察附近的几处补给点都曾经遭到迦太基人的袭击，而且迦太基人曾试图翻过亚平宁山脉以寻觅更多的补给，虽然徒劳无功。现代史学家[21]常常将这些记述斥为无稽之谈，但是这些叙述无疑跟一个关键点息息相关，那就是这一切发生的背景是，高卢人的劳作可能无法产生大量的余粮。

这点可能也反映在了汉尼拔对待战俘的态度上。他只能给这些他寄希望于获取赎金的罗马战俘勉强维持生存的食物。而他俘获的罗马盟军则待遇更好，过了一段时间之后，汉尼拔会把这些人聚集在一起，告诉他们，他发动战争是为了反抗罗马，也是为了意大利人民的自由而战。[22]他会将这些人开释，且免除赎金。这通常被认为是汉尼拔破坏罗马联盟体制的政治宣传运动的第一步，这一点毋庸置疑。但值得一提的是，这样做的话，汉尼拔便可以不用操心这数百乃至上千人的伙食问题。

波利比乌斯和李维的记述，进一步说明了汉尼拔处境的艰险，以及那些高卢主人颇为可疑的待客之道，为了避免被当地人暗杀，汉尼拔甚至不得不穿上不同的伪装服饰，甚至戴上不同颜色的假发。[23]那些高卢人聚集于迦太基人的麾下不是为了让
117　自己的土地沦为战场，也不是让自己的土地变成占领部队补给的餐桌。如果汉尼拔还想同那些高卢人继续保持联盟，那么他最好趁着天气好转时移师向南。

三

汉尼拔的春天便意味着埃特鲁里亚和罗马的严冬。[24]事实上，他有两条路线可走。亚平宁山脉如同意大利的脊柱，将半岛纵向一分为二。因而，他可以向东行军到亚得里亚海的那一端，接着南下，在那里他可以到新近被罗马征服的地区寻求支持。这条路线也能够让他和迦太基保持更紧密的联系。而另一条路，

他可以选择穿过亚平宁山道，直插而下，向西进入埃特鲁里亚，在那里能够与波河和西班牙保持畅通之联系，并且能够让自己置于更能直接威胁到罗马的位置。考虑到汉尼拔的作战动机和伊比利亚大本营实打实的援助，他选择了后一条道路。

鉴于对自家地理的了如指掌，罗马人决定两面下注。他们派出格米努斯沿着弗拉米尼亚大道（或许和森普罗尼乌斯取道相同）北进，在那里他可以让他手下的新兵与普布利乌斯·西庇阿手下的老兵合兵一处，[25]进而掩护直下整个半岛的东部走廊。而弗拉米尼乌斯已经抵达了他的目的地，在那里而非在罗马宣誓就职，这有违传统，跳过了通常由前任执政官举行的宗教相关仪式。同时，他没有理会将他召回的专员，这让事态变得更加复杂。取而代之的是，他把森普罗尼乌斯的残兵吸纳到自己的军团中，移师亚雷提恩（Arretium），他认为在那里他可以堵住通往埃特鲁里亚的亚平宁山道。[26]

但是弗拉米尼乌斯并没有成功。汉尼拔从波雷塔（Porretta）山道穿过，绕开了他[27]，接着径直穿过了阿诺河（River Arno）周围被淹没的沼泽。这不仅仅是诈敌之计，和以往一样，迦太基指挥官这么做其实另有深意。这次行军可以强化高卢士兵，并且起到优胜劣汰的作用。这种跋涉可以视作翻越阿尔卑斯山的沼泽版本。在汉尼拔安排的行军队伍中，北非人和西班牙人与辎重部队在一起，而凯尔特人则被夹在中间，马戈与努米底亚人负责断后，确保队伍的行进，也防止高卢人开小差。那些幸存下来的士卒持续跋涉了三天三夜。他们不得不如此行事，因为在这片被水淹没的泥沼中没有水面以上的地方可供休憩，除了那些倒毙于此浮于水上的驮兽的尸体。骑兵胯下的战马时

118

常失蹄。汉尼拔坐在唯一幸存的大象上，他的一只眼睛患了严重的眼炎，并最终失明。[28]总而言之，这是一次苦难的历程。但是，当迦太基人从菲索莱（Faesulae，如今的费苏里）处的沼泽出现时，他们不仅甩掉了罗马人，而且甩掉了一些同甘不共苦的高卢人，从而让剩下的高卢人开始全部融入军队架构。

汉尼拔手下如同群蜂一般的侦察兵和间谍日夜不息。他们证实，富庶的埃特鲁里亚平原到了收获的季节，依旧待在亚雷提恩的弗拉米尼乌斯是一个和森普罗尼乌斯一样冲动好战的指挥官，因而也同样容易陷入困境。汉尼拔决定诱导这位将领在南方做些徒劳无功的差事。当汉尼拔行军时，他完全明白如何让这位罗马指挥官分心，他只需要让征粮队如同蝗灾一般降临在罗马盟友的村庄田野，便可以让这位"农民之友"陷入狂怒。这里是意大利的腹地，弗拉米尼乌斯只能顺着一缕缕冲天的烟柱被汉尼拔牵着鼻子走，只有让汉尼拔被迫接战这种令人羞耻的情况才能得到终止，而弗拉米尼乌斯对此已经下定了决心。

波利比乌斯和李维都认为，弗拉米尼乌斯的属下都曾对他进行过劝阻，建议他等待格米努斯的增援。[29]弗拉米尼乌斯对此充耳不闻，同时他也用他特有的处事风格，忽略了一系列不祥的征兆（无法拔出军旗的典故便出于此）。要是说因为他是一名典型的罗马人，而且倾向于作战的话，那么便说得通了。此外，汉尼拔的军队也在运动中，他的同僚格米努斯如何才能赶得上？据说，还有一些非正规部队加入了弗拉米尼乌斯的军队，这些人手持铁链，以便在接下来轻易取得的胜利中将战俘变为奴隶。因此，相比于军事会议中的深思熟虑，总是更加乐于听取民众之声的弗拉米尼乌斯，决定紧追不舍。

行进了不到一天之后，汉尼拔来到了特拉西梅诺湖，在前方的路上他看到了机会——一片狭窄的平原将湖岸线和陡峭山丘的平行山道隔开，而在这条路的入口处则是一个有视觉盲区的隘口。于是，他放慢军队的行军速度，因此这天的晚些时候，弗拉米尼乌斯会率军到达，并且目睹汉尼拔的部队进入峡谷，而之后弗拉米尼乌斯的侦察兵就会看到迦太基人在绵延群山的尽头扎营。夜晚罗马人则在峡谷的入口之外安顿了下来。趁着夜色的掩护，汉尼拔率兵沿着山另一边的平行山道返回，并且将士兵布置在了山丘另一侧的坡道上，静静等待黎明的到来。

第二天——公元前 217 年 6 月 21 日[30]——破晓时分，一阵浓雾笼罩了湖面及其周围。目前尚不清楚罗马人在进入峡谷之时，是否已经按照新兵列、主列、老兵列的三线阵型布置，因为预计或许将会遭遇战事，所以他们很可能这样安排了。但是，他们并不知道，他们即将踏入有史以来最大的伏击之内，这是仅有的一次一整支大军被有效地吞噬，并最终被这条计谋彻底摧毁。[31]

迦太基军队保持着惊人的克制力，在山丘上方静静等待，而随着罗马人沿着湖岸缓缓行进，他们很快填满了下方狭隘的平原，直到罗马人先头部队已经同汉尼拔麾下的北非士兵以及西班牙士兵接战时，汉尼拔才在此刻向全军发出信号，从山丘俯冲而下。冲出浓雾之后，他们几乎同时插入了整个罗马行军长列，完全令敌方大吃一惊，那些罗马人甚至很可能站在原地不知所措，在惊恐中陷入被动。开弓没有回头箭，迦太基的骑兵已经封堵住了峡谷出入口。李维（22.5-6）试图辩解说，很多罗马人都坚守岗位、英勇奋战，但是，或许波利比乌斯

（3.84）笔下的悲惨描述更为符合当时的情境。

> 许多士兵在战阵中被打散，故而他们无法自保……那些困于山丘与湖泊之间的士兵则以更加悲惨的方式丧生。因为当他们在混乱中被赶入水中时，有些人失去了理智，想要在身着铠甲的情况下泅水而渡，最终只能被活活淹死，而更多的人则尽可能地往湖里行进，站在水里露出脑袋，而当敌军骑兵接近他们的时候，死神注视着他们的面庞，尽管罗马人举起了双手，以最为悲戚的言语乞求饶命，但是最终要么被骑兵杀死，要么就是恳请他们的同伴帮他们获得解脱。

120　　弗拉米尼乌斯也没有幸免于难。长久以来一直苦于其压迫的高卢人直奔他而去，他精良的装备很容易被人识别出来，如果西利乌斯·伊塔利库斯（Silius Italicus）（5.132）的记载可信的话，那是因为弗拉米尼乌斯的头盔顶饰上覆盖着一张高卢人的头皮。这位执政官的护卫曾经短暂地将高卢人击退，而这时，据李维记载，一位名叫杜卡利乌斯（Ducarius）的因苏布雷骑兵冲出重围，率先杀死了弗拉米尼乌斯的侍从，随后认出了执政官的脸，在冲刺中用长枪将其刺穿。

　　这场杀戮盛宴持续了约 3 个小时，这场屠戮如此激烈，以至于交战双方都没有意识到当他们陷入死战时，他们所在的意大利中部地区正在发生大地震。[32]根据费边·皮克托记载，大约有 1.5 万名罗马人同他们的统帅一样在那日早晨丧命。[33]另外6000 名罗马人，可能因为身处战阵前列，所以冲破了前方的阻碍，直奔山丘而去。波利比乌斯坚称，这些人没有看见——很可能是浓雾的原因——后面的部队到底遭遇了什么，直到他们到达了高处，那时大势已去。更有可能的原因是，他们只是斗志消沉罢了，这可以更好地解释为什么他们集体逃到了附近的一个埃特鲁里亚村庄避难，他们在之后极不光彩地向马哈巴尔及其所率的西班牙和努米底亚士兵投降了。就在那时，他们同其他战俘被安置在了一起，总数达到了 1.5 万人，而在战斗结束之后汉尼拔把这些人全部都召集了起来。正如当初在特雷比亚河所为，汉尼拔把罗马人用锁链拴在一起，而所有的罗马盟军无须支付赎金，直接开释，不过他让这些人带信说，他所做的不过是想把他们从台伯河的暴君手里解放出来。据李维（22.7.2）记载，有大约 1 万人四散而去，最终得以返回罗马，至于其中是否包括那些汉尼拔放归的罗马盟军，我们便不得而知了。不过，有一点很明显，数个小时之内，一整支执政官的部队就这么消失了。

假如哪个巴卡家族的成员配得上家族的称号"雷电"，那么此刻的汉尼拔当之无愧。但是，这种精心设计的陷阱绝非凭空创造。汉尼拔不会轻易忘记他在阿尔卑斯山遭受的两次伏击，这两次伏击为汉尼拔在特拉西梅诺湖的计划埋下了种子，这点也是说得通的——因此两者采取了相同的策划，对正在行进中的队列发动了袭击，设置伏兵然后从上面直攻而下，不给敌方留下撤退的余地，而在道路的一侧设置死亡的陷阱。如果罗马人做过类似的联想，其心中的屈辱可能会更甚。汉尼拔就是这么一位对手，他不仅从失误中获得真知学习，还发掘利用它们，使之成为自己的优势。他不仅在战场上十分危险，而且他所在的周围都充满危险的气息。

121

　　总的来说，对于汉尼拔而言，这是一次恰如其分的对战——在经历了阿尔卑斯山、寒冬以及沼泽之后，他的军队已经疲惫不堪，或许只能承受一场速战速决的战斗。是役，汉尼拔一方的战损很小，只有大约 1500 人，其中大多数为凯尔特人，或许有机会杀死备受憎恶的弗拉米尼乌斯多少算得上一种补偿。而汉尼拔的好运并没有终结。据侦察兵回报，剩下的那位执政官格米努斯已经派一支人数众多的骑兵部队南下，前来支援弗拉米尼乌斯，现在就在这片区域，而且很可能并不清楚发生了什么事情。所以，汉尼拔派出了富有进取心的马哈巴尔和努米底亚人前去给那些罗马人送去并不令人愉快的"惊喜"。

　　回到罗马，整个城市似乎都笼罩在了不祥的预感中。日子一天天过去。妻子们和母亲们徘徊在大街上，逢人便询问有关这支部队命运的消息。随着惊悚的谣言日渐清晰，大批民众涌到元老院前，要求官员提供确切的消息。最终，在日落之前，身为城市副执政官（urban praetor）的马尔库斯·庞波尼乌斯（Marcus Pomponius）出现了，并且只是做了如下宣告："我们已经在一场重大的战役中被击败了。"于是，四散的谣言甚嚣尘上，那些妇女纷纷聚集在城门前等待丈夫归来，或者至少是关于他们的只言片语。渐渐的，她们认识到，或许很多人都不会回来了。[34]

　　与此同时，庞波尼乌斯不舍昼夜地主持着元老院的会议，他们集思广益、绞尽脑汁想要得出应对过去 7 个月以来——依次是提契诺河、特雷比亚河以及特拉西梅诺湖的三次会战——呈现指数般增长的威胁，而这个威胁已经足以动摇国家的基础。这些灾难比第一次布匿战争时期的更加严重，它们降临在了更为富足的阶层上，这些人或是在军团服役或是指挥着军团——
而非早先战斗中损失的那些较为贫穷且在政治上无足轻重的舰
队划桨手。事实上，陆军是罗马自我的核心要素。这种情况下
输掉战争，且任由侵略者蹂躏意大利的乡野，简直是难以用言
语表述的奇耻大辱。[35]

　　在元老院审议讨论了三天之后，又有一则关于盖乌斯·格
米努斯的新消息，他派去增援弗拉米尼乌斯的 4000 名骑兵——
占罗马剩余骑兵的大部分——遭到突袭，并且被马哈巴尔围困
在了阿西西（Assisi）附近。[36]半数兵员当场战死，而剩下的则在
次日投降。又一支成建制的罗马部队被抹去了。而这个时候，
在汉尼拔和罗马城之间，除了弗拉米尼亚大道那短短的百英里
路程之外，已经别无他物了。时局糜烂如斯，的确让人心生绝
望，于是元老院便祭出了政治体制应对危机的最后保障。公元前
249 年罗马海军于西西里全军覆灭以来，罗马再次任命了一名独
裁官。

122

四

　　这个人便是昆图斯·费边·马克西穆斯，李维相信他就是
那个告知迦太基人自己长袍中藏有战争与和平的费边。或许这
并非费边所言，但是他确实是那种会说出此般话语，而且会言
出必行、严肃对待的人。他已经 58 岁了，曾经担任过两任执政
官和一次监察官，他出身名门——一个已经获得"马克西穆斯"
（最伟大的）称号的古老氏族。他拥有无可挑剔的高贵血统，也
是那种在罗马危难时刻可以临危受命之人。光是"费边"这个
名字，便听上去令人敬畏，事实上这与其家族曾经从事的豆类

种植产业息息相关。无论是从象征意义、性格特点还是战略思维上，作为"魔豆战士"的他都能够与"雷电之子"汉尼拔相匹敌。就像一只刺猬一样，费边·马克西穆斯只明白一件重要的事：汉尼拔对于其军队的补给需求无穷无尽。想要取胜，罗马无须在战场上正面击溃他，他们只需要束住汉尼拔的粮袋子即可。一旦这位独裁官上台，那么很显然他会实行两项权宜之计：在迦太基军队所经过的道路上坚壁清野；此外，对于迦太基的征粮队要坚决而无情地进行拦截和打击。[37]与此同时，费边会小心翼翼地避免与汉尼拔在战场上交手，下定决心如影随形地跟踪汉尼拔，但是保持安全距离，而且总是占据制高点，从而避免被迫卷入战斗。

　　费边的战略从一开始便被罗马人视作一剂苦药，而非神奇的魔豆，意识到这一点十分重要。罗马人的总体倾向是外向攻击型的；文化的熏陶让他们主动寻求战争；他们已经习惯于坚信自己的军事体制能够击败任何一位敌军统帅，无论其多么睿智。他们多为农民出身，所以他们会出于本能地保护而非焚毁田地。费边的每一条提议，虽然对于对阵敌军军事天才是稳健的，但都违反了罗马人的信条。[38]后世因费边的政策而受益的罗马人给了费边"拖延者"（Cunctator）的称号，尽管这个称谓并不都是褒义的。[39]在当时，他的同胞们给他取了不少戏谑的诨号——"疣蝾"（Verrucosus）之名便是得于他唇上的肉疣；"小羊羔"（Ovicula）；"汉尼拔的教仆"（paedagogus），得名于跟在罗马学童后面为之拿着书本的奴隶。[40]他的同胞也对他的政策路线横加破坏与抵制，这让他在短短 6 个月的任期中权威扫地。或许这种民众的抵制有些道理，但是最终它将罗马人引向了通往坎尼的不归路。

　　实际上，在费边任期开始时，人们聚焦于何为这座城市的直接威胁之上。首先，费边试图用人们可以理解的方式解释弗拉米尼乌斯的战败——弗拉米尼乌斯没有切实履行恰当之宗教仪式，他对于因神明不满而表现出的不祥之兆不屑一顾。费边请元老院征询具有先知色彩的《西卜林神谕集》，然后派出一名副执政官依规举行仪式，以慰神灵。

　　费边有一位副手马尔库斯·米努奇乌斯·鲁弗斯（Marcus Minucius Rufus），即他的骑兵统帅（这位独裁官得到了特别许可，可以上马出战[41]）。他们一起巡视了城市的防务，或许米努奇乌斯已经奉命在特定日期之前召集起了城市军团（legiones urbanae）。[42]此外，费边似乎还征召了另外两个军团，以取代在弗拉米尼乌斯手里丢掉的军团，这些部队随同费边一起前往台伯河上游，同格米努斯会师，此时格米努斯已经按照命令沿着弗拉米尼亚大道大道南下往罗马方向行军。为了明确谁才是掌握实权之人，当执政官格米努斯到达之后，他收到了消息，通知他在没有扈从陪同的情况下，以一个公民的身份前去面见独裁官。此刻，罗马拥有了一个明确的领导者，以及一支提供庇护的军队，但是这个时候，很明显，汉尼拔已经往他处去了。

　　鉴于获悉情报的优良品质，汉尼拔可能已经意识到在经过特拉西梅诺湖一战后，他们与罗马之间已经再无阻碍，不过他也认识到，自己的军队已经精疲力竭，完全无法去围攻这座地中海世界戒备最为森严的人口中心之一了。于是，他转而向东，再次翻越亚平宁山脉，用 10 天的时间行军抵达了亚得里亚海岸富庶的皮克努姆（Picenum）地区。在此次行军途中，他允许自

124　己的士兵尽情劫掠和欺侮当地民众。此时他们仿佛一群乌合之众，士兵们出现了败血症的症状，而马匹深受兽疥癣的折磨——这都是缺乏维生素的结果。[43] 因此，汉尼拔让士兵们大快朵颐，食用当地的新鲜食物，用酸酒浇淋马匹，直到兵员与牲畜都恢复了健康与活力。

不过对于汉尼拔而言，军队的休整很少意味着休憩。波利比乌斯（3.87.3）告诉我们，在皮克努姆，他用猎取的大量"精选武器"来重新装备自己的北非部队。据史家记载，自从与罗马"初战"后，汉尼拔便开始做这件事情了[44]，这就引发了一些有趣的问题。这些士兵是否被授予了长矛和西班牙短剑？如果答案为"是"的话，那么就暗示着他们已经转变成了剑士[45]，但是这与普鲁塔克的记载相悖，他是这么记载的（《马塞卢斯传》，12.2）：利比亚人"并不是长矛手，而是在贴身肉搏中擅使短矛"。这段描述似乎能够排除长矛作为随身武器的可能性。但是北非战士是否能够适应短剑仍旧存疑。不过考虑到短剑所具有的致命杀伤力和结实耐用性，他们将短剑作为附加武器依旧是合理的，至少可以作为佩剑。可以比较确定的是，他们没有携带长矛，也没有以步兵方阵的形式战斗。对于他们可能携带长矛的唯一证据，很可能是人们错译了希腊语中的"矛"一词。[46]

李维（22.46.4）的确说过，在坎尼会战时，那些利比亚人会被误认为是罗马士兵，因为他们配备了从罗马人那里缴获的装备。李维很可能指的是他们所用的防御装备，这也是那些观察者所能注意到的。由于缴获了很多装备，因而汉尼拔的核心主力北非人有充分之理由从中获得最佳装备——一种椭圆形的盾牌（这种盾牌十分厚实，足以承受马其顿方阵中士兵双手操持的长枪的穿刺），最为精良的蒙特弗尔提诺（Montefortino）头盔，一整套的护胫，还有，也是最为重要的，一套锁子甲，这和那种简单的护胸甲不可同日而语。这些物品让他们比大多数罗马人得到了更好的保护。现在他们可是名副其实的重装步兵，这些装备的升级也有助于解释他们在坎尼会战中产生的影响，当他们将罗马人困住时，敌方根本就没有逃遁的可能。

在离开皮克努姆之前，尽管姗姗来迟，但汉尼拔还是重新与迦太基建立了联系，通过海上的信使向母邦通报了自离开西班牙之后所发生的事情。波利比乌斯指出，这是自汉尼拔到达意大利以来，首次接触海岸，而且在离开新迦太基之后，他已经一年多没有音信了。倘若汉尼拔真的想要或者需要得到迦太基中枢的指示，那么他可能会费尽心机更早和那里取得联系。恰恰相反，他一直隐忍不发直到有好消息发生，这对母邦的巴卡盟友无疑是个利好消息。很显然，好消息引起了他所希望得到的回应——国内欢欣鼓舞，并且承诺将对西班牙和意大利的战事尽可能地提供支持。或许作为公关，这是奏效的，但是就意大利战场上的情况而言，迦太基的承诺最终只是镜花水月。[47]

125

五

经历休整、重新武装之后，仿佛记起了撕裂意大利乡野的巨蛇之梦的汉尼拔径直南下，开始了他作战行动的下一个政治阶段，这次他将更加明目张胆。他让自己的行军队伍蜿蜒而行——希望能够瓦解敌方的盟友，进一步刺激处于防御态势的罗马人，或者至少想要表明罗马根本没有能力去保护他的盟友。

沿着亚得里亚海岸长驱直入阿普利亚（Apulia），沿途一路搜刮，他在靴状意大利的三分之二处转向西南，进而直取埃塞尔（Ae-cae），[48]或许是因为汉尼拔从情报中获悉罗马军队就在附近。他发现费边·马克西穆斯在附近扎营，后者所率部队有4万余人——4个军团和同等数量的盟军。一路探察、谨慎行军之后，费边才抵达这里。汉尼拔立刻率军向前，摆开阵势，但求一战。但是，费边无动于衷。迦太基指挥官只得引兵撤退，并且在部队训话中斥责罗马人刚刚表现出的怯懦。[49]

接着便是一场猫鼠游戏，抑或是一出狐猬之戏，汉尼拔使尽浑身解数来撩拨对手，而费边只坚持一件重要的事情，那就是避免摊牌。迦太基的军队就像是一条鲨鱼，为求生存，只得继续前行，派出半数乃至三分之二的部队搜刮粮草。[50]为了使汉尼拔难以获得补给，费边早些时候便实施了"焦土"政策，命令迦太基军队沿途的军民固守工事，但是在撤离之前必须摧毁所有的设施与补给。鉴于迦太基用推车运走了大批物资，可以看出无视这项政策的人比遵守政策的要多得多。但是，就算是只有部分民众遵守了政策，也能够让征粮队分散开来，从而更加容易被罗马人袭击。这只是费边的第一步棋。他把将士集结起来，用当地补给点的粮草统一补给，同时费边还派出猎杀部队追杀那些落单的迦太基人，在这个过程中他重建了这支意志消沉、缺乏经验的军队的信心。

似乎从一开始，费边的骑兵统帅米努奇乌斯便反对这种对乡野不可避免的破坏，并称之为懦夫之举，对于更进一步的侵略性手法已经变得不耐烦。这让任何一个罗马人都难以忍受，尤其是据米努奇乌斯所言，他们的独裁官偏爱扎营于高处，纵容了一出"意大利土地沐浴于刀光剑影与火海之中的壮美戏剧"的上演。[51]

汉尼拔继续对罗马施加压力,他往西一路劫掠,翻越亚平宁山脉之后进入了萨莫奈(Samnium),向着坎帕尼亚(Campania)以及意大利最肥沃的农业区——传闻中的加普亚(Capua)平原和法勒努斯土地(ager Falernus)直奔而去。很显然,在这片陌生的土地上,汉尼拔在前往目的地的途中遇到了麻烦,在这里他处决了一位或数位向导,因为这些人没有听懂汉尼拔拙劣的拉丁语,给他带错了方向。[52]与此同时,费边尾随汉尼拔最后一路去往沃勒图尔努斯(Volturnus)河谷,他在汉尼拔之后,只相距一两天的路程。费边发现这片河谷尽头陡峭狭隘的通道是平原的唯一出入口。他需要做的就是占领这个隘口——他派4000人前去抢占,剩下的部队在附近的山丘高处扎营。就这样,他把迦太基军队给困住了。汉尼拔一路随心劫掠,但是当他率军返回时,变故突生,他的后路被断,一切正如费边所料。满载着未来数月所需的战利品,迫切需要在一个易守难攻之地设置营地过冬,此刻汉尼拔必须审慎做出选择。

在天黑之后,狐狸的行踪便会不可捉摸,而这些迦太基人也是如此。阿庇安(Han. 14)声称,在这里,陷入绝境的汉尼拔将手中所有的罗马战俘尽数屠杀,但事实上这似乎不太可能,因为这就算到了此刻,这些战俘依旧可能被赎回,而汉尼拔需要这些赎金。除此之外,汉尼拔还有其他牺牲品。

汉尼拔向他的军需部队长官哈斯德鲁巴下令,让他从搜刮到的大宗战利品中找出2000头牛,并且将一捆捆干柴绑在牛角之上。然后他让他的部队休整,直到凌晨3点,汉尼拔将重装

127 步兵、骑兵以及辎重编入队列，开始攀上山道，同时，他让手
下的牧人，与努米底亚散兵在一起，点燃了干柴束，驱使着这
些牲畜向着山道两边的山脊飞奔而去，这些牛群因为火焰灼烧
而发狂，胡乱地向前冲刺，引起了守在山道隘口的罗马士兵的
注意。他们向着那些他们认为是举着火把的迦太基军队的地方
追踪而去，却只发现了被烧焦的牛的尸体，并且迎来了如冰雹
般的努米底亚投枪。费边也发现了那些火光，但他认为那是个
陷阱，故而坚守不出。因此在没有被察觉的情况下，汉尼拔和
主力部队顺利地扫清了无人占领的山道隘口，派遣了一些西班
牙士兵折返援助那些山脊上的努米底亚人。[53]

　　至少在罗马人的眼中，费边被视作一个懦夫和白痴，而米
努奇乌斯的批评声也愈发地肆无忌惮且满是轻蔑。汉尼拔假意
进军罗马，但是这位独裁官坚持自己的政策，沉稳应对，持续
追踪汉尼拔并且驻军高处。大约在此时，迦太基军队蜿蜒往东
进至阿普利亚，这位迦太基指挥官似乎想要给费边已经污损的
声名来个雪上加霜。从那些逃兵的口中，汉尼拔获悉自己正在
费边所拥有的田产附近，因此他的部队不厌其烦地摧毁了周围
的一切，唯独对那位独裁官的财产秋毫无犯。当这次娴熟的心
理攻势抵达罗马之时，正如预期一般，独裁官的声誉被进一步
削弱。[54]费边对此也颇为敏感，他派遣自己的儿子昆图斯回到罗
马，变卖田产，所得资金悉数用以赎回罗马战俘。然而，名誉
的损害已然酿成。费边被召回，虽然表面上是去进行某些宗教
仪式，但更有可能的是，要让他去解释他的拖延作战行动。费
边把米努奇乌斯留下，严厉训示后者不要与敌军交战，但是这
位骑兵统帅另有打算。

在公元前 217 年初秋时分，迦太基军队行进到了一处叫作格鲁尼乌姆（Gerunium）的设防之地，这里坐落在富庶的阿普利亚农区中。汉尼拔旋即准备在这里安置过冬。但是，当他希望同当地居民达成协议时，那些人拒绝了他——他们无疑犯了一个严重的错误。汉尼拔很快便占领了防御工事，并且屠杀了那里的幸存者。[55]汉尼拔确保了堡垒墙壁的完好无损，准备将里面的房屋用作粮仓，而在外围沿线为他的部队修筑了具备防御工事的营地。不久，他派出了三分之二的人手作为征粮队，奔波于乡野，就像一只佩剑的松鼠，在为未来的数月搜集粮食。

至少在米努奇乌斯和罗马前去找麻烦之前，汉尼拔已经将其征粮队的三分之一召回，出营以拒罗马人，并且派 2000 名努米比亚人占领了两军之间的一处山丘。而作为回应，罗马人也占据了一处山丘，并且在山顶扎营。汉尼拔致力于巩固部队，但在几天后恢复了粮草征集。米努奇乌斯紧紧咬住那些劫掠者不放，甚至主动进攻汉尼拔的前哨营地——这似乎是提速版的费边战术。通常较为主动好战的迦太基人似乎变得一反常态的被动；在遭遇了相当大的损失之后，汉尼拔将部队撤回了格鲁尼乌姆，并且随后对于劫掠粮草一事变得愈加谨慎。[56]米努奇乌斯似乎变成了一时的风云人物。

很显然，米努奇乌斯已经名噪罗马。他成功的消息席卷罗马。罗马人是如此渴求胜利——任何胜利都可以——而这个胜利在口口相传中被添油加醋。同样的，尚未返回战场的费边的声望也相应地遭受了折损。因此，一个名叫梅蒂利乌斯（Metilius）的平民保民官（这也是任命独裁官之后，唯一职权未受限制的官职）通过了一项法案，授予骑兵统帅米努奇乌斯

128

与独裁官费边同等的"执行权"。据李维（22.25.18－19）记载，推进这一举措的一位急先锋，便是刚上任的副执政官盖乌斯·特伦提乌斯·瓦罗。很显然，李维对于这位政治人物充满蔑视，将他描述成一位出身低微的屠夫之子，而且是一个彻头彻尾蛊惑民心的政客。但是，已经获得晋升的瓦罗以及其日后得以当选执政官一事，表明事实恰恰相反。尽管瓦罗不遗余力地反对费边对付汉尼拔的策略，看似是一个稳妥的赌注，但是随着瓦罗日后掌权，事情便会变得截然不同。

然而在这过程中，米努奇乌斯和费边需要解决他们之间的分歧。随着这位独裁官返回阿普利亚，谁该主导这支军队的问题便浮现了，因为他们两个人目前所处的地位是相同的。最初，骑兵统帅米努奇乌斯倾向于统一调配，两人隔天轮流指挥，但是费边成功地说服了他的同僚将现有部队一分为二，每个人保有了相当于一支执政官部队人数的军队。毫无疑问，费边坚持认为，统帅一支执政官部队能够更加行之有效地作战，也方便调配控制。米努奇乌斯相应地接受了他的一半军队，并且在数英里外扎了营，所用的营区很可能就是之前迦太基人被迫放弃的前哨营地。[57]

129　　汉尼拔一直都在等待时机，凭借手下卓越情报人员提供的消息，他对于两位罗马指挥官的分道扬镳了如指掌。他也对这两位将领颇为了解。他已经明白要重视这位费边将军，因为后者行事谨慎，不过那位米努奇乌斯则可以被蒙蔽欺骗，汉尼拔已经准备设局让他吃个苦头了。正如第一次接战中的情形，在米努奇乌斯和汉尼拔之间横着一个小丘，汉尼拔打算占据这座小丘，并且指望米努奇乌斯为了重复第一次的胜利而率兵夺回。

同时，汉尼拔还勘探了周边地区的地形，尽管这里草木稀疏，但是有很多凹陷处可供大量部队隐蔽，这和当年在特雷比亚河畔的路数相同。在他准备战斗的前一天晚上，汉尼拔派出了大约 500 名骑兵和 5000 名轻装步兵，以数百人为单位分别埋伏了起来。

黎明时分，汉尼拔占据了山头，因为缺乏有利的观察点，米努奇乌斯并不知道当他准备作战时，周围还有他人。这位罗马指挥官反而集中兵力，想要把那些迦太基人从高处赶下来，他首先派出了轻装部队，接着派出骑兵，随后是军团压阵。汉尼拔很快派兵增援己方，令这些罗马军队受挫。接着，汉尼拔下令骑兵部队呼啸而下，扫荡罗马部队，扰乱了罗马的骑兵部队，并且迫使那些轻装部队仓促地退回到后方罗马军团的主体之中，迦太基的策略行之有效地扰乱了罗马的作战部队，因而当罗马人遭到迦太基伏兵的密集攻击时，整个军队立刻乱成了一锅粥。[58]灾难即将再次降临。

但是幸亏有费边·马克西穆斯，灾难并没有酿成。很显然，费边预料到了这样的结果，并且采取了预防措施，他将部队开出营地并在附近部署，为米努奇乌斯的残兵提供了一个集结点。而在激发陷阱，砍杀了相当数量的罗马轻装部队和军团士兵之后，汉尼拔决定见好就收。他已经确保了格鲁尼乌姆基地的稳固，在这里过冬储备的粮草充沛，部队可以得到休整，还可以进一步整合自己的部队，而此时的罗马人则身陷困顿。

波利比乌斯和李维都想让我们相信一点，那就是这次事件有效地恢复了费边的声誉，也让其政策能够继续执行。[59]据李维记载，当米努奇乌斯和他的部队返回独裁官的营地时，他立即表示他自己和所属部队愿意尽一切可能重新服从费边的指挥。
波利比乌斯则补充道，在罗马方面，人民奇迹般地恢复了对这
位独裁官审慎作战方式的尊重。但是假使如此，那也只是昙花
130　一现。公元前 217 年 12 月的某个时候，费边和米努奇乌斯的任
期结束了。权力又回到了原来的执政官格米努斯，以及弗拉米
尼乌斯的继任者——盖乌斯·阿提利乌斯·雷古卢斯的手中，
这两位现在都率军监视着汉尼拔的一举一动。现任的执政官都
满足于萧规曹随，不过下一任的执政官选举将推举出新人，而
他们的政策将与费边·马克西穆斯南辕北辙。

　　汉尼拔已经展现出他才是罗马最危险的对手，不过到目前
为止，他在意大利所获得的政治成功依旧微乎其微，他居无定
所，不得不在乡间搜刮粮草。这正是费边想让汉尼拔成为的样
子，让汉尼拔的士兵不是作为士兵，而是作为弱不禁风的游荡
者沿途乞讨。只要再过一年，这支狡猾的侵略部队或许就会陷
入饥荒，且被严重削弱。[60]

　　但是罗马人依旧没有摆脱本性。他们有着巨大的人数优势，
但是他们的直觉却召唤着他们去正面作战。很不幸，这最终导
致了坎尼会战的发生，那只刺猬被迫袖手旁观，而那只狐狸开
始再度为所欲为。

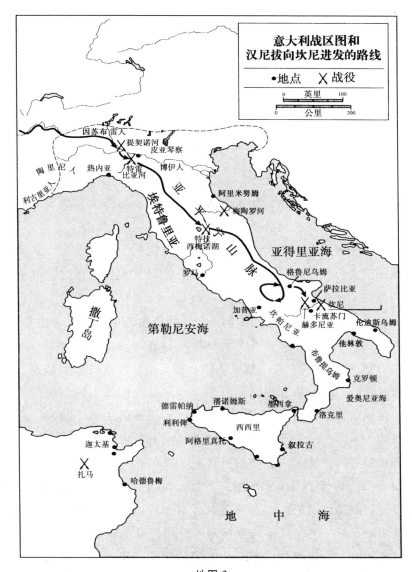

地图 2

第六章　坎尼

一

　　公元前216年伊始，一股变革之风便在台伯河畔回荡，心有疑虑者或许能从这风中听出灾难的呼号，但是大多数罗马人似乎已经确信风已经急速向着决定性胜利的一方刮去了。

　　对于迦太基，罗马开始从四面八方施加压力，而这个策略似乎颇为合理。那位坚实可靠、好勇斗狠且曾经获得过最高战利品的马塞卢斯，被派往西西里盯梢，海军已经在那里得到扩充，随时应对北非可能到来的入侵。[1]而更为击中敌军要害的是，在公元前217年年末，普布利乌斯·西庇阿从伤病中恢复，率领8000名新兵和一支小型舰队加入了身在西班牙的兄弟格涅乌斯的军队，此时格涅乌斯尚有两个军团。他们兄弟俩都被授予了代执政官的执行权，以彻底摧毁巴卡家族的土地，劫掠汉尼拔的大本营。汉尼拔与高卢的联系也没有被忽视。曾经两次担任执政官的卢修斯·普斯图密乌斯·阿尔比努斯（L. Postumius Albinus）被授予了两个军团，北上镇压山南高卢的反叛，进一步封锁那里给汉尼拔输送的资源。不过一切具有压倒性优先级的中心目标，是与汉尼拔直接对阵，用罗马关键性的兵力优势将之碾碎。一切都指向了一个共同的决策：用一场大决战，一劳永逸地解决对手。费边已经淡出舞台，武力的大棒就此登场。

从事后诸葛亮的角度来看，这个最终引向坎尼会战的推论可以被轻易驳倒。但是罗马人这么做也不无道理。可以这么说，关于汉尼拔，有一个根本性问题存在：如果你不将他击溃，那么你将无法摆脱他。而从另一方面来看，哪怕迦太基军队只是输了一场大型会战，他们也将不再有容身之地。罗马人只需要取得一次大胜，只花一天时间一锤定音，迦太基的入侵就会因此被终结。[2]之前所有的失利都可以归结为一时冲动的指挥官、对神灵的忤逆、恶劣的天气、时运不济等，借口总是不缺的。同时，罗马人仍然有理由相信他们自身的军事体系——不管怎么说，这个准则为他们赢来了近500年的安宁。他们只要大幅扩充其规模，便不再会有什么变数了。

毋庸置疑，这些罗马人错了，而费边·马克西穆斯才是正确的。或许缺乏一个安全落脚点的汉尼拔，会被消耗殆尽。但是，坎尼会战的胜利，将让汉尼拔能够把利爪插入意大利的土地，而之后会证明他将难以被根除。所以这场会战不仅是一幕人间惨剧以及一次战术溃败，还是汉尼拔未来15年战略的基础，当时看上去汉尼拔似乎会永久留在意大利。罗马人在坎尼所抢救出的，只有西庇阿·阿非利加努斯以及那1万名身负耻辱的幸存者，终有一天他们会赶走那些迦太基人，并且以彼之道还施彼身。不过，那一天依旧遥遥无期。

二

对任何政治环境的解读都是困难重重的，更何况这种环境还是在2200年前，充满迷惑性的自相矛盾、庇护关系以及家族联盟。尽管当代史学家已经在一定程度上弄清了当时的舆论倾

向与行为动机，但我辈永远无法知晓那些罗马人在公元前 216
年到底在想些什么。故而，尽管可以说，这年伊始罗马人的态
度变得愈发强硬、更加好战，但是有些事情仍然隐于迷雾、不
为人知。

　　譬如，李维（22.33）告诉我们，正是此时，一位潜伏了两
年之久的迦太基间谍被抓获了。他的双手被砍去，然后被释放。
同时，李维还补充道，有 25 名试图在战神广场（campus
Martius）举事的奴隶被钉死在了十字架上，而那片广场也是罗
马军队时常操练的地方。这两件事看上去彼此有关联。要不然
它们为何会同时被提起？此外，根据现有的描述，从此刻起，
汉尼拔的情报优势开始被削弱，至少看上去是如此。这位间谍
是不是迦太基派来的，又或者这些奴隶都属于他的间谍网？虽
然不能断定，但或许如此。很可能这涉及罗马人的难堪之事或
弱点，所以罗马人对此都不愿意过多提及。

　　其他地方的欺骗之处或许更加明显。李维和普鲁塔克都想
让我们相信，当年那场决定坎尼会战指挥官的执政官选举，基
本上是冲动的"普罗大众"和谨慎的贵族世家的交锋。前者选
出了出身卑贱的流氓与煽动者盖乌斯·特伦提乌斯·瓦罗，而
后者则确保了睿智而富有经验的卢修斯·埃米利乌斯·保卢斯
获得晋升，从而成为瓦罗鲁莽、愚蠢的同僚的制动阀。史家甚
至搬出了一场费边与保卢斯的密谈（tête-à-tête），以认可前者
所采取的避战策略无疑是最好的办法，而瓦罗的莽撞冲动给罗
马造成的凶险与汉尼拔并无二致。[3]李维甚至暗示说，在会战的
当天，瓦罗发出了出战指令时，甚至不想让保卢斯知晓。[4]波利
比乌斯虽然并没有过于夸张地谴责瓦罗，但是明显对保卢斯表

示了同情，极力避免他遭受诘难。但事实上，在坎尼会战之后，这位明显不能胜任的瓦罗却被授予了一系列其他的委任，甚至被授予了军事指挥权——这或许只不过是一种转嫁指责的手段，不过相比于此，先前的指控便多少有点站不住脚。同时，当我们发现保卢斯是波利比乌斯的庇护人西庇阿·埃米利安努斯（Scipio Aemilianus，即小西庇阿）的祖父时，这位史家给保卢斯的无罪描绘便多少有些苍白。[5]

当代史家已经了解到了一个更有可能的解释，瓦罗作为其家族首位晋升为执政官的人，并没有显赫的后代，最终被后世定性为坎尼会战的替罪羊，而保卢斯的声名却被日后其强大家族的宣传所拯救。[6]事实上，三年前保卢斯首次就任执政官的时候，瓦罗便在他的麾下服役，那时他们正在伊利里亚征战，两人对如何对阵汉尼拔可能持有相同的意见。[7]

这种主张与汉尼拔对抗的双人组合，很可能是建立在强大的埃米利家族（Aemilii）和科尔内利家族（Cornelii）的支持之上，尤其是西庇阿这一支，同时还得到了米努奇乌斯和梅蒂利乌斯的支持，正是这位梅蒂利乌斯，曾经把米努奇乌斯提拔到了与费边·马克西穆斯同等的位置。或许，这些人会遭到费边家族以及其他更年长更保守的元老们的反对，那些人更倾向于耐心以待、慢慢消耗侵略者。然而这种拖延政策显然开始不得民心了，甚至原本的支持者也变得摇摆不定。毕竟，他们都是罗马人的一员，而渗入他们血脉的便是战斗。这种高涨的热情可以从参加坎尼会战的那三分之一的元老中看出，而绝大多数元老的近亲都在那支军队服役。[8]这种同汉尼拔摊牌的行为旨在毕其功于一役，从对公元前216年当选的行政官员（尤其是那

135

些军团长官）的分析来看，大部分人都具有较多的行伍经验。[9]很显然，多数统治阶层的成员已经准备将自己的身家性命与未来都赌在这枚巨大骰子的滚动结果之上。

其他罗马人以及罗马的盟友也是这么做的。这支打算作为毁灭工具的大军，在人数上是之前罗马人征发军队的 2 倍。[10]瓦罗和保卢斯将分别率领 4 个军团（常规是 2 个），以及等比扩充的盟军部队，而所有的部队将同时投入作战——也就是说共有 8个军团和 8 支同盟翼军，这是通常单个执政官所率军队的 4 倍。假如 2 个军团和 2 支同盟翼军能够发挥罗马军队的最佳水平的话，那么我们有理由怀疑现在这个庞然巨物实在是难逃笨拙的宿命——往好里说，这是一个笨重的混合体；往坏里说，这就是一个臃肿瘫痪的执政官部队。那么这就出现了一个问题：谁来负责总领全军？与此同时，为了增强军力，每个军团和同盟翼军都从 4000 人扩充至了 5000 人，所以总共扩编成了 8 万人的大军。[11]正如我们将要看到的，数量之众会带来其固有之特性，可惜并不是罗马人所愿的特性。

军力上唯一的短板似乎是骑兵——仅有 6000 人，而且其中三分之二还是盟军的骑兵，如果在正常情况下，军团和翼军的骑兵应当可以达到 1 万名。[12]很显然，最近的损失，尤以格米努斯的部下森特尼乌斯（Centenius）所葬送的骑兵为甚，给他们带来了危害，而这点也将在坎尼会战中被证明。

更具体地来说，即将对阵汉尼拔的军队由两个部分组成。第一个部分是在格鲁尼乌姆监视汉尼拔的部队，这支部队经历了惊心动魄的起起伏伏，但多半是蒙受败绩。他们核心就是当年特雷比亚河战役中普布利乌斯·西庇阿所拯救的那 2 个军团，这些军团曾经屡遭高卢人的伏击。这支部队后来被格米努斯接管，之后又转手给费边·马克西穆斯用以追踪汉尼拔，但险些跟丢，后来这些人又差点在米努奇乌斯手中被彻底葬送。为了弥补阵亡损失和其他消耗，这支部队必然进行过多次兵员补充，但至少那些老兵多年来是在一起同甘共苦的，而且接受着相同将领的指挥。

而另外一个部分则基本上是一些涉世未深的新兵，罗马的这部分军队主要由 4 个新组建的军团构成，这些军团都是在当年年初征召的。尽管作为单兵而言，似乎都已经接受了基本的军事训练，这也是他们公民素养培育的一部分，不过将他们整合进中队并且教育他们以团队方式作战的过程不单耗费时间——或许占用了春季与初夏——而且最终只能培养出表面上的互信，因为这些新兵并没有经历战火历练，当事态紧急时，这份徒有其表的外壳会被轻易撕开，露出恐惧与无助的内核。[13]关于盟军的这部分尚不为人知，但是假如这是一支新近招募的部队，很难想象他们会比罗马人接受过更多的训练，而且他们也不会适应指挥自己的那些军官，因为那些人都是罗马人。

目前尚不清楚这两部分罗马军队何时会合于一处。波利比乌斯（3.106.3）提道，罗马人想要让这些新兵去经历一些小规模战斗，不过这些新兵最后还是被派去增援格鲁尼乌姆的军团了。虽然李维（22.40.5）认为，新招募的军团在汉尼拔离开过冬营地、径直开往坎尼之前到达；不过现代史学家的观点[14]则倾向于认为罗马军队的集结大为滞后，迟至会战之前的那一周才完成集结。有鉴于此，很难想象罗马人的这支旷世大军是以何种有效之方式完成整编的，或许，它们一直都是两支部队，直到开战的那一天它们还是分裂的，直到危急关头才合为一体，不过这一主张在战术层面是存疑的。

然而，可以这么说，或许在当时，罗马的军事体制能够让其部队的基础构成天生具有一种可替换性，因而更易于混合与匹配。毫无疑问，经验丰富的领导者将为之注入润滑剂。其中还有难以捉摸的士气。尤其是那些同盟军队，对汉尼拔在意大利乡野的肆虐感到愤怒，满怀复仇之火而渴求一战。同时，罗马军队似乎并没有因为之前的战败而气馁，只是感到尴尬而已，所以决意一定要获得胜利。[15]

为了严守誓约，罗马的指战系统做出了一件前无古人的事情。李维（2.38.2–5）告诉我们，同盟的募兵一到达，执政官便要求军团长官正式命令所有步骑一律宣誓，除了猎取武器、弑杀敌手、救援袍泽之外，绝对不允许擅自离队。史家指出，在以前，这只是士兵们自愿做出的承诺；但是现在，在强敌面前逃走将是违法之举。对一些社群和某些军队而言，这只不过是走个形式，但是这些罗马人固守教条、严守法律。正如我们将看到的，正是这一宣誓，决定了那些以为侥幸逃过坎尼死亡陷阱的逃兵们的命运与未来。

作为一支作战力量，这支4倍于普通执政官部队的军队是庞大的，而且罗马人济济于斯，这两者都是好事。然而它也是破绽百出的。军队中拥有相当数量的轻装部队，或许多达2万人，但是其兵员素质颇受质疑。即便他们不是如一则史料称作的"武装仆从"那般，[16]很明显他们也不如迦太基的仆从军那样能有效作战。虽然在费边和米努奇乌斯的手下有所加强，但这些士兵在提契诺河和特雷比亚河之战时仍旧望风披靡。即便如此，罗马坚实的盟友，叙拉古的老国王希伦（Hiero）在提供援助时，认为自己提供了 1000 人的轻装部队是明智的，而其中还有弓箭手（或许是坎尼会战当中唯一的弓箭兵）。[17]

罗马方面的骑兵可能会更加脆弱：它已经遭受到了惨痛的损失，而成熟的骑兵部队无法在短期内培养好。元老的参与或许会让行军队列更加臃肿，虽然他们名义上是骑士，但那不过是往日荣光，他们已经过了军旅生涯的黄金期。此外，大部分骑兵都来自盟军，而汉尼拔一直对非罗马人宣扬的宽容政策，或许会在危急时刻对他们的作战意志产生不良影响，尤其是这些在危急关头可以脱离战场的骑兵部队。

坎尼参战军队的重头戏无疑是重装部队。即使得不到轻装部队的有效掩护和骑兵对侧翼的保护，只要能够调配得当、迅速出击、果断取胜，那么足以保证其心无旁骛。然而这支部队也易受情绪波动——其中精良的那一部分，虽然经验丰富，但是屡次败于汉尼拔之手；而另一部分充斥着大量的新兵，也伴随着新兵的不足。从气质上来看，这是一支可能走极端的部队，不是战意昂扬，就是消极绝望。从汉尼拔制订的计划和最终的结果来看，这正是罗马的巴卡死敌所预料到的。

138

三

汉尼拔离开格鲁尼乌姆向南进发的时间，至今仍无定论，或许他会等到初夏时分，农作物成熟之际，那时他的部队便可以搜集粮草了。李维杜撰了汉尼拔企图进行伏击，然而面对已经合兵一处的罗马军队，最终选择了趁夜遁逃的事情。不过，据波利比乌斯所叙之版本，汉尼拔开出营地之时，路过了格米努斯和雷古卢斯的驻军区，而这两位罗马统帅接到命令，在瓦罗和保卢斯所率的剩余部队到来之前，不得与敌接战，而这种说法似乎更为符合情理。[18]不过，诸位史家在一点认识上是一致的：迦太基军队一直都处于粮食短缺之中。不管是幸运使然，还是情报所致，汉尼拔被吸引到了位于格鲁尼乌姆以南 60 英里，毗邻亚得里亚海的坎尼。在这里，他在一处废弃城镇的高地上，寻得了一座被毁坏的要塞，在其中获得了粮草贮藏与供给基地。他的补给问题得到了解决，至少暂时无虞，而汉尼拔也没有进一步推进的打算，这是他境遇的生动写照。

坎尼坐落于一片没有树木的广阔平原的边缘，这里是波河以南最大的平原。[19]这里也是骑兵作战与大规模兵力调遣的理想之地，此处的地形正好放大了迦太基军队所具备的优势。此时，汉尼拔或许已然知晓罗马人打算跟他摊牌，并且打算为这场决战集结一支庞然大物般的军队。到目前为止，汉尼拔瓦解意大利联盟的努力尚未立寸功。因此他需要一场举世震惊的大胜，这样才能产生某种政治影响，从而开始让罗马与其附庸离心离德。而此时此刻是将之付诸实施的不二之选。他要待在这里接受挑战。现在他只需要等候对手的到来。

不过，作为名将，汉尼拔很可能一直都在马不停蹄地积极备战。假如我们采纳波利比乌斯有关会战之前的描述，那么这支迦太基军队很可能已经独自在坎尼待了数周了。[20]对于罗马军队而言，这段时间已经长得足够危险了，足以让任何一位指挥官去布置战场，更不用说准备战场的那位是汉尼拔那样富有军事想象力的指挥官了。此时此刻，他很可能熟知了战场上的一丘一壑、奥菲底乌斯河〔River Aufidus，今奥凡托（Ofanto）

139

河〕的九曲连环、每处可能的扎营地点、任何接近与逃跑的路线，从周围环境中压榨出每一分胜算，进而将之与过往观察罗马人的作战倾向和自身部队的优势相融合。与往常一样，还有很多事情尚待参战时临机应变、顺势而为，不过此役已然稳操胜券，在休整期间，汉尼拔的思绪甚少脱离战场。

当计划最终酝酿完成，无疑表现出了汉尼拔对自己军队寄予的巨大信心。他们没有辜负汉尼拔的信任。一年半以前这群蹒跚着走出阿尔卑斯山的亡命之徒，已经成了如今在坎尼对罗马严阵以待的军队的骨干。不用再忍受饥寒交迫，这支人马已经恢复了元气，他们的补给充沛、休息充足。众所周知，这支部队的核心已经有条不紊地用缴获的精良装备重新武装，一些曾经的罗马人装备现在很可能已经被他人收为己用了。

而另一个变化则与高卢人相关。此时，他们已经更为可靠地融入了战斗集体。虽然他们已经和族人一起战斗过，从而可以发挥出自己独有的战术特点，但是在坎尼会战中的高卢小型作战团队中已经插入了一些西班牙人，这说明统帅着剩余军队的指挥系统，已经有效地取代了他们对部落的忠诚。[21]对于高卢人而言，这段磨合的过程从阿诺河畔的艰苦行军开始，至此已经完成。他们现在不仅仅是勇猛无畏的个体，还纪律严明、训练有素，从集团层面来看颇为可靠。正因为这样，他们将在坎尼会战中发挥关键的作用。

从心理层面而言，这支部队自从进入意大利之后，便经历了一场场决定性的胜利，且未尝败绩。在生死相搏之际，信心是至关重要的，最近过去的一切让这些人有充分的理由相信自己的战斗技巧，以及他们统帅将对手推入脆弱无助之境的能力。

许多人必然已经手刃过罗马士兵，也目睹过那些罗马人沦落的悲惨境地，唯有摇尾乞怜。这也是汉尼拔向一位担忧罗马军势过于浩大的军官做出保证的要点所在。（"敌军虽众，但无人叫吉斯戈。"）对于迦太基人而言，罗马人来得越多，就意味着更多的罗马人会被杀死。这是一支真正久经沙场的部队所展现的阴暗一面，他们习惯杀戮，对其早已司空见惯。他们会毫不犹豫地挥下屠刀。这支迦太基军队具备这一可怕的优势，大部分参与坎尼之战的罗马人正缺乏这一点。

骑兵的优势或许更为明显，这可能也是迦太基军队中最为致命的战力。自从特雷比亚河战役以来，西班牙人与高卢人便一直协同出击、动如雷霆，虽然跟那时相比，他们现在已经被训练得更为优秀，部队整合得更好了。西班牙骑兵携带着两柄轻型掷矛、一把利剑、一枚圆盾（或称为 caetra）。而基本由贵族构成的高卢骑兵，所持之武器、所穿之甲胄更为厚重，配备有锁子甲、金属头盔以及沉重的刺枪。这两支部队将展现出令人震撼的组合力量，首先投射掷矛，随后进行更具决定性的近战互搏。[22]这支部队能够应对任何罗马人的马上攻击，而且可能也倾向于针锋相对——这与另一种迦太基骑兵的作战风貌截然不同。

他们是努米底亚骑兵，汉尼拔麾下的杀人蜂，只要存在细微的创伤，那么他们便会群起而攻之。努米底亚骑兵是地中海西部战场上所能见到的最接近内亚草原骑兵的兵种了。他们缺乏草原骑兵所拥有的致命复合弓，而是依靠一对轻型投枪和一柄尖锐短剑。努米底亚人最具代表性的作战方式是，通过熟练掌控胯下迅捷的矮种战马，紧紧跟住并驱逐所遇之敌，以迅雷不及掩耳之势击溃敌军，纵使在马上驰骋也能切断敌方脚筋。

就像那些草原骑兵一样，这些骑兵很容易被低估，这无疑是致命的。骑着无鞍之马的他们，只能依靠一块轻型盾牌防护，他们避开近身接战，基本上不会与敌军正面对峙。波利比乌斯（3.72）是这样形容他们的，这些人"轻易地散开并佯作撤退，但随后杀个回马枪，大胆攻击——这是他们独特的战术"。而在机会主义者马哈巴尔的指挥下，一旦对手稍显颓态、意欲遁逃，那么他们便会击溃那一整支军队。

如今，汉尼拔的骑兵总共约有1万之众，比刚进入意大利时多出了三分之二，更重要的是，他们同参与坎尼会战的罗马骑兵的数量比是5∶3，而他们在质量上也远胜那些罗马骑兵。从另一方面看，迦太基军队骑兵与步兵的数量比为1∶4，而罗马人则是1∶13，这强烈地表明，在这片必然会被用作战场的平原上，迦太基的军队明显更具适应性。总而言之，这构成了双方的云泥之别，很快让罗马人初战失利，而最终导致战术上的全面溃败。

从兵力上看，迦太基在骑兵上占据优势，而在步兵上占据劣势。波利比乌斯和李维都一致认为，在坎尼会战时，汉尼拔只有4万步卒可供其调遣，这份数据也得到了现代史料的支持。[23]但是，即使迦太基的步兵在数量上只有罗马人的一半，这些迦太基人的兵员素质也明显更胜一等，这不单单是因为先前弑杀罗马人得到的信心与经验。很显然，迦太基军队比他的罗马对手更缺乏同质性，而这些具有不同战斗技艺的迦太基各部，无疑是为汉尼拔那样富有想象力的指挥官量身打造的。古代史料并没有提供不同成分部队的确切人数，但是现代史学家已经做出了一些有理有据的推断，而且基本上也获得了共识。[24]

相对于双方其他步兵兵种的差距，迦太基所拥有的约 8000 人的轻装部队，在数量和占比上都远逊于罗马轻装步兵，但是就单兵战力而言则恰恰相反。罗马的散兵基本上不是过于年轻就是体质虚弱，故而无法在行伍间获得一席之地。而迦太基人则是行家里手——掩护及扰袭工作是他们的专长。[25]努米底亚投枪手，可能占轻装部队的 6000 人左右，表现出了特别擅长与其骑兵同胞合作的能力，因而似乎能让骑兵的群蜂战术如虎添翼。另外一支迦太基轻装部队——巴利阿里（Balearic）投掷手，虽然人数稀少，但是尤为致命。作为佣兵，他们在整个地中海西部地区都备受畏惧与垂涎。现代史学家大多忽视了投掷手的作用，这些士兵能够向目标投出时速 120 英里的掷弹。[26]尽管轻装部队在坎尼会战上基本只发挥了次要作用，但至少在战事后期，开场投掷手的那一击，或许会在摧毁罗马指挥系统方面起到关键作用。

汉尼拔麾下以密集队形布阵的重装步兵可能约有 3.2 万人，分为三种：高卢人、伊比利亚人和利比亚人。尽管重装步兵在特雷比亚河以及特拉西梅诺湖战役中，遭受了相当严重的折损，但是在充分考虑到其震撼人心的价值和兵员不断补充的可能性之后，或许有约 1.6 万名高卢人得以幸存。此时很可能还有约 6000 名西班牙士兵尚存，这些部队只是当初离开迦太基的远征军主力的一小部分。用达尔文的术语来说，我们可以假设这就是适者生存。不过，波利比乌斯（3.114.4）在作品中想让我们相信他们都是不着甲胄的，只穿着一件紫色镶边的亚麻外衣，甚至可能都没有佩戴头盔；但是因为他们有大量缴获的罗马装备可以使用，所以这一描述可能并不完全准确。在战术层面上，这些伊比利亚人无疑最令人感兴趣，因为他们的作战方式和罗马人类似：首先扔出重型投枪，但是这支投枪与短矛基本无异，然后使用有直刃或弯刃的短剑以及一块大型椭圆盾牌进行战斗。在坎尼会战中，当他们与高卢部队相互穿插之后，他们可以起到稳定关键的中军部队之作用，从而让那些冲动的高卢人可以暂时脱离阵线向前猛攻，而后返回战阵，让西班牙战士以自己的战法对付前来追击的罗马人。

最后，还有利比亚人，他们被认为是汉尼拔最优良、最精锐的机动部队，因为他们是第一批接受罗马装备的部队，在坎尼会战中，他们形成了为钳制罗马人而设的陷阱的双颚。[27]到目前为止，汉尼拔一直谨慎地使用他们，以伤亡最小的方式加以利用，因而从阿尔卑斯山下来的那 1.2 万人中，大概还剩下 1 万人。不过如果这些北非的投矛战士形成了迦太基军队构架的利齿，那么其他部队就是这只战斗野兽的锐爪、肌肉与筋骨。汉尼拔身为一名指挥官所具备的天才，就是他制定并实施一项计划，从而物尽其用地吞噬、消化一只更为庞大的猎物的能力。

四

在本书第二章的前半部分，我们提及了罗马人那令人战栗的战争机器，现在我们回到这个话题。这支部队正在缓缓向坎尼行进，一路上都保持着高度的警惕。当发现这里地处平坦的海岸地带，这些罗马人会备感安心，因为倘若汉尼拔试图在这里设伏，那么他将无处遁形。毫无疑问，为了以防万一，他们派出骑兵前去侦察。

据波利比乌斯记载，这支大军的两部分可能是在 7 月下旬

143

于途中会合的，格米努斯（另外一位副执政官雷古卢斯或许因年事已高，已受命返回罗马，由米努奇乌斯替代）一路保持着安全距离尾随汉尼拔南下，而瓦罗和保卢斯则在阿尔皮（Arpi）追上了格米努斯，此地位于坎尼以北，两地相距两天的行军里程。随着大军会师，大约有 8.6 万人需要获得补给。因此，这两支部队尽可能地保持分离状态也是合理的。军队补给的紧缺也迫使指挥官争分夺秒，一旦进入攻击汉尼拔的距离之后，便寻求速战速决，讽刺的是，双方的补给压力似乎反转了过来；尽管李维（22.40.7-8）想让我们相信，随着战事临近，汉尼拔也面临着兵粮短缺的困境。如果这是事实，而非李维想说明费边政策持续正确性的一种表达方式，[28]那么双方都需要速战速决。

罗马人几乎毫不费力地就找到了汉尼拔，而汉尼拔也并没有躲藏，起初他们便在距亚得里亚海岸边开阔平原以东的 6 英里处扎营。两支部队在试图获得战术和心理优势的同时，谨慎地缩短双方间的距离。

然而事实上罗马军队有两个大脑，因为瓦罗和保卢斯遵循传统，当两名执政官共事时每日交替指挥——这正是一年前费边所尽力避免的，因为正是这个传统让他不得不去援救米努奇乌斯。因为之后的责难都加诸瓦罗之身，所以很难将两位执政官之间的实际分歧和事后对瓦罗的中伤相区分。如果我们承认这两位执政官都倾向于出战——这点得到了大多数现代史学家的认可——那么据史料而言，保卢斯或许是两者间较为谨慎的那一个，他尤为担心自己的军队会受制于这片适合迦太基骑兵发挥攻击力的平原之上。

预期战场附近的东南方，有一块能够把握全局的高地，那里坐落着废弃的坎尼城以及汉尼拔最初的营地，而战场被奥菲底乌斯河一分为二，这条浅且狭窄的河流往东北而去，汇入大海。从河流左岸延伸而出的西北之地，地形开阔、地势平坦。在右岸和坎尼附近的高地之间，仍然较为平坦，但是更为破碎、紧凑。几乎可以肯定的是，汉尼拔更为中意左岸，但他也能够并愿意在右岸开战；而两位罗马执政官想要避开左岸，并尽可能地在较为狭窄的地区进行战斗。公元前216年8月2日之前的那段时间，考验的是双方的战斗意志，汉尼拔想在瓦罗一开始接近时，就用轻装部队进行袭扰，但是他失败了。随后，汉尼拔将他的营地迁至左岸，在这边正式邀战，一开始是对瓦罗，之后是对保卢斯，然而均被拒绝了。最后，汉尼拔派出了努米底亚人追杀罗马的运水部队，这一举动让罗马立即采取了行动，尽管战斗是在奥菲底乌斯河右岸发生的。[29]与此同时，罗马人已经推进得过于靠前，不利于安全撤退，所以他们将军队一分为二，三分之二的军队被部署在河流左岸，而剩下的则留在了右岸的一块小飞地上。战争的舞台已然就绪。

罗马人对于坎尼会战的作战计划可以用这几个字来概括："往中间挤。"因为这种做法最终会落入汉尼拔的计划之中，从而导致巨大的灾难，所以后人很容易将这种战法斥之为谬论。然而恰恰相反，这个计划有一个明确的目的，那就是最大限度发挥罗马人在步兵上的兵力优势，同时最大限度地减少迦太基人所具备的显而易见的骑兵优势。这么做也是基于过去的经验。在特雷比亚河战役中，1万名军团士兵最终设法从迦太基阵线中杀出一条血路，而且假如他们能够更快做到这一点的话，那么他们就可以一分为二，返身碾碎正在袭击他们两翼的迦太基军

144

队。纵使在特拉西梅诺湖战役中处于惊恐万状与士气低落之时，罗马军队仍有 6000 人冲破了迦太基人的阻击，虽然之后他们还是被擒获了。我们可以确信，瓦罗、保卢斯以及那些参谋都对他们的部队充满了信心，认为他们一定可以突破迦太基阵线的中央，并且他们也将专注于此、速战速决。从几何角度来看，这就需要一个狭窄且厚实的战阵，正如波利比乌斯（3.113.3）描述的作战当日的部署那样，"中队与中队之间比往常部署得更加紧密，部队纵深是正面战阵长度的数倍"。

以如此战法完成突破，绝非简单地依靠动能——就像那些进行橄榄球抢夺的大家伙在混乱的局面中无情地推进——就可以的。罗马人主要使用短剑进行战斗，故而军阵首排的战士便成了全军的利刃。的确，那些数排之后的士兵可以扔出投枪，但是如果这些投枪手位于第八排之后，那么他们就可能会伤到前排的罗马士兵。

此类人力布置几何学的真正论点在于秩序、耐久以及心理。
145 狭长的战阵更容易让兵士集中，因而可以让他们在战场上更为迅速、更为团结地移动。[30]而后方的多行阵列也能够源源不断地用新鲜的血液替换掉前方倒下或疲惫的士兵，这就像鲨鱼牙齿般的输送带一样进行更替。最后，许多坎尼会战的罗马参战者都缺乏战斗经验，对于他们而言，身处战阵当中可以确保安全、获得心理上的宽慰。一则材料将这种情况同人类的本能等同起来，在这种本能下，人们聚而成群是为了获取相互间的慰藉，然而这就没有考虑到这通常是在猎食期间发生的。[31]这种加厚的战阵被认为是具有强大的作战耐力的，这种布阵在遭受正面进攻时几乎不会被击败，从而令军队得以稳步推进。但是，假如他们遇到了意想不到的情况，从意料之外的方位遭受打击，那么将会发生什么？而此时，这种群体行为可能会变成这种情况：战斗中队被分裂成一群群乌合之众，在绝望中被压缩成一团。战阵间的间隙将不复存在，继而整个军团将失去补充前线部队的能力。这无疑是一个令人不快的前景，而我们可以确定罗马人并没有考虑到这一点。

但是汉尼拔可能已经考虑到了这一点。虽然我们不知道他在战前对罗马人的作战计划有多少了解。尽管李维（22.41.5－6）认为，"汉尼拔对自己的敌人了如指掌，就像洞悉自己的军队一样"，但是汉尼拔事前对于罗马军队中军的密集程度到底了解多少，还是存在疑问的。然而，以往的战斗经验告诉他，罗马人具有的是何等的战斗意志，以及他们所具备的中央突破的能力，他们很可能会故技重施。此外，鉴于汉尼拔对希腊军事行动的了解，毫无疑问，他对于公元前 490 年马拉松战役中雅典的战术颇为熟悉，当希腊人在中军抵挡住敌军攻击之时，他们的两翼成功击溃了那些波斯人。[32]随着战事日益临近，所有的这一切都已经根植于汉尼拔富有创造力的大脑之中，而他也草拟出了一个更为致命的陷阱架构。正如我们将要看到的，最终细节的敲定需要战场上的随机应变，但是，汉尼拔已经制订了大致方针，将罗马人最为强劲的抗敌之力化为己用，这必须在行动之前规划完成。

尽管一类传统观点认为，汉尼拔只不过是故技重施而已——伏兵于后，示敌以弱[33]，但他在坎尼的骗局则更为狡猾。其实，陷阱是掩藏在众目睽睽之下的，时至今日仍不能为人完全理解。总的说来，他计划让高卢人和西班牙人组成阵线，而

146

两翼则布有利比亚重兵，因而向下俯视的话，整个阵型像是一个反向的大写印刷字母 C。汉尼拔的想法是，当罗马军团向前突进的时候，高卢人和西班牙人将按部就班地让步后退（这一点至关重要），从而让罗马人越来越深入两翼利比亚人的夹击之中，且利比亚人能够同时从两翼向中心实施毁灭性的打击，在罗马人攻击时将之卡死，随后将其尽数包围。

作战地图必然是以鸟瞰视野绘制而成的，足够清晰地反映出陷阱的全貌，不过其中展现出的中军骗局，无疑让人产生了一个疑问："怎么会有人愚蠢到踏入这样一个一目了然的陷阱？"但是，从地面视角来看，这种布局其实一点都不明显。

将之与美式橄榄球做类比，有助于理解。这项极其复杂的赛事可以被公众所享受并理解，正是因为观众们是自高向低进行观赏的；而战术欺骗都是为了平面视角而布局的，从这个角度来看，欺骗伎俩无疑极具迷惑性，这就需要各种训练、提示以及经验，从而让球员不会在每次比赛都被欺骗。当罗马人接近迦太基阵线时，他们所能看到的不过是延绵的人海所组成的战阵，根本无法获知两翼已经以重兵加强。当罗马人向前推进时，他们的注意力集中在前方，面朝战阵中央，在那里他们将取得重大进展。当迦太基的两翼发动攻击时，大多数罗马人甚至都没有察觉到战况突变。他们只知道，他们自己的行动被诡异地遏制住了。此刻一切都为时已晚。他们已经完蛋了。

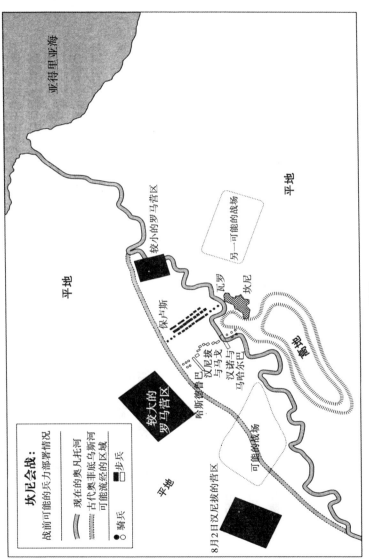

亚得里亚海

平地

平地

平地

高地

坎尼会战：
战前可能的兵力部署情况

现在的奥凡托河
古代奥菲底马斯河
可能流经的区域

● 骑兵　□ 步兵

较大的
罗马营区

8月2日汉尼拔的营区

可能的战场

哈斯德鲁巴
汉尼拔戈
与马戈
汉诺与
马哈尔巴

保卢斯

较小的罗马营区

瓦罗
坎尼

另一可能的战场

地图3

假设汉尼拔并没有直接了解罗马人的计划，仅仅是对对方可能的行动做出预测，那么迦太基的计划就会面临很多令人担忧的变故。汉尼拔推测他的对手将会在中军紧密排列战阵，因而他们的正面战线会相当狭窄，比迦太基人的宽不了多少。假如罗马人是以一个更加正常的阵型开进战场，那么他们数量上的优势将会使迦太基两翼的阵线完全暴露在罗马人的眼中，这样不仅会给罗马人提供一个让他们了解到利比亚人战阵厚度的视角，而且还会迫使迦太基人放弃两翼的伏击，战阵向外展开从而尽力弥补双方战阵的差距。此外，罗马人和其盟军的骑兵绝不能掌握主动权；倘若他们掌握了主动权，那么他们就可以迂回到迦太基军的两翼，钳形陷阱的双颚就会暴露，罗马的指挥官便会在事态发展到不可挽回的地步之前得到警告。然而，这种情况并没有发生；恰恰相反，罗马人完全落入了汉尼拔的算计之中；但是这种作战方案总是容易受到意想不到的影响，这便可以解释为何史料中会留下汉尼拔备选作战计划的魅影——在阿庇安（Han. 20）的叙述中，汉尼拔在一处山丘（或许是延伸向坎尼的陡坡[34]）下的沟谷中埋伏了一些骑兵和轻装部队，准备像特雷比亚河战役那样袭击敌军后方，而据李维（22.48）的描述，有 500 个努米底亚人诈降，混入敌军后部，之后亮出隐藏的屠刀，从后方发起攻击。尽管现代史学家并没有严肃采纳这两则记载，但是它们很符合汉尼拔狐狸般满是狡诈伎俩的特点。

五

8 月 2 日，当周二的太阳升起，人们可以看到，在特伦提乌斯·瓦罗的军帐上方飘扬着象征战斗的红色战袍，今天轮到他来指挥身在坎尼的罗马军队。波利比乌斯认为，瓦罗麾下的战士都渴求一战，等待时的期盼已然到达狂热边缘。[35]会战前的夜晚，作战指令已经被传达到了各级军团单位。刚刚破晓，军团长官便集结了其所率步卒与骑兵开出军营，越过河流，和右岸较小营区的部队会合。除了留守的 1 万名士兵（或许有一个军团和一支同盟翼军）戍卫主营地之外，其余的士兵尽数加入战场，那些留守士兵还准备在开战时对迦太基营区进行袭击。这些留守主营地的士兵，很可能占了日后侥幸存活而沦为坎尼幽灵的大部分。[36]而更为不幸的人，约有 7.6 万人之众，以惯常的阵型向前推进，轻装部队在前，三线阵型随后，挤在战阵中部，而骑兵则位于两翼——所有人都在等待迦太基人的到来与命运的降临。

当时他们究竟在哪里开战？简单地说，关于战场的确切地点至今尚无定论，不过这个问题在很长时间里都饱受争论，可见它还是值得一提的。从地理上看，基本上有两个备选地点：坎尼平原本身以及奥菲底乌斯河沿岸。现存的史料中有两个较为合理。从波利比乌斯的记载中，我们知道，战事是发生在罗马较小营地所在的那一侧河岸，罗马阵线大致朝南，其右翼以河流为依托。[37]罗马人也想让自己的左翼倚靠迦太基军队先前驻扎的高地，从而让汉尼拔的骑兵无法迂回两翼，对他们实施包抄，这种想法是合理的。但是，问题在于，高地陡坡和奥菲底乌斯河相距太近，无论罗马人如何压缩自己的阵型，那里都无法容纳如此规模的罗马军队。

这就让一些德高望重的学者提出观点，他们认为这场战斗

149

其实发生在河流的左岸[38]，或者是在坎尼以东的开阔平原上进行的。[39]但是第一种猜测的问题是，它和波利比乌斯的结论完全相悖，而波利比乌斯的记载很少会犯这样的错误；而第二种猜测的缺点在于，东部平坦地带十分开阔，足以让汉尼拔的骑兵自由驰骋，那么为什么瓦罗还要费事渡过河去战斗呢？这就是一个问题。然而，所有的这些解释都有一个前提，那就是假设今天的奥菲底乌斯河的河道与当年是相同的，但是考虑到已经过去了 2200 多年，这个假设或许站不住脚。这样的假设也受到了现代史学家彼得·康诺利（Peter Connolly）和阿德里安·戈兹沃西的质疑。[40]他们提出的巧妙替代方案是，这条河流在古代流经坎尼的时候，河道比现在更加靠北，留下一片宽约 1.3 英里的空地，宽度足够当日的罗马人集结布阵。虽然这种假说仍旧基于猜想，但是将这处替换地点作为西方战争史上杀戮最多的修罗场，似乎最说得通。

如果这里的确是罗马的部署地点，那么罗马人势必对此充满信心。毫无作战经验的罗马公民与同盟骑兵分别驻扎在战阵两翼的末端，不需要承担进攻的责任；骑兵只是为了防守侧翼，而步兵则完成他们的本职工作。

同样的，一旦军队部署完成，那么那些数量众多且素质低劣的轻装部队，便散布于军队前方，没有特定的任务，而当他们被压制时，便可以从中队间的空隙后撤。

与此同时，进行过强化的三线阵型似乎锐不可当，假使有
150 任何情况能让其迟滞，那么至少他们也可以保持岿然不动。对于瓦罗和保卢斯而言，看起来他们终于将自己的部队部署完毕，而这种情况下，就算是汉尼拔也不能扭转局势。

现在轮到汉尼拔进行部署了。显然，汉尼拔在罗马人渡河之时，派出了巴利阿里投掷手和努米底亚步兵渡过河去，但是这支军队的任务似乎并不是去干涉敌军的部署，而是去划出一个边界，好让之后的迦太基骑兵以及重装步兵可以排列阵型。[41] 当这一步骤完成之后，汉尼拔已经确定罗马人准备出战了，他随之应战。我们可以推测，首先那些骑兵会渡过河水前去增援掩护部队。接着，高卢和西班牙的步兵加入战团，他们在中军列阵，而利比亚人的两部分则分列两翼，保持阵型，从而形成了一个反向的大写字母 C。此时，骑兵部队则散开，移动到两翼，在左翼的西班牙和高卢重骑兵对阵罗马骑兵，而右翼的努米底亚骑兵则对阵罗马的盟军骑兵。

从笔墨间观之，战前程序似乎井然有序且目的明确，然而实际上，即使战事刚刚开始，也必然存在诸多令人分心、使人晕头转向的因素。此时，整个战场必然满是刺耳的噪声——号角奏鸣、鼓声隆隆、剑刃击盾、高声呐喊、战吼阵阵，在战场上久久回荡。所有的声响都是战士们为了激励自身积极面对死亡，以及威慑那些他们准备杀死之人。此外，超过 12.5 万名士兵与超过 1.5 万匹战马在受到局限的区域里踩踏，必然会激起大量扬尘，而且看上去汉尼拔现在已经对这里的环境十分熟悉，这与他的期望相吻合，正如他所料，这些罗马人并没有准确认识到汉尼拔步兵阵型的真相。很显然，稍早的时候，他便观察到当日刮着东南风，一上午风越刮越大，因而可以指望它吹起尘土，吹到罗马人的脸上，这种困扰得到了几乎同时代的诗人恩尼乌斯（Ennius）所余残篇的证实。[42]

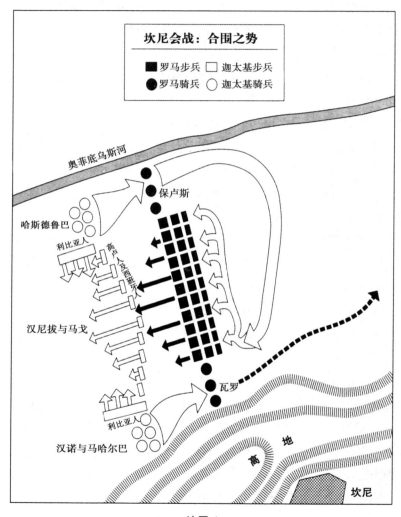

地图 4

最后，或许也是最为重要的是，此时适逢意大利南部的 8 月，我们可以知道，天气必然十分炎热，而随着时间推移，将会愈加炎热。当他们一整天都在舍命相搏时，大部分罗马重装步兵，以及至少是那些重新武装的利比亚人将会身负着 50～80 磅重的铠甲与武器（详见第二章第五节）。倘若特雷比亚河战役是受制于低温，那么坎尼会战将注定成为炼狱，在这里，数以千计的人可能因为酷热而力竭倒下，而能够获得饮用水让迦太基人在战事最后也是最为血腥的阶段，坚守在修罗场上。

所以会战开始时，他们就是此般情形。古代史料认为，轻装部队率先接战，从波利比乌斯的描述来看，他们应该是势均力敌的，因而在撤军之前双方均没有取得优势，和往常一样，这些部队随后撤回了各自的重步兵阵线之后。[43]如果战况并非如此，那么我们可能会从其他的史料中获得更多的信息，然而事实上战况正是如此。这样看来，轻装部队的兵力优势至少为罗马赢得了一个平局——考虑到之前这些轻装部队曾多次横遭打击，这次开了一个好头。不过，那些迦太基的辅助部队在开局或许已经给罗马部队造成了相当巨大的伤亡。李维（22.49.1）如是写道，和罗马公民组成的骑兵在一起的执政官埃米利乌斯·保卢斯，在战斗开始时便被一个投掷手重创了头部——他的伤势很重，以至于他无法继续骑马，他的扈从进而只能被迫下马来护卫他。虽然波利比乌斯并没有提到这件事，但是考虑到即将发生的事情，这依旧让人浮想联翩。

当哈斯德鲁巴——作为支援部队统帅的他，注定在这一天表现出色——麾下的西班牙和高卢骑兵径直向对面罗马右翼的骑兵发起冲锋时，迦太基的第一个具有决定意义的战略行动便开始了。

152

尽管他们的对手以河道为依托，但是迦太基人的骑兵依旧有着超过 2∶1（约 6500∶2400）的兵力优势，而且并没有像往常一样采取迂回进攻。恰恰相反，迦太基人似乎打算直接冲锋穿透罗马军队。

　　而随后的战斗，诚如波利比乌斯（3. 115. 3）所言，"着实非常野蛮"，很大程度上是因为那纯粹的地面战。很明显，那些罗马骑兵十分倾向于下马作战，他们中的许多人都缺乏经验，甚至都没有熟悉他们的坐骑。[44]不过，也有可能是保卢斯受创导致了他们选择下马。普鲁塔克认为，当执政官被迫下马，且他的扈从也随之下马保护他时，整个骑兵部队都认为他们的统帅已经下达了命令，因而纷纷下马——事态如此发展，据说汉尼拔做出了如下评述："相比于他们甘愿受缚，我更愿意看到他们这么做。"[45]虽然这位迦太基指挥官事实上并没有亲眼看见这些罗马骑兵下马，不过这一举措对于大多数罗马人而言无疑是致命的，这些人基本上全军覆没了。这里也是诸多罗马元老与其他骑士阶层者聚集作战的地方，而他们最终在最后一次抵抗后倒下了。人们并不清楚保卢斯是否战殁于此——他和他的部下可能侥幸逃脱并加入了剩余的军队——但是据李维记载，这里应该就是他的终结之地。所以，在会战刚刚打响的时候，可想而知，共和国已然遭受了重创。而且情况只会变得更糟。哈斯德鲁巴并没有追杀那些设法上马或逃之夭夭的残兵败将，而是重整部队，准备去战场的另一边制造进一步的破坏。

　　与此同时，重装步兵已经开始接战，实际上，战阵正在以一种意想不到的方式成形。随着高卢和西班牙步兵的推进（一则史料做出估计，认为整个阵型的正面有 840 人，纵深则有 26 排[46]），它向外弯曲形成了新月的形状。虽然有些人认为，战阵士兵向前推进是正常情况[47]，但是其他人则认为，这是汉尼拔在最后一刻做出的决定。[48]无论原因为何，这种凸出的阵型令迦太基一方获益，而且立竿见影。因为当罗马战阵的新兵列冲锋在前，到达掷矛距离时，迦太基的这种战线只让中军相当狭窄的一部分承受这潜在的致命投掷，而很可能让大部分罗马军团士兵都将掷矛扔到了战阵之外，从而白白浪费了投掷攻击。[49]

在双方短兵相接之际，同样的事情也发生了。至少在刚开始，罗马中队间的秩序和他们之前受到的训练，能够让他们在无意识中或多或少地使战阵保持笔直，因而只有中央战阵的西班牙人和高卢人才会和他们发生交战。而迦太基军队成功的关键在于能够让内部阵线用可控的方式缓缓地向后撤退。这也就是为什么汉尼拔和他的弟弟马戈（或许其他军官和凯尔特贵族也加入了其中）身居前线之后，他们能够更好地管控部队的行动，并且对这些肩负关键使命的士兵进行激励。最初的战术几何安排，仅仅通过相对较少的参战人员便达成了目的，让庞大的罗马军队陷入困境，直至中央的军团士兵开始将中军的迦太基士兵往后推回。

154

当我们对当日之情形做出假想，成群的赤裸上身的高卢人挥舞着自己手中的大刀——他们之中穿插着蹲伏于盾牌之后进行战斗的西班牙人——尽力抵抗汹涌而至的罗马人——这些罗马人用盾牌向前扑击，试图给自己的西班牙短剑留下施展的空间——我们不应当忽视这种战斗基本上是一系列个人间的对决，这就造成了肉体与情绪上的疲惫不堪。这种战斗并不能持续多长时间。一旦发现迦太基的阵线没有立即崩溃，那么这种间歇性的暴力厮杀就会迎来一段休息时间，双方各自回阵，得到数分钟的喘息之机。战吼与辱骂之声在两阵间此起彼伏，接着士兵们会捡起投枪以及其他的投掷物，往前投去，接着再次近身肉搏。随着时间的推移，这种战斗间歇会不断延长，而混战时间则会不断缩短。[50]

暴力节奏的中断无疑对迦太基人有利，使他们能够以相对优良的秩序进行重整、复原和稳步后撤。当罗马人看到这个景象时，信心油然而生，战意愈发兴奋，不自觉地开始向前推进，专注于敌军中央，意图尽快完成突破。随着这一切的发生，不断后撤的迦太基阵线形状开始越来越内凹，因此到达了关键的临界点。波利比乌斯（3.115.6）如是写道，位于中军的高卢与西班牙步兵被迫进行了迅速的后撤，以至于迦太基阵线开始发生断裂。随着如潮水般的罗马人汹涌向前，谨慎行进和往日训练都被抛诸脑后，他们沿着阻力最小的战线挺进，一齐涌向了战阵中心。三线阵型间的间隙以及战斗中队间的间距都消失了，罗马军队的基本组织开始瓦解。每一位罗马军团士兵都认为胜利在望，但这不过是蜃景罢了，尚未察觉的惨败已经盯住了他们，两翼的利比亚重装步兵层层叠叠严阵以待，那些战士就是迦太基所设陷阱的钳齿。

汉尼拔展现杀招的时刻到来了。随着命令的下达，位于左右两翼的北非战士接连向内侧转身，整理他们的队列，一齐向罗马侧翼发动攻击，而那里正是一些缺乏战斗经验的罗马公民和同盟部队所处的地方。[51]罗马人几乎无法做出有效回应，除了单兵转身应敌，而作为军事单位存在的罗马军队，已经因为阵型太过压缩拥挤而陷入混乱，无法形成有组织的行动。他们被削成了各自为战的乌合之众，徒劳地对井然有序的毁灭打击进行抵抗。与此同时，情感上所遭受的冲击也开始让罗马战阵内部波动，整个罗马军队陷入瘫痪，全军推进被停止。至此，他们的命运已然被确定。

这种情况也发生在了战场的另外一个角落。罗马军队总指挥特伦提乌斯·瓦罗正在与左翼的 3600 名盟军骑兵并肩作战，而和他们对阵的则是汉尼拔的外甥汉诺（波利比乌斯，3.114）或者是足智多谋的马哈巴尔（李维，22.46.7）率领的数量大致相当的努米底亚骑兵，而瓦罗并未取得太大进展。努米底亚骑兵绕行而至，尽力对敌军进行围歼，[52] 但是这种攻势可能受到了罗马人所依托的坎尼陡坡的阻碍，这样就造成了某种僵局，而这也是罗马人所希望看到的，瓦罗对于这种僵局颇感满意。大约在这个时候，李维坚称，努米底亚人可能表示了假意投降。但就算这件事发生了，这位罗马执政官对于军队另外一端所发生的事情也几乎全无察觉，而不久之后，更糟糕的惊诧之事发生了。

刚刚歼灭了战场另一端的罗马骑兵的哈斯德鲁巴，率领着重整之后的高卢与西班牙重装骑兵，从军团士兵部署的阵线之后穿过战场，迅速和左翼骑兵会合，以近两倍于敌的兵力对罗马盟军骑兵形成压制。不过，即使迦太基人尚未发起全面冲锋，他们准备弑杀的受害者们已经惊恐万状、四散奔逃、溃不成军了，很显然乱军将他们后方的瓦罗及其扈从冲散了。努米底亚骑兵开始乘胜追击，他们紧跟溃兵，除了盟军的 300 名骑兵外，先后杀死或俘获了所有骑兵，不过瓦罗和他的 70 名随从已经设法逃到了附近的维努西亚（Venusia）。[53] 右翼的保卢斯很可能已经被杀，而瓦罗则已经脱离了左翼，现在哈斯德鲁巴或许已经把这支四倍于普通执政官军队的大军的两位执政官统帅蓟除了。

　　然而，汉尼拔毁灭欲望的焦点始终未曾动摇。迦太基指挥官并没有因为追逐残敌而分心，而是再一次地，他们重组了自己的骑兵，开始径直向着罗马步兵的后方奔涌而去，显然是想要封住敌军最后的逃生之路。至此，波利比乌斯（3.116.8）告诉我们，哈斯德鲁巴在不同的方位进行了多次冲锋，这似乎给罗马人带来了毁灭性的影响。乍看起来，出现这种情况让人有些困惑，因为位于战阵后方的老兵列应该有着优良的装备，并且能够有效做出抵抗，他们可以用膝盖顶住盾牌将之靠在肩膀上，然后将长矛伸出，从而形成一道障碍，让骑兵无法发起冲锋。但是，此时罗马军队的后方并不是由老兵列组成的坚实防线，而是挤满了轻装部队所形成的多达 2 万人的乌合之众，战斗开始不久这些人就撤到了各个中队之后。[54] 这些人中大部分都是青少年，防护薄弱且缺少投掷投枪的空间，而且他们也无处可逃，事实上他们已经成了重装骑兵的完美猎物。由于感受到敌方骑兵以及袍泽死伤带来的恐惧，他们向军队内部收缩，进而暴露了他们的后背和腿腹，从而遭到了枪刺剑砍，同时，他们更加迫切地往一个愈加拥挤、全无秩序的人堆中挤去。

　　类似的拥挤与无助必然也发生在了两翼，两边的利比亚人如同一把愈发夹紧的人造老虎钳一般，持续地对罗马人进行推进打击。与此同时，行将溃败的高卢人和西班牙人的战阵前方不再遭受罗马人的追击，从而让他们有时间重整军队，扭转局面。一种可怕的趋势正在发生。罗马人四面受敌，各级军官已经束手无策，位于战阵边缘的部队无处可去，只能转身向内，罗马军队自身已经陷入瘫痪，这支军队就算没有成为覆灭自己的工具，那么至少也参与到了这一过程当中。

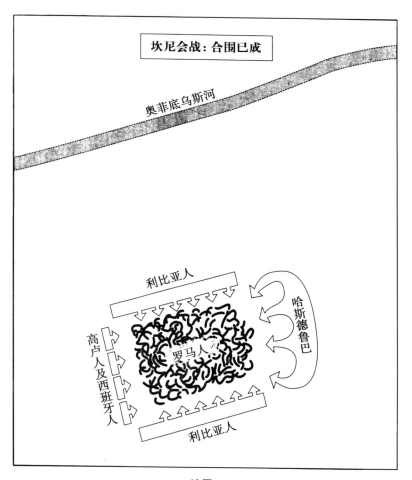

地图 5

有 6.7 万~7 万罗马人及其盟军——具体数据取决于到底有多少人已经阵亡——现在已经被包围。从战术上来说，战斗已经结束，但是，杀戮才刚刚开始。没有第二种选择。因为这支残存的罗马军队还是过于庞大，而且极具战斗力，所以无法俘虏，此外，罗马人的指挥系统已经在乱军中无法施展，故而也没办法进行投降。唯一的选择就是进行高效率的消灭，因此迦太基人一直进行着系统性的屠杀，直至这可怕的一日到了日落时分，才宣告完成。

这个过程不仅难以描述，而且探寻大屠杀细节的最终结果可能只不过是用露骨的暴力来迎合人们的嗜血欲望。然而战争本身确实是可怕的，对于战争结果的视而不见本身就是一种怯懦的行径。最终，虽然其战术杰作留名于青史，为后世赞颂，但是汉尼拔所取得的伟大军事胜利，最终不过徒留了万具枯骨。但是，与其现在对之进行道德说教，倒不如通过详述事件的后续发展来进行说明。不过，存在一个更为平淡但更具历史说服力的理由，来窥视这场大规模杀戮中的细节。正如一则史料所言："无处可逃的被围军队是如何以一边倒的方式被屠杀的，至今仍无定论。"[55] 在我们生活的年代，杀戮的代价很低，而且基本可以实现自动化；但是这与坎尼会战时的情形相距甚远。除了那些因为炎热而倒毙的人之外，每一位死者都会遭受穿刺、刀砍或者被重击致死。一份现代资料做出的估算认为，为了要在阿庇安（Han. 25）所估计的 8 个小时之内完成所有必要之杀戮，每分钟必须要杀掉 100 人。[56] 然而，即使是如此惊人的数据依旧低估了屠杀时的效率与数量，因为这种估算是基于杀戮发生在白天，并且是有条不紊地进行的，而非结束前的突击行为，然而事实却是后者。事实上，这么短的时间内有如此之多的受戮者，人们甚至已经无暇顾及其中的残酷与恐怖。

然而，逻辑告诉我们，如果可以对其进行重构的话，坎尼会战中对罗马军队的杀戮一定是一个关乎技术和动机的问题。我们可以从这里开始梳理。在所有的古代史料中，唯有波利比乌斯（3.116.10-11）为我们留下了一段对于这西方军事史上最为可怕的数个小时的较为合理的描述："罗马人，只要他们能够转身便会发现四面受敌，因而唯有顽抗，但是外围战阵持续崩溃，剩下的人深陷重围、挤在一起，最终在他们所站立的地方被敌军杀死。"换而言之，他们是从外及里、剥洋葱般地被消灭的。这言之有理，至少基本上说得通，不过应该还有其他致命的动力在发挥作用。

汉尼拔的散兵部队——努米底亚步兵和巴利阿里投掷手——之前已经安全撤至迦太基战阵的后方，必然是建制完整而且可以出战的。汉尼拔肯定会让这些散兵往被禁锢的罗马乱军中掷出如冰雹般的投枪、石块以及被使用过的标枪；在目标如此密集的环境下，这种致命的攻击几乎不会失手，对那些因太过拥挤、太过疲惫而无法举起盾牌防御的罗马人而言，伤亡惨重无法避免。[57]

与此同时，利比亚人、高卢人和西班牙人的步兵在战阵周围继续着残忍的杀戮。一则对大屠杀进行了较为可信重构的现代史料是这样描述那些被戮者的：这些人被"疯狂击打致死，通常被直击头部"。[58]这种描述似乎忽视了某种心态，这种心态与屠杀数量和效率息息相关。汉尼拔麾下的士兵都是老练的屠戮者，其中的大多数人很可能都采取了更为冷酷无情的方式进行捕猎，他们借助了我们人类身为最卓越、最无情的猎食者所具备的精神传承。而且，他们知道如何快速有效地杀戮敌人。如果被戮者转过后背，那么他们就会用矛或者剑刺穿敌军的肾脏，这样会给敌军造成极大的疼痛使之瞬间瘫痪，并且因为大出血而在数秒之内死去。如果被戮者是正面朝前，那么对下腹进行同样的刺击也能够产生几乎相同的效果。不过，这样的死亡一击——或许迅速地进行了多次致命攻击——暗示着那些罗马人表现出一定程度的接受态度，至少是被动地接受。

而这种引颈受戮的情况是古代史料矢口否认的——他们都是由罗马人或是同情罗马之人写就的。用波利比乌斯（3.117.1-2）的话说，他们都希望后人能够认为坎尼会战是"一场战胜者与战败者都展现出了非凡勇毅的战斗"，这场战役中罗马人顽强战斗直至最终的惨败。[59]不过鉴于对现代战争所做的研究，这种情况似乎不大可能发生。即使是在精英战斗部队中，假如遭受了足够的伤亡，那么整个军队都会陷入一种几乎比其他任何类型的人类所能经历的还要极端的漠然与衰颓的状态之中。军事心理学家戴夫·格罗斯曼中校（Dave Grossman）写道："当无法通过短时间内爆发出的战斗行为、动作举止、屈服意愿来获得逃命的机会或者战胜危险的话，现代的士兵很快就会耗尽体力，然后他们就会陷入一种严重的肉体与精神的双重疲惫当中，这种情况的规模与维度，如果没有亲身经历过的话，是无法理解的。"[60]罗马人能够表现得比现代士兵更加顽强坚定吗？或许是这样的，但是据我们所知，古人的心理构成与我们相似。要不然的话，为什么他们留名于史的行为会给我们带来启示呢？那么看上去，屠杀如此迅速的原因，在于大多数被戮者是在没有抵抗的情况下走向死亡。那么这种令人瘫痪的战斗疲劳是否让每一位士兵都受到了影响？可能并非如此。一些逸闻显示，无论情况如何，有些人都会死战到底。不过，情况已经是再糟不过的了，超出了大多数人承受的极限。 160

倘若能够在地球上去设想地狱的图景，那么坎尼会战这个人类屠杀场必定能够与史上最为错乱之地狱相比肩。数以千计的人层层叠叠挤在一起，动弹不得，周围萦绕着深陷危急时发出的呼号，许多罗马军人身着如今已无甚作用的链甲，佩戴着烈日炙烤下如同煎锅般的头盔，没有饮用水，唯有死亡才是解脱。随着时间流逝，越来越多的士兵在酷热中晕厥，滑倒在地上，被他们的袍泽踩在脚下，而他们的尸首和丢弃的盾牌则会让其他人摔倒，从而也被踩踏致死。在战阵外部尤为如此，战阵内部亦然，在那里敌军的投枪如暴雨般倾泻而下，地面已经被罗马人的鲜血浸染而变得湿滑，让其他人纷纷滑倒。如同特拉西梅诺湖之战时那样，绝望的士兵会请求他们的同伴帮他们了结自己——假如有空间能够让短剑施展的话——或者自行了断。死亡以及身体器官散发出臭味弥漫在空气中，与那些濒死之人的惨象相混合。没有地方比这里更悲惨了。

无论何处，只要投上一瞥，都可能看到那些陷入悲惨境地之人，或许只是存在于这场苦难之中的一个真实人类的一袭阴影，又或许只是统计中冰冷的数据。据我们所知，在坎尼会战中，48名军团长官中有29名阵亡。因为这些军官负责指挥军团，故而多数都死在了战阵中央的修罗场中。两位财务官卢修斯·阿提利乌斯（Lucius Atilius）和卢修斯·富里乌斯·毕巴库罗斯（L. Furius Bibaculus），以及格米努斯和米努奇乌斯都在这里丧生。[61]据李维所言，假如保卢斯没有在之前身殒右翼，那么他现在肯定会在这里迎来人生的终点——根据波利比乌斯（3.116.15）的记载，他战死于"战事最为激烈的时候"。现在我们不禁将目光投向了保卢斯的女婿西庇阿的命运。

　　19 岁的普布利乌斯·科尔内利乌斯·西庇阿（Publius Cornelius Scipio）身为一位军团长官，或许年纪尚轻，但是他已经是见多识广了。在提契诺河一役中，他救了自己的父亲一命，或许也参与了特雷比亚河的惨烈战事，甚至可能曾经参与过特拉西梅诺湖战役。在坎尼会战中，据我们所知，他隶属第二军团，由于其社会地位和同保卢斯的关系，年轻的西庇阿似乎不太可能与那 1 万人一起留守营地。[62]所以，西庇阿很可能会发现他已经深陷逐渐缩小的罗马步兵残部之中，再次落入了汉尼拔的诡计之中。这是一次学习的经历，不过在面对几乎是必死之局的时候，这点经验也就无关紧要了。然而，事与愿违，正如其他数以千计深陷重围濒临绝望之人一样，西庇阿活了下来，并且免于被俘。[63]现在这就变成了一个技术问题。

　　尸体堆积如山已经成了这些迦太基屠杀者所面临的头等大事，因为这些尸堆阻碍了他们屠杀更多的罗马人，而地面上湿滑的血液更加大了难度。因此，逐层削减敌军的目的基本已经达到，那么现在他们需要一种新的方法。由此推想可知，这就需要变更场地，将杀戮地点转移到较为开阔的地方。将被围困成一团的罗马军团士兵有意识地进行释放，可以有效地达到这个目的。这些罗马人会被逐个放倒并被杀掉（或成为俘虏）。但这也为罗马人开启了一扇逃命之窗，这些人可以组成楔形阵型以自卫，直至到达两处营区或者一些避难之地，尽管那里只是暂时安全而已。[64]许多人并没有成功逃脱，因为他们多半是四散奔逃。但是，逃生的机会、留出的缺口，以及迦太基屠杀者无可避免地变得疲惫，让一小批核心的幸存者得以逃出生天，以图日后东山再起。年轻的西庇阿似乎就在这群人当中。

最后，杀戮逐渐步入尾声。波利比乌斯认为，汉尼拔或许又搜捕到了大约 2000 名罗马人——这些罗马人设法爬到位于高处废墟里的坎尼城中——并且在战后很快攻陷了两个罗马营区。[65]虽然汉尼拔可能俘获了那些藏身废墟的逃难者，但是不管那些守备者们处于何种低落的状态，汉尼拔的部队无论如何都不太可能彻底拿下罗马人防守的工事。补充睡眠已经成了他们日程上的唯一事项。

如果这种情况合乎情理的话，那么李维笔下（22.50.4-12）有关当晚两个罗马营区发生之事的描述，便似乎可以被接受了。大多数人都处于震惊的状态。不过，那处较大的营区避开了惨败时的灭顶之灾，而且曾经试图袭击汉尼拔的营地未果，目前很可能还处于相对较好的状态。这些士兵很可能仍然组织良好，有军官进行指挥，而这些军官很清楚他们现在已经危如累卵。他们向较小的营地派出了一名通信兵，命令他们突围与主营会合，这样的话他们就可以趁着夜色掩护撤退，到达卡流苏门（Canusium）——西南 25 英里处的一座有城墙环绕的小城。然而小营地的士兵们对这则消息置若罔闻，直到一位幸存的军团长官普布利乌斯·森普罗尼乌斯·图迪塔努斯（P. Sempronius Tuditanus）发表了一段慷慨激昂的演说，之后才有 600 名士兵（弗朗提努斯说只有 62 人）跟随他同其他部队会合。但是，较大营地的人都不太愿意弃营而去。不过，李维表示，这队人当

162

中有约 4000 名军团士兵和 200 名骑兵安全抵达了卡流苏门，在这里最终他们还与数千名幸存者会合了；与此同时，还有另外 4500 名士兵抵达了维努西亚，这里也是执政官瓦罗避难的地方。所有这些人都将被重新组织，并且烙上"坎尼军团"这一耻辱的名号，成为这场惨烈会战中活着的幽灵。[66]

这场会战有多惨烈？第二天黎明，在一处不足 1 平方英里的空间中，散落着大约 45500 名军团士兵和 2700 名骑兵的尸体。[67]当迦太基人开始在尸体上搜刮财物，并试图在死者与将死之人中找出自己的袍泽之时，甚至都被自己所做的事情震惊了。李维作为古代场景的卓越还原者，展现给我们一幕和其他军事史中相似的离奇景象：

> 被屠杀的人堆中随处可见鲜血淋漓的躯体，这些带有严重创伤的躯体在黎明的丝丝寒意中开始抽动，然后被迦太基人杀死；当一些人被发现时，他们尚未死去，大腿与筋肉均被斩断，他们露出脖子和喉咙，恳求他们的征服者能够将自己的鲜血放干。而其他的人被发现时，他们将自己的头颅埋在地上的土洞之中。很显然，这些人自己挖了这样的坑洞，然后将泥土覆在自己的脸上来闷死自己。然而，最引人注目的是一位努米底亚人，他是从一位已经死亡的罗马人身下被拖拽出来的，不过他的鼻子和耳朵已经残缺不全；因为那位罗马人已经无法用手拿起武器，所以在狂怒中只能用牙齿来撕扯那位努米底亚人。[68]

如果这样说下去会没完没了，那么我们可以将之诉诸统计数据。通过大致估算的方法，我们可以认为每个罗马人重约 130

磅——他们比现代男人的体重更轻。那么在这 8 月的骄阳之下，有超过 600 万磅的人肉留在那里腐烂——这是汉尼拔战术杰作的真正成果，至少对于那些盘桓于空中的秃鹫来说是如此。

其余滞留在坎尼的罗马士兵的命运也没有好到哪里去，尤其当他们是罗马公民时更是如此。根据李维记载的战事日程，汉尼拔在允许他的部队花了近一天时间大肆抢掠之后，紧接着迅速摧毁了罗马的那两座营地，俘获了近 1.3 万名士兵。当这些人再加上那些从山丘废墟上抓获的，以及从战场上俘虏的，总人数刚刚超过 1.9 万名。[69]最终许多罗马人将会在希腊和克里特岛上沦为奴隶，在 20 多年后依旧如此——这是坎尼会战留下的另外一份遗产。

而汉尼拔也需要同坎尼会战留下的结果进行周旋。这场会战给他造成了 5500~8000 人的死伤，但其中至少有一半是凯尔特人，所以他的军队主干基本完好无损。[70]同时，他的部下寻得了数以百计的金戒指，有些是取自俘虏之手，而绝大部分则是从那些阵亡的元老和骑士们了无生机的手指上夺取的。[71]在这一天当中，罗马统治阶层的一大部分被汉尼拔给消灭了。有些人甚至认为罗马遭受了致命一击。很显然，汉尼拔手下杰出的机会主义骑兵统帅马哈巴尔就是这样想的。据李维（22.51.1-4）记载，在战后的某个时候，在巴卡家族追随者的一片庆贺当中，他提出警告说，不要浪费时间，并提出要在 5 天之内，于敌军的首都进餐。"跟着我：我的骑兵会先行，当罗马人听说你们正在逼近之前，会发现你们已经兵临城下！"这无疑是一条最为大胆的提议。向罗马进军！立刻将其了结！当汉尼拔避而不谈、拒绝立刻做出决定时，马哈巴尔做出了同样冲动的应答："所以神没有把一切都赐予一个人。你只知道如何获得胜利，汉尼拔，但你不知道如何利用胜利。"

假设这件事确实发生了[72]——它非常符合两人的特点：马哈巴尔能够抓住主要的机会，而汉尼拔作为一名赌徒面对势不可挡的好运时却愈发谨慎。这与迦太基的未来前景紧密相关，故而引发了激烈的争论。总的来说，学术界的观点似乎支持汉尼拔不会去尝试那样做。有些人认为，因为缺乏驮兽和后勤补给，迦太基军队很难以必要之速度奔袭 250 英里抵达罗马。[73]（但是考虑到从西班牙的一路跋涉以及迦太基蹒跚渡过的沼泽旅程，这种观点似乎站不住脚。）其他学者则认为，即使汉尼拔抵达了罗马，也难有进展，[74]因为他缺乏攻城器械。[75]（他可以自己制造一些。）还有一些人认为，试图打破罗马的同盟体系或许是汉尼拔更好的选择，这样他就可以获得建立于坚实基础之上的支持，随后和罗马展开谈判。[76]（我们将会看到事态是如何发展的。）事实上，不向罗马进军有很多不错的理由，而向罗马进军只有一个理由。

与学者们不同，作为一名军人，陆军元帅伯纳德·蒙哥马利（Bernard Montgomery）认为马哈巴尔是正确的。[77]马哈巴尔似乎已经明白，当一位强大的对手被击倒时，应该迅速将他消灭。罗马依旧拥有庞大的兵员储备；根本不存在和平谈判之说；这个国家只会和战败者交涉。汉尼拔赢下整场战争的唯一机会，就是马上向罗马进军。即使花费一个月的时间抵达罗马，随着汉尼拔到来的消息传开，整个城市也会变得惶惶不可终日。最终，当汉尼拔出现在罗马城墙之外的时候，罗马人的抵抗精神或许会受挫，他们可能会临时拼凑出一支缺乏准备的军队迎战，而这样的话，罗马人可能又会遭到一场灾难性的溃败，最后不得不投降。或许事不尽然。到最后，这一击可能不一定成功。但这是汉尼拔唯一能做的事。然而恰恰相反，汉尼拔选择了另一条道路，于是战争变成了一个时间问题。

六

不过，虽然罗马尚未崩溃，但是必然已经出现了裂痕，这种裂痕并非只存乎表面。在卡流苏门的时候，事态已经处于崩溃边缘。这些罗马幸存者得到了当地人的盛情款待，特别是一位叫作布萨（Busa）的富有妇女，她给罗马人提供了食物和干净的衣物。这些幸存者当中，有四位军团长官（出于某些原因，弗朗提努斯并未被提及）：卢修斯·毕布路斯、昆图斯（前任独裁官费边·马克西穆斯之子）、阿庇乌斯·克劳狄乌斯、普布利乌斯·西庇阿。虽然西庇阿在四人之中最为年轻，但是在随后发生的危机局势中，他成了关键性的主导人物。

他们四人获得了可靠情报说，幸存者中有一批人，组成了以马尔库斯·凯基利乌斯·梅特卢斯（M. Caecilius Metellus）和普布利乌斯·富里乌斯·费鲁斯（P. Furius Philus，其父曾与弗拉米尼乌斯于公元前224年共同担任过执政官）为首的年轻贵族阴谋集团，他们准备弃罗马而去，离开意大利，在海外担任佣兵。由此，这次事件拉开了序幕。其他三位军团长官准备召开会议，讨论这个令人震惊的情报。但是西庇阿并没有这么做，而是立马展开了行动。他率领一小队随从，拔刀径直闯入密谋者家中，将之扣押。不过在收监之前，这些人必须对国家宣誓效忠，否则一律处死。[78]

刚露出苗头的哗变被镇压了下去，此时西庇阿和阿庇乌斯获悉瓦罗身处维努西亚，并派人给他送信，询问这位执政官是否需要他们率军与之会合，还是让他们继续固守卡流苏门。瓦罗很快就率领自己的部队前去与西庇阿他们会合。这一举措或许另有深意。

除了想要集中兵力这一明显的动机之外，瓦罗的决定和之后对坎尼军团的处理或许存在某些关联，这可能也是瓦罗所作所为的原因。是不是因为阴谋活动已经不局限于那些年轻贵族，而开始往部队基层扩散，所以瓦罗有必要尽快赶到卡流苏门，从而稳定局势？或是恰恰相反，这位有过失之责的执政官，想要通过对并未失序的军队进行象征性的维稳，从而以牺牲兵士的代价来挽救自己的声誉？真相已无从知晓。我们所能知道的，就是瓦罗这位迅速逃离战场的将领，后来得到了他的同胞充满善意的对待，而那些被迫历经艰险的坎尼老兵，实际上却遭到了放逐。阶级固然有其特权，却难以忽视也难以诠释其中的不可调和之矛盾。

我们回头看罗马，这座城市的人们正处于恐惧的边缘，"预计汉尼拔随时都有可能出现"，波利比乌斯（3.118）的叙述在写完这段之后便戛然而止，剩下的描述便只余残篇断简。无论好坏，李维的描述都成了我们主要依据的史料，他用剧作家般的眼光对随后的事件展开了建构。

因此，在他的描述中，罗马街道上回荡着伤心欲绝的妇女发出的哀号，因为最初的战报指出，坎尼的军队已经全军覆没，无一人生还。元老院决定审时度势，响应了费边·马克西穆斯（Fabius Maximus）的号召，力求搜集更多的情报，将那些妇女送回家，阻止任何人离开城市。之后，一封来自瓦罗的信件证实了这场惨败——但是信中他补充说，他和 1 万名幸存者正在卡流苏门，而汉尼拔依旧在坎尼没有进一步行动——恐怖的阴云开始消散，元老院获得了足够的动力开始缜密谋划。这件事情展现出罗马人具有迷信、讲求实际、坚定不移的顽强三者混合的特点。

为了击退恐惧、安抚神灵，罗马人需要进行一些非常规的——我们可以称之为野蛮的——行为，这是真实存在的。或许并没花费多少力气，人们便发现两名维斯塔贞女已经失去了贞洁。一名贞女被活埋，另外一名在此之前就自杀了，而那位引诱贞女的人则被大祭司（pontifex maximus）活活打死。与此同时，祭司团向《西卜林神谕》征询意见，寻找其他可以安抚神明的方法，结果是他们需要进行更多的人祭——这一次他们选了两对男女，一对希腊人和一对凯尔特人。如果人祭还不足以告慰神灵的话，城邦元老认为还需要派出那位叫作费边·皮克托的元老兼历史学家，前往希腊征询德尔斐神谕，以求获得更多赎罪的办法。为了进一步让人民平复情感，元老院正式下令，宣布哀悼之时日不得超过 30 天，不过除此之外，元老院还不得不取消了一年一度的谷神节庆，因为节日的仪式需要不在丧期的已婚妇女参与，但是此刻很少有人能满足这个要求。[79]的确，罗马恢复了平静，但是这些明显极端的措施反映出坎尼会战的噩耗极大地震动了罗马人。

然而在过度仪式化的遮掩之下，元老院依旧保持着清醒的头脑，为应对迫在眉睫的危机和尽快恢复罗马自卫之能力，它行使着领导职责并进行着人事任命。很快，坚实可靠的马塞卢斯从西西里被调回，被派往卡流苏门，在那里他将重整坎尼军团，让他们恢复战斗状态，而此时瓦罗则收到了特别指令，让他返回罗马，可能需要他参加独裁官的提名工作。[80]（当瓦罗抵达罗马之后，他"因为没有辜负共和国"而受到了热烈欢迎。李维不无讽刺地提醒我们，在类似情况下返回迦太基的迦太基人则将会受到最严厉的惩罚——被处死。[81]）当选独裁官的是一位富有经验的老成之士——前任执政官和监察官马尔库斯·朱利乌斯·佩拉（M. Junius Pera），能力出众的提比略·森普罗尼乌斯·格拉古（Tiberius Sempronius Gracchus）则担任他的骑兵统帅。他们俩将一起重建罗马的军队架构。

167　　罗马迟早能够从巨大的兵员储备中恢复，但是在这短短两年中，汉尼拔已经消灭了至少10万名罗马士兵，台伯河畔的募兵者已经不是简单的缺少人手了。罗马人只征召到了1000名骑兵，这反映出汉尼拔极大地消耗了罗马的骑兵兵员。为了征召更多的步兵以充实城市军团，服役的年龄被降低，一些17岁乃至更年轻的男子纷纷入伍，其中也包括一些拉丁盟友的增援部队。[82]更有意思的是，还有6000名囚徒和负债者加入了军队，这些人装备着弗拉米尼乌斯于公元前223年大胜时所缴获的高卢人的装备。最后，也是最值得一提的是，凡达到入伍年龄的城市奴隶皆得到许诺，只要他们愿意为国参战，那么退伍之后他们便可获得自由，这个号召得到了8000人的响应，这些人之后被称作"志愿部队"（volones）。这些奴隶的主人将会获得国家的赔偿，李维（22.57.11-12）用不吉利的语气描述道，给奴隶主的赔偿甚至远甚于汉尼拔索要的赎回罗马战俘所需的资金。

　　此时在阿普利亚，迦太基人表现出了宽容仁慈的态度。就送回家，阻止任何人离开城市。之后，一封来自瓦罗的信件证实了这场惨败——但是信中他补充说，他和 1 万名幸存者正在卡流苏门，而汉尼拔依旧在坎尼没有进一步行动——恐怖的阴云开始消散，元老院获得了足够的动力开始缜密谋划。这件事情展现出罗马人具有迷信、讲求实际、坚定不移的顽强三者混合的特点。

166

为了击退恐惧、安抚神灵，罗马人需要进行一些非常规的——我们可以称之为野蛮的——行为，这是真实存在的。或许并没花费多少力气，人们便发现两名维斯塔贞女已经失去了贞洁。一名贞女被活埋，另外一名在此之前就自杀了，而那位引诱贞女的人则被大祭司（pontifex maximus）活活打死。与此同时，祭司团向《西卜林神谕》征询意见，寻找其他可以安抚神明的方法，结果是他们需要进行更多的人祭——这一次他们选了两对男女，一对希腊人和一对凯尔特人。如果人祭还不足以告慰神灵的话，城邦元老认为还需要派出那位叫作费边·皮克托的元老兼历史学家，前往希腊征询德尔斐神谕，以求获得更多赎罪的办法。为了进一步让人民平复情感，元老院正式下令，宣布哀悼之时日不得超过 30 天，不过除此之外，元老院还不得不取消了一年一度的谷神节庆，因为节日的仪式需要不在丧期的已婚妇女参与，但是此刻很少有人能满足这个要求。[79] 的确，罗马恢复了平静，但是这些明显极端的措施反映出坎尼会战的噩耗极大地震动了罗马人。

然而在过度仪式化的遮掩之下，元老院依旧保持着清醒的头脑，为应对迫在眉睫的危机和尽快恢复罗马自卫之能力，它行使着领导职责并进行着人事任命。很快，坚实可靠的马塞卢斯从西西里被调回，被派往卡流苏门，在那里他将重整坎尼军团，让他们恢复战斗状态，而此时瓦罗则收到了特别指令，让他返回罗马，可能需要他参加独裁官的提名工作。[80]（当瓦罗抵达罗马之后，他"因为没有辜负共和国"而受到了热烈欢迎。李维不无讽刺地提醒我们，在类似情况下返回迦太基的迦太基人则将会受到最严厉的惩罚——被处死。[81]）当选独裁官的是一位富有经验的老成之士——前任执政官和监察官马尔库斯·朱利乌斯·佩拉（M. Junius Pera），能力出众的提比略·森普罗尼乌斯·格拉古（Tiberius Sempronius Gracchus）则担任他的骑兵统帅。他们俩将一起重建罗马的军队架构。

罗马迟早能够从巨大的兵员储备中恢复，但是在这短短两年中，汉尼拔已经消灭了至少 10 万名罗马士兵，台伯河畔的募兵者已经不是简单的缺少人手了。罗马人只征召到了 1000 名骑兵，这反映出汉尼拔极大地消耗了罗马的骑兵兵员。为了征召更多的步兵以充实城市军团，服役的年龄被降低，一些 17 岁乃至更年轻的男子纷纷入伍，其中也包括一些拉丁盟友的增援部队。[82]更有意思的是，还有 6000 名囚徒和负债者加入了军队，这些人装备着弗拉米尼乌斯于公元前 223 年大胜时所缴获的高卢人的装备。最后，也是最值得一提的是，凡达到入伍年龄的城市奴隶皆得到许诺，只要他们愿意为国参战，那么退伍之后他们便可获得自由，这个号召得到了 8000 人的响应，这些人之后被称作"志愿部队"（volones）。这些奴隶的主人将会获得国家的赔偿，李维（22. 57. 11-12）用不吉利的语气描述道，给奴隶主的赔偿甚至远甚于汉尼拔索要的赎回罗马战俘所需的资金。

此时在阿普利亚，迦太基人表现出了宽容仁慈的态度。就如同他在特雷比亚河战役以及特拉西梅诺湖战役之后所做的那样，汉尼拔释放了那些罗马盟友，再次表达了自己的善意。然后，他转向那些罗马战俘，破天荒地进行了自我辩解。汉尼拔解释道，他无意与罗马死战到底，他只是在为"荣誉和帝国"而战。正如他的迦太基前辈们曾经屈服于罗马武力之下那样，现在面对自己的卓越战技和良好运气，是罗马选择接受失败的时候了。[83]这是一段可能由皮洛士或任何一个希腊化君王所发表的演说，一段完全有理有据的演说。诚如汉尼拔所了解的战争规则所指示的，在遭受如此一连串的打击之后，假如被征服者还保有理智的话，那么必定会承认战败。这是地中海地区"大博弈"的处世之道，现在该是罗马习惯这种方式的时候了。汉尼拔已经准备好表现出自己的宽宏大量。这些战俘将会被开出合理的赎回价格，有10位战俘被遣送至罗马商谈细节。一位名叫加泰罗（Carthalo）的迦太基骑兵军官将会和这些人一同前往，宣读迦太基的和平条款。我们无法获知汉尼拔是否真的预期他的主动示好能够奏效，不过他似乎不太可能预料到他的使团将会受到何种接待。

当使团到达罗马附近时，元老院让独裁官佩拉派出一名扈从接见了他们，并且告诉加泰罗，罗马人不会接待他们，而且他必须在夜幕降临前离开罗马的土地。这就是罗马人所要商议的和平。尽管对于那些战俘，他们多少抱有同情，但不足以让他们让步。据李维（22.59）记载，在战俘代表向罗马元老发表的演说中，加泰罗称，将他们赎回的金额远远低于前文提及的募集奴隶志愿部队所耗费的金钱，而且他还将他们自己与那些尚在维努西亚和卡流苏门避难的残兵做了对比——那些人不过

168

是"在战场上丢弃了自己的佩剑，夺路而逃的家伙"罢了。

然而罗马人对这份请求置若罔闻，尤其是提图斯·曼利厄斯·托夸图斯（T. Manlius Torquatus），他进行了言辞激烈的驳斥。尽管他承认，相比这些战俘，那些在卡流苏门的部队更加显著地展现了勇气与怯懦的区别，但是对于他们中的任何一方，他都不会抱有敬意。这些战俘有两重过失：其一，"当他们的职责是继续坚守和战斗时，他们逃回了营地"，其二，他们选择开营投降。[84]尽管没有明说，但他依旧暗示了，这些脱离战场的人，无论是战俘还是亡命者，都违背了战斗之前立下的誓言，即除了履行职责之外，绝不能脱离岗位。

至少在当时，罗马透露出的要点在于绝不会赎回战俘。元老院甚至禁止他们的家人私下募集资金来解救这些战俘。这显然与先例相悖；就在前一年，费边还拍卖了汉尼拔秋毫未犯的土地，并用所获之受益赎回了被俘的罗马人。罗马的领导者们不仅想要给自己的士兵，还要给汉尼拔传达一条信息，他们要用坚定不移的决心令汉尼拔震惊。[85]无论汉尼拔如何设想，在罗马人的眼里，这是一场至死方休的战争。

当使团极不情愿地带回了坏消息之时，汉尼拔的态度——或许并非其战略使然——变得强硬起来。据阿庇安（Han. 28）记载，汉尼拔让那些元老级别的罗马人作为角斗士相互厮杀，以取悦非洲军士；一些人惨遭屠戮；余下的则被贩卖为奴。至少，最后一点是真实的。波利比乌斯在一个残篇（6.58.13）中如是写道，汉尼拔丧失了他在坎尼获胜时所得到的喜悦；现在他明白他将陷入一场持久的战事当中。

虽然台伯河畔展现的是刚愎自用、铁石心肠的形象，但是罗马的领导阶层依旧需要以力所能及之心恪尽职守。在坎尼会战之后，意大利南部的大部分地区都开始逐步倒向汉尼拔，罗马需要尽可能阻挡这种投靠迦太基的势头。新的城市军团和由奴隶与罪犯临时拼凑的军队，尚未经过训练。唯一经历战阵考验的，只有坎尼军团。

当我们再次获知马塞卢斯的消息时，已是公元前 216 年的秋季，首先在卡流苏门，之后在诺拉（Nola），他率领着由坎尼幸存者组成的军队抵挡汉尼拔对诺拉的进攻。李维很可能将一系列断断续续的小型战斗，糅合成了一场战术胜利，这次作战的特征便在于出其不意地从城门奔袭而出，但即使是李维本人，也不禁会质疑这场胜利到底给迦太基军队造成了多少兵员损失。[86]这并不能算是复仇。尽管如此，现在被划分成两个军团编制的坎尼军团，展现出他们又一次成了随时准备好同其敌人再次作战的有效战力。至少，这些人充分表明了他们对国家的忠诚。然而，纵使面对之后的灾厄之局，他们还是没有得到原谅。

随着惊心动魄的公元前 216 年步入尾声，罗马稳定了时局，进行了领导层的换届选举。然而，卢修斯·普斯图密乌斯·阿尔比努斯——春季，他率领两个军团外加同盟部队直扑山南高卢，企图将发起叛乱的凯尔特人镇压——在缺席的情况下第三次当选为执政官后不久，罗马便收到噩耗，他和他的军队遭遇埋伏，全军覆没。雪上加霜的是，胜利的博伊人砍下了这位阵亡的执政官当选者的头颅，掏空内里，然后把它当作酒杯。但更重要的是，罗马又损失了 2.5 万人。[87]然而这没有大碍，因为到了公元前 216 年 12 月，新的城市军团已经准备完毕，它被交付给了马塞卢斯。

坎尼军团已经不再被需要了，至少在元老院眼中，他们罪有应得。因为征收的赋税已经翻倍，所以所有的士兵都可以立刻得到兵饷，除了那些在坎尼战斗过的人。他们一无所有。[88]但是，相对于要被运往西西里而言，这都是次要的。他们将在西西里一直待到公元前 204 年，在此期间他们和家庭分离，与生活割裂，这实际上就是流放。这是强加在他们身上的残酷的惩罚，只是因为他们似乎违背了一条之前从未被要求过的誓言，从严格意义上讲，这让他们成了某种意义上的逃兵。[89]

罗马在一场重大战役中败北，所以他们需要一个替罪羊。当权者并不会苛责那些谋划战局的战略者与指挥官，他们将目光转向了那些幸存的士兵。这种逻辑，和十一抽杀律（所谓杀一儆百，pour encourager les autres）相同，或许在当时是行得通的。但是，这些坎尼的幽灵会一直同共和国纠缠不休。终有一日，军团士兵们将会依赖自己的统帅以求得前程，而非依赖罗马，这种观点将会导致内战和专制统治的发生。这或许才是坎尼会战留下的最重要的遗产。

第七章 余震

一

从坎尼传来的地震余波并没有花去多长时间，而迦太基与罗马角力的竞技场上，形势也开始向迦太基一方倾斜，至少看上去是这样。几乎在须臾间，阿普利亚周边的数个地区——埃塞尔（Aecae）、阿尔皮（Arpi）、赫尔多尼亚（Herdonea）、萨拉比亚（Salapia）——纷纷投身巴卡家族，而当汉尼拔向西挺进至罗马人的老对手萨莫奈人所处的山区时，他们中的大多数也投靠了汉尼拔。[1]汉尼拔当机立断、顺势而行，第一次将自己的部队一分为二，命令他的弟弟马戈向南而行，尽可能地获取更多的支持，在一路上他可以从奥斯坎人（Oscans）、卢卡尼亚人（Lucanians）、布鲁提乌姆人（Bruttians）以及沿海的希腊诸城当中获得人手。马戈将会一路进军，随后独自返回迦太基，在那里他将告知他的同胞们坎尼获胜的有利形势，并且请求增援，之后他便准备返回意大利。在被延误了10多年以后，马戈终于得以重返意大利，然而这一次他没能与自己的兄长会合。

与此同时，汉尼拔率兵向西而行，再次进入了富庶的坎帕尼亚，寻找更多的新盟友。他的第一个目标便是海港城市尼亚波利（Neapolis，今那不勒斯），但是遭到了回绝，不过随后汉尼拔发现了更好的目标——加普亚（Capua），罗马联盟体系中的第二大城，同时也是以富庶和奢侈而闻名的地方，因其香水市场被称为传说中的赛普拉西亚（Seplasia）。加普亚绝不只是酒池肉林，其领导阶层通过姻亲和经济纽带同罗马紧密交织在一起。这是一个非常重要且价值巨大的罗马盟友。[2]然而，尽管城中的每一位公民都获得了罗马公民的身份，但是自从特拉西梅诺湖战役以来，下层阶级一直都在蠢蠢欲动，越来越倾向于脱离联盟。在坎尼会战结束以及汉尼拔逼近之后，分裂的倾向愈发明显，直至唯一能够阻挡这股浪潮的当地贵族也开始心生犹豫。

171　　　特别需要提及的是，那300名来自城中最为显赫家庭的年轻的骑兵，此刻正和那些罗马人一起在西西里服役，如果加普亚易帜，那么这些人就成了人质。在政局动荡不安之时，那些骑兵的父母们设法派出一支使团拜见幸存的执政官特伦提乌斯·瓦罗，请他评估一下战事的前景。透过李维的眼睛（23.5.4-15）我们看到，瓦罗证明了自己的外交手腕比自己的统帅能力强不了多少。"军团、骑兵、武器、军旗、马匹以及人员、财帛、补给，均在会战当日和次日两座军营被破之时，损耗殆尽。而加普亚人，你们没有在战事中协助我们，现在则要代替我们把这一切承担起来。"换言之，你们好自为之。

　　　但是这并没有持续多久。加普亚人的下一步行动，就是向汉尼拔派出了相同的使团。不用说，汉尼拔完全迎合了加普亚人，作为他们效忠的回报，他同意加普亚人未来可以自治，并且不需要承担兵役，还将会获得300名罗马战俘以交换那些还在西西里的骑兵（正如我们前面所看到的，这只会成为奢望）。[3]为了敲定协议，汉尼拔向加普亚派出了一支防御性的驻军，而后以凯旋之态顺利进城，并且告知当地元老院，加普亚很快将会成为"全意大利的首都"。[4]加普亚人沉醉于喜悦之中，这个汉尼拔的新盟友以焚毁同台伯河剩下的几座沟通之桥作为回应，将城中的罗马人逮捕，将他们关在浴室当中，让他们窒息而死。加普亚人日后将为这时的冲动追悔不已，但是现在，在坎尼会战的阴影中，这种结盟无疑是对崭新的政治现实表现出的认可。这座坎帕尼亚城市将会在重新整合过的意大利南部占据首席，汉尼拔现在获得了一块基石，以此开始建立起一个稳定的控制架构。而且更诱人的是，至少在当时，汉尼拔已经有了一个目的地。

迦太基军队冬日在加普亚的停留成了古代传奇故事的素材。诚如法国考古学家兼历史学家塞尔日·朗塞尔（Serge Lancel）所言，古典时代三个著名的豪奢标志——美酒、女人和热水（更不用说香皂与香水了），让汉尼拔久经磨砺的毁灭之师变成了一群潜在的享乐主义者，至少根据李维记录的他们如同史诗般的通宵欢饮的著名段落来看，的确如此。[5]甚至在他的笔下，连从不流连于骄奢的马塞卢斯都不禁感叹，"加普亚成了汉尼拔的坎尼"[6]。

但这些描述并不一定属实。一方面，只有一小部分军队可以在那里扎营，这样才不会让当地民众产生强烈的反感。另一方面，这支部队注定要在未来的10多年间继续在意大利取得多次战斗胜利。[7]

然而，李维的论点不应该被轻易驳倒。获取每个盟友都需要付出相应的代价。屈从于稳定可靠的联盟关系——军事基地、稳定补给、政治效忠——的诱惑，汉尼拔需要背负起保护盟友

172

的责任。这对于一支流动的军队无疑是一个沉重的负担。尽管流动的行军生活是艰难的，且具有不确定性，但是它能够为汉尼拔提供随时出现在任何地方的战略优势，倘若你是罗马人，那么这种可能性将让你抓狂。但是现在汉尼拔有资产需要庇护，这样他就被束缚住了——例如，他现在就切断了同北方高卢人的联系，继而得不到他们提供的精力充沛、高大魁梧的战士。

现在狐狸不仅被迫要看守鸡舍，而且那些母鸡本身也在战略上受到了巨大的限制，他们先前的盟主已经在政治上腐蚀了他们。如前文所述，罗马人的盟约系统是让盟邦与罗马构成单线联系，而非盟邦间的相互关联。一旦移除对于盟主的依赖，那么彼此之间将缺少纽带，缺乏形成更大规模聚合体的基础，这种情况更是与南方激烈的内部派系斗争交融在了一起，这一点在那些希腊城邦尤为如此。[8]

随之而来的，则是这些地区并不愿意提供军队，尤其是承担其自身领土之外的责任。这就使汉尼拔需要依靠自己的野战部队来抵御源源不断的罗马军队，而罗马人则可以从自己庞大的兵员储备中获得军队。尽管随着时间推移，一些意大利人已经成功融入迦太基人的军事架构当中，但是这个架构的核心依旧是利比亚人、努米底亚人、西班牙人和高卢人。由于迦太基远征部队逐渐被战事伤亡所消耗，而驻军的需要、逐渐增长的年纪更让汉尼拔捉襟见肘，他迫切需要得到增援。

在马戈凯旋之时，这便成了他所要做的事。为了给演说布景，这位汉尼拔的最年幼的弟弟下令将成筐的、从坎尼会战中罗马元老和骑士手指上攫取的金戒指倾倒在长老议事厅的前庭。在长老们面前，他热情洋溢地发表了演说，畅谈了他们所取得

的战果，罗马执政官遭受的羞辱，给敌军造成的巨大伤亡，俘
获的大批俘虏，赢得的广大盟友，意大利地区对罗马的叛变，
以及最为重要的——唾手可得的胜利。他谈及要让母邦倾尽所
有来帮助汉尼拔——提供更多的军队，同时还有分发给士兵的
兵饷和粮食，这些士兵已经以迦太基之名创造了斐然的战绩。[9]

　　这场演说无疑收效甚佳，面对这样喜人的消息，很难让人
心生悲观之情。不过此时毫无疑问，汉诺虽然老迈，却仍旧是
反巴卡家族派系的领袖，他找到了质疑的理由。他大声质问，
如果汉尼拔杀死了这么多的罗马人，那么他为何还需要更多的
士兵？为何他已经积累了如此之多的战利品，却依然需要更多
的金钱和补给？假如意大利已经陷入叛乱的战争之中，那么为
什么那些拉丁人没有投靠到迦太基这边呢？更切中要害的是，
汉诺质问马戈，罗马人是否已经派出使节来进行和谈。当汉诺
没有获得满意答复的时候，他得出了结论："我们现在面对的战
事，和汉尼拔刚刚进入意大利时一样，并没有多少改观。"[10]

　　然而，汉诺的声音孤掌难鸣，此时他的阵营只是少数派。
大多数人显然更愿意选择相信，只要稍做努力，便可以速战速
决。长老们经过投票，同意派遣一支由4000名努米底亚人组成
的小型部队前去增援汉尼拔，随同他们一起前往的，是更多的
资金和迦太基人屡试不爽的兵种——40头战象。然而，李维
（23.14.1）指出，这些兵员都是拖拖拉拉拼凑而出的。不过马
戈并没有和他们同行。恰恰相反，他被派往西班牙以募集更大
规模的军队，但是当他完成征召准备开赴意大利时，伊比利亚
局势恶化，他需要留在那里战斗。同时，在公元前214年的夏
季，海军统帅波米尔卡终于在布鲁提乌姆（Bruttium）海岸的洛

克里（Locri）登陆，将那些努米底亚人和战象送达。[11]在整场战争中，这是迦太基母邦对身处意大利的汉尼拔提供唯一的增援。相对于意大利，迦太基长老们对西班牙、撒丁岛，特别是西西里更有兴趣。

这对于汉尼拔伟大的冒险远征而言，算不上有力的支持。大多数现代权威学者都认为，这种热情的缺乏，很大程度上是环境使然，而非刻意有所保留。尽管如此，汉诺透露出的消极勉强，看来不只代表了他个人。我们现在已经知道，迦太基已经在第一次布匿战争和随后哈米尔卡引发的佣兵之乱中元气大伤。多数迦太基公民必然已经意识到，从人口统计学的角度来看，迦太基不是罗马的对手，尤其是在陆战上。无论汉尼拔在一开始取得了怎样的战果，迦太基的权力机构——尤其是那些目睹了第一次布匿战争中罗马之坚忍顽强的年长一辈——都会继续把汉尼拔的入侵看作徒劳无功的莽撞之举。这些人似乎说服了其他人将目光放在意大利以外，尤其是迦太基传统利益所在的地区，在那里进行战争。在西班牙，巴卡家族和国内质疑者的动机相同，但是对西西里和撒丁岛他们则有所分歧。不过，最终汉尼拔被遗弃在了意大利，任由其自生自灭，他只能被迫向他的两个弟弟求援。两个弟弟最终为此丧命。

二

让我们将目光转回罗马。罗马是否已经完全清楚迦太基的策略，仍然是一个悬而未决的问题。但是有一点已经十分清楚，罗马企图通过全力一击来结束这场侵略的战略并没有奏效。而罗马再也不会将它庞大的兵员储备浪费在一支臃肿的大军上了。

军队会被征召（也会时常遭受损失），但是在未来，罗马绝不会再孤注一掷。在坎尼会战之后，激烈的战事将越来越少，这些战斗很少是为了消灭敌军的机动部队，而主要是为了防御或者威胁人口很多的中心城市，那些地方成了棋盘上重要的棋子。罗马人在这方面是有优势的，因为汉尼拔不能允许自己的部队长期保持静止，或者在漫长的围城战中耗费时间。奇袭和小规模战斗成为日后最为典型的战斗形式，之所以这样，部分原因是大部分的交战都发生在意大利中部崎岖的亚平宁山脉沿线，这里的地形几乎无法强行让一支毫无战意的部队在预设的战场进行会战。[12]

所有的这一切都让人想起了费边·马克西穆斯的战略，而在坎尼会战的阴影之下，罗马人别无选择。公元前 215 年的执政官选举标志着一个三年执政期的开始，在这个时期，费边、费边之子以及费边的家族掌控着政坛。他们的拖延战略将会被充分执行，而此时，汉尼拔的雷霆行动少有起色，这绝非巧合。[13]

然而这种策略已经被加以改进，更加适应时局的变化，可以被称为费边战略的升级版。先前的费边战略，主要是尾随汉尼拔——避免与之交战，同时通过袭击征粮部队来让汉尼拔陷入饥馑。而改良的策略则更具区位性。罗马人依旧避免交战，并且攻击汉尼拔的征粮部队，但是他们更加关注地理位置和地缘政治。在坎尼会战和加普亚叛乱之后，沃勒图尔努斯河沿线逐渐形成了一条军事分界线，这条线从洛克里亚（Luceria）与阿尔皮之间的阿普利亚北部地区穿过，横贯意大利，如果可能的话，汉尼拔是不被允许在这条线以北的地区游荡的。在这条

175　线之内，费边试图重新执行他的"焦土"政策，他发出威胁，假如某地没有照办，那么罗马将会亲自劫掠那些地区。[14]对于那些忠心耿耿的人而言，这只不过是恐吓而已；但是对于那些摇摆不定的人而言，费边和罗马人的态度是极其严肃的。

　　叛离者将会受到惩罚。尽管罗马人的围城技艺还没有达到日后那般娴熟，但是汉尼拔必须小心翼翼地解救被围困的盟邦，因为在这个过程当中，无可避免地会发生伤亡，而他的兵员无比宝贵。此外，它还会让汉尼拔遭受牵制，继而在战术上变得脆弱。如果有超过两个盟邦遭受了攻击，那么汉尼拔面临的问题将会恶化，因为他需要拆散自己的军队。因此，拥有充足兵员的罗马，在这种形式的战争中本身就具备优势。这些沦为罗马目标的迦太基盟友很快就颇为悔恨地了解到，汉尼拔并不能保护他们，而他们所付出的可怕代价将会让其他人不敢越雷池一步。另外，费边仍然十分小心谨慎，不会过度压榨盟友的兵员和金钱，或避免对预谋叛离的谣言做出过度反应，这样其盟友就没有反叛的理由。[15]

　　然而，罗马人所要维持的军事行动之规模无疑是巨大的。即使是在公元前 215 年，他们便已经组建了 14 个军团。[16]据阿德里安·戈兹沃西估计，在坎尼会战后的 10 年中，超过 20 个军团长期服役（在公元前 211 年和公元前 207 年，这一数字高达 23 个），并且还有相同数量的盟军部队。[17]虽然有些军团并没有满员，而且还有部分是当地驻军，但是绝对数字肯定会让人震惊。对于每个军团和每支同盟翼军，用坎尼会战前的保守计算来看，应该各有 4800 人，也就相当于每年罗马都会拥有近 18 万人的部队。对于一支处于前工业时代的军队而言，这无疑是个巨大的数字，而这个数字甚至还没有考虑到罗马对于海军的兵员需求，后者也是一个不小的数字。

很明显，这种战争的代价是高昂的，尽管对于古代经济的研究依旧晦暗不明，但显而易见的是，在坎尼会战之后，原始的罗马财政体系显示出了严重吃紧的征兆。正如我们在上一章末尾所看到的那样，为了给士兵支付兵饷（尽管没有坎尼军团的份），公元前215年罗马公民需要缴纳的赋税（tributum）翻了一倍。然而，这一统计必然会和罗马货币的长期贬值相抵消。在公元前217年，1枚铜币——可以将之视作为罗马的基础货币——重1罗马磅；而三年之后，同样的货币只有原重的1/6。这种贬值促使了一种基于第纳尔（denarius）银币的新的交换媒介的产生，而在战事结束之前，这种货币也会贬值。[18] 这把经济上的斧头是怎样砍开罗马社会的，难以被解释清楚。毫无疑问，那些军备承包商赚了个盆满钵满，而且，因为罗马军队中的服役资格是有货币财产量化标准的，那么货币的贬值，必然会导致军队的扩充。但是，总有人需要为此支付账单，而随着战事一拖再拖，那些被再次征服的叛离者便成了众矢之的。马塞卢斯对于叙拉古的大肆掠夺，以及费边将他林敦的大部分人口变为奴隶并加以贩卖，都为之提供了原型。费边战略的升级版意味着战争已经真正上升到了社会层面。

升级版的费边战略同样需要更为称职的领导者来执行。业余统帅掌兵的时代已经过去了，真正有能力的指挥官只有一年指挥权的时代也过去了。面对汉尼拔的威胁，流水般的领导轮换必须被废止，尽管这样意味着一次又一次地推选同一个人担任执政官，甚至将那些行事有方的代执政官和代副执政官的无

176

限期执政权不断延长。[19] 在远离故土的西班牙，这种不断延期的执政权被授予了老西庇阿兄弟，而现在这种情况在意大利也出现了。尤其是那些年龄为 50~60 岁的长者，这些人曾经在第一次布匿战争中历练成熟，且在第二次布匿战争期间，尤其是在坎尼会战之后，掌握了权柄。除了费边·马克西穆斯本人之外，还有马塞卢斯和昆图斯·福尔维乌斯·弗拉库斯，他们都至少担任过四届执政官，这是史无前例的。稍少一点的还有提比略·森普罗尼乌斯·格拉古（担任两届执政官和一次骑兵统帅）、马尔库斯·李维·萨利纳托尔（担任过两届执政官）以及盖乌斯·克劳狄乌斯·尼禄。并不是所有的人都遵循了费边的战略——马塞卢斯和尼禄更有侵略性——但是他们都是出色的军人，而且能够协同作战。汉尼拔猎取出头鸟的日子或许没有完全过去，但是大部分情况下，他都要面对一批由冷酷坚毅的罗马人组成的作战团队。

三

坎尼会战的回响从意大利的海岸向四面八方荡漾而去。有鉴于西班牙是巴卡家族的权力核心，且迦太基则是其家族的同谋者，现在随着罗马显出颓势，参与角逐的名单开始进一步扩大，这场汉尼拔的战争已经成了跨地中海的战事。在希腊化世界纷繁的地缘政治中，伴随一方战败而来的就是八方的落井下石，这象征着整个体系弥漫着犬儒主义，而此时他们对于罗马事务的干涉，还证明了他们的短视。

很少有像年轻的马其顿国王腓力五世那样热情洋溢的搅局者，他热衷于一切和希腊相关的事务，绝不会放过任何一个他认为可以增强自身实力的机会。据波利比乌斯（5.101.6-8）记载，自从腓力听闻罗马在特拉西梅诺湖惨败的消息以来，他一直都在觊觎亚得里亚海岸的罗马保护地。这块保护地建立于公元前229年，致力于打击伊利里亚的海盗，对马其顿国王而言，它一直如芒刺在背，他对自己的卧榻之侧有他人酣睡之事深怀怨恨，但不敢有所行动。不过坎尼会战的消息让腓力大开眼界，他对罗马的恐惧消失得无影无踪，与那位明显降服了罗马的人缔结联盟的可能性也开始无限放大。

　　腓力的外交手腕可以说是巧妙的，但很难说是谨慎的。据李维所述，他向汉尼拔派出的使节曾两次被罗马人俘虏。[20]第一次罗马人释放了他们，因为他们借口说他们实际上是去与罗马元老院协商盟约。第二次，他们被人赃并获，因为这一次有迦太基军官随行，并且随身携有一份协定的文本，这份文本之后被送至罗马档案馆留存，波利比乌斯在那里发现了它并将其保存了下来。[21]

　　作为一份杂糅着希腊人的伪善和《旧约》言辞的文件——条约充满了外交辞令，而签署条约的署名者不仅有汉尼拔，而且有迦太基长老马戈、米尔坎（Myrkan）和巴尔莫卡（Barmocar）。这些名字的存在有时被认为是迦太基母邦而非巴卡家族在掌控全局的体现，这种掌控甚至存在于意大利战场。[22]但是倘若果真如此，那么为什么腓力不向迦太基派出使节，而是同汉尼拔缔结盟约呢？如果不是其他原因，那么定然是希腊化的君主们对于谁掌握着主动权有着敏锐的洞察。而协定的内容则是典型的"大博弈"心态的产物，除了笼统地承诺守望相助外，只有涉及希腊的部分才尤为详细，协议规定战争结束之后，所获之希腊财产将转移给马其顿。更为重要的是，这份协议做出了预期，认为尽管罗马会战败，但依旧会继续存在。李维（23.33.10-12）对协议的内容做了可信的描述，他认为协议展望了马其顿将会入侵意大利，而或许汉尼拔只是把整件事情看作一种潜在的有效分散罗马注意力的办法，让罗马人为了应付其他事务而消耗自身的力量。至少根据波利比乌斯记载之版本，**178** 这份协议是值得探讨的，因为它是我们所拥有的史料中，尽可能以第一人称的视角来审视罗马敌人们动机的文件。其中展现的除了严肃的态度之外，更多的则是审慎的算计。而对于罗马人而言，他们已经全心投身于战争当中，对于这种便宜行事结成的联盟，罗马人既不会选择忘记，也不会选择原谅。

事实证明，罗马人轻而易举地处理掉了第一次马其顿战争带来的额外负担，主要通过奔袭和速战速决的围歼战来实施。罗马人设计令多数希腊人相互攻伐，这场战争中，在自身庞大舰队的支持下，罗马很少动用超过一个军团的兵力。[23] 而腓力本人严重低估了罗马人在分化希腊人时所用到的分而治之的政治手腕。

这场战争成功的关键在于一个人——马尔库斯·瓦列里乌斯·利维努斯，自他于公元前 215 年开始担任代执政官以来，便已经锁定了胜局——不与腓力发生正面冲突，让其一直处于守势，让腓力分心继而无暇考虑同尚在意大利的汉尼拔相互勾结。公元前 211 年，利维努斯和马其顿新近的对手埃托利亚同盟（Aetolian League）达成了一项协议，并使那些希腊人相信罗马正在赢得这场对阵迦太基的战争。从那时起，双方携手对腓力及其盟友进行了一连串的打击，迫使腓力和他的军队在消除威胁中疲于奔命。[24]

但是，在利维努斯离开伊利里亚返回罗马，准备受命成为当之无愧的执政官时，腓力和他的盟友卷土重来了。公元前207年，腓力大举入侵埃托利亚同盟的土地，而腓力的盟友阿凯亚联盟（Achaean League）则在曼提尼亚击败了斯巴达人——这里或许是古希腊最为著名的战场，而在这里又一次上演了一场决战。[25]埃托利亚同盟已经摇摇欲坠，他们也感到了厌倦，就像任何一位明智的希腊化博弈者那样，他们通过与腓力单独媾和来减少自身的损失。罗马人对于他们的这位前盟友不是很满意。罗马人也不会轻言放弃。他们又投入了额外的1万名步兵、1000名骑兵和35艘五列桨战舰，以此重返伊利里亚。[26]

面对此般僵局，伊庇鲁斯同盟（皮洛士的故乡）派出代表与双方进行交涉，设法通过谈判来结束这种敌对行动，公元前205年，双方达成了"腓尼基的和平"（the Peace of Phoinike）。腓力保留了大部分他攫取的东西，不同于其他同罗马人签订的条约，这份条约是在平等的基础上签订的。腓力似乎认为他已经赢得了战争。

但是，罗马人在与腓力交战时，一直都保持着对汉尼拔的监视，以确保汉尼拔在罗马人认为的他与腓力五世缔结的邪恶同盟中无法获得丝毫益处。对于腓力而言，和汉尼拔结盟不过是希腊化世界司空见惯的事情罢了，但对于罗马人而言，这无疑是背后捅刀，一旦他们摆脱了来自巴卡家族的苦痛，他们随即就会展开报复。对于希腊大陆上的人——马其顿人和其他的希腊人——而言，受坎尼会战影响而签下的协定将会招致灭顶之灾，它标志着希腊人丧失独立的开始。一旦罗马人涉入希腊

179

事务，他们就绝不会让希腊人自行其是了。

四

尽管身处罗马的控制之下，但是西西里岛上的希腊人在坎尼会战的余波中并没有表现出睿智的判断，反而通过恶性的派系斗争，让自己卷入了一场纷争，而很明显，这场纷争不是罗马对阵汉尼拔，而是罗马对阵迦太基。就迦太基人而言，这是一场与汉尼拔战争互补的平行战事，同时也着眼于他们传统利益所在的地区，然而他们还是重复着曾经的战法，即迦太基在进行海外帝国主义冒险时所习惯的低效军事行动。

很显然，在西西里发生的事情，可以同公元前 215 年迦太基试图夺回撒丁岛结果无功而返类比，公元前 240 年，罗马趁哈米尔卡·巴卡所雇的佣兵发动叛乱，一举夺取了撒丁岛，迦太基对此深怀怨恨。当迦太基觉得在那里掀起叛乱已经时机成熟时，派"秃头的哈斯德鲁巴"（Hasdrubal the Bald）率领一支舰队前往撒丁岛，但是恶劣的天气致使他拖延了很久才到达战场，而那时罗马人已经让坚毅的提图斯·曼利厄斯·托夸图斯率领了一个军团前去增援，前文提及这位罗马统帅时，他正在元老院痛斥那些坎尼会战的战俘。[27] 当哈斯德鲁巴最终登陆之时，托夸图斯果断出击，一举歼灭了哈斯德鲁巴的登陆部队，将其俘获，镇压了刚刚冒头的叛乱。即使是那些侥幸撤退的迦太基舰队，也被蛰伏于北非海岸的费边·马克西穆斯之侄重创。这是迦太基最后一次对撒丁岛发起军事行动。[28] 而迦太基在西西里的努力更为持久，然而最终也未立寸功。

西西里的战事始于叙拉古，事实上也终于叙拉古。叙拉古掌控了一条带状领土，基本上覆盖了西西里岛东岸沿线，而西西里剩余的土地则在罗马于第一次布匿战争获胜后，被划归罗马治下。长期统治叙拉古的是希伦，他是一位值得罗马信赖的盟友，但是他已然年迈——年逾 70 而且健康状况可能在不断恶化。希伦的长子格隆（Gelon）的态度在坎尼会战之后发生转变，甚至一度想要废止与罗马的同盟，然而因为某种不可知的原因他打消了这个念头。希伦并没有活多久，他的继任者——格隆那年仅 15 岁目光短浅的儿子希洛尼穆斯（Hieronymus）和其父的意愿相同，且在其随从的影响下，向汉尼拔派出了一支使团以草拟一份协议。足智多谋的汉尼拔在回复的同时，派出了一对出身于叙拉古，随后随他转战西班牙和意大利的兄弟——希波克拉底和埃披库代斯，此二人精于谋划。这对兄弟就如同毒药一般，一到西西里就开始制造分歧。

　　嗅到叛离味道的罗马，派遣阿庇乌斯·克劳狄乌斯——上次提及他时，他作为身处卡流苏门的幸存军团长官，支持了年轻的普布利乌斯·西庇阿扑灭了失败主义者的阴谋——同叙拉古重新签订盟约，而当希洛尼穆斯讥讽地质问克劳狄乌斯时，他证实了叛离的传言。希洛尼穆斯如是问道："你们在坎尼会战中是如何表现的？"[29]同迦太基缔结的新条约已经得到迦太基方面的确认，很显然，这笔交易已经完成。不过这份条约对于希洛尼穆斯和整个王室而言已经无关紧要，因为他们很快就会在一场突然降临的血腥政治动乱中丧命，这就让外部干涉者希波克拉底和埃披库代斯能够以一支佣兵组成的乌合之众以及 2000 名罗马逃兵，来争夺这里的控制权。

　　在意识到局势正在迅速恶化之时，公元前 214 年，元老院派遣再度当选执政官的马塞卢斯前往西西里，并在那里和阿庇乌斯·克劳狄乌斯会师。当希波克拉底和埃披库代斯将部队转移至附近的城市勒翁提尼（Leontini）时，马塞卢斯尾随而至，闪电出击，一举拿下该城。不幸的是，当执政官依照传统，忙于对逃兵施以惩戒——剥光衣物，鞭笞然后斩首——时，两位叙拉古兄弟得以侥幸逃脱。在他们返回叙拉古的途中，他们遇到了一支亲罗马人的增援部队，他们告知这些人，罗马正在大肆屠戮勒翁提尼的市民，并且借此将他们说服。[30]这支军队在随两兄弟回到叙拉古之后，经过短暂的交战，他们除掉了敌人，进而确保了控制权，让整个叙拉古彻底投身于罗马的敌对阵营当中。

181 "汉尼拔实乃知人善任"，一位当代史家[31]如是描述这对叙拉古兄弟以及他们在叙拉古萧墙内巧妙操控的政治动乱。但是，据推测，马塞卢斯在勒翁提尼期间的所作所为——正是这些行动让希波克拉底和埃披库代斯有了可乘之机——本来只不过是想要对罗马逃兵施以惩戒，就像他想要亲手抓住希波克拉底和埃披库代斯一样，结果搅动了全盘政局。虽然马塞卢斯并没打算这么做，但他让叙拉古从他的指间滑走，这成了惩戒那些叛徒而付出的惨痛代价——尽管那 2000 人之众并非一个小数目。

诸如李维那样的爱国史家并不会在那些罗马逃兵身上浪费多少笔墨。不过，问题是：这些逃兵是否曾经是坎尼军团的一员，因为他们被放逐西西里，无缘参战，心生愤恨，继而对他们的待遇深感怨恨？这似乎是可能的，这也可以解释为何元老院一直对那些坎尼幽灵心怀憎恶。[32]但这似乎也是不可能的，这些逃兵更可能是那些已经入乡随俗的罗马驻军。因为当马塞卢斯抵达西西里之时，他对这支他曾在意大利指挥过的部队颇有好感。后来，当坎尼军团向马塞卢斯请愿，希望能够参战，包括对叙拉古的作战时，马塞卢斯随即向元老院写信，请求元老院批准他使用坎尼军团。而据李维记载，元老院的回复颇为耐人寻味：

> 元老院没有理由将共和国的利益托付给那些在战斗中抛弃袍泽的士兵。如果代执政官马尔库斯·马塞卢斯不这么认为的话，那么他应当以他认为符合国家利益和自身良知的方式行事，不过仍然需要谨守下述之限制条款：只要敌人还在意大利的土地上，那么这些人不管是因英勇作战而被褒奖，还是得以被送回意大利，他们的兵役都不能被免除。[33]

种种迹象表明，马塞卢斯十分需要坎尼军团的协助，因为叙拉古的围城战将会是一场巨大的工程。马塞卢斯和阿庇乌斯一直等到公元前 213 年春才开始发动进攻。与此同时，他们搜集资源，改进了他们的设备，而这套设备将被运用于三次布匿战争中少见的攻坚战当中。[34]然而它最终遭遇了惨痛的失败。

与其他大多数古代城市相比，叙拉古的面积十分庞大，罗马的将领们很清楚它环城而筑的城墙有多么坚固，这座城墙连接起了内陆、海岸以及港区一带，是一代又一代偏执的僭主们执着于公共工程的产物。而罗马将领们没有考虑到是，有一位相当于今日之火箭专家的古代学者组织起了城市的防御——他就是阿基米德，有史以来最伟大的数学家之一，而对罗马人而言，不幸的是，他还是一位富有罕见创造力的武器设计者。因

182

此，当发动攻击时——阿庇乌斯从陆上发起进攻，而马塞卢斯则对港区（也称阿齐拉迪纳）发起进攻——攻城者发现一位物理学家，或者至少是他的机械装置，已经在那里恭候多时了。

马塞卢斯已经将他所属的一些五列桨战舰改装成了攻城设备，他将船只固定在一起，在船头装上可以用滑轮升起的攻城云梯，将之架设到城墙上——这是第一次布匿战争时期"乌鸦吊桥"的一种翻版，罗马人称之为"萨姆布卡"（sambucae，意为竖琴），因为其外形同竖琴类似。在这种情况下，竖琴只能奏出刺耳的声音，而作为围城战的专家和阿基米德的粉丝，波利比乌斯在所留残篇中记载了这些事物。[35]

当 6 艘装满进攻部队的五列桨战舰簇拥着马塞卢斯的"萨姆布卡"时，罗马人发现他们受到了弩炮如冰雹般的齐射，这些弩炮经过精心校正，能够覆盖所有范围。当罗马人被迫夜间出击时，情况变得更加糟糕，当他们接近时，他们遭到"小毒蝎"[36]（很可能是十字弩）的不间断扫射，这些弩箭从防御工事上打出的孔洞中射出。当攻城者最终将"萨姆布卡"架设到位，准备展开部署时，巨大的抓臂突然从城墙内旋转而出，投下石头和铅块将云梯砸碎。这些抓臂也伸出了爪状装置，抓住罗马舰船的船首，操纵抓臂的棘齿向上转动，直到近乎垂直。然后它将被抓船只突然释放，将其倾覆。总而言之，这是一次大溃败，马塞卢斯惨遭阿基米德戏弄，以至于他的部队一看到木板和绳索从城墙内伸出时，便会陷入惊恐之中。[37]阿庇乌斯的陆上部队也遭到了相同的对待。然而，罗马人并不打算放弃，但是从现在开始，他们将会依靠围城封锁和最终的诡计来作战。

现在轮到迦太基人登场了。值得一提的是，希米尔科

183

（Himilco）率领着一支庞大的北非军团（2.5 万名步兵、3000 名骑兵以及 12 头战象）在西西里岛南岸登陆，迅速拿下了阿格里真托，这里是第一次布匿战争中迦太基的重要基地，在罗马人长期围困后陷入其手。马塞卢斯来得太迟，并没有阻止阿格里真托的陷落，但拦截到了希波克拉底率领的一支约 1 万人的叙拉古军队，这支部队冲破了罗马的围城封锁，正在前行准备与迦太基军队会师。尽管大部分的步兵惨遭屠戮和俘房，但是希波克拉底和约 500 名骑兵设法抵达了希米尔科所在地，他们随后又推进到叙拉古以南的一条河流。当一支由波米尔卡率领的55 艘迦太基五列桨战舰驶入叙拉古港口时，马塞卢斯深感忧虑，率军退回了罗马阵线内，让人感觉罗马人的封锁即将被打破。[38]

但是如同以往那般，迦太基人表现出了犹豫不决。希米尔科和希波克拉底并没有推进叙拉古的战事，而是转身离去——先是未能拦截到一支从西北海岸登陆准备前往增援的罗马军团，接着又将军力集中在煽动内陆的叛乱上。而波米尔卡因为担心自己的作战能力不足，撤回了北非。[39]

在公元前 212 年春仍然不确定自己是否要去追击希米尔科的马塞卢斯，终于下定决心收紧叙拉古周围的绞绳。因为马塞卢斯的部队已经增加了一个军团，此时他很可能已经开始起用坎尼军团，他准备攻入叙拉古城，这就意味着他急需部队。攻城的计划基于两份重要的情报：其一，罗马人获知，有一段城墙比之前预估的要低；其二，此时叙拉古正在欢庆为期三天的为女神阿尔忒弥斯而设立的节日，为了应对城中粮食短缺，埃披库代斯给叙拉古人发放了大量的酒水。空腹饮酒的后果众所周知，而当节庆的最后一晚，马塞卢斯和他的大部分军队已经破城而入，拿下几乎整座城市——除了阿齐拉迪纳和周围的要塞——时，那些晕头转向的人们才意识到发生了什么事。[40]

希米尔科和希波克拉底立即率军驰援，想要力挽狂澜，然而命运用一场严重瘟疫的形式进行干预，瘟疫席卷了整个迦太基营区，两名指挥官和多数士兵都为此丧命。但是瘟疫没有光顾马塞卢斯和阿庇乌斯的军队，很可能是罗马人整洁的营地和良好的卫生措施拯救了他们。[41]

然而每当涉及西西里时，迦太基人总会无比坚持。曾经冲破重围，为叙拉古的迦太基控制区带来些许补给的波米尔卡返回了北非，成功说服领导阶层让他率领重兵回援——这支部队有 130 艘战舰和 700 艘满载补给的补给船。手握舰队之后，波米尔卡迅速渡海前往西西里，但是受到不利风向的影响，他滞留在了帕奇纳斯（Pachynus）海角以南。因为担心波米尔卡折返回国，埃披库代斯突围而出，说服波米尔卡冒险一战。而马塞卢斯——虽然海军人数逊于迦太基人，而且没有任何海战经验，但是他一直十分好战——拼死一搏，愿意同迦太基人交战。

两边舰队各自下锚，在海岬两边对峙了数日。最终波米尔卡率军而出，准备通过海岬——一位现代史学家称此时"或许是战事的高潮"。[42]但是据李维记载（25.27.12），当迦太基统帅看到"罗马军团大军逼近，因为措手不及而受到惊吓，他将舰队驶向开阔水域，随后向赫拉克利亚（Heraclea）派出信使，命令运输船立即返回非洲，而他则直奔他林敦"。

埃披库代斯迅速潜逃至阿格里真托，而叙拉古则再无解围之希望。这座城市继续顽抗了一段时间，很大程度上是因为那些罗马逃兵的坚持，他们很清楚自己一旦被捕将会遭受何等惩罚，不过随着核心要塞的叛变和阿齐拉迪纳的投降，这场世界历史上最为著名的围城战之一终于宣告终结。马塞卢斯想要表现得宽宏大量，但是作为一个罗马人，他还是纵容士兵劫掠了这座城市。他还下令饶恕阿基米德，但是一位军团士兵仍旧将这位老者给杀死了。当时阿基米德正在进行演算，因拒绝离开而被杀。[43]那些莽撞的罗马人就像他们注重学术自由一样贪恋财产，他们将这里搜刮殆尽——搜刮得如此彻底，以至于当马塞卢斯将这些战利品运回国内，在小凯旋式上展示时，激起了整个罗马对于希腊艺术的狂热。[44]

坎尼军团的窘境依旧没有结束。之后，当马塞卢斯返回意大利，第三次就任执政官时，他想要让国家赦免这些坎尼的幸存者，以回报他们对国家做出的贡献，但是元老院拒绝了，为此他厉声谴责了元老院的行径。但是元老院依旧不为所动，并且已经将第一次赫尔多尼亚战役中战败的残兵划归放逐中的坎尼军团，这两支部队都遭受了无妄之污蔑，而且他们都不能在任何城镇的 10 里之内建立过冬营地。[45]

然而在很大程度上，正是这支部队——这支在军事上被遗弃的部队——被寄望于扑灭西西里残余的迦太基势力，在叙拉古陷落后不久，那些势力死灰复燃。反抗的势力主要集中在阿格里真托，由希米尔科的继任者汉诺、恢复元气的埃披库代斯，还有一名汉尼拔从意大利刚刚调拨来的慕提尼斯（Muttines）三人负责指挥。其中这位慕提尼斯是一位战术高超、精力充沛的利比亚骑兵将领。慕提尼斯率领着他的努米底亚骑兵卓有成效地给马塞卢斯的军队造成了重创，迫使尚未返回罗马的马塞卢斯不得不在内陆应对威胁。在希梅拉河畔，慕提尼斯成功地对

185

马塞卢斯的前哨部队发动了小股攻击，然而因为后方叛乱不得不率军离去。在慕提尼斯缺席的情况下，埃披库代斯和汉诺——后者嫉妒同僚的成功，同时又对没有纯正迦太基血统的慕提尼斯深感鄙夷——决定发起会战，然而被击溃，损失了上千名士兵和 8 头战象。马塞卢斯本可以乘胜追击，彻底结束战事，然而，他是一名不折不扣的罗马人，高官厚禄的诱惑令他离开了西西里，参加公元前 211 年的执政官选举。[46]

坎尼军团被留在了西西里，以镇守那些叛乱之地——在他们眼中，这就是在背黑锅。但在没有将领指挥的情况下，局势迅速恶化。在北非，那些仍执着于让迦太基控制西西里的领导者们，决定再赌一把，派出了 8000 名步兵和 3000 名努米底亚骑兵。[47]慕提尼斯大胆用兵，肆无忌惮地蹂躏西西里的乡野，这绝非微末小事，因为西西里的乡村提供了大量的谷物。由于汉尼拔的军队在意大利游荡，罗马对粮草的需求是多多益善。罗马军队的士气陷入低潮，在得不到适当防卫的情况下，西西里的城镇纷纷倒向迦太基。时局处于地狱边缘，其恶劣程度如此之高，以致元老院准备委派马塞卢斯重返西西里。但是，那些在罗马的西西里人，因为马塞卢斯先前求索无度的劫掠而深感羞耻，坚决反对这项提议，于是马塞卢斯被说服与马尔库斯·瓦列里乌斯·利维努斯交换了指挥权，而正是这位利维努斯，在前文中以稳健的手腕遏制了腓力五世。[48]

利维努斯在西西里表现出了相同的高效，或许进展更为顺利，因为幸运与他同在。在平复了叙拉古的骚动之后，他直奔阿格里真托，在那里他发现敌人已经陷入内乱，慕提尼斯公然发动了叛乱。依旧对慕提尼斯心存嫉妒和鄙视的汉诺，想要替换慕提尼斯，让自己的儿子执掌努米底亚骑兵。在愤怒之中，这位利比亚人决定同罗马人进行交易。当利维努斯行进到阿格里真托的城墙外时，他发现城门大开，于是军团士兵蜂拥而入。汉诺和长期在任的埃披库代斯从另一个城门逃走，设法逃回了北非，但是他们的部队惨遭杀戮，城市里的长老全部被枭首，而城中居民则被贩卖为奴。西西里的其他地方很快获悉了这件事。

这场战争结束了，罗马牢牢地控制住了西西里。迦太基一直费尽心机想要在西西里取得一处立足之地，同它对身处意大利的汉尼拔所给予的微末支持相比，显得尤为明显，但是现在，迦太基在西西里的时光已经被彻底终结了。西西里岛上的希腊人所虚设的独立自主也画上了句号。正如希腊人在其他地方所做的那样，他们挥霍掉了自己所拥有的独立。西西里彻底沦为了罗马的粮仓，在利维努斯获胜离岛之前，他小心翼翼地重建了那里的农业。而慕提尼斯则一举飞黄腾达。他获得了罗马的公民权，并且使用了其庇护人的名字——利维努斯，20年后他将率领部队与安条克三世作战。在德尔斐还发现了有关他和他4个儿子——普布利乌斯、盖乌斯、马尔库斯和昆图斯，全都是罗马名字——的铭文。[49]而另一方面，坎尼军团却一无所获。他们还要在这座岛上待上6年，如同幽灵一般不为世人所知，象征性地蜷坐于他们的盾牌之上，等待转机。

五

西班牙十分重要，而且一直如此。它不仅是汉尼拔的跳板，而且在其父将之转化为巴卡家族的土地之后，这里就成了其家族供给的大本营。虽然很久之前，因为西班牙贮藏的贵金属的吸引力，就有迦太基人和腓尼基人在这里出现。这些因素让北非当局相比增援在意大利的汉尼拔，反而更愿意增援西班牙。金钱及习惯——这两点似乎最受迦太基长老们的重视，因此巴卡家族和迦太基当局将会在西班牙事务的决策中达成一致。

187 　　罗马人可能会忽视这种双方共同统治的微妙之处；不过他们从一开始就明白，他们遭遇的汉尼拔之祸的源头在西班牙。他们还认识到了令西班牙无法支援汉尼拔的重要性。[50]因此，随着第二次布匿战争爆发，罗马人便派遣老普布利乌斯·西庇阿和他的兄弟格涅乌斯·西庇阿率领两个军团前往西班牙。当这两兄弟在罗纳河偶然发现但与汉尼拔擦身而过时，普布利乌斯让格涅乌斯和绝大部分军队继续向伊比利亚进军，而他则返回意大利等待入侵者的降临。在公元前 217 年年末，老西庇阿从提契诺河战役的伤痛中恢复过来之后，便被派往西边，率领 8000 名新兵和其兄会合。然而，这只是一场漫长而令人沮丧不已的战事的开端。不过，罗马永远不会放弃西班牙，即使用西庇阿家族的两代人来消灭迦太基在这个地区的影响力，也在所不惜。

　　然而对于作战而言，伊比利亚半岛是一片十分棘手的区域，法王亨利四世曾经如是评价道，在这里大兵团得忍饥挨饿，而小部队则会被歼灭。[51]这里居住着三个不同的族群——西边的卢西塔尼亚人、南边的伊比利亚人、北部内陆地区的凯尔特-伊比利亚人，所有族群都是以部落形式存在的。但是这些族群内部的忠诚度远逊高卢人，在这里，最基础的忠诚是对所在地的忠诚，一般都是较小的防御型村镇，权力结构被有效碎化。劫掠时有发生，联盟常常围绕在一个占据主导位置的部落首领的周围，然而这种忠诚随着先前战事的成败而变换。这点十分重要，因为在这次作战行动中，迦太基人和罗马人都十分依赖当地居民构成的佣兵，所以当双方的军力结构突然灾难性地崩溃时，两者都将深受其害。[52]

尽管如此，即使在兄弟增援未至的情况下，格涅乌斯·西庇阿的作战也是卓有成效的。在一座叫作恩波里昂（Emporion）的希腊城市建立了后方基地之后，他沿着如今名为加泰罗尼亚的海岸航行，在几处地点登陆，并且轻松赢得了当地人的支持，直至他碰到了汉尼拔翻越比利牛斯山前交给汉诺指挥的部队。他们在一处名为西撒（Cissa）的地方进行了战斗，在那里，格涅乌斯击溃了迦太基军队，俘获了汉诺，猎取了汉尼拔托付给汉诺的辎重，并且抓获了因迪毕里斯，他是一位强大的当地部落首领，但是他的忠诚总是摇摆不定，这可以展现出战事即将爆发的地区的险恶政治局势。不过目前显而易见，罗马可以挥师直下埃布罗河。

留守西班牙照看家族产业的巴卡家族的弟弟哈斯德鲁巴，获悉汉诺遭遇不幸时，立即率领小股士兵北上。他沿途猎取并摧毁了数支孤立无援的脱离格涅乌斯舰队的部队，然后撤回迦太基，并没有冒险与罗马主力部队交战。[53]恪守大多数迦太基指挥官所遵循的标准，这位巴卡兄弟中的老二尽管有着出色的能力，但注定只能是其长兄身下暗淡的阴影，虽然他尝试成就相同的伟业，但是几乎都失败了。不过毫无疑问，他有着持之以恒的精神，从来没有停止为其兄长争得更多利益，直至10年之后他为此付出了自己的头颅。

与此同时，在公元前 217 年春，哈斯德鲁巴再次率领更多的军队向北开进——哈米尔卡率领着一支 40 艘战舰的舰队，而陆军则由哈斯德鲁巴自己指挥。他们沿着海岸一路推进，直至抵达埃布罗河。但是，这无济于事。当格涅乌斯获知他们已经在附近时，立即率领舰队，在盟友马赛尼亚的增援下，直扑敌军，经过短暂的交战，取得了海战的胜利。在损失了 2 艘战舰，并且另有 4 艘战舰痛失船员和划桨手之后，迦太基人向岸边逃窜，并且寻求陆军的保护。然而斗志昂扬的罗马人穷追不舍，拖走了 19 艘搁浅在岸边的战舰，在此期间，迦太基军队不敢有任何举动。[54]经过此次海战惨败之后，迦太基人便不再于西班牙沿岸水域和罗马人交战了。据李维记载，哈斯德鲁巴甚至一路撤退到卢西塔尼亚（现在的葡萄牙），濒临大西洋，并被格涅乌斯煽动的部落多次击溃，[55]但更有可能的是，这位罗马人在摘得胜利桂冠之后，开始等待他兄弟的到来。

在罗马人惨败于特拉西梅诺的阴影中，普布利乌斯·西庇阿抵达了西班牙，两兄弟均被授予了代执政官的执行权，受命发动攻势，不惜一切代价让迦太基在西班牙陷入混乱，从而无法聚集人力和资源来增援汉尼拔。[56]在近 6 年的时间中，至少根据史料来看，两人一直在做这件事情，他们在智谋和沙场上都击败了对手，取得了一次又一次的胜利。然而不幸的是，他们的成功正是建立在捉摸不定的西班牙部落政治之上，最终被迦太基不断增长的在西班牙培植自身势力的坚定决心所击败。

为了达成他们的目的，老西庇阿兄弟制定了一条战略，这条战略同继任者西庇阿·阿非利加努斯的成功实践有着共同通之处，即不一定让西班牙成为罗马人的地盘，但一定不能让它

189

成为迦太基的地盘，从而让它与意大利断绝联系。为了做到这一点，他们不得不控制埃布罗河，把住通往比利牛斯山的道路，然后扩大对沿海道路的控制，这条道路一直往西南延伸，直至富庶的巴埃提斯河谷（Baetis，现在的瓜达尔基维尔），这里处于迦太基的控制之下。[57]在他们前往萨贡托——这里正是汉尼拔远征的起始之地——的途中，老西庇阿兄弟收获了意外之喜，当时一位名叫阿比利克斯（Abilyx）的西班牙部落首领说服迦太基归还了他们提供的人质，然后随即又背信弃义地将人质送到了罗马人那里，而罗马人则将这些人放回了家，从而赢得了当地人的忠诚。或许这就是这件事的前因后果，波利比乌斯（3.98-9）用了相当多的篇幅想要展现出老西庇阿兄弟的谦逊与大肚，但事实说明，在这复杂多变的环境中，盟友的立场是会快速转向的。

此时，哈斯德鲁巴·巴卡一直在努力整顿内部。在遏制了部族的叛乱之后，公元前216年，他收到了迦太基下达的命令，让他增援身处意大利的汉尼拔，与命令一同抵达的是一小支增援部队。正如任何一位巴卡家族成员所做的那样，他答复道，假如迦太基的长老们想要认真对待这场入侵，同时想要在他不在的情况下牢牢控制住西班牙，那么他们需要向他提供一支更大规模的部队，这支部队将会由希米尔科指挥。或许在公元前215年年初，在防务得到稳固的情况下，哈斯德鲁巴便率领援军沿着海岸线前往埃布罗河。[58]

这正是老西庇阿兄弟所要杜绝的事情，为了避免步坎尼会战的后尘，他们两人必须全力阻止哈斯德鲁巴进军。他们将部队集中在埃布罗河正南方的城镇伊贝拉（Ibera）附近。接下来的战斗和坎尼会战类似，但对哈斯德鲁巴来说，这是一场失败的坎尼会战。看起来哈斯德鲁巴和他的兄长采用了相同的部署，两翼由北非和迦太基本土强大的部队构成，而中军则由对战事缺乏热情的西班牙人构成。然而西班牙人组成的中军没能抵抗住罗马人的进攻。罗马人完成了中路突破，尽管两翼受到夹击，但是他们的部队能够迅速向外翻开，从而重创构成陷阱的双颚。[59] 接下来则是一场彻底的歼灭战，最终老西庇阿兄弟攻占了迦太基的营区，并且缴获了远征部队的辎重。虽然哈斯德鲁巴率领少数扈从得以逃脱，但是伊贝拉会战让他退回了原点，而增援其兄长的愿景变得遥遥无期。

190 正如李维记载，在接下来的 4 年当中，一直到公元前 211 年，老西庇阿兄弟不断取得胜利，不过李维的记载似乎有夸大乃至讹误之嫌，因为这样的话两兄弟就会向南推进太多，尤其是知道公元前 212 年他们才设法最终收复了萨贡托（而萨贡托离伊贝拉只有不到 100 英里的距离）。[60] 更有可能的是，他们军团的补给随着时间推移和战事进行而不断减少，老西庇阿兄弟花费了几年时间来维持现状，完成了他们俩最初受命阻止巴卡兄弟在意大利会师的任务，这样罗马便可以集中大部分的精力和部队用于坎帕尼亚和西西里岛的战事。在公元前 211 年，随着各项战事逐渐平息，老西庇阿兄弟觉得有足够信心可以对巴埃提斯河谷周围及南岸的迦太基势力的核心地带进行打击。不幸的是，他们没有将希望寄托在罗马国内增援的部队上，而将之寄托在新近雇用的 2 万名凯尔特-伊比利亚人身上。[61]

与此同时，他们的对手通过迦太基的资金支持、整装待发的西班牙佣兵、大幅扩充的北非军队（尤其是那些努米底亚骑兵）得以重整，实力大为增强。哈斯德鲁巴不仅设法重新组建了自己的部队，而且在伊贝拉会战之后，他和他的弟弟马戈完成会师，而马戈则率领了 1.3 万名士兵，这些士兵起初是为了增援意大利战场而征召的[62]，而另外一支加入哈斯德鲁巴阵营的，则是吉斯戈的儿子哈斯德鲁巴率领的军队。现在有三支部队与老西庇阿兄弟对峙，而一开始只有一支。

随着战事拉开序幕，马戈和哈斯德鲁巴·吉斯戈的部队在距离罗马人 5 天行军路程的地方活动，而哈斯德鲁巴·巴卡的军队则在距离更近的安托吉斯（Amtorgis）活动。老西庇阿兄弟打算同时对两地发起攻击，以免马戈和哈斯德鲁巴·吉斯戈在获悉安托吉斯的迦太基军队首战失利后逃入荒野中，进行漫长的游击战。这就意味着老西庇阿兄弟必须分兵而行。普布利乌斯率领着三分之二的罗马军队与意大利盟军，而格涅乌斯则率领剩下的正规军和凯尔特-伊比利亚人直奔哈斯德鲁巴·巴卡而去。这无疑是个致命的错误。

哈斯德鲁巴·巴卡正是在这种环境下长大的，他很清楚，假如那些凯尔特-伊比利亚人可以被收买一次的话，那么他们也可以再被收买一次，所以他即刻同部族领导者展开了秘密谈判。在格涅乌斯发觉此事之前，佣金已经交付，而凯尔特-伊比利亚人果断离去，留下了孤立无援的格涅乌斯，而这时罗马军队人数已经远逊于迦太基部队了，格涅乌斯别无他法，只得往山丘进军，而迦太基人则穷追不舍。[63]

此时，格涅乌斯的兄弟普布利乌斯已经战死。当他的部队接近马戈和哈斯德鲁巴·吉斯戈时，他遭到了努米底亚骑兵不屈不挠的骚扰，一位名叫马西尼萨的非洲君主出色地率领了这

191

支骑兵。这位非洲君主注定要在未来迦太基的崩溃中发挥重要作用，但是当前，他还身处迦太基麾下，雷厉风行地进行着攻击。然而更严重的是，普布利乌斯发现，即将有一支由因迪毕里斯率领的 7.5 万名部落军与迦太基军队会师，而这位因迪毕里斯正是当初西撒战役后被格涅乌斯俘获并委身为奴的那位首领。普布利乌斯想要先下手为强，于是趁夜色悄悄出营，只留下少数人留守，率主力直扑因迪毕里斯，寻到了他，追而讨之。因为事前认定普布利乌斯会偷袭，马西尼萨和麾下的努米底亚骑兵随即突然出现在了他的两翼，接着马戈和哈斯德鲁巴·吉斯戈的部队也尾随而至。普布利乌斯很快便陷入了酣战之中，此时一根致命的投枪将其洞穿，而当听到自己统帅阵亡的消息之后，他的部队立即作鸟兽散，被马西尼萨的骑兵击溃并屠杀。[64]

格涅乌斯也没有取得多少进展。现在，刚刚获胜的迦太基指挥官迅速推进，与哈斯德鲁巴·巴卡会师，与他们同行的还有马西尼萨和他致命的努米底亚骑兵部队。格涅乌斯试图逃跑，他和他的部队悄悄拔营，进行夜间行军，但是在日落之前努米底亚人便开始对他们展开了攻击。罗马军队不得不且战且退，故而步伐缓慢，迦太基主力越来越近，格涅乌斯只得率部登上一座荒芜的岩石小丘的顶部勉强防守。罗马人被在数量上占压倒性优势的敌军围困，因为没有木材可用，也无法挖掘沟渠，所以他们只能用辎重和驮鞍堆成一个圆圈，藏身其后。这不禁让人想起小巨角河战役（Battle of Little Bighorn）的场景，这里也是格涅乌斯的葬身之地，不过仍然有少数幸存者得以逃脱，并且和普布利乌斯留在营地里的少量驻军会合。[65]

　　格涅乌斯麾下一位名为卢修斯·马尔西乌斯·塞普蒂默斯（Septimus）的骑士，设法重新组建了老西庇阿兄弟军团的残兵。有了这些士兵，马尔西乌斯可以守住埃布罗河以北的部分据点，不过在李维的叙述中，他一次次地赢得了同迦太基作战的胜利，这点似乎是不可能的。[66] 此时，西班牙并没有剩下多少罗马军团士兵，除了固守待援之外，很难有所进展。不过显然，马尔西乌斯还是取了一些成功。剩余的士兵做出了不同寻常的举动，他们推举他为指挥官，而他在向元老院回复自己所取得的功绩时，自称代副执政官——很明显，这让保守的元老院甚为不满。因此，在公元前 211 年深秋，他们派出了 1 万~1.2 万名步兵，以及 1000 名骑兵，率领他们的是盖乌斯·克劳狄乌斯·尼禄，一位十分好战且足智多谋的将领，他将负责全权指挥这里的军团。[67]

　　迦太基人很符合他们的天性，一旦获胜便失去了动力。他们并没有协同一致地将罗马人驱逐，反而明目张胆地分散兵力，想要加强对他们传统意义上的伊比利亚领土的控制。这就让尼禄能够趁机攻击并且困住哈斯德鲁巴，那时哈斯德鲁巴十分愚蠢地选择了一处名为"黑石"（Black Stones）的峡谷扎营。身处困境的哈斯德鲁巴，或许得知了汉尼拔如何在沃勒图尔努斯河谷从费边·马克西穆斯手中逃脱的事迹，向尼禄承诺只要愿意饶他一命，他可以率领自己的部队离开西班牙返回北非，但是他不断推迟谈判，而让部队趁夜通过，自己最终也在清晨的薄雾中撤走。[68] 这种消失的伎俩倒是很像兔八哥（Bugs Bunny）所为。但是，尼禄不是爱发先生（Elmer Fudd）；4 年之后，他再次围困了哈斯德鲁巴，这一次他不会再让哈斯德鲁巴逃走了。

192

不过很显然，现在的尼禄在自己的议程当中还有其他的事项需要完成，他将于年底返回罗马。但是西班牙是如此之重要，以至于绝不能放任自流。巴卡家族的势力依旧完好无损，这里仍然是汉尼拔增援部队最可能也是最危险的来源。老西庇阿兄弟的 7 年大计并没有实现，没有人替他们的战殒报仇。所有的这一切，罗马很快就会通过一次战略上的信仰之跃来解决，他们将向西班牙委派一位尽职之子，同时也是命运之子——另一位西庇阿，之后他将被称作非洲征服者。

六

战事的震中自然是在意大利，公元前 212 ~ 前 210 年的战事，很大程度上决定了最终的结果。无论是在地缘政治还是在时间上，这都是罗马的力量和升级版费边战略最终确立并得到坚决执行的时刻。汉尼拔还会在意大利继续待上 7 年，但是从坎帕尼亚的战事中可以看出，他的计划注定不会成功，之后他只能困守于南部一隅。历史的结论如此果决，是因为即使汉尼拔在战术和作战层面上持续创造佳绩——实际上他一直都是那么狡猾和致命——他的战略还是失败了。面对敌方压倒性的军力，他显得过于膨胀了。

升级版费边战略的应用，几乎立即对那些从罗马怀抱中挣脱的人造成了伤害，因为汉尼拔分身乏术，而当他不在的时候，罗马军队便有可能会焚烧田地、威胁人口中心。李维在一个段落中生动地写道，一些深受其害的萨莫奈人告诉汉尼拔，他们遭受的苦痛让他们觉得是罗马人而非汉尼拔赢得了坎尼会战，而汉尼拔只能如是回答道，他将"用一场更为巨大、更为辉煌的胜利，令坎尼之记忆黯淡无光"。[69]换句话说，汉尼拔唯一的解决方案，就是在罗马人愿意出战时，赢得更多的战术胜利。他的确会取胜，但是最终对胜败无甚影响。

到公元前 212 年时，罗马愈发收紧了对位于靴状意大利底部三分之一处的意大利中部地区的钳制，同时几支海外的独立军队也加强了攻势。战事主要集中在坎帕尼亚地区和主要叛乱城市加普亚。两支执政官军队——一支由位居最高行政官员的阿庇乌斯·克劳狄乌斯指挥，而另一支则由他的同僚昆图斯·福尔维乌斯·弗拉库斯指挥——正在破坏乡野，以此挫败迦太基补给粮草的努力。[70]深陷饥馑的加普亚人向汉尼拔紧急求援。此刻，汉尼拔正在他林敦，通过智计拿下该城无疑是一个重大收获。为了阻止乡野惨遭蹂躏，汉尼拔向加普亚派出了一支2000 人的骑兵部队，但是这个时候，执政官部队已经转移，直接围困了加普亚本身。这就让汉尼拔及其剩余军队不得不去迎战，以获得另一场"辉煌的胜利"。

然而，汉尼拔无法强迫对方投入决战，而且这两位执政官随后从两个不同的方向离开了加普亚，他们知道汉尼拔只能尾随其中一人，而另外一人则可以回来继续围攻。汉尼拔决定追击阿庇乌斯·克劳狄乌斯，但是这位执政官比狐狸更加狡猾，他带着汉尼拔兜起了圈子，最终这两支罗马军队又回到了这座被围困的城市，而这次他们不会放弃。很快，又有第三支军队同他们会合，这支部队的统帅是克劳狄乌斯·尼禄（此时他还没被派往西班牙），于是现在共有 6 个军团开始构筑一个环城的内墙、一道沟渠，以及一道外墙，将绞索套在了这座叛离城市的脖子上，而这座城市正是汉尼拔在坎尼会战中最为珍贵的收

194

获。从战略上来看，罗马已经获得了胜利。

然而还有一些事情需要提及。罗马的军队在不断消失。我们现存唯一的史料——李维的作品中，记录了很多这样的事情，但是作为一位爱国者，他尽可能地对此加以粉饰。最为神秘的，莫过于那支在坎尼会战后组建的奴隶（志愿者）军团，这支部队由干练的提比略·森普罗尼乌斯·格拉古率领，但是之后惨遭覆灭。不过，在没有上下文的情况下，李维突然在书中写道，格拉古死在了背叛的卢卡尼亚人手中，而他的部队随即也失去了踪影，这让现代的史料认为，李维可能掩饰了一场惨败。[71]

接着还有一则离奇的故事，一位资深百夫长马尔库斯·森特尼乌斯·佩努拉（M. Centenius Paenula）说服元老院给予他一支由 8000 名罗马人及盟军组成的部队（随后他们还得到了同等数量的当地支援部队的加入）进入他无比熟悉的卢卡尼亚地区，取得其他将领无法获得的胜利。然而不幸的是，据李维记载，汉尼拔在放弃尾随阿庇乌斯·克劳狄乌斯之后，偶然发现了佩努拉的军队，他随即歼灭了这支部队——尽管罗马人被形容为作战顽强，但是当他们的百夫长战死之后，他们也只能作鸟兽散。更有可能的是，汉尼拔有着明确的打算，他捕捉了罗马军队落单的机会，并且用一如既往的高效迅速将之屠戮，此役共造成 1.6 万人中的 1.5 万人战死。[72]

然而汉尼拔还是没有成功。在公元前 212 年之前，他回到了阿普利亚，而非加普亚，就像一只狐狸一样，开始跟踪另外一头肥硕的罗马猎物。执政官的兄弟——现任副执政官格涅乌斯·福尔维乌斯·弗拉库斯率领着一支 1.8 万人的部队，正在强迫一些叛离的城镇回到罗马的怀抱。据李维（25.20.6-7）记载，战事的胜利已经让弗拉库斯和他的部队渐渐放下戒心，而当汉尼拔就在附近的时候，这可不是什么好想法。在赫尔多尼亚的城镇附近，这位迦太基人设下了陷阱。汉尼拔让3000人的轻装部队埋伏在周围的农庄和树林中，并且用骑兵切断了罗马人后撤的路径，他在黎明时分向罗马人发起挑战，当罗马人前来应战时，汉尼拔将他们围而歼之。虽然和特伦提乌斯·瓦罗那样，弗拉库斯当机立断，率领200名骑兵逃走，但是剩下只有约2000人能够逃出生天。很显然，在营地被攻占之后，他们选择四散奔逃。[73]这是继坎尼会战之后，汉尼拔取得的最具决定性的胜利，显然也是罗马人所遭受的又一次屈辱的惨败。和那位没有辜负国家而受到欢迎的统帅瓦罗不同，弗拉库斯被元老院以叛国罪起诉，但是侥幸逃过一劫。[74]然而赫尔多尼亚的幸存者遭受了与坎尼军团相同的命运，他们被无限期地放逐到了西西里。[75]

然而这还不是最糟糕的情况。两年之后，也就是公元前210年，另一名叫作福尔维乌斯（代执政官克诺罗斯·福尔维乌斯·森图马卢斯）的将领，再一次于赫尔多尼亚被汉尼拔击败。罗马人损失了他们的营地以及一支执政官部队（第五、第六两个军团，以及两支同盟翼军），人数多达1.3万人。这位福尔维乌斯并没有遭受审判，因为他与11名军团长官在战斗中牺牲。但是那些幸存者也被流放到了西西里，继续加入坎尼幽灵的队伍。[76]

很显然，在战术和作战层面上，汉尼拔和他的部队都没有失去他们的优势，但是从战略上来看，他们所做的基本上都是无关紧要的。罗马源源不断地坚持补充损失的部队；与此同时，罗马残酷的控制力，将会一步步将汉尼拔的行动空间缩小，进而遏制他的未来。

无论是在象征意义还是实际意义上，所有的这一切都由加普亚的悲惨命运所体现。公元前 211 年，在阿庇乌斯·克劳狄乌斯和昆图斯·福尔维乌斯·弗拉库斯（两人均为代执政官）的领导下，罗马军团完成了对加普亚的围城，意大利本土近半数的军团都参与到了此次作战当中。[77]一个庞大的后勤补给体系已经完成并且给他们提供支援，而周边的地区的粮草也被搜刮殆尽，在三层围城完成之后，加普亚城中的居民开始陷入饥荒。曾经有一段时间，坎帕尼亚骑兵可以成功完成突围，但是后来一位名为昆图斯·奈维乌斯（Quintus Naevius）的罗马人提出，让轻装部队骑上马同罗马骑兵一起行动，当遭遇坎帕尼亚骑兵之后，立刻下马进行增援。这个计划有效地断绝了加普亚鼓舞士气的唯一途径。[78]加普亚人被彻底隔离了。

当意识到如果再袖手旁观的话，加普亚将会不可避免地陷落时，汉尼拔从布鲁提乌姆出发，轻装出行，寻求与罗马人在战场上一决雌雄的机会。但是罗马人拒绝出阵应战。于是，受挫之下，汉尼拔毅然决定直接发起进攻，并且和那些被围的加普亚人里应外合。然而加普亚人很快就撤回城中，不过汉尼拔的一支西班牙部队在三头战象的冲锋之下，成功突破罗马阵线，并对弗拉库斯的营地造成了威胁。但是随后，奈维乌斯重组了罗马士兵，将西班牙人击退，迦太基人在损失了很多宝贵兵员的情况下不得不撤退。[79]或许，对加普亚人来说，更糟糕的是，汉尼拔无法在这里驻扎，因为罗马人已经执行了费边·马克西穆斯残忍的战略，将周边乡野几乎所有粮草都尽数毁掉。

　　但是，假如像刺猬一般的共和国知晓自己"焦土政策"的
价值，那么如同狐狸般的迦太基人也一直都有一个备选计划。
汉尼拔决定向罗马进军。此时，波利比乌斯的描述又只剩下了
残篇，而且同李维的记载相比，存在某些偏差，这些偏差主要
集中在汉尼拔选取的路线，他是否被罗马人尾随，当他抵达时
发生了什么。[80]而可以肯定的是，汉尼拔在进行一场心理战，努
力在台伯河沿岸用自己恐怖的形象，迫使罗马人为了急于驰援
首都，而撤去对加普亚的围困。然而罗马人冲动且轻易落入汉
尼拔陷阱的时代，基本上已经结束了。两位史家都认为，尽管
城中充满了恐惧，但是罗马的领导者们没有受到影响。他们称
之为虚张声势，并且依旧没有减缓对加普亚的攻势。货币交易
也能说明一些问题。李维告诉我们，罗马周边那些汉尼拔扎设
营地的土地，依旧在参与土地交易，而且价格丝毫不减；很显
然，买家们都认为巴卡家族只是暂居此地而已。[81]

　　在放弃救援加普亚，撤回布鲁提乌姆后不久，汉尼拔获悉
他其实曾两度错过占领罗马的机会——一次是因为他的意志不
坚，而另外一次则是因为他缺少机会。[82]

　　如果他在坎尼会战之后，听从马哈巴尔的谏言，他可能已
经震慑住了那些方寸大乱的罗马人。但是现在，他已经没有机
会了。

　　正如波利比乌斯（9.26.2-6）所述，在加普亚陷落之后，
汉尼拔已经无法照看散落在各地的盟友，显然，因为兵力上的
劣势，他无法分割他的部队，派兵四处驻防。相反，汉尼拔不
得不放弃更多新近获得的盟友，以巩固自身的军力和所获领土，
这些土地位于南方而且不断在萎缩。战争虽远未结束，但是意

大利战事的结局已然注定。

197   加普亚人的命运将会警示他人。在丧失希望的情况下，他们将自己的命运寄托在了罗马人的怜悯之心上，但这通常是自相矛盾的。那些不敢自杀的城中长老被罗马人鞭笞之后，随即被斩首；城中其余的人口则被贩卖为奴——战争的代价是战争，而愚昧的代价是生命。

地图 6

第八章　复仇者

一

　　年轻的西庇阿是先前在西班牙殉职的老西庇阿兄弟的儿子和侄子，当被授予代执政官的执行权，并被派往伊比利亚担任那里的罗马最高指挥官时，他才刚刚 25 岁。这在共和国的制宪史上是前无古人的。[1]西庇阿太年轻了，以至于不能当选执政官或是副执政官，他在森都利亚大会的特别选举中当选，而非按照正常情况由元老院直接任命。就算是考虑到罗马政治中的尔虞我诈，这种情况也是不多见的。

　　一些现代史学家从派系与家族有关战争政策的斗争，以及罗马对西班牙战场的重视程度[2]，来追寻西庇阿获得委派的根源所在，但是李维（26.18.5-6）则提供了一个更为简明的解释，而且这种说法也颇为合理——没有任何一个举足轻重的人愿意被派到西班牙。传统的看法认为，只有在意大利战场以及驱逐汉尼拔的事业中，才能收获真正的荣耀。这很可能就是为什么冷酷无情且极富天赋的盖乌斯·克劳狄乌斯·尼禄，会在西班牙做了短暂且还算成功的逗留之后，又返回了意大利。

　　不过，即使西班牙的事务是一项吃力不讨好的脏活，但是出于战略上的考量，依旧需要有人去做这件事情，而让年轻的西庇阿作为人选，无疑是个有吸引力却又不合常规的解决方案。

众所周知，西庇阿这个名字在伊比利亚，无论是在驻守西班牙的军团士兵中间，还是在那些仍有可能与罗马并肩作战的部落中，都有着一定分量。而且还有一个富有戏剧性的理由促使西庇阿被派往西班牙，那便是这位年轻的西庇阿想要为战死的老西庇阿兄弟复仇。不过，最令人信服的理由，或许是西庇阿所具有的个人特质。

很显然，这位注定要成为"阿非利加努斯"（非洲征服者）的年轻人，已经是一位令人刮目相看的角色了。当李维回顾共和国晚期那一系列蛊惑民心的政客时，他发现尽管西庇阿年轻，但其已经非常关注对自己公众角色的塑造了。曾经有一些传言说，他的出生是他的母亲与一条巨蟒交媾的结果；他在决策时，通常是在神圣的氛围中进行，很可能他在与朱庇特本人商谈；他依据神启之梦来行事，而对于这些传言，这位年轻人都不会刻意去阻止。[3] 对于迷信的罗马人而言，这些都是有力的素材，但是这一形象也需要西庇阿本人的庄严（gravitas）举止，这样人们看起来才不会觉得荒谬可笑。

而他所拥有的，正是古代所谓的"资质"。与汉尼拔的情况一样，年轻的西庇阿总是被拿来和亚历山大大帝相比较，而亚历山大正是地中海区域内帝国主义野心的灯塔。李维诚恳地认为，这两个人一样年轻，一样俊美，均有文化修养，都有着泛希腊化主义的倾向，在华丽的外表下跳动着生而为战士的心脏——坚毅果决、机会主义而且冷酷无情。当然，亚历山大大帝确实是一名希腊人，他似乎相信自己所具有的神性，甚至会陷入癫狂；而西庇阿则是一名罗马人，正如我们所见，他更加脚踏实地。

在这方面，波利比乌斯的描述有助于完成整个图景。他宣称，如果他的读者在西庇阿的个人魅力和良好运气的背后，能够发现一份谨慎筹备且关注细节的老成持重，这位表面看上去胸怀宽广的人，实际上却精于算计，且具有捕获主要时机的慧眼。[4] 西庇阿就是这样一个年轻人，他可以为了复仇不择手段；但是只要符合他的目的，他甚至可以对日后的努米底亚君主马西尼萨以友相待，而正是这位马西尼萨曾经在其父亲和叔叔的死亡中起到了关键作用。

正是这种实用主义，使西庇阿能够重塑罗马军队的三线阵型，使之从一个紧密排布的攻城锤，变成了一支能够在各个方位发动攻击并获得胜利的机动型野战部队。这种创造性天才所迸发的火花，才正是一名罗马指挥官最终击溃汉尼拔所需要的东西。

但这是要付出代价的。西庇阿的职业生涯自始至终都透露出，他对于罗马政治和元老院主导下的规则与约束抱有焦躁与不安。当两者碰撞时，他不得不——即使是不情愿地——表示接受，但是在建立这种模式时，他树立起了个人野心的先例，这最终导致恺撒的产生和共和国的崩溃。所以，看似为了从汉尼拔手中拯救国家，罗马共和国有必要产生这种终将使其自身毁灭的个体类型。而这或许才是巴卡家族留给罗马的真正诅咒。

然而，就目前来看，西庇阿正好具有这种情况下所需要的气魄，尤其是公元前 210 年夏，他率领 1.1 万名新兵抵达西班牙时，表现出了非凡的自信与睿智。[5] 在位于埃布罗河以北的安全之地塔拉科（Tarraco，现在的塔拉戈纳），他召集了当地的部落领导人，并发表了慷慨激昂的鼓励演说。随后，他巡视了罗马控制的地区，对坚守该地的部队表示了称赞，并且对他们推举出的指挥官卢修斯·马尔西乌斯·塞普蒂默斯大加赞赏，从而巩固了部队的忠诚。

当军团士兵在过冬营地安顿下来之后，西庇阿对其展开了重组，将他率领的增援部队和他的父亲和叔叔残余的部队整合起来。西庇阿打算将他们塑造成具有同等战力的整体，现在他的麾下已经有约 2.8 万名步兵和 3000 名骑兵。[6]同时，他也正在为即将到来的征战季节酝酿一个石破天惊的计划。我们能够对此时西庇阿的所思所想有一个很好的认识，因为波利比乌斯的记载参考了西庇阿本人在战事结束后所写的一封信，而这封信中透露了详细的作战计划。[7]在抵达西班牙之前，西庇阿便已经了解到，他的亲属之所以遭到惨败，是因为他们分散了自己的兵力，同时还遭到了那些凯尔特-伊比利亚佣兵的背叛。而此时，他已经获知，迦太基在西班牙南部同样拥有并不牢固的部落基础，而且他们此时也分散了兵力——马戈身处直布罗陀海峡的另一边，哈斯德鲁巴·吉斯戈远在西边的卢西塔尼亚，哈斯德鲁巴·巴卡则在塔霍河（Tagus River，又译作塔古斯河）的源头——如今的托莱多（Toledo）附近。他们三人离巴卡家族的统治中心——新迦太基城都有 10 天以上的行军路程。[8]而新迦太基将成为西庇阿把握机遇的目标。

西庇阿所酝酿的计划实际上反映出了他自身的特质——惊人的胆识。不过，精密的谋划也需要优秀的情报获取能力来补充。尽管还在冬季，但是西庇阿不仅获得了城市的内部情况，还从一些渔民口中得知，可以从退潮时露出的浅滩上从多个方向对新迦太基发起进攻。这点至关重要，因为西庇阿了解到，

202 这座城市只有大约 1000 人守卫，他们不可能兼顾各处。然而，
西庇阿的机会之窗还是比较狭窄的，这是因为周围四散的迦太
基部队能够在 10 天左右抵达这里。波利比乌斯告诉我们，西庇
阿还明白，假如遭遇失败，他可以乘船撤离，因为罗马人拥有
制海权，如果他成功了，罗马人便可以躲在新迦太基的防御工
事之后。[9]他的赌注万无一失。

　　为了以防万一，在公元前 209 年春，在渡过埃布罗河向南
部进军之前，西庇阿留下了 3000 名步兵和 500 名骑兵，将其交
给了一位资深的属下来率领，让他密切关注塔拉科的当地人，
而西庇阿只向盖乌斯·拉埃柳斯（Gaius Laelius）透露了自己的
作战计划，这个人是他童年的朋友，也是他职业生涯的左右手。
对于新迦太基城中的人而言，西庇阿和他军队的到来，无疑是
天降噩耗，而他们为了守卫这里，做出了一个非比寻常且终究
不够理智的举动。新迦太基城的指挥官——名字也叫马戈——
同麾下的 2000 名士兵以及雇佣军，打算在城外迎击罗马人。而
西庇阿则将自己的部队集结起来，又一次对他们发表了慷慨激
昂的演说（内容即"率先登上城墙者，将获得金冠奖赏"），
不过这段演讲还有西庇阿式的戏剧性处理之处。西庇阿告诉士
兵们，整个计划是海神尼普顿在梦中告诉他的，他们将获得海
神的帮助。[10]

　　所以整场作战似乎都蒙上了诸神干预的色彩。起初，最为
积极好战的当地守军冲出城门，和罗马人英勇作战，直到后来
他们被罗马的增援部队彻底压制，于是他们不得不从城门后撤，
而最为勇敢的守军此时被罗马人消灭了。尽管如此，当地守军
依旧能够重整部队，成功将第一批使用云梯的罗马进攻者击退，

这很可能让那些守军觉得自己可以坚守待援，直至四周分散的
迦太基部队回师解围。

但是他们并没有考虑到西庇阿的决心，或者是他的诡计。
在初战失利的情况下，西庇阿并没有像以往那样让部队休整几
日，而是在接近傍晚时，再次将部队投入对主城门所在城墙的
攻击中；不过他亲自率领了一支精锐部队，前往要塞临近潟湖
的那一面。当正面战事正酣时，海潮退去，留下了一片空空如
也的浅滩，这让军团士兵们纷纷相信是海神尼普顿用三叉戟掏
空了海水。罗马人扛着梯子蹚过浅滩，轻易地将之架在城墙上，
因为守城者主要都在正面参与攻防，所以这里无人防守。罗马
人从城墙上直接冲到了主城门处，强行打开大门，而此时他们
的袍泽已经在城垛上取得了立足之地。[11]随之而来的就是大肆屠
戮，因为西庇阿向部队下令不留活口，然后再开始有条不紊的
掠夺。[12]

然而，西庇阿显然十分注重实际，他不会让自己的军团士
兵沉浸在获取战利品中并且中饱私囊。他不仅要捣毁巴卡家族
的贮存基地——整个家族基业的商贸、财政以及军工的中心，
他还想让这个基地为自己和罗马服务。次日，西庇阿召集了 1
万名幸存的居民，并且向他们告知了自己的计划。全体公民都
可以被无偿释放；而工匠则沦为罗马的国有奴隶，在公共作坊
中继续工作，不过他们被承诺最后将重获自由；其余的人很可
能都将成为奴隶，西庇阿让这些人操纵在港口俘获的 18 艘船，
作为其船员的补充。[13]指挥官马戈以及迦太基的 2 名长老，连同
被俘获的 15 名议员，将登上一艘五列桨战舰，随同拉埃柳斯和
西庇阿的捷报，一同被送往罗马。[14]

　　最后，西庇阿开始转而处理那些在城里被扣为人质的西班牙部落居民，他们的人数超过了 300 名。除了给他们带去安慰的礼品外，他还敦促他们向家里的亲戚写信，告知亲属他们现在很安全，假如他们的部落愿意和罗马并肩作战，那么西庇阿愿意将其遣返。当一位西班牙的贵族妇女向西庇阿提出恳求，希望女性人质能够得到"比迦太基人所做的更为妥帖的照顾"时，西庇阿起初曲解了她的意思，但是他随后向她保证他会照顾她们，"就像她们是自己的姐妹和孩子一样"。在这段时间内，因为得知西庇阿对于女人的癖好，他的士兵曾经想要把一名美丽的年轻女子进献给他，但是西庇阿并没有和她同床共枕，而是把她交还了她的父亲或者是她当地的情人，至于具体的归宿，李维和波利比乌斯表述不一。[15]总之，无论归还给了谁，这正是一种赢得民心的姿态，也集中体现了西庇阿的睿智与自制。

　　在三支敌军野战部队的鼻子底下突然将新迦太基城攻陷，无疑是神来之笔。西庇阿凭借这次攻击，改变了整个西班牙的战局。新迦太基一直都是巴卡家族伊比利亚帝国的动力源泉，这里有近 30 年来的掠夺所得，同时还是他们自己的军工产业集中地。不过，现在这些金银细软和勤劳结晶都归罗马所有。鉴于巴卡家族在力量和声望上遭受的打击，很可能在迦太基内部本身也出现了这样的转变，战争的财政支持和战略方针也会愈发地向迦太基本身和新人哈斯德鲁巴·吉斯戈靠拢，而与巴卡家族在西班牙的两兄弟——马戈和哈斯德鲁巴——渐行渐远。无论如何，有一点是显而易见的，那就是西庇阿现在已经掌握了主动权。

　　西庇阿不会让机遇溜走。他让新迦太基全力运转，同时不断操练自己的海军，并且每 5 天一个循环对自己的部队实行严格的训练，训练内容包括长途行军、刀剑练习、投枪训练以及武器维护。[16]西庇阿也可能已经着手制定新的步兵战术，而这将在第二年运用在迦太基人的身上。[17]同时，在自己和技能娴熟的领队的监督之下，他让剩下的人都投身到波利比乌斯（10.20.6-7）所谓的"战争工坊"当中，让"每一个人都在为准备武器而忙碌"。不过，现在他仍然面对着三支敌军部队。将自己的战备力量调整到最好状态能够从纯粹的军事层面解决一些问题，但这里是西班牙，所以同部落展开机敏的外交也同样能够对他的敌人进行侵蚀。

随着公元前 209 年~前 208 年的冬季降临，他回到了塔拉科，在那里，西庇阿召集了罗马新老盟友的代表。这表明了西班牙的部落开始如同雪崩般地叛离迦太基，而且可以猜想到的是，那位反复无常的因迪毕里斯也被这浪潮裹挟了过来，再一次更换了阵营。[18]

在目睹了一批又一批西班牙人从己方阵营投向了罗马之后，哈斯德鲁巴·巴卡决定在他的部队土崩瓦解之前，与西庇阿展开会战。如果他获胜，那么他将有充分的时间和安全保障来策划他的下一步。而假如他战败，那么他就准备放弃西班牙，和幸存者们径直翻过阿尔卑斯山，用高卢佣兵补充兵力，然后与汉尼拔会师。[19]

对西庇阿而言，他不仅已经蠢蠢欲动，而且还准备在其他两位迦太基军队驰援之前，将离他最近的哈斯德鲁巴·巴卡单独击破。他甚至将海军船员增补进了军团之中，从而让自己在人数上不占据劣势。公元前 208 年春，西庇阿在离开塔拉科向

272 / 坎尼的幽灵

南进军时，与因迪毕里斯及其军队会合，最后在一处名为巴埃库拉（Baecula，现在的拜伦城）的地方锁定了迦太基人。

205　　获知西庇阿即将到来之后，哈斯德鲁巴将部队转移至一处易守难攻之地，它位于一座平顶的小山上，前方和两边都是陡峭的岩壁，而后方则有一条河流。有人认为，这种态势表明哈斯德鲁巴并不想开战，反而似乎更希望西庇阿可以尽可能地被拖延，从而等到马戈与哈斯德鲁巴·吉斯戈援军的到达。也许，他也希望将罗马指挥官引诱到这处不利的仰攻地形上，而事实正是这样发展的。[20]

　　西庇阿静候了三天，或许希望迦太基人能从山上下来。但是，之后西庇阿开始担心其他迦太基军队即将到来，所以他决定发起攻击。而这个选择并不像看上去那般草率。实际上，西庇阿采取的军队布置同传统意义上的三线阵型突破战法是截然不同的。他提高了训练水平，从而能让军队主体可以拆分，化整为零，既可以各自为战，又能够协调配合。[21]

　　开始的时候，罗马人让轻装部队直接对战阵中央发起攻击，他们高昂的士气和优良的训练为他们的成功创造了条件。轻装部队不断投掷武器向山顶突进，而后在山顶站稳脚跟，并且随即击溃了迦太基的掩护部队。这一开始的进攻似乎让哈斯德鲁巴大吃一惊，他开始沿着山脊边缘部署自己的重装部队。

　　然而这已经太迟了。西庇阿已经将自己的重装部队一分为二，自己负责一支，而把另一支交给了拉埃柳斯，率领他们从山丘两侧进行侧翼突进。他们到达山顶之后，将战阵横摆，对尚未形成阵型的迦太基部队形成钳制。迦太基军队随即崩溃，但是就像很多戏剧性转折一样（就像莫里亚蒂教授，傅满洲博士，从飞侠哥顿的正义之手中逃脱的邪恶明王），哈斯德鲁巴设法逃脱了，跟随他的还有其麾下的多数重装部队以及战象，他径直前往意大利，希望能够和自己的长兄会师。

　　这位巴卡成员销声匿迹的举动，令为西庇阿写传记的霍华德·海德·斯卡拉德（H. H. Scullard）认为，巴埃库拉战役是一场战术上的胜利，却是战略上的失败。[22] 从某种意义上来看，这无疑是正确的。老西庇阿兄弟的唯一成就，就在于始终阻止汉尼拔从西班牙获得增援，但是由于面对敌方优势兵力时，他们犯了战术上的错误，最终导致兵败身殒。不过假如西庇阿前去追击哈斯德鲁巴，那么他可能会受到败退的哈斯德鲁巴同马戈以及哈斯德鲁巴·吉斯戈的夹击。此外，意大利的形势已经远远好于当初汉尼拔四处征战时的情景，罗马也占据着优势。与此同时，就算哈斯德鲁巴·巴卡离去了，敌军人数依旧胜过了西庇阿，所以他必须谨慎对待。

　　于是，西庇阿置身于山顶刚刚占领的迦太基营地的保护之中，开始对自己的现有态势进行强化。首先，他对战俘进行了处理，将那些西班牙人无偿遣送回家，并且下令将那些非洲人贩卖为奴。[23]（据李维记载，在这个过程中，财务官发现了一名颇为英俊的年轻人，他声称自己具有努米底亚的王室血脉，于是这位年轻人被送到了西庇阿那里，西庇阿发现他是马西尼萨的侄子，而正是这个马西尼萨，曾经协助迦太基人击溃了西庇阿的父亲和叔叔。换作他人可能会报这家族之仇，但是目光长远的西庇阿派出了武装部队，将这个年轻人送回了他的叔叔那里。[24]）接着，西庇阿检阅了那些列队出席，准备向罗马表示顺服的附近部落领导者，这可以为进一步侵入巴埃提斯河谷以及

206

其他迦太基据点铺路。那些包括反复无常的因迪毕里斯在内的西班牙人，难以抑制自己的激动之情，纷纷称颂西庇阿为"国王"。但是小心谨慎的西庇阿说，虽然他对这份情怀十分欣赏，但是这样的头衔必定会让罗马方面深感不满，所以他建议，用他的部队已经给予他的头衔——"最高统治者"（imperator）来称呼他。实际上，这是目前的记载中，第一次将这个称号授予了获胜的罗马将领。但这绝不会是最后一例。[25]

二

让我们将目光转回意大利，此时马塞卢斯正在试图彻底解决这来自迦太基的噩梦，以此来为自己传奇般的生涯献上桂冠。普鲁塔克（《马塞卢斯传》，28）如是写道："没有哪个人能够像他那样，对与汉尼拔决一死战抱以如此热情。这是他梦境中的景象，同友人和同僚谈论的话题，也是他向诸神做出的祈愿。"

从西西里返回罗马之后，马塞卢斯比其他任何一位罗马统帅都咄咄逼人，这种做法势必会让他同费边以及升级版的费边战略有所冲突。然而，马塞卢斯与费边之间的差异不应该被夸大；从目前情况来看，两者都在一个整体规划当中运作——费边作为"罗马之盾"，而马塞卢斯则是"罗马之剑"。[26]

公元前209年不仅是这种协作伙伴关系，还是罗马同盟系统的一个分水岭，经过近10年的战争，双方关系已日趋破裂，且不单单是在边缘处。很显然，数年之前第一次和第二次赫尔多尼亚战役的幸存者，后来均被流放，加入了西西里岛上的坎尼幽灵，其中有不少是拉丁人。[27]现在，30个拉丁聚居区中的12个向罗马执政官宣布，他们已经无法再按定额提供兵员及金钱以支持罗马人了。他们满怀愤恨，已经入不敷出了。兵员储备是罗马军事优势的核心，而拉丁人则是整个同盟的核心——他们所拥有的权利仅次于罗马公民。因此，这是一个严正的警告。对此，元老院以明智的方式处置了——除了拒绝与拉丁地区的使节会谈，他们并没有过多行动（这是罗马式的"置之不理"[28]），然而这种信号不能被忽视。必须尽快取得进展，取得真正的进展。

其中的一个关键就是重新夺回他林敦这座由希腊人建立的，位于靴状意大利鞋跟内侧的港口城市。这座城市是在加普亚之外，汉尼拔在坎尼会战之后获得的最为珍贵的猎物。费边·马克西穆斯打算海陆并进，围困这座城市，但是为了安全起见，必须不让汉尼拔在后方侵扰。这时便需要马塞卢斯的介入。

在还未得知罗马即将对他林敦发起作战的时候，汉尼拔选择移师阿普利亚，直至卡流苏门，他试图煽动当地居民反抗罗马。但是他被马塞卢斯的大军截住，此时马塞卢斯率领的部队包含第十八军团以及第二十军团，此外还有盖乌斯·克劳狄乌斯·尼禄率领的一支同盟翼军。马塞卢斯已经接到命令要离开冬营，目的就是要和汉尼拔一决雌雄。[29]

经过人员调遣后，这正是马塞卢斯想要做的事情。如果我们相信李维所言，他将这段插曲描绘得比实际更具有决定性，第一天的交战以罗马人狼狈地脱离战场而告终。不过，马塞卢斯在战后发表的长篇演说令罗马人羞愧不已，经过了一晚上的休整和沉思，他们决心要取得胜利。接着，在一个关键时刻，罗马人成功地让迦太基的战象受到惊吓，大象四散奔逃——这也是汉尼拔军中薄弱的一环——返身冲入了迦太基战阵，迫使

迦太基人退回营地。[30]然而，当汉尼拔趁着夜色故技重施，偷偷
208 溜走时，据李维记载，马塞卢斯却因伤重没有追击，这点颇为
可疑。无论实际的战术结果如何，这位罗马指挥官已经成功抵
挡了汉尼拔，就像之前多次进行的那样，这一次他已经成功完
成了预期的战略目标。

　　让我们将目光放回他林敦，此时，费边·马克西穆斯通过
与守城部队中的一位布鲁提乌姆人达成的密谋，顺利进入了城
中。一旦进入他林敦，罗马军队便迅速展开行动，肆意屠戮迦
太基人、他林敦人，甚至还有一些布鲁提乌姆人。汉尼拔日夜
兼程，但是当他到达时，为时已晚。之后，汉尼拔精心营造了
一个情境，诱使费边进行会战，假如不是因为占卜的征兆不祥，
或许费边真的会落入陷阱。[31]恰恰相反，这位"拖延者"专注于
对这个地区展开掠夺，搜刮了大量黄金和白银，并且将约 3 万
名他林敦人贩卖为奴。而此时罗马正需要这笔意外之财，来填
补国库的空虚。这次的搜刮是如此彻底，以至于当李维试图为
费边的所作所为辩解时，他只能说，费边不像马塞卢斯在叙拉
古所做的那样过分，至少他还留下了一些雕塑。[32]

　　而同时，随着年关将至，马塞卢斯这位"罗马之剑"回到
了罗马城中，他遭到了人们的批评，这些人指责他说，在卡流
苏门战役之后，他耗费了太多时间来养伤。这些批评者甚至威
胁要剥夺马塞卢斯所拥有的执行权。不过，马塞卢斯不仅挫败
了这些企图，还设法让自己第五次当选为执政官。虽然隐藏在
这次选举操作中的政治与派系斗争晦暗不明，[33]但是传达出的大
政方针是清晰的：马塞卢斯与他的执政官同僚提图斯·奎克提
乌斯·克里斯庇努斯（T. Quinctius Crispinus）被寄希望于采取

更具侵略性的行动。罗马再一次超越了费边·马克西穆斯制定的战略，想要一举击败汉尼拔。[34]

经过初步准备工作之后，公元前208年，两位执政官的军队在阿普利亚的维努西亚附近会师，决心在坎尼会战之后，与汉尼拔首次进行全面对战。迦太基的指挥官就驻扎在几英里开外，双方之间的分界线是一座草木丰茂的小丘。这样的一处隆起的地形非常适合设置安全的营区，但是诡计多端的汉尼拔觉得这里适合设伏。他在山丘各处隐藏了努米底亚人，等待罗马人上钩。令汉尼拔欣喜的是，马塞卢斯和克里斯庇努斯决定亲自率领一支小股部队前去侦察地形。李维的记载和波利比乌斯的残篇在关于事件细节的描述上存在一些分歧，但是结果很明显。马塞卢斯遭受伏击，当场身亡，克里斯庇努斯虽然身负重伤，但是侥幸逃脱。[35]

汉尼拔为马塞卢斯精心安排了一场葬礼，随即他用马塞卢斯的戒指印信，试图让一伙伪装成罗马人的士兵进入萨拉比亚（Salapia），在那里汉尼拔曾和一位当地妓女有过一段风流韵事。克里斯庇努斯在亡故之前，设法挫败了这个阴谋，他警告邻近的地区不要轻信以他同僚的名义传送的任何消息。然而，显而易见的是，这只迦太基的狐狸没有黔驴技穷，他仍然智计百出。同样明显的是马塞卢斯，波利比乌斯毫不客气地指出他的行为"不像是个统帅，更像是个傻瓜"[36]，其没有资格去击溃汉尼拔。现代史学家 J. F. 拉曾比（J. F. Lazenby）认为马塞卢斯是一个典型的传统罗马将军，有着"勇敢、坚强、有能力"等令人钦佩的品质，但是，当他面对一位军事天才时，还不能与之匹敌。[37]想要对阵一支灵活多变的军队，罗马人必须以毒攻毒。

三

就目前而言，台伯河沿岸依旧弥漫着不安乃至绝望的气息。
而且这不仅仅是关于愈发焦躁不安的拉丁人的问题；在埃特鲁
里亚（今托斯卡纳）地区——意大利东北部的富庶之地——传
来了局势动荡的不祥传闻。出于一些史料无法解释的原因，特
伦提乌斯·瓦罗再一次获得了执行权，并且被派往埃特鲁里亚，
将一些人质带回了罗马。他回来之后，发表了一段危言耸听的
报告，随即他获得了一个军团，并且受命返回埃特鲁里亚。这
标志着埃特鲁里亚乱局的开端，而随着新的巴卡家族成员威胁
的降临，事态会进一步恶化。[38]

哈斯德鲁巴·巴卡正在行军，他的进展情况一直都受到台
伯河畔愈发警觉的监视。罗马盟友马赛尼亚派出使节报告说，
哈斯德鲁巴已经进入了临近海岸的高卢地区，之后罗马的探子
回报，迦太基人打算在公元前 207 年春翻越阿尔卑斯山。接着，
副执政官波尔基乌斯·李锡尼（L. Porcius Licinus）送来消息说，
这位巴卡家族的成员又开始推进了，同时招募了 8000 名来自北
方利古里亚的部落战士。最后，最令人震惊的是，罗马人得知，
哈斯德鲁巴已经得到了阿尔卑斯山区高卢人的友好接待，比他
的兄弟更加容易、更加直接地翻过了阿尔卑斯山，现在进入了
意大利，正在围攻皮亚琴察，这来得比任何人想象的都要早。[39]

这份行程报告，对于罗马人的心理而言，无疑具有潜在的
毁灭性。罗马人已经在自己的领土上进行了 10 多年的战争，出
现了大量的伤亡，造成了巨大的破坏。尽管现在汉尼拔已经被
有效地限制在了南方，但是他依旧能够扰乱最有经验的罗马指

挥官的阵脚。现在，罗马人不得不面对第二次由高卢人加持的巴卡家族入侵，从阿尔卑斯山的云雾中破云而出，降临于此，假如哈斯德鲁巴同他魔鬼般的长兄会师，那么将是一场真正的噩梦。（"甚至连第一次的入侵都不像现在这样造成如此多的恐慌与混乱"，西利乌斯·伊塔利库斯用夸张的手法如是写道，"人们说他将会是第二个汉尼拔……而这两位统帅，将会疯狂吸食意大利的鲜血……他们的力量将会倍增；敌人将会迅速直逼罗马。"）[40]

　　幸运的是，罗马的掌权者看透了形势，并且随机应变。事实上，此时的罗马已经饱经战火淬炼，比汉尼拔首次进入意大利时更加强大且军事能力更强。在公元前 207 年，整整 23 个军团被投入战场。这是整场战争中出动兵力最多的时候，能够和公元前 211 年对加普亚残酷围攻时所征召的兵力持平。但是在罗马因汉尼拔而同时痛失两名执政官之后，人们一致认为，元老院必须确保有正确的人选来担任指挥。精力充沛、经验丰富的盖乌斯·克劳狄乌斯·尼禄当之无愧地成了执政官的人选。他曾经是加普亚的征服者，在西班牙的时候差点消灭了哈斯德鲁巴，而且曾和马塞卢斯一起在卡流苏门共事，可以说，是他让汉尼拔无法及时回援他林敦。[41] 然而他的鲁莽让人深感不安，这就让领导者们想要找一名更为谨慎的人来作为他的同僚，从而与他保持平衡。

　　从传统角度看，马尔库斯·李维·萨利纳托尔（Marcus Livius Salinator）并不是合适的人选。公元前 219 年，萨利纳托尔和卢修斯·埃米利乌斯·保卢斯共同担任了执政官，并且成功在伊利里亚战争中取胜，但是他被指控对战利品处理不当，被迫在羞耻中引退，隐居庄园 10 多年，他任由头发和胡须疯长，用破衣烂衫遮体。不过，人们没有忘记他的领导能力和冷静的头脑，于是在公元前 209 年，马塞卢斯和利维努斯说服他回到元老院，在这里他的话很少，依旧不修边幅，至少直到监察官强行勒令，他才剪去头发，换上一件干净的托加袍。让事情更为复杂的是，或许因为气场不合，所以萨利纳托尔和尼禄是众所周知的对头。但是，大敌当前，形势危急，在费边·马克西穆斯的协调下，元老院让两位个性迥异——如同冰与火一般——的人达成了和解，而他们也组成了一个卓有成效的执政官团队。[42]

211　　然而，所有人关注的对象——哈斯德鲁巴·巴卡，却再一次证明他自己不是汉尼拔，甚至都没有到接近的程度。哈斯德鲁巴并没有利用自己的突然降临，立即对意大利的心脏地区发起攻击，他反而在皮亚琴察附近徘徊，而连汉尼拔自己也承认这座城市防御过强难以轻取，哈斯德鲁巴这么做，很明显是想要在他准备进行征兵的高卢人中留下深刻印象，但之后他不得不放弃围攻转而南下。[43]哈斯德鲁巴可以选择往亚平宁山脉山脊以西或者以东的方向进军。在西边，瓦罗正在动荡不安的埃特鲁里亚地区等候他的到来；在东部，能力出众的副执政官李锡尼横阻亚得里亚海岸的道路；萨利纳托尔则坐镇罗马，随时准备和任何一方会师，这取决于哈斯德鲁巴·巴卡选择哪条道路。哈斯德鲁巴准备往亚得里亚海方向进军，而李锡尼则不断后撤，并且在沿途不断对其进行骚扰，而此时萨利纳托尔率军北上准备与李锡尼会师。[44]对于哈斯德鲁巴而言更糟糕的是，他请求增援，却引来了更多的罗马军队降临在他的周围。

在离开皮亚琴察之后，哈斯德鲁巴向汉尼拔发出信件，说他将会与汉尼拔"在翁布里亚"（Umbria）会合。这封信由 6 名骑兵——2 名努米底亚人和 4 名高卢人——随身携带。这纯属乱打乱撞——让一群拥有异域长相、可能连拉丁语都不会说的骑兵，穿过群敌环绕的土地，希望他们能够找到汉尼拔，而汉尼拔在这征战的季节常常是四处游荡的。有人认为这封信就是打算让罗马人拦截的，从而让罗马人对哈斯德鲁巴预定的行军路线产生误解，[45]不过看上去，哈斯德鲁巴现在已经受到了李锡尼的密切监视，而且假如这封信侥幸被送给了汉尼拔，它是否会让汉尼拔陷入困惑？（"与我在翁布里亚会合"可不是什么明确的信息。）

事实上，这队骑兵几乎跨越了整个亚平宁半岛，抵达了梅塔蓬图姆（Metapontum，接近靴状意大利的足弓部位），却发现汉尼拔已经离去，很快他们就在他林敦附近被罗马征粮部队抓获。罗马人将他们带到尼禄面前，让其接受审讯。罗马人正在布鲁提乌姆和阿普利亚之间来来回回地跟踪汉尼拔，在一连串混乱中，两支部队又在卡流苏门附近相遇了。可以预见的是，在经过残酷的审讯之后，这些俘虏将真相和盘托出，于是尼禄决定在汉尼拔眼皮底下消失。他从自己的大军中选取了 7000 名士兵——6000 名步兵和 1000 名骑兵——并且趁着夜色的掩护，从军营中溜走，而迦太基人对此一无所知。[46]

毫无疑问，汉尼拔无所不知的日子已经过去了，现在是罗马人掌握着情报上的优势，从而可以在秘密掩护下，进行战略性转移。[47]直到尼禄一行人远离了营地，他的部队依旧让人觉得他们要去攻打附近的城镇。不久，尼禄向他的军队吐露了真相，

212

他们正在北上，与萨利纳托尔会师。

　　信使沿着长达 250 英里的道路向前四散而去，发出请求，希望在部队驰援北上时，沿途能够得到补给，因为这支部队除了武器以外，什么都没有携带。李维（27.45）描绘出了一个洋溢爱国热情的场面，人们聚集在路旁，竞相为士兵们提供补给，在他们奔驰而过的时候，大声欢呼。然而，让我们将目光转向罗马，执政官做出的大胆之举激起了人们更多的焦虑，街面上充斥着此般担忧，认为尼禄在令人胆战心惊的汉尼拔面前，居然留下了一支空虚的部队，并且回忆起在西班牙的时候，哈斯德鲁巴机敏地躲过了尼禄的围堵，留下了"如同孩童般不知所措"的尼禄。[48]波利比乌斯在没有夸大其词的同时，也在残篇中不禁同意，"在等待事情结果的时候，罗马从来没有如此兴奋和沮丧过"。[49]

　　然而未来已经得到了保障。随着尼禄接近萨利纳托尔和副执政官李锡尼在塞纳·伽利卡（Sena Gallica）的联合营地时，他派出信使询问部队会合的最佳时间，而他建议部队在夜间悄悄进入营区。新加入的部队被安置在了现有的帐篷之中，以减少他们留下的蛛丝马迹，避免让 500 码开外的哈斯德鲁巴知晓。[50]一切进展顺利，萨利纳托尔和李锡尼都认为，经过长途跋涉之后，尼禄的部队需要进行休整，而对此尼禄坚决予以反对，他争辩说，拖延只会浪费他的大胆行为所取得的优势，并且加剧南部局势的危险性，因为汉尼拔发现尼禄不在军中并且展开行动只是时间上的问题。尼禄是正确的，而其他人也立即意识到了这一点。随着一道命令的发出，联合部队双双出动，开始进行战斗部署。[51]

哈斯德鲁巴准备接受挑战，他在自己的营地前排兵布阵。但是，当他和他的随身扈从一起向前骑行时，哈斯德鲁巴嗅到了一丝不对劲——如果不是敌军要诈，那么对面的这些罗马人无疑都经历了长途奔波，他注意到一些磨损严重的盾牌和异常健壮的马匹，他所面对的军团似乎有所扩充。他下令号手吹号，立即撤退，同时派出探子对罗马人展开更为仔细的侦察。这些探子回报说，营地本身并无异常，但是在副执政官的营地只吹响了一次号角，而在执政官萨利纳托尔的营地却吹响了两次号角。哈斯德鲁巴立刻意识到，他现在正在和两名执政官对峙，而他脑海中立马浮现出了不好的景象。[52] 令他感到困扰的并不是这里的罗马军团得到了增强；更重要的是，他产生了一丝不安的想法，他认为第二位执政官的到来意味着因为他的援助来得太迟了，汉尼拔已经遭受到了巨大的失败。这或许是他决定撤退的最好解释。

哈斯德鲁巴决定趁着夜色寻求庇护，他命令自己的部队悄悄收拾行装，并且折返回西北 12 英里处的梅陶罗河，希望能够找到一个渡口以及一处安全的地方。然而，他并非汉尼拔，在此时他失去了对局面的控制，他的向导在无人看管的情况下逃走了，而他的部队，其中多数是那些高卢人，并不打算一起离去，转而回营酣睡。当哈斯德鲁巴的大部队跟跟跄跄地行进到梅陶罗河的时候，他下令让自己的部队沿着河流行军，但是道路愈发崎岖迂回，没办法渡过河去，也没有办法摆脱罗马的追兵。[53]

尼禄率领骑兵一马当先，接着李锡尼率领轻装部队尾随而至，他们都对迦太基部队进行了骚扰，迫使迦太基人停了下来。

此时，哈斯德鲁巴看到了最佳时机，准备在河边的一处陡峭小丘上建立起一座营地。但是，他开始修建后不久，萨利纳托尔便率领全副武装的重装部队到达了，随时可以部署作战。现在，哈斯德鲁巴别无选择，只能一战。

根据奥维德[54]和罗马历法，这一天是公元前 207 年 6 月 22 日，不过和通常一样，战事最激烈的确切地点仍然无人知晓，在梅陶罗河南岸至少有 6 处可能的战场，[55]不过至少我们可以从波利比乌斯作品的残篇（11.1-3.6）中，对李维的描述做一个核对。尽管两位史家的记载有出入，但总体还是一致的。

哈斯德鲁巴似乎已经将他的阵线稳定在了陡峭的山坡之上，一部分营地已经建好，他让自己最不可靠的部队——高卢人留守在那里，因为那里是最容易防守的地方。如果我们采用李维的记载，[56]哈斯德鲁巴将自己前往阿尔卑斯山途中所募集的利古里亚人安排在了战阵中央。此时，迦太基人将他们的战象置于阵前，作为屏障。最后，他将他最为信任的部队，也就是他从西班牙带过来的部队，放在了自己的右翼，这些部队是战斗的主力，随着战事推进，迦太基人让战象在前方开道，以配合他们进攻的势头。[57]至少，这是他们的一厢情愿。

对于罗马人而言，位于左翼的萨利纳托尔对阵西班牙人，李锡尼坐镇中军，而右翼的尼禄则要与高卢人展开苦战。随着作战开始，尼禄发现他无法取得任何进展，这倒不是因为高卢人的作战有多么顽强，而是因为地形让部队无法推进。除了让先头部队如同攻城锤一样发起冲击之外，尼禄削减了后方的阵线，并且让这部分士兵迂回到最左边，准备对迦太基的右翼发动毁灭性的打击。

在这里，萨利纳托尔和西班牙部队展开了激烈的交战，而那些战象则一如既往地受到了惊吓，到处乱窜，肆意踩踏双方的士兵。尼禄很快就打破了僵局，他让西班牙部队进退维谷，从而将之分割歼灭。包括 6 头战象在内，大多数迦太基士兵阵亡了，只剩下 4 头战象在后方徘徊，之后才被寻获。与此同时，罗马人席卷了迦太基人的其他战线，并且杀到了之前的营地中，据波利比乌斯记载，他们发现有许多高卢人喝得酩酊大醉、昏睡不醒，于是将之屠戮殆尽。[58] 正如波利比乌斯和李维的记载，对于哈斯德鲁巴而言，他此时发现自己已经失去大势，所以不再试图逃跑，最终在战斗中英勇死去。[59]

胜利的缔造者尼禄，在乱军中寻获了哈斯德鲁巴的头颅，在西班牙放跑了哈斯德鲁巴之后，他成功地完成了复仇。就像西庇阿一样，很明显，尼禄也改组了自己的军队，提升了他们的作战能力，让他们可以完全调转目标，随着战场上的事态发展来合理利用机会。他向梅陶罗河的秘密进军，是整场战争中最具戏剧性，也最为成功的战略行动之一。战斗结束的当晚，他便率领精疲力竭的军团士兵，在 6 天之内返回了卡流苏门附近的营地，完成了这次作战行动——他们几乎是每日行进 15 英里，算得上史上最伟大的奔袭之一。[60] 不过，尽管尼禄是一位优秀的将领，但是在他执政官的任期内和任期之后，汉尼拔依旧滞留在意大利。此前，尼禄和普布利乌斯·西庇阿有着类似的机会，可以一举将西班牙的巴卡家族势力铲除，但是他做得很少。虽然 2200 多年之后，想要对一个人做出评价，需要回溯很久，但是事实足以说明一切。让罗马彻底摆脱汉尼拔，是另一人所要做的工作。

215

不过，将目光转向罗马之后，我们会发现，至少在现在能够摆脱哈斯德鲁巴已经足够了。波利比乌斯如是写道，当消息刚刚到达时，焦急万分的居民拒绝相信这是真的，只有在更多信使到来，反复重申了这则好消息之后，如释重负与无尽的欢乐席卷了整座城市。所有的圣地都被装饰一新，神庙也被摆满了贡品。李维让我们相信，"坎尼的耻辱已经得到了洗刷"，此役迦太基统帅和 5.6 万名士兵战死沙场。[61]但是，罗马所取得胜利或许并没有那么夸张，波利比乌斯估计，迦太基死伤人数总共有大约 1 万人，其中还包括那些高卢人，这或许更加接近实际情况。或许除了核心部队之外，哈斯德鲁巴的军队根本不能与汉尼拔的相提并论。恰恰相反，从征召的情境来看，他的部队更像是传统的迦太基雇佣军混合部队，这种部队并不具备可持续性。

尽管如此，罗马人依旧十分高兴。在夏天结束的时候，这些参战的统帅返回了罗马。萨利纳托尔（严格意义上来讲，他才是总指挥）在整场战争中第一次被授予了大凯旋式的殊荣，而尼禄则策马尾随其后，得到了小凯旋式的荣誉。[62]罗马人有理由进行庆祝。在近 12 年的战争中，罗马终于在意大利的土地上取得了决定性的胜利。波利比乌斯如是写道："仿佛那曾经让罗马人胆战心惊的汉尼拔，现在已经不在意大利似的。"[63]

但是汉尼拔还在这里，不过梅陶罗河的战役结果令他充满了不祥的预感。这就像诸多家族事务中经常出现的情况，最后知道的永远都是最为年长之人，而那时事态已经严重恶化。残忍的尼禄一直精心保存着哈斯德鲁巴的头颅，将之送到了汉尼拔在卡流苏门营地的一个前哨站，并且让两名被俘获的北非士兵向汉尼拔讲述了来龙去脉。听到这个消息之后，汉尼拔立刻拔营前往靴状意大利的脚趾部位的布鲁提乌姆，这里是他曾待过的地方。据说，当汉尼拔目睹了自己弟弟的死状时，他宣称自己已经看到了迦太基的命运。[64]汉尼拔本人可能看到了自己的影子。对于迦太基的毁灭，汉尼拔比任何其他人要负的责任都多。

四

随着哈斯德鲁巴·巴卡的离去，勉力维持迦太基治下的西班牙的重担，似乎已经转移到了迦太基母邦派去的代理人身上，虽然并不一定会取得更大进展。为了填补这个空白，一位名叫汉诺的新将领从北非被派遣到了西班牙，和他一同到来的是一批增援部队，以及为了雇用凯尔特-伊比利亚人而准备的金钱，随后他与马戈会师，而马戈本人则是在西班牙仅存的巴卡兄弟。[65]西庇阿对西班牙当地部落所做的工作得到了回报，他对于迦太基人所做出的努力了如指掌，并决心将之扼杀于萌芽状态。西庇阿派出了代副执政官马尔库斯·尤尼厄斯·西拉努斯（M. Iunius Silanus）率领了一支快速反应部队，尾随迦太基人。在凯尔特-伊比利亚逃兵的引导下，罗马人在没有被敌军发觉的情况下，抵达了目的地，他们发现敌军分成了两个营地，然后率先击溃了大部分尚未经过训练的西班牙人，随后又击溃了前来支援的迦太基人。汉诺被当场抓获，但是马戈设法逃脱了，与他一起逃走的还有所有的骑兵部队以及2000名经验丰富的步兵。最终马戈向身处加迪斯（Gades，现在的Cádiz）的哈斯德鲁巴·吉斯戈寻求庇护，而哈斯德鲁巴也是之前部队被打散之后，被西庇阿追击至此的。[66]对迦太基人而言，公元前 207 年年底的西班牙局势并不比意大利战局好多少。

不过，现在的哈斯德鲁巴·吉斯戈已经俨然是西班牙的迦太基总指挥了，但是他的任务还远远没有完成。他在加迪斯依旧有一个基地，同时拥有大量资金可以雇用部队，同时他还有一个真正的迦太基人所具有的坚持。在接下来的春天，哈斯德鲁巴·吉斯戈和马戈设法重整了四处流散的西班牙人，并且雇用了更多的人手来组建一支军队，据波利比乌斯记载[67]，这支部队大约有 7 万名步兵、4000 名骑兵以及 32 头战象——他们打算一举击溃西庇阿。在之前的一年中，西庇阿拒绝应战，而现在哈斯德鲁巴·吉斯戈越过了巴埃提斯河，到达了一座名为伊里帕（Ilipa，现在塞维利亚以北 18 英里处）的城镇附近，并且坐镇高地，背倚一片开阔平原——释放出了想要一战的明确讯号。[68]

抵达此处的西庇阿也正有此意，虽然很可能他在兵力上远远不如迦太基人。他的部队包括一个标准的执政官部队——两个军团外加两个同盟翼军，此外还有一支相同数量的当地战士组成的军队，这支当地部队不久之前从当地的西班牙部落盟友中选出，所以西庇阿总共拥有 4.5 万名步兵和 3000 名骑兵。当西庇阿在战场另一边扎设营地时，他明显感觉到这一次迦太基人是认真的：马戈和马西尼萨的骑兵协同作战，向军团士兵发动袭击。但是两人很快发现，这支罗马军队十分坚韧，很难将其打个措手不及。在附近的一座小山丘下，西庇阿已经隐藏了相当数量的罗马骑兵，他们随后策马而出，从侧翼攻击了迦太基骑兵，最终使迦太基部队陷入混乱，不得不返身回营。[69]

西庇阿不断地令迦太基人陷入焦躁之中。接下来的几天内，进行了几场重复的但未分胜负的交战——在骑兵和轻装部队中发生了数次断断续续的冲突，而那些重装步兵虽然在战场上进行了部署，但是并没有推进到战斗范围之内。迦太基军队总是率先摆开阵型，将最精锐的部队——利比亚人安排在战阵中央，两边则部署西班牙人，骑兵和象兵位于两翼。接着，罗马人会以大致相同的方式进行布阵，军团占据中央，翼军分居两侧，而他们的西班牙部队则在外围，骑兵掩护两翼最外侧。

西庇阿让迦太基人习惯于这种战斗日程，准备让他们自乱阵脚，他命令自己的士兵早早吃过早饭，然后在黎明时分列阵出营，为了能够及时将迦太基人唤醒出战，他让骑兵部队和轻装部队径直跑到敌方营区外，往里面掷出一波投枪。[70]

哈斯德鲁巴·吉斯戈出于本能地做出了反应，他命令自己的骑兵和散兵部队前去迎敌，而他的步兵则按照以往的秩序与阵型到达战场——此时，所有的迦太基士兵均未吃早饭，这是在特雷比亚河畔，汉尼拔曾对提比略·森普罗尼乌斯·隆古斯使过的伎俩。不过计谋远不止于此，它还加入了西庇阿式的诱敌之法和战阵转换。一旦到达战场，哈斯德鲁巴便意识到罗马人现在已经将西班牙人放在了中军，而两个军团与翼军则分列两翼，直指他最为薄弱的部队。然而，假如他试图重新展开部署，那么在移动之中便有可能会遭遇西庇阿的攻击，从而造成混乱，所以他选择等待……持续等待。[71]

对于西庇阿而言，他并不急于求战。他要让饥饿和白天的炎热使战阵中的迦太基人陷入疲惫，而此时他的骑兵和轻装部队继续同敌方的努米底亚人发生着零星的冲突。数个小时过去 **218**

之后，他吹起号角让扰袭部队撤退，这些骑兵和轻装部队穿过了战阵间的缝隙，随后部署在了两翼。[72]

此时此刻，真正的对战开始了。西庇阿命令整个战线向前推进，直到双方相距约 500 步，这时他让西班牙人继续缓缓前进，从而拖住非洲部队。与此同时，西庇阿将两翼分割出去，各自为战，他率领右翼部队，而左翼部队则交给西拉努斯和早先部队推举出的指挥官马尔西乌斯来指挥。随之而来的是一系列复杂的变阵，西庇阿使用了高度专业化的语言来描述这一过程，而人们对这段记述则有着不同的理解。[73]整个战阵的编排，似乎是所有人向左或向右转 90 度，形成两路纵队（由轻装部队和骑兵打头，三线阵型紧随其后）。在指挥官命令部队调转战阵之后，开始各自向迦太基军两翼进军，直到快要接近敌军时，他们再次调转战阵，向左及向右转 90 度，从而形成了通常的三线阵型。因为在数量相同的情况下，以纵列行进的人比横向行进的人速度快很多，所以西庇阿很快让骑兵和轻装步兵到达了迦太基军的两翼，而他的重装步兵与哈斯德鲁巴的西班牙部队交战，而西庇阿的西班牙部队则并没有参与战事。[74]迦太基人目睹了这一切，被罗马人所迷惑，迟迟没有做出反应，最终为时已晚。

现代资料认为，在距离敌军如此之近的地方，进行这样的行动（无论它的实际操作是怎样的）是十分危险的，而且这还证明了参加战斗的军团士兵经历过严格的训练，遵循着作战纪律。伊里帕战役的部队，显然比巴埃库拉战役时的部队又更进了一步，和坎尼会战时瓦罗指挥的部队相比，更有天壤之别。通过作战开始时的仪式性操作，接着经过精确而大胆的调动，西庇阿克服了兵力上的劣势，让自己的部队能够彻底粉碎敌军。这是一个能与汉尼拔相比肩的功绩。[75]

　　罗马骑兵以及散兵特意针对迦太基的战象展开了追击，用如雨点般的投枪射向那些战象，从而让它们陷入恐慌，四处乱窜，制造混乱。[76]在迦太基军两翼的西班牙人进行了惊人的顽抗，但是他们遭到了轻装部队和骑兵的迂回包抄，而他们的正面遭受着绞肉机般的军团袭击，于是渐渐开始退却。同时，位于战阵中央的北非士兵却无所事事，无法和对面的西班牙人直接对战，也不能冒着破坏阵型稳定的致命风险来援助两翼。他们唯一能做的就是跟着往后撤退。[77]哈斯德鲁巴曾经竭尽所能地对他们进行激励，但是罗马人施以的压力，使两翼的西班牙人陷入极度混乱，所有人都想尽快脱离战场。迦太基的部队似乎想要在山丘背部的营盘中重整秩序、重返战场，但是罗马人又将他们赶回了自己的营地，而当罗马人准备发起猛攻时，突然天降大雨，让他们不得不停止战斗。[78]

　　尽管哈斯德鲁巴的大部分军队并没有受损，但是军队士气大为受挫。第二天，陆续叛逃的西班牙人让他明白，待在这里死守营地是没有希望的，所以他率领着剩余的部队趁夜逃走了。为了抵达加迪斯并且确保安全，他必须要横渡巴埃提斯河，然而在当地向导的帮助下，西庇阿抢先一步抵达了渡口。前路受阻，哈斯德鲁巴只得转而向大西洋海岸方向遁逃，但是很快被西庇阿的骑兵和散兵部队给拦住了。一旦西庇阿的军团抵达，李维这样描述道，这简直不像是一场战斗，而更像是"屠宰一头牛"。[79]哈斯德鲁巴和他所剩的6000余人逃到了附近的一座小丘上，凭借那里的陡峭地势勉强自守。

219

虽然有险可守，但是因为深陷重围且无法得到补给，所以他们的处境是无望的，但是罗马人一直坚持包围，显然是为了令幸存者们士气消沉，而非将之彻底消灭。不久，哈斯德鲁巴·吉斯戈设法逃回了加迪斯，随后他安排船只一路撤回非洲。在西庇阿返回塔拉科之后，他将一切事务交由西拉努斯处理，而且马西尼萨在与西拉努斯达成了秘密协定之后，也得以逃脱。马戈是最后一位从山上下来的统帅。在哈斯德鲁巴·吉斯戈撤退之前，马戈在加迪斯与之会合；马戈成了身处西班牙的最后一位巴卡家族成员，而且马戈也是最后一位放弃斗争的人。在被统帅遗弃之后，迦太基军队的其他人员很快就不知所踪，于是西拉努斯与西庇阿会师，并且宣布这里的战事已经结束了。[80] 虽然迦太基在西班牙的主要抵抗力量已经被终结，但是下这样的结论还为时尚早。

西庇阿现在的视野已经超越了伊比利亚——变得更为广阔，很快我们就会发现，已经比他在意大利的同僚们看得更远。因为他明白，一旦巴卡家族在西班牙的势力崩溃，想要摆脱汉尼拔的关键，就是他脆弱的母邦——迦太基。在公元前218年战争爆发的时候，元老院一直打算入侵北非，但是汉尼拔把战火引向了意大利，而在12年之后，他们依旧分身乏术。但是西庇阿精力充沛。公元前206年夏，西庇阿已经开始对北非局势的压迫点——不仅是努米底亚君主马西尼萨，还有他的敌人西法克斯——施压了。

这两个互相敌对的努米底亚王国的局势都不稳定，此时共同占据了北非中部。两者中较大的王国马塞西利（Massaesyli）位于西边；而另一个王国马西里亚（Massylia），其领土远远小于马赛西利亚，位处与它名字相似的王国和东邻迦太基之间。[81]迦太基的势力主导并操控了这两个王国，但是偶尔两者也会出现反抗和叛乱。早年间，迦太基人重用马西尼萨的父亲加拉（Gala），将马塞西利的统治者西法克斯（Syphax）逐出权力中心。[82]然而，现在，随着加拉的故去，他的王位也饱受争议，西法克斯复出，再度将权柄牢牢握在手中，并且急于扩充自己的权势。为了对这局面加以利用，西庇阿派出他的挚友拉埃柳斯，试图说服西法克斯与罗马结盟，但是当西法克斯顾左右而言他的时候，西庇阿从新迦太基出发，决定亲自出马。

当西庇阿的两艘五列桨战舰接近西法克斯的西部重镇西贾（Siga）港时，他惊恐地发现，正在返回迦太基途中的哈斯德鲁巴·吉斯戈率领七艘体型虽小但更为灵活的三列桨战舰，正准备登陆，而在伊里帕惨败后，这时的哈斯德鲁巴有机会扳回一局。在逆境中，西庇阿做出了最好的选择，在哈斯德鲁巴下锚进港之前，他抢先进入港口，在西法克斯的港口，他们都不会发生冲突，因为双方都不愿冒犯西法克斯。[83]

所以事情发生了意想不到的转折，在西法克斯的坚持之下，西庇阿会与之前不共戴天的敌人食共桌，寝同榻，相谈甚欢。他也给哈斯德鲁巴留下了深刻的影响，哈斯德鲁巴发现，相比西庇阿在战场上的致命，他更加具有人格魅力，并且得出结论认为，如果对西法克斯放任自流的话，他很快就被拜倒在这位罗马统帅的魅力之下，投入罗马阵营。西庇阿也是这么认为的，所以当他扬帆离去的时候，他觉得自己已经获得了一位新盟友。但是，哈斯德鲁巴·吉斯戈有一位女儿，在历史上以索芙妮斯芭之名而为人所知（她的迦太基名字为卡冯巴尔，Cafonbaal），她是从艾莉莎（Elissa）到克利欧佩特拉（Cleopatra）这一系列令人着迷的北非女性中的一员，她很快将把西法克斯玩弄于股掌之间。

221　　回到西班牙，很显然，西庇阿想用公元前 206 年的剩余时光来解决未竟之事，这样他就可以返回罗马，参与执政官的竞选。[84] 然而他遇到事务之多令他始料不及。在伊比利亚半岛这片纷争之地，排除迦太基势力的影响和想要将之纳入罗马治下，完全是两码事。

　　起初，西庇阿和他的副手们——尤其是马尔西乌斯——分兵，对那些不愿意效忠的部落和地方进行惩罚性的远征。尽管这些征讨大多是成功的，但是所遇抵抗之激烈却令人震惊。[例如，在一个名叫阿斯塔帕（Astapa）的地方，当地的战士在发动自杀式突袭之前，将部落中的妇女孩童尽数屠杀。[85] 这或许是一个暗示，暗示着实际上罗马人正坐在火山口上。]

　　不久之后，"火山"第一次爆发了，当西庇阿生病时，谣言开始四处流传，说他已经死去。毋庸置疑，因迪毕里斯肯定是第一批反叛者，他聚集起了许多伊比利亚和凯尔特-伊比利亚战士，掀起了建立在广泛基础之上的叛乱。

　　更糟糕的是，西庇阿伤病的消息很快转而影响了他自己的部队。一支有 8000 人之众，驻扎在苏格罗镇（Sucro）的部队抱怨他们没有得到兵饷，一直都被闲置，发动了叛乱。他们要求要么将他们投入战场，要么将他们遣送回国并解散。这种叛变既危险且有具有一定的症状。之前与满载缴获物品的迦太基人的战斗，既令人兴奋又有利可图，但是在西班牙，显然这种战斗已经接近尾声；接下来将会是对叛乱进行的乏味且恐怖的镇压。就目前而言，在西班牙服役被证明只是一张单程票，甚至有些西庇阿的部队已经在这里待了 10 多年。[86]因此，镇压叛乱的作战所具有的长期性和遥遥无期的愿景，已经远远胜过苏格罗哗变者所要表达的东西。这些影响可能反映在李维（28.24.13）的记载中，很显然，两名主要的谋乱者的名字都是假名，一位叫作盖乌斯·阿尔比乌斯（Albius，意为白色），另一位叫盖乌斯·阿特里乌斯（Atrius，意为黑色），而前者来自卡莱斯（Cales），正是这座城市在公元前 209 年拒绝提供兵员，其中的部分原因就是那无休止的海外服役。[87]

不管怎样，现在西庇阿从伤病中恢复了过来，迅速而果断地做出了反应。他用更大规模的部队包围了那些反叛分子，对他们进行了一段冗长而愤慨的演说，接着，忠诚于他的部队用佩剑敲击着盾牌，有 35 名叛乱头目被带到众人面前，这些头目赤身裸体，身披锁链，先是被鞭笞，接着被斩首。最后，在西庇阿给剩余的叛乱者们发放兵饷并且宣布既往不咎之前，他要求他们每个人都宣誓效忠。

这是军队领导权的一次戏剧性的转变，为此李维和波利比乌斯都用了相当的篇幅去记述，[88]不过很明显这只不过是权宜之计。尽管如此，西庇阿的举措令军队团结了起来，使他能够迅速且成功地对因迪毕里斯展开作战。而因迪毕里斯又一次逃走了，直到在西庇阿离开西班牙前的最后一次叛乱中，他才兵败被杀。罗马注定要在这里进行超过一代人的持续征讨，直到奥古斯都·恺撒时期才完成对西班牙西北部的最终征服。但是对于西庇阿而言，那是其他人的事了；他注定要以"非洲征服者"为世人所铭记，而非以"西班牙征服者"（Hispaniensis）留名

222

于史。他来到西班牙是为了驱逐那里的巴卡势力，而非让这里成为罗马的领土；现在，他只关心如何把汉尼拔赶走。

不过，在他离开西班牙之前，躲在加迪斯的马戈·巴卡和与其一起的马西尼萨依旧是一个问题。与这位非洲君主的密谈断断续续地维系着，就像西法克斯那样，马西尼萨也希望能够在达成协议之前与罗马统帅进行私人会晤。西庇阿同意了这次会晤，他认为此事十分重要，有必要从塔拉科一路赶到远在巴埃提斯河谷的密谈地点。而马西尼萨则告诉马戈，战马在加迪斯的这一处待得过久，已经日渐消瘦，因为这里在一处小岛之上，所以马西尼萨提议并被获准渡河进入内陆进行一些劫掠行动，然而渡河之后，他却径直往罗马人的方向而去。

据李维（28.35）记载，这也是我们有关这次会晤的唯一史料来源，两人可谓一见如故。马西尼萨丝毫没有提及自己在老西庇阿兄弟之死中起到的作用，而西庇阿也只字不提他与这位努米底亚人的死敌西法克斯所刚刚建立的关系。相反，马西尼萨言之凿凿地表示，自己一直渴望着能够为罗马服务，尽管在西班牙遭遇了挫折，但是终将在非洲实现。如果西庇阿被派往非洲，而他则继承了其父空悬的王位，那么马西尼萨"相信迦太基将离覆灭不远了"。当西庇阿发现了一名优秀的骑兵指挥官的时候，他十分高兴。这是马西尼萨与西庇阿，乃至与西庇阿之孙友谊的开端，因为这位努米底亚人注定是长寿的。这同时也是迦太基败亡的开端，因为迦太基从未有过哪个敌人会比马西尼萨更加持之以恒。同时，在两人结束了初步会晤，准备离开的时候，马西尼萨获准袭击了一些罗马当地盟友的地盘——以免马戈生疑。

这位巴卡家族最小的成员正忙于自己的计划。在西庇阿平息了兵变并且击败了因迪毕里斯的叛军之后，马戈倍感泄气，正当他打算放弃在西班牙取胜的希望，返回非洲的时候，他从迦太基那里获得了一笔资金和一道命令，让他率领舰队前往意大利，接着招募一支高卢人和利古里亚人的军队，然后尝试与汉尼拔会师。[89]不过，作为巴卡家族的一员，他做出了另一个选择，他郊仿西庇阿突袭了新迦太基，想要重新夺回自己家族的军事工业重镇，一举扭转战局。然而，马戈在离开加迪斯之前，对当地进行了彻底的搜刮，而这无疑是错误的。对新迦太基的突袭进展不顺——当地人已经提前得到了警告，不再对巴卡家族友好。马戈只得返回加迪斯，但是他发现大门紧闭。在倍感耻辱之余，他邀请了城中长老前来议事，然后随即将他们处死。[90]之后，他乘船前往伊比沙（Ibiza），准备对意大利展开入侵，他的离去标志着巴卡家族和迦太基在西班牙霸权的终结。西庇阿终于可以返回罗马了。

五

这位征服西班牙的英雄于公元前 206 年年末返回了罗马，他所率领的 10 艘船中，除了携带普通战利品之外，还有 14342 磅的白银以及大量的钱币，这些可以被用以充实罗马国库。[91]他在战神广场与元老院的诸元老会晤，并且在战争女神贝罗纳（Bellona）神庙的圣域中，向元老们通告了他在西班牙所取得的功绩。西庇阿向众人提醒道，他已经击败了四位地方统帅（两位哈斯德鲁巴、汉诺以及马戈）和四支迦太基大军，在他离开西班牙的时候，那里已经没有一名迦太基士兵了。他还补充说，虽然以前从未给那些没有适当官职的得胜之将举行过凯旋式，但是考虑到他本人对国家做出的贡献，或许他可以成为第一个例外。但是元老们断然拒绝了。

尽管如此，在蜂拥而至的人群中，西庇阿还是取得了类似的东西，这些人聚在一起想看一看这位风云人物——普布利乌斯·科尔内利乌斯·西庇阿。据李维（28.35.6-7）的描述，此时的西庇阿"风华正茂"，拥有着飘逸的长发，焕发着蓬勃的男子气概。如果古罗马有一位摇滚巨星的话，那么他当之无愧……和一些阴沉的元老们相比，他显得不甚协调。

不过人们不这么认为。西庇阿位于罗马广场后的宅邸被围得水泄不通。当他在朱庇特神庙祭献 700 头牛——他还在西班牙的时候，便向自己的守护神许诺要进行百牲祭——的时候，该地同样被围得水泄不通。在即将卸任的执政官，同时也是西庇阿的家族好友卢修斯·维图利乌斯·斐洛（L. Veturius Philo）主持的森都利亚大会上，他在欢呼声中当选为执政官，而大部分官员之职也落入了西庇阿的政治盟友手中，其中包括与他共同当选为执政官的普布利乌斯·李锡尼·克拉苏（P. Licinius Crassus），克拉苏或许是整个罗马最富有的人，从公元前 212 年以来，他一直担任着大祭司。随后，西庇阿获悉了更多的好消息：元老院决定，公元前 205 年的执政官辖地将是位于意大利半岛脚尖的布鲁提乌姆，那里也是汉尼拔的所在；或者是西西里。因为克拉苏兼任了祭司长，所以他不能离开意大利本土，这就意味着西庇阿将被派往西西里，而那里将是进攻北非的天然集结地。这似乎已成为既定事实，科尔内利家族和其他希望采取积极行动，并愿意将这机会让给一颗罗马新星的人，一同操控了这件事情。

然而，这个计划注定不会一帆风顺。元老院里的反对者们毫不留情地提出了抗议，这让我们不禁明白，罗马的政治都是围绕个人服务的，以服务国家为名的雄心，依然是赤裸裸的个人野心罢了——终有一日，这种腐化力量会撕裂罗马共和国。这种硝烟弥漫的气氛，被李维以两场演说的形式记录了下来，据说这两场演说分别是双方的代表做出的，而且与那些战前演说不同，很可能反映出了当日真实的话语。

很明显，伟大的"拖延者"费边·马克西穆斯发表了第一场演说。在演说开始时，他便辩驳道，对北非的战略还没有确定，而西庇阿再三坚持这一战略，无疑是对元老院的羞辱。他掩饰道，自己已经过于年迈，并不会对西庇阿心生嫉妒，"如果我没有把您的个人荣耀凌驾于罗马的福祉之上"，那么请这位年轻的统帅能够原谅自己的直率。"汉尼拔依旧十分强大。"费边如是说道。他还认为西庇阿的义务是在意大利本土抗击汉尼拔，因为国家已经无力承担两支独立的军队了——一支在本土，一支却要被派往北非。费边提醒众人，第一次布匿战争期间，雷古卢斯在北非远征时所遭遇的多舛命运，而且还提及正在驶向意大利与其兄长会师的马戈又将是一场噩梦。"我的想法是，普布利乌斯当选了执政官，应当为我们和共和国着想，而非只顾及一己之私，这些部队之所以被征召，是为了捍卫罗马和意大利，而不是让那些如同暴君般傲慢的执政官，任意派驻到他们选择的土地。"这个总结性的声明，充分体现了这位保守者对于这样一个富有超凡魅力的新人抱有的警惕。[92]因为，正如法国历史学者塞尔吉·兰瑟所言，费边隐隐地察觉到了一个新的统治

225

阶级正在崛起，这些新的统治者将自己的野心诉诸平民，也诉诸军队，因为元老院可能已经获悉，在西班牙的时候，西庇阿的军队以"帝王的"（imperatorial）而非"帝国的"（imperial）的形式，向他们的统帅致敬。[93]

西庇阿并没有试图缓和费边的质疑，他选择以只谈论益处来展开论述。他并没有多谈雷古卢斯，而是让元老们不要忘记叙拉古的阿加托克利斯，虽然迦太基围困了他的母邦，但是他通过入侵北非成功地将战事转移了。他还补充道，没有任何例子比这次汉尼拔的入侵来得更有说服力，所以为什么要沉湎于旧事呢？如果罗马人想要分裂那些被迦太基压迫的附庸势力，那么肯定比巴卡家族想要让罗马盟友投奔自己更有希望。西庇阿提醒那些元老，敌人并没有公民部队，他们所依靠的只是"反复无常"的佣兵而已。至于核心的议题，西庇阿向元老院保证他并没有刻意回避："是的，费边，我将会让你留给我的那位劲敌，汉尼拔……跟在我的后面行动。我会迫使他在自己的故土与我战斗，胜利的奖赏将会是迦太基本身，而非那座微不足道、残破不堪的布鲁提乌姆要塞……现在，轮到非洲在剑与火中被毁灭了。"[94]

据李维记载，西庇阿振奋人心、渴求复仇的言论，只得到了元老院冷淡的反应，因为已经有谣言说，如果西庇阿的入侵计划没有得到同僚的批准，那么他将会把这项计划对民众和盘托出。从技术角度来看，这是合法的，但是这绝无先例——没有先例在罗马政治中就意味着欺骗——这正是最后将共和国撕裂的伎俩。[95]另外一位守旧派，曾经5次担任执政官且参与征服加普亚的昆图斯·福尔维乌斯·弗拉库斯提出质疑，质问西庇阿是否愿意接受元老院就这个问题做出的决定，却只得到了模棱两可的回答："他所做的一切都出于国家的利益。"

　　这显然是无法被接受的。不过经过一天的冷静，双方达成了妥协。西庇阿同意接受元老院的决议，但是决议中可能也做出了一些保证，将投票把西西里授予西庇阿作为辖地，而且假如西庇阿认为"对国家有益"，那么他可以获准远征北非。[96]

　　不过，这里有一项非常重要的附加条款。元老院认为，入侵是一回事，但是组织军队参与入侵又是另外一回事了。显然，就像费边表示的那样，罗马无法同时承担起本土和北非部队的兵员和补给，而西庇阿也不允许在意大利招募正规军队。他只能从同盟势力中获得志愿部队、船只和补给形式的援助。虽然一些历史学家认为，这种传说不是虚假的就是经过了夸大，但是李维和阿庇安的记载均证实了这一点。[97]

　　由于西庇阿的西班牙部队曾经哗变，所以认为西庇阿觉得这支部队难堪大用，还是有道理的，而那些长期在海外服役的归国部队也不太可能再被征用。尽管西庇阿还是设法募集了7000人的志愿军，但这显然是不够的。不过，西庇阿一定知道，在西西里还有一支潜在的可用军团，那些士兵虽然备受忽视，且饱受责难，却一直都保持着忠诚。因为西庇阿曾与他们一起，在坎尼浴血奋战。

226

第九章　幽灵复生

一

　　西庇阿并不着急。直到公元前 205 年春末他才抵达西西里，还要再过一年他才会远征非洲。

　　当然，确实存在一些压力迫使他尽快展开行动。在北方，马戈·巴卡已经率军抵达了利古里亚，很快就会引发足够多的麻烦，而迦太基当局也会向马戈派遣增援部队，罗马也将更多的堵截部队，以及沉稳可靠的马尔库斯·李维·萨利纳托尔派往埃特鲁里亚。然而，这不足以让台伯河畔紧张的人们安心。[1] 与此同时，在北非，马西尼萨为了夺回自己父亲的王国，同西法克斯展开了内战，却遭遇失败，他为此抱怨罗马的入侵迟迟未至。但是西庇阿所能做的唯一让步就是，派遣他最为信任的左右手拉埃柳斯对北非海岸发动突袭。除了令迦太基感到恐慌，获得了一些战利品，与马西尼萨（仅率数骑，且满腹怨言）完成了会晤之外，拉埃柳斯并没有取得什么实质性的进展。

　　西庇阿的执政官任期只有一年，从严格意义上讲，他在非洲执行权的期限也是如此。不过，西庇阿似乎已经清楚，他所得到的支持，能够让他的执行权被无限期延长（正如我们所看到的那样，然而这存在争议）。西庇阿在西班牙对新迦太基进行的突袭已经消除了所有的顾虑，只要形势需要，他可以迅速展开行动。但是，他并没有迅速对非洲开战。他似乎有着清晰的时间观念，一切都是按照缜密制订的计划按部就班地进行，以确保充足的后勤保障来维持庞大的军事行动，而重中之重在于，在废弃的残兵中建立起一支能够得胜的部队。

李维（29.1.1-11）用一则逸事作为西庇阿在西西里逗留期间的开场白，这件事虽然真伪难辨，但毫无疑问地展现了西庇阿在组建战斗部队时的聪明才智。[2] 在西庇阿的志愿部队到后，很显然，这些士兵被安排在各个百人队当中，但是西庇阿留下了 300 个体格最为魁梧的年轻人，他们既没有被武装，也没有被分配入队，这些人陷入了困惑。接着，他招募了同等数量的西西里骑兵，这些人都是从当地贵族中选调的，但是他们似乎并不愿意加入这场很可能漫长而危险的兵役之中。当一位贵族委婉地表达了自己的保留意见时，西庇阿提出一个替代方案：他们将给那些尚未被分配入伍的年轻人提供房屋、食物、训练、坐骑以及装备。这个提议一被提出，那些剩下的西西里人便欣然应允。西庇阿借那些不愿合作者之手，创建了一支富有战斗激情的骑兵核心，实现了空手套白狼。不论这件事是真是假，西庇阿都将要进行一次更大规模的尝试。

据李维记载，在西庇阿巡视他所继承的那些驻扎在西西里岛上的部队时，他挑选了那些服役最久的士兵，那些人很可能曾在马塞卢斯麾下作战，并且熟知围城与冲锋之法。[3] 很显然，李维所指的就是坎尼军团——现在被叫作第五军团和第六军团，这支部队由坎尼会战和两次赫尔多尼亚战役的幸存者组成。李维补充道，西庇阿从不怀疑他们的战绩，因为他明白"坎尼会战的惨败并不是因为他们的懦弱，而且在罗马军队当中，没有

228

比他们经验更丰富的士兵了"。[4]

此时，那场军事惨败已经过去了 11 年，很多人年事已高，已经不能继续战斗了，因此西庇阿进行了单独筛选，将他认为不适合战斗的人，用从意大利带来的志愿兵进行替换。在此过程中，产生了两个特别巨大的军团，据李维描述，每个军团有 6200 名步兵、300 名骑兵——现代史学家对于这个数字存在争议，但是也可能反映出这位指挥官的创新战法和面临的巨大危险。[5]这样也给他留下了一些在某种程度上是异类的部队，故而这些人无法理解他的战术创新。接着，很有可能，西庇阿早早地开始了对他们的训练，训练的过程消耗了大量他准备用来入侵的时间。[6]

李维还补充说，在挑选了这些老兵之后，"他将这些部队部署在了各个城镇"，这一点意义巨大，因为早期的坎尼军团——当第一次赫尔多尼亚战役的幸存者加入他们的时候——被下令禁止在任何定居点附近扎设冬营，这是元老院额外强加给他们的羞辱。[7]西庇阿在取消这项禁令的同时，不仅对元老院的决策嗤之以鼻，而且再次展现出了他对于如何建立忠诚有着深入的理解。李维如是写道，坎尼军团随时准备起程前往北非，"保证在西庇阿，而非其他统帅的指挥下……为屈辱的境遇画上句号"。[8]因为这些人已经明白在对阵汉尼拔时所需要做出的应对——他们曾吃尽汉尼拔诡计的苦头——故而，必然会将西庇阿和他的新战术视作自己复仇雪耻的凭依。[9]不过，出乎意料的是，在有机会面对曾经折磨过他们的迦太基人之前，他们竟会先有机会回报西庇阿的恩惠，将他们的指挥官从耻辱之中解救出来。

这一切都有始于一次偶发事件。公元前 205 年年末，一批在西庇阿军营中的囚犯，这些来自洛克里——在意大利脚趾处的布鲁提乌姆，也是最后几座效忠汉尼拔的城市之一——的囚犯想要叛变，将这座要塞献给罗马人。西庇阿立马抓住机会，从附近的利基翁（Rhegium）派出了一支 3000 人的部队，由两名军团长官负责指挥，同时任命昆图斯·普莱米尼乌斯（Quintus Pleminius）担任全权指挥官。经过乱战之后，他们占领了洛克里，罗马人不仅大肆屠戮，而且以极端野蛮的方式疯狂劫掠，甚至洗劫了一座著名的珀尔塞福涅神殿。但这仅仅是一个开始。罗马驻军很快就分成了两派，一派支持军团长官，而另外一派则支持普莱米尼乌斯，开始公然因为分赃而产生了争夺。结果，普莱米尼乌斯鞭笞了两位军团长官——对于如此军阶之人，发生这种事十分反常——接着普莱米尼乌斯又差点被殴打致死。[10]

西庇阿听闻此事后，立即乘船前往意大利，设法将这场闹剧平息，他赦免了普莱米尼乌斯，并将两位军团长官拘捕。西庇阿做出了一个非常不明智的选择。当他返回西西里之后，普莱米尼乌斯对两位军团长官施以酷刑，随后处决，并且对当初向西庇阿抱怨的洛克里贵族进行了同样的报复。[11]

有关这些暴行的消息在公元前 204 年年初传到了元老院，而费边·马克西穆斯领导的反西庇阿派也趁势抓住机会。更糟糕的是，元老院中还充斥着一连串关于西庇阿丑闻的谣言，而它的来源是西西里的财务官马尔库斯·波尔基乌斯·加图（Marcus Porcius Cato，即老加图），这个人注定要成为西庇阿的一生之敌。在历史上，老加图几乎是罗马人质朴美德的完美体

230

现，而且他深深地憎恶着希腊事物、迦太基以及迦太基人。据老加图说，西庇阿在西西里完全是一副希腊花花公子的做派——身穿女人气的希腊外袍，脚蹬凉鞋，沉湎于竞技场，给自己的士兵大量的金钱，而士兵们则用金钱寻欢作乐。[12]

在针对西庇阿的谴责中，费边紧紧抓住了最后一个方面。费边提醒道，自己的同僚在西班牙发生过军队哗变，而他本人则坚称，这次哗变给罗马造成的损失比在战场时牺牲的部队还要多，费边认为西庇阿"是为腐化军纪而生的"，因此应该立即剥夺他的指挥权。普莱米尼乌斯和洛克里之事的情况已经够糟了，他声称整个远征军已经纪律松弛，而当这支部队是饱受猜忌的坎尼军团时，事态已经不容被忽视。[13]西庇阿的盟友梅特卢斯则尽力破除这种浅见，但最终元老院做出了一项非常典型的圆滑之举，它派出了一个 10 人委员会前往西西里评判西庇阿是否有罪，更重要的是，要去检查他的战备情况。无论是否备战完全，现在都是坎尼的幽灵们现身聚光灯下的时候了。

他们没有令人失望。在处理完洛克里的事务之后，10 人委员会的委员们渡海来到叙拉古，在那里，西庇阿将所有部队和舰队尽数集结，并且处于备战完成的状态，能够马上充分投入两栖作战当中。随后，委员会观摩了一系列安排缜密的演习，不仅仅是阅兵，而且进行了实战演练，甚至在港口内进行了模拟海战。在对战备物资进行了进一步的检查之后，委员们相信，假如西庇阿和他的部队不能打败迦太基的话，那么就没有人能够胜任这份工作了。当他们离开西西里时，洋溢的是对胜利的期待，而不仅仅是对战备的满意——这是他们给元老院所留下的深刻影响，于是元老院立即授权西庇阿，尽可能地使用西西里的部队，一旦有机会就展开入侵行动。[14]坎尼军团已经澄清了其统帅蒙受的冤屈，至少在救赎的道路上已经前进了一大步。

或许是在公元前204年春末的某个时候[15]，入侵部队在西西里西端的利利俾集结，这里距离迦太基约140海里。李维（29.25.1-2）对于部队的规模进行了估计，他认为这支部队的兵力应该为2.5万~3.5万人，所以无法准确说出这支部队的规模到底有多大。不过，两个6000人的罗马军团，外加同等数量的同盟翼军，还有约2400名骑兵——基本上是一支扩充版的执政官部队，总数约有2.64万人——这也只是一个大概的数字。随着诸多仪式——适当的献祭、长篇的演说、港口聚集的潮水般的人群——的进行，这支携带了45天的水和食物储备的军队，被塞进了400艘运输船中，仅由40艘战舰护送。（西庇阿很可能缺少划桨手。此外，迦太基的海军也构不成太大威胁。）之后，整个舰队驶向大海，往非洲的方向径直驶去。

在没有导航设备的帮助下，这样的航行无疑是一次信仰之旅，不过在一个雾气笼罩的夜晚过去之后，第二天清晨，他们便发现了陆地。西庇阿的引航员宣称这是墨丘利海岬（Promontory of Mercury，现在的卡本半岛）。西庇阿并没有驶向李维所宣称的原定目的地——恩波里亚（Emporia），位于更南方的富庶之地[16]——而是让海风带着舰队向西航行了40海里，抵达"美丽角"（如今的法里纳角），并在那里登陆。这让西庇阿身处乌蒂卡城（Utica）附近，大约在迦太基城以北25英里的地方，这里位处半圆形突尼斯湾的底部，两边则是两处海角。这里是一个绝佳的位置，既能近到足以让迦太基人陷入恐慌，又能远到让罗马人有充分的时间得以卸下装备。现在诸事皆毕。

当人们看到在附近山丘上扎营的罗马人时，整个乡野都陷入了恐慌，成群的居民和他们的牲畜涌向了有防御的地方——尤其是迦太基城——以求安全。李维如是写道，恐惧不断蔓延，弥漫于整个城市之中，人们彻夜难眠，为即将到来的围城积极备战。[17]第二天早上，一位年轻的贵族汉诺，率领一支 500 人的骑兵队，前往海岸进行侦察，如果有可能的话，在罗马人还没立足的情况下，对其进行破坏。

然而他们来得太晚了，西庇阿已经部署了骑兵巡逻队，轻而易举地击退了迦太基人，并在随后的追击中杀伤了大量士兵，包括汉诺本人。同时罗马的掠夺者开始聚集还没有来得及逃离

232 的人并搜罗物品。这无疑是一个大丰收，他们虏获了 8000 余人，精明的西庇阿随即将这些收获运回西西里，作为支付战争的第一桶金。

对罗马人来说，更好的消息则是不久之后马西尼萨的出现，据李维记载，马西尼萨携带着 2000 名或 200 名骑兵到达。而人数则很可能是后者，因为这位努米底亚君主基本上是从西法克斯手底下潜逃而出的，但是西庇阿明白，对于马西尼萨而言，兵力的多少并不重要，他本身就是名副其实的"一人成军"（army of one）。

当我们将目光放回迦太基时，他们的抵抗计划显然是极其混乱的。这座城市最有经验的军人——哈斯德鲁巴·吉斯戈已经被派往他处。尽管为时已晚，但他还是受命组建一支军队，并且率领着匆匆组建的部队驻扎在 25 英里开外的内陆地带，在与罗马人交战之前，等待着西法克斯率领努米底亚军队前来会师。[18]在哈斯德鲁巴不在的情况下，迦太基人几乎本能地组建起

了另外一支骑兵部队，而部队的指挥官还叫汉诺——这支骑兵部队由迦太基贵族构成核心，还由一些能够骑马且可供雇用的部民拼凑而成，总人数大约为 4000 人。[19]

当时正值夏日，当西庇阿听说这支骑兵在一座城镇内而非在乡野驻扎时，他便将这些人认定为潜在的牺牲者，并开始制订相应的计划。马西尼萨将会作为诱饵，策马直奔那里——萨拉艾卡（Salaeca），距离罗马阵地约 15 英里——的城门，让自己的小分队诱使迦太基骑兵出城。接着，马西尼萨将会逐步引诱迦太基人对他进行追击，最终西庇阿的骑兵主力将会在山丘的掩护下，对迦太基骑兵进行拦截。事实证明，敌人的反应是如此迟缓，以至于马西尼萨不得不多次骑行到城门下，迦太基人才缓缓出击，而马西尼萨又花费了更多的时间佯装抵抗和撤退，直到迦太基人开始展开追击，并到达罗马人藏身的山丘地带。最终，当迦太基人一路追击之时，发现自己已经被罗马人和马西尼萨的部队所包围，在最初的交战中，指挥官汉诺和近 1000 人阵亡，而在随后长达 30 英里路程的追击中，又有 2000 名迦太基人丧命，牺牲者中有 200 人是迦太基贵族。[20]对于迦太基而言，这又是一个灾厄之日。

很难说迦太基城对于这次危机的反应是及时且得当的。他们肯定知道罗马人即将到来，因为在西西里仍然有很多迦太基人，而且据说利利俾充斥着各式各样的间谍密探。[21]然而，似乎迦太基的海军并没有打算拦截罗马的舰队，也没有试图阻挠他们登陆，据李维记载，迦太基人甚至都没有事先准备好一支优良的部队。[22]

这种情况很难得到解释，纵使历史是由罗马的朋友们书写

233

的，想解释这种现象依旧十分不易。迦太基城的防御是强大的——西庇阿甚至都不会考虑进行围城，这可能就是其疏忽和过度自信的来源。但是阿加托克利斯和雷古卢斯的入侵，依旧表明城市周边的地区是何等的脆弱，而这种脆弱对于整座城市而言造成了何等的危害。但是，这种假定的迦太基人所具有的过度自信，很难解释当西庇阿来临时，为何城中居民会陷入极度的恐慌。可以说，迦太基人从来就不擅长战争，他们只能被动地坚持战争，这可能会有助于解释为什么他们会缺乏规划。

正因为缺乏必要的支持，这场战争才会如此发展，或许这种说法更具有说服力。迦太基在第二次布匿战争期间的政治环境无法被重构，但是从"伟大的"汉诺所发表的言论中，我们得知有人反对这场战争。此外，一支迦太基的求和使团后来将战争的罪责完全归咎于汉尼拔及其派系的身上。无论是真是假，罗马人都不会接受迦太基的这种借口。就如同一个众所周知的帮凶，不管有没有直接参与犯罪，迦太基人都要受到惩罚，并最终因自己的软弱而遭受严惩罚。

二

不过，迦太基人距离彻底覆灭还十分遥远。冬天的来临切断了西庇阿同西西里补给基地的联系，他将船只拖上岸，并在乌蒂卡城——西庇阿曾尝试进攻该城，但是失败了——以东 2 英里处的一片贫瘠的海岬上扎设了自己的营地——科尔内利营地（castra Cornelia）。而在西庇阿前方大约 7 英里开外的，则是两个单独的营区，分别属于西法克斯和哈斯德鲁巴·吉斯戈，波利比乌斯（据残篇记载）和李维都认为，迦太基联军共有 8

万名步兵以及 1.3 万名骑兵——现代研究资料认为这个数据过于夸大，因为在冬天，如此之多的部队实在难以供应补给，但是迦太基军队的人数很可能还是比罗马人要多。[23]

换作其他指挥官，此时或许会情绪低落；然而，西庇阿则着手安排诡计。起初，西庇阿打算将西法克斯争取过来，他希望可以让西法克斯对自己的妻子索芙妮斯芭（哈斯德鲁巴·吉斯戈的女儿）产生厌倦，继而与迦太基人分道扬镳。[24]然而，索芙妮斯芭对这位马塞西利国王所施展的魅力，远远超越了肉体的欢愉。因此，这位罗马统帅决定开始实行一个更为深入且如炼狱般残酷的计谋。

他假意接受了西法克斯针对和平谈判而提出的斡旋。随后，他安排伪装成仆人的百夫长混入使节团当中，一同进入敌营，而百夫长则顺势对敌营的部署展开侦察。西庇阿的间谍汇报说，努米底亚人被安置在茅草搭成的小屋中，而迦太基人也好不到哪里去，他们将树枝和可用的木材搭在一起组成营房。就如同三只小猪童话里的前两个屋子一样，这些营房十分脆弱，简直是致命的。随着谈判的推进，双方围绕在彼此进行撤军的原则之上展开磋商——迦太基人撤出意大利，而罗马人撤出非洲——而西庇阿的间谍则继续探察营地的虚实，尤其是营地的出入口。[25]西庇阿甚至让人觉得所做的一切军事计划，好像都与重新对乌蒂卡展开围攻息息相关。而随着谈判成果愈加成熟，努米底亚人和迦太基人逐渐放松了警惕。[26]最后，出于迦太基方面主动要求，西法克斯向罗马人传递出一份信息：迦太基人决定接受条款。然而，西庇阿继续拖延了一段时间，并开始准备执行他真正的意图——趁夜对两处营地发动袭击。

234

　　这次袭击采用的是火攻。西庇阿将自己的部队一分为二，并且按照精心勘察过的路线行军，以确保当他们到达目的地时已经接近午夜时分。第一支部队在拉埃柳斯和马西尼萨的率领下，率先攻击努米底亚人的营地，他们冲入敌营，将茅草屋纷纷引燃，于是在几分钟内整个营地陷入一片火海。许多努米底亚人在睡梦中被烧死，而其余的人则在营门遭遇踩踏，当他们好不容易冲出营地时，守候多时的罗马人将他们一并砍翻。对于那些被严重灼伤的人而言，死亡才是仁慈的解脱。[27]

　　当迦太基人在另一处营地目睹了火灾时，一些人认为这纯属意外，并且在毫无武装的情况下冲出营地，想要帮助努米底亚人——而那些早已潜伏在阴影中的另一支西庇阿军团则将其一一诛杀。随后，罗马人强行攻入迦太基营地，并且开始纵火烧营，在那里燃起了熊熊大火，造成了几乎相同的死伤。哈斯德鲁巴和西法克斯都设法逃脱了，而前者逃走时还率领着 400 名骑兵和 2000 名步兵，不过我们可以肯定的是，大火和刀剑对那些滞留者们造成了可怕的伤亡。李维认为有 4 万人死亡，但这是基于他过分夸大的军力估算之上的。[28]波利比乌斯并没有提供任何的数字，而是评价这次攻击道："若论恐怖程度而言，它已经超出了以往的所有战斗。"但是，在撇开让成千上万的熟睡之人葬身火海的道德问题之后，波利比乌斯还补充道："在我看来，在西庇阿所创造的诸多非凡功绩当中，这无疑是最为精彩，也是最为冒险的一次。"[29]这的确是大师才能施展的诡计，至少这就表明了西庇阿已经做好了对阵汉尼拔的准备。

　　在迦太基，这场灾难的消息激起了人们的失望与沮丧。许多公民惨遭屠戮，包括一些贵族，人们纷纷担心西庇阿将会对迦太基城展开围攻。当执政官召集长老议事会进行商讨时，出现了三种观点。第一种观点认为，应该立即与西庇阿媾和（但鉴于最近一次的谈判结果，这可能不切实际。）第二种观点认为，应该召回汉尼拔，让他"拯救自己的祖国"。（这可以理解为一个折中的想法，因为这样既可以帮助保卫迦太基城本身，又可以通过让汉尼拔和马戈撤离意大利来安抚罗马。）而持有第三种观点的人，则想要重组军队，继续战争。李维告诉我们，已经返回迦太基的哈斯德鲁巴·吉斯戈，以及整个巴卡家族的派系都力推这个方案，"显示出了罗马人般的坚定"。[30]哈斯德鲁巴现在依旧担任着迦太基军队的总指挥，而且开始征召迦太基人，当西庇阿并没有出现而想要攻下乌蒂卡时，他的热情又高涨了起来。同时，他向身处内陆阿巴（Abba）地区的西法克斯派出了使节，想要鼓励他坚持到底。

而此时，另外一位迦太基人已经牢牢地控制住了那位马塞西利的国王，再一次坚定了他的信心。索芙妮斯芭发表了一段充满激情的演说，希望西法克斯不要抛弃她的父亲和她的母邦，西法克斯决定完全配合迦太基的谋划，积极地武装每一位他能找出的努米底亚农夫。[31]就在这时，另一个好消息到来了，一支4000人的、刚刚募集的凯尔特-伊比利亚佣兵部队也抵达了迦太基，这些西班牙人的存在，也反映出西庇阿在征服西班牙时，仍然没有做得很彻底。[32]西法克斯很快便与这支佣兵一起同哈斯德鲁巴会师，因而在30天内（公元前203年4月末至5月初），迦太基人在一处叫作"大平原"（Great Plains）的地方——很可能是现在的苏克科莱米斯（Souk el Kremis）[33]——聚集起了一支约3万人的部队。

236

当西庇阿获悉迦太基人集结时——拥有马西尼萨的另一个优势就是能获得优秀的情报——他立即做出了反应。西庇阿让自己舰队和部分军队保持他将把继续围攻乌蒂卡作为战略重心的假象,接着他率领剩余的部队——所有的骑兵和大部分的步兵,很可能他只率领了坎尼军团,因为其他盟军部队并没有被具体提及[34]——径直前往内陆。他们轻装简行,经过 5 天的行军,到达了大平原。

西庇阿目标明确,他想要把新的威胁扼杀在萌芽时期——迅速同毫无经验且缺乏协作的部队交战,将之消灭。他的对手也同样明白这一点。这一次罗马人深入内陆,与补给点相距甚远,且缺少增援。迦太基人本应该避免交战,进行袭扰,然后当西庇阿被迫撤军的时候,对罗马军队进行消耗。[35]然而恰恰相反,在 4 天之内,迦太基人让自己卷入了与罗马人的会战当中。而结果不言而喻。

哈斯德鲁巴·吉斯戈将最精锐的部队凯尔特-伊比利亚人放在战阵中央,迦太基的步兵(从军营大火中逃脱的部队加上新招募的士兵)位于右边,而迦太基骑兵则部署在右翼,西法克斯的努米底亚人——步兵以及骑兵——则部署在左翼。罗马人将自己的军团部署在战阵中央——或许两翼并没有同盟部队提供掩护——意大利骑兵位于右翼,而马西尼萨的努米底亚骑兵则位于左翼。

据波利比乌斯和李维的记载,这场战斗在一开始便胜负已分。在第一次冲锋中,西庇阿的骑兵便冲散了迦太基和西法克斯的部队,无论是骑兵还是步兵。[36]有人认为,西庇阿的骑兵数量不足 4000 人,根本不足以冲散如此众多的迦太基军队(约

2.6 万人），敌我双方的步兵必然展开了激烈的交战。[37]然而，李维确信，迦太基军队中的迦太基士兵和努米底亚士兵大多没有经过训练，而西庇阿的骑兵则有针对性地将他们逐出了战场。[38]所以其中的交战过程可以忽略不计。不管怎样，没有人对结果表示异议——凯尔特-伊比利亚人被留在了战场上，独自面对罗马人。

237

　　就算他们只面对了西庇阿的坎尼军团，但他们的兵力仍然无法与罗马人相提并论。不过，他们已经别无选择，唯有一战。如果他们选择逃跑，那么非洲对他们而言无比陌生，如果他们选择投降，那么他们不能寄希望于得到西庇阿的怜悯，因为西庇阿肯定还记得，正是这些凯尔特-伊比利亚人的叛逃，才导致了他的叔叔和父亲的战死，更不用说他们是从西庇阿宣称的已经平定的西班牙赶来加入迦太基部队的。

　　凯尔特-伊比利亚人的数量大致与他们所面对的两个军团中的新兵列人数相当。[39]不过，西庇阿并没有让剩余的两线部队跟在新兵列后面推进，而是采取了他的典型战术，将主列和老兵列变成纵队，从战阵后方分别朝左右两个方向向前推进，直插凯尔特-伊比利亚人的两翼。由于被前方新兵列所牵制，且两翼受敌，这些西班牙士兵只得顽强地面对死亡。最后，据李维记载，对他们的屠杀比战斗持续的时间更长。[40]而在另一方面，坎尼的幽灵无疑表现得十分活跃，他们为自己的指挥官完成了复仇，而且显然他们已经准备好了下一步的作战。

　　然而，凯尔特-伊比利亚人的牺牲让罗马人直至黄昏时都无暇他顾，从而让哈斯德鲁巴·吉斯戈（他最终与一些残兵逃回了迦太基）和西法克斯（他率领着自己骑兵直奔内陆而去）得以逃脱。西庇阿决定把握住主动权，他于次日召开了一个作战会议，并且对他的作战计划进行了解释。他本人将率领主力从大平原返回海岸，沿途对臣服于迦太基的地区进行劫掠，煽动叛乱，与此同时，他派遣拉埃柳斯和马西尼萨率领骑兵和轻装部队追击西法克斯。

波利比乌斯（14.9.6-11）和李维（20.9.3-9）对迦太基面对惨败所做出的反应的描述是相似但又自相矛盾的。一方面，当听闻噩耗之后，他们完全陷入了恐慌之中，丧失了全部的信心；但是另一方面，两位史家却继续描述道，城内居民决定为接下来的围城战做好准备，并且着手组建一支舰队，以对西庇阿围绕于乌蒂卡的舰队进行攻击，并且将汉尼拔召回，因为他是唯一能够守卫这座城市的统帅。和以往一样，我们只能瞥见迦太基政局本质的细枝末节。对于迦太基这种自相矛盾的反应，唯一可能的解释是，三种意见中的中间派现在占据了主导地位。238 李维明确表示"媾和之事很少被提及"，而且很可能巴卡家族的派系（当然也包括汉尼拔本人）并不想让汉尼拔（很可能还有马戈）被召回，因为一旦被召回，那就相当于承认他们伟大的计划已经失败。在此期间，迦太基的主流观点似乎倾向于回归传统的御敌于海上的战略，以此来摆脱困境。

这无疑是一个大胆的计划，在这项决议达成之后，第二天，迦太基的舰队与派往汉尼拔处的使节同时出发。而西庇阿，现在只离迦太基城不到13英里，刚刚拿下了被废弃的图尼斯城（Tunis），惊恐地发觉到了迦太基舰队的起航。因为他明白，这支迦太基小型舰队将会让围攻乌蒂卡的罗马军队措手不及。他还明白，因为携带着攻城器械，所以他的战舰难以在海战中保持机动。[41] 假如不是因为迦太基战舰编队由缺乏经验的桨手负责划桨，浪费了大量的时间，花费了近一天的时间才到达，并且在次日黎明攻击的前一晚刚刚下锚，那么或许这次攻击能够奏效。[42]

这就至少给了西庇阿一些时间来进行准备，与通常一样，他巧妙地完成了破局。他并没有让自己的战舰来保护自己的运输船，而是反其道而行之。波利比乌斯在残篇结束之前告诉我们，西庇阿放弃了任何想要进军并与迦太基交战的想法，他将所有船只集中在海岸附近，然后在舰队周围围上了三四圈商船，将船只的桅杆和船桁捆绑在一起，从而形成了一个木制的防护罩。[43]

次日早晨，迦太基军队徒劳地等待罗马人出战，结果只得在延迟后，攻击西庇阿包裹着运输船的舰队。随后发生的事情和海战并没有多少关系，李维如是记载，反而"看上去更像是船只在进攻围墙"，因为这些运输船的船舷远高于战舰，所以让千余名西庇阿部署在甲板上的士兵，可以往较为低矮的迦太基战舰上直接抛掷投枪，有效地阻碍了迦太基人的攻击。[44] 只有当迦太基人开始使用抓钩时，才取得一些成效。迦太基人设法拖走了 60 艘运输船，而当这些运输船被拖回母邦时，他们得到了超出战果本身的欢呼——这无疑是一系列挫折当中显露出的一丝曙光。而同时，西庇阿的舰队也得救了，很快他会收到内陆的消息，而这则消息将会把迦太基带到投降的边缘。

经过 15 天的行军，拉埃柳斯和马西尼萨抵达了努米底亚的心脏地带，他们首先前往东部王国马西里亚，在那里当地人愉快地接受了这位年轻的君主成为他们的统治者，然而，西法克

239

斯依旧是个遗留问题，他已经撤回了自己的领地马塞西利，并且忙于重新组建自己的军队。他设法再一次拼凑起了一支和之前兵力相当的部队，但是随着每次更迭，部队的质量都在不断下降，现在的这支部队充斥着大量的新兵。[45] 接着，西法克斯率领这支军队向前，与不断推进的罗马人交战，最终这场交战变成了骑兵的乱战，当罗马的轻装部队整顿了队形发起攻击时，西法克斯的部队却拒绝前进并开始逃跑，于是胜败已定。为了让自己麾下的逃兵感到羞耻，或是出于绝望，这位马塞西利的国王带头发起了冲锋，接着他的战马受了伤，而他自己也被俘虏——现在，在愤怒的马西尼萨的手中，西法克斯成了一位不折不扣的罪人。

而马西尼萨也是一个精明的人。他告诉拉埃柳斯，如果让他带着西法克斯先行前往马塞尼亚人的东部首府锡里塔（Cirta），那么这种心理上的冲击或许会让敌方彻底崩溃。确实如此。当他们抵达之后，马西尼萨和城中的长老进行了秘密的会晤，这些长老一直坚持己见，直到马西尼萨将铁链加身的西法克斯拖拽到他们面前时，这些人才决定开城投降。

进城之后，马西尼萨径直前往宫殿。在那里，李维如同拍电影一般，栩栩如生地描绘了一幕在历史上十分浪漫却不一定可信的相遇场景。[46] 在宫殿的入口，"如花朵般绽放的青春之美"和魅惑迷人的氛围中，索芙妮斯芭抱住了马西尼萨的双膝，祝贺他比西法克斯更有气运，并且告诉马西尼萨，她只有一个请求："为我的命运做出选择吧，因为你的内心正在催促着你，无论你做什么，就算是让我死去，我也心甘情愿，但是不要将我扔进罗马人傲慢与野蛮的怀抱……毋庸置疑，一名迦太基女人——哈斯德鲁巴的女儿——会害怕罗马人做出的事情。"在她说话的时候，李维画蛇添足地补充道："她的话语与其说是恳求，倒不如说是魅惑。"[47]

很可能在对方说出第一句话的时候，马西尼萨就已经沦陷了。他经过进一步的思考之后，无疑是出自内心蓬勃的欲望，想出了一个解决方法——结婚……马上结婚，让这一切变成既成事实。[48]（"她不是颠覆罗马盟友的迦太基人，她是我的妻子！"）

然而不出意料的是，罗马人并没有买账。当拉埃柳斯到达宫殿的时候，他甚至准备将索芙妮斯芭从婚床上拽下来，并且立即将她、西法克斯以及其他战俘一并送给西庇阿。马西尼萨说服拉埃柳斯，让索芙妮斯芭留在锡里塔，而他们两人则可以继续清除敌军的残余势力。这将给西庇阿充分的时间，来处置那位名副其实的万人迷。

索芙妮斯芭的未来几乎已成定局，而西法克斯或许已经决定了她的命运。当西法克斯被送至科尔内利营地时，西庇阿质问他曾经的宾客和友人，是什么让他拒绝了自己的友谊，转而发动战争。不出所料的是，西法克斯将这一切都推到蛇蝎美人的诱惑上，以此来自辩。索芙妮斯芭就像是他鲜血里的毒液和图谋报复的复仇女神，她的蜜语和爱抚迷惑了他的心智。接着他又火上加油地说道，他现在唯一的慰藉就是，这个背信弃义的鬼怪已经成了他死敌的枕边人。[49]

当拉埃柳斯和马西尼萨从内陆返回时，西庇阿立即与马西尼萨进行了单独的谈话，他回忆起了自己在新迦太基城时面对美丽的女囚却保持了克制，清楚地表达出政治上的利害关系需

240

要这位年轻人放弃自己的新婚妻子，要么作为阶下囚，要么……另一个选项，西庇阿并没有明说。马西尼萨当即做出了表态，并且派遣一名奴隶为索芙妮斯芭带去了一杯毒药，以此让她摆脱那些罗马人。索芙妮斯芭毫不迟疑地饮下了毒药，同时她还表示如果这就是他能给予的最好的新婚礼物，她会欣然接受，并且让奴隶告诉她即将沦为鳏夫的爱人，如果她最初没有与他结婚的话，或许会以更好的方式死去。[50]

索芙妮斯芭就这样死去了，成了自杀而死的迦太基贵族中的一员。为了让自己的母邦能够获得安全，她在床榻上做出的贡献或许比沙场上的汉尼拔还要多。这并非假惺惺的恭维之辞。正是因为她，西法克斯才会给西庇阿造成了意料之外的麻烦，与马西尼萨的联姻可以提供一份保障，让这位在日后促成迦太基最终覆灭的人至少保持中立。但这个结合从一开始就注定会失败，她为此付出了自己的生命。不过毫无疑问，她如同英雄一般死去了。

在迦太基，抵抗的热情迅速消减。波利比乌斯和李维都清241 楚地记载道，迦太基人的顽抗之力越来越倚仗努米底亚人的支持，而西法克斯被擒的噩耗让迦太基的政治天平——至少在长老会中——向反巴卡派系的方向倾斜，这些人在内陆有庄园，他们不想看到自己的财产被罗马人蹂躏，所以现在想要求取和平。[51]

在公元前203年年底，30名议事会的核心长老被派往西庇阿的营地，希望通过谈判来结束战争。正如李维所说，这些长老匍匐于地上的丑态，已经将他们的想法暴露无遗。[52]从根本上来看，他们乞求罗马的怜悯，并且指责汉尼拔和巴卡派系才是战争的煽动者。很显然，这种话语充满了自私自利，但是也有可能说明了事实。

于是，西庇阿决定与他们展开协商。他已经目睹了迦太基固若金汤的城防工事，并且明白，如果他想继续战斗下去的话，那么唯一的选择就是进行长期而且耗费巨大的围城战。[53]西庇阿也很清楚，罗马现在已经疲于战事，想要结束这场可怕的战争。最后，他必然意识到，在罗马的反对者们想要剥夺他的指挥权，所以让胜利由他自己来取得无疑十分具有吸引力。

西庇阿提出的条款并不是荒谬之辞，但是毫无疑问，他殚精竭虑地想要永远地将能与罗马匹敌的迦太基除去。根据李维的说法，西庇阿提议，迦太基方面交出所有战俘、逃兵以及逃奴；撤走马戈和汉尼拔的军队；停止干涉西班牙事务；退出意大利和非洲之间的所有岛屿；提供大量的粮草以供罗马的军队和牲畜使用；交出所有战舰，仅保留 20 艘以自卫。[54]至于战争的赔偿，不同史料持有的观点也不同，有些认为是 5000 塔兰特，其余的则认为是 5000 磅白银，还有一些史料认为，迦太基需要为西庇阿提供双倍军饷。[55]阿庇安还附加了几则条款，如果这是真的，那么将会使得协议更为严苛［例如，禁止迦太基人雇用佣兵，将迦太基的领土限制在"腓尼基深沟"（Phoenicion trenches）——位处今日突尼斯的东海岸和突尼斯与阿尔及利亚的边界之间的内陆地区，让马西尼萨统治他和他所取得的所有西法克斯的领土］。[56]最后，西庇阿给了迦太基人三天时间来接受条款，因此在迦太基人遣使与罗马展开最终谈判的时候，双方将会停战。长老议事会表示认可，并且派出了使节，不过，李维认为这不过是迦太基的诡计而已，是为汉尼拔挥师回援争取时间。[57]但是，这个说法存在争议。

三

242　　实际上在意大利，战事似乎已经趋于平静。拉埃柳斯抵达罗马时，带来了西法克斯以及一些其他的重要战俘，他随即获得了热烈的欢迎，而元老院立即批准西庇阿将马西尼萨加冕为努米底亚国王。

　　不久之后，迦太基使团也抵达了罗马，元老院的元老们在城外的贝罗纳神庙中接见了他们。有关这里发生的事情，我们只有李维记载的版本（30.22 ff），根据他的说法，迦太基人几乎没有为自身辩护，他们只是试图将战争的罪责转嫁到汉尼拔的身上，就如同他们之前所声明的，他们坚称，是汉尼拔出于自身原因跨过了埃布罗河和阿尔卑斯山，他在没有经过迦太基的批准之下，对萨贡托和罗马发动了战争。此外，因为迦太基政府本身并没有违反第一次布匿战争结束后签订的条约，所以他们请求回到上次战争结束后的状态！至少可以说，这简直是厚颜无耻——这也是迦太基狡诈特征的体现，如果我们采纳李维的记载，那么他认为最后罗马驳回了迦太基人对和平的乞求。

　　不过，李维的描述是不可信的，之后双方战火重燃，罗马很可能违反了和平协定，而李维这么做，可能就是为了帮罗马洗脱这份嫌疑。而阿庇安（《布匿战争》，31—32）则认为，台伯河畔的罗马当局，将与迦太基和平谈判的事宜，全权交给了西庇阿来处理，波利比乌斯（15.1.3）则非常清楚地表示，元老院和人民批准了这份条约。此外，狄奥·卡西乌斯（frag. 17.74）提供了更进一步的洞见，他补充说道，在汉尼拔和马戈撤出意大利之前，罗马不会与迦太基达成协议，一旦两人完成撤军，那么元老院就会按照西庇阿拟定的条款同意议和。很显然，是存在一份条约的；它是按照之前在非洲协商的原则来拟定的，但是在迦太基军队奉命撤出意大利之后，这份条约被撕毁了。现在我们再次将目光转向巴卡兄弟。

在北方，自从公元前205年马戈在热那亚附近登陆后，之后两年的大部分时间中，他除了招募了一些高卢人和利古里亚人之外，少有其他进展。最后，在公元前203年夏，他感觉自己的实力已经足够强大，可以展开行动，于是向米兰进军。在那里，他同代执政官马尔库斯·科尔内利乌斯·西第古斯（Marcus Cornelius Cethegus）所率领的四个罗马军团发生了激战。[58]虽然李维的描述（30.18）备受质疑，但是很显然，迦太基军队输掉了战争。[59]当马戈试图重整部队的时候，他被一枚投枪重伤了大腿，当他的部队目睹自己的统帅被抬出战场时，他们失去了信心，一场战略撤退演变成了一场大溃退。不过，大多数人还是设法逃回了营地，尽管马戈身受重伤，但是作为一位出色的巴卡家族成员，他率领部队趁夜逃走，并且成功抵达了海岸，此时他麾下的部队基本完好。

在这里，他碰见了准备将他召回非洲的迦太基使团，他们还告诉马戈，他的兄弟也被下达了类似的命令。马戈和他的部队无法抗命。因为有谣言说，那些利古里亚盟友已经准备转换立场，而且海上的航行对于他的伤腿而言，比陆路的颠簸要好一些。[60]于是，大约在公元前203年秋，马戈重整了部队，扬帆起航。马戈在到达撒丁岛之前便因为伤重不治身亡，他的大部分军队却顺利抵达非洲，而且一直处于备战状态。不过，现在

243

只剩下一位巴卡家族成员可以指挥他们了。

　　大约在相同的时间，迦太基的特使抵达了布鲁提乌姆的克罗顿（Croton）——这座希腊人建立的城市，以美女而闻名，在那里他们找到了汉尼拔。现在的汉尼拔仿佛是半退休的老士绅，在著名的赫拉神庙中度过了自己的夏日。一开始汉尼拔很想劫掠这座神庙，直到女神赫拉在他梦中对他提出警告，扬言如果汉尼拔胆敢洗劫神庙，就将拿走他的另一只眼睛。[61]他对要他返回母邦的命令反应冷淡，李维如是描述道，他咬牙切齿，低声呻吟，眼泪不住地流下，他聆听了特使的话语……"我现在要被那些曾经严禁为我提供增援和军饷的人召回，很长时间了，他们一直想把我拖回去。征服汉尼拔的人不是那些罗马人……而是迦太基的长老议事会……在我极不光彩地返回非洲之后，不是普布利乌斯·西庇阿，而是汉诺会在那里欢呼雀跃，正是这个汉诺，无法用其他手段令我回国，现在正让迦太基倾覆，从而毁灭我的家族。"

　　这段言论毫不掩饰地透露出巴卡家族与迦太基的商人阶层在政治上的歧见。汉尼拔的言论实际上也是一种承认，承认在意大利的战事是巴卡家族推动的事业——真正的汉尼拔的战争——所以他并不欣赏因为要从战火中拯救迦太基所以就要从意大利撤出的举动。但是，汉尼拔现在已经深陷困境，即使还没有被罗马军队击溃，他在意大利也已经没有了未来。所以，在西庇阿首次登陆北非的两年之后，汉尼拔终于开始收拢部队，准备"保家卫国"。[62]用现代史学家德克斯特·霍约斯（Dexter Hoyos）的话来说，现在的汉尼拔已经成为"迦太基的米考伯式的人物，将未来寄托于时来运转"。[63]曾经，汉尼拔主宰着局势，

244

而现在，局势主宰着汉尼拔。

不过在汉尼拔离开之前，他找人镂刻了一块铜板，在上面记述他的功绩，他将这块铜板放在了赫拉的神庙中。这便是波利比乌斯所看到的铜板，他从中记下了汉尼拔带入意大利的军队人数。尽管文本已经遗失，但是我们知道，在铜板上不仅刻有迦太基文字，而且还用希腊文进行了刻写，那是当时通用的国际语言，其中所蕴含的精神，不是一位领兵在外的将军所能拥有的，而是一位希腊化时代的霸主为了宣扬自己的伟业所具备的。[64]据阿庇安记载，在汉尼拔逗留意大利的这 16 年间，他摧毁了 400 座城镇，同时在战争中杀死了 30 万名意大利人——或许是从汉尼拔所列功绩中获得的数据。[65]倘若真是如此，那么这份清单必然合乎汉尼拔的性格，因为除了破坏之外，他几乎什么也没有留下。李维告诉我们，在汉尼拔登船之后，"他反复回望意大利的海岸，并且指责神灵与凡人，甚至暗自责骂自己……因为浴血取得坎尼胜利之后，他没有率领军队直取罗马"。[66]假如马哈巴尔——他曾经劝说汉尼拔攻击罗马，却又最终作罢——能够听到的话，他一定会说："我早就告诉过您了。"

四

虽然汉尼拔已经回国，但是冬日的休战依旧在公元前 202 年的春天被打破了。[67]一支由 30 艘战舰护航、拥有 200 艘运输船的罗马舰队在靠近北非海岸的时候遭遇了逆风。这些战舰设法在预定的地点完成了登陆，但是纯粹由风帆驱动的运输船则被风吹散，不少船只被吹到了能够在迦太基城内俯瞰到的海湾。当迦太基人看到这些运输船被船员遗弃而且装满了粮食之后，纷纷陷入骚动，长老议事会不得不派遣哈斯德鲁巴·吉斯戈率领着 50 艘船前去拯救那些诱人的奖品。这些船被拖拽回了迦太基城，其中满载的粮食用以充实迦太基的粮仓。更糟糕的是，西庇阿派出了三名代表前来抗议这种行径，但是他们被暴民包围，需要人来解救。（阿庇安说是"伟大的"汉诺拯救了他们。[68]）随后，在没有得到公民大会回复的情况下，这些罗马代表被遣回，但是在归途中遭遇了乌蒂卡附近哈斯德鲁巴舰队的袭击，罗马人的船只搁浅。对于西庇阿来说，这成了压垮和平的最后一根稻草。战争再次爆发。[69]

可是为什么迦太基人要打破停战的状态？是否正如李维所说，和平谈判是为了给汉尼拔回国争取时间所进行的拖延战术？如果真是这样，那之前为什么非要谈判？迦太基人身处高墙的保护之下，完全可以等待汉尼拔回援。现在，明显迦太基城内已经陷入饥馑，所以停战或许没能让他们获得充足的食物。事实上，原先的停战协议中或许有些条款暗示了迦太基人有义务向西庇阿的部队提供补给。

波利比乌斯（15.2.2-3）想让我们相信，是汉尼拔的到来导致了迦太基政策的转变，现在很少有人还想再遵守那份和约，他们将信任寄托在了巴卡家族出色的军事技艺上。不过，假如事情真的这么简单，那么我们怎样解释汉尼拔登陆的地点呢？他没有选在迦太基附近，也没有将自己作为盾牌置身于罗马人与迦太基之间，而是驻扎在了哈德鲁梅（Hadrumetum，如今的苏塞）——这座城市位于迦太基东南方 150 英里的海滩上。[70]不要忘记我们手头的资料都是亲罗马的。我们永远不会知道在这个生死攸关的时刻迦太基的内部到底发生了什么，但是可以说，迦太基人一直都对和平抱有真诚渴望，然而在饥饿和绝望的氛围中，事态——或许由哈斯德鲁巴·吉斯戈和他的派系主导——失控了。不管怎样，迦太基都犯了一个严重的错误。

西庇阿现在开始将复仇的怒火发泄到了迦太基的乡野，他洗劫了一座又一座内陆城市——拒绝接受投降，且将城中人口贩卖为奴。[71]然而，汉尼拔却没有做出任何行动。迦太基因为这次的灾难而伤透脑筋，于是向汉尼拔派遣使者，乞求他能够立刻向敌人进军，但是汉尼拔告诉那些使者，让他们自己管好自己，他会在时机来临时做出决断。[72]看上去迦太基内部也并非铁板一块。

尽管如此，汉尼拔还是很快投入行动，动身前往一处叫作扎马的地方——这里位于迦太基城西南方，有五天的行程。在古代的突尼斯，至少有三四个地方叫扎马，所以现在扎马的确切位置仍未可知。[73]汉尼拔往这个方向行军的原因完全和骑兵有关——事实上，汉尼拔手上缺少骑兵，而且敌我双方都缺少。据阿庇安记载，在汉尼拔离开意大利之前，因为无法装运，所以他被迫杀掉了 4000 匹战马。[74]为了弥补这一不足，他联系了西法克斯的一位名叫泰凯乌斯（Tychaeus）的亲戚，而这个人给他带来了 2000 名骑兵，并且还将西法克斯的儿子维米纳（Vermina，又译作弗米纳）带了过来，汉尼拔希望能够在内陆与更多的骑兵会师。[75]但是，最重要的是，他想让马西尼萨远离西庇阿。

当西庇阿正在迦太基的土地上肆虐时，马西尼萨这位年轻的君主正忙于巩固对自己王国的统治，同时尽可能地侵吞西法克斯的领土。当西庇阿意识到大决战即将来临时，他向马西尼

246

萨送去一封封信件，告诉这位君主，让他与自己会师，而西庇
阿本人也开始移动部队，努力缩短两者间的距离，最终在扎马
附近停了下来。此时正是汉尼拔想要避免的关键时刻。

为了获悉马西尼萨和他的努米底亚骑兵是否已经到达扎马，
汉尼拔向罗马的营地派出了间谍以探清虚实，然而其中的三名
间谍被罗马人捕获。西庇阿并没有将他们处死，而是引导他们
参观了一番，让他们看到努米底亚人还没有到达，但是西庇阿
自己明白，马西尼萨将于次日率领6000名步兵和4000名骑兵前
来会合。[76]汉尼拔得到间谍的回报之后，在第二天目睹了马西尼
萨的到来，他对这个计谋所蕴含的才智倍感震惊，生出了想要
了解一下这位年轻罗马统帅的冲动，于是他向西庇阿派出使者，
想要安排一次会晤。

很少有现代史学家会质疑这次会晤的真实性。但是，这次
会晤到底说了什么，又另当别论了，因为波利比乌斯和李
维——两人均写下了详细的谈话内容[77]——都同意，这次会晤只
有两位统帅和他们的翻译出席，所以很可能实际的对话并没有
被保存下来。

据称，他们曾试图就和平条款进行商议，但实际上，西庇
阿和汉尼拔肯定都认识到，这不过是一场血战的序幕罢了。基
于这些理由，可以肯定的是，双方都非常珍惜这次会晤的机会，
因为他们可以借此机会相互了解。西庇阿不会忘记，他的青春
在另一位谈话者的折磨中度过——提契诺河战役、特雷比亚河
战役、坎尼会战，汉尼拔的诡计险些让他年轻的生命被终结，
同时汉尼拔也杀掉了自己的岳父卢修斯·埃米利乌斯·保卢斯，
而他麾下准备复仇的士兵已经蒙受了近15年的耻辱。

汉尼拔肯定知道西庇阿的人生履历，西庇阿所取得的战绩或许不禁让汉尼拔感到后悔，应该在当初有机会的时候，杀掉这位罗马人。汉尼拔已经 46 岁了，而那个年代男子的衰老速度都很快。他历经了苦难岁月，从青年起就只识弓马。或许狐狸般的狡诈思维尚未受到削弱，但是他的身体必然已经十分疲惫，汉尼拔已经不再是"雷电"了。汉尼拔总是能够将罗马人击败，或是从罗马人的手里逃脱。但是，他或许已经认识到，这次面对的对手与局势已经大不相同。尽管从严格意义上讲，他是在自己的国家作战，但是他无法得到支持与庇护，如果他输了，他就完了。

当他们回到各自的营地中时，双方的军队必然同样了解到了这次的赌注，并且认识到，这次会战很可能就是决定性的战斗。罗马人和意大利人的步兵数量相对较少——约有 2.3 万人（再加上马西尼萨 6000 人的努米底亚部队），而汉尼拔的步兵数量则为 3.6 万~4.6 万人。不过，在骑兵方面，随着努米底亚人的加入，罗马人和意大利人所拥有的骑兵数量为 6000 人，超过了迦太基的 4000 人。[78] 尽管有替补的部队以及其他志愿部队，但是罗马军队的核心——它的灵魂——必然是由那些坎尼会战和两次赫尔多尼亚战役的幸存者们所组成的——他们所有人先前都是汉尼拔及其老兵手下的受害者。他们必然明白，这很可能将是他们最后一次面对这些敌人，他们要么战死于扎马，要么最终获得救赎。

他们绝不是失败者；可以回顾一下他们的获胜记录，先是在西西里，现在是在非洲，除了胜利，他们别无所求。他们也必然明白，他们之前的不幸主要是因为他们指挥官的失误以及他们传统战术中的死板之处。现在他们投身于普布利乌斯·西庇阿的麾下，这位统帅不仅向他们展示了如何利用战场时机，还足智多谋且冷酷无情，足以和那些迦太基折磨者们一较高低。对他们来说，西庇阿无异于神祇，现在也是他们的信仰所在。但是，在他们不安地等待最终的结果——把武器磨利，给盔甲抛光，努力入眠——时，仍然心存疑虑。他们中的大部分士兵已经——这个战场上的许多人都是如此——年近中年，早已摆脱了青春时的乐观。事情并不一定会好转，他们活得像幽灵一般的惩罚，或许并不能得到命运的改判。

248

假如汉尼拔能够发表看法的话，那么他肯定会拒绝改判。但是很显然，他在一些不熟悉的掣肘之下，开始部署战斗。汉尼拔不仅缺少骑兵——他最喜欢用骑兵来使敌军陷入混乱，而且他的军营还拥有三支不同的部队，而非一支协调一致的大军。首先，他拥有约 1.2 万名利古里亚人、高卢人、巴利阿里岛民、摩尔人以及马戈的雇佣军组成的残部——这支残部在马戈死后，一路撤退到了北非。[79] 而另一支部队则是由利比亚人和迦太基公民组成的军队，其中很可能有大平原战役的幸存者以及百折不挠的哈斯德鲁巴·吉斯戈最近招募的部队。（李维认为部队中还有一支"马其顿军团"，但是大部分现代研究资料都持否定态度。[80]）最后，汉尼拔还有一支自己的老兵，这支部队的履历几乎贯穿了他们指挥官的生平——这些努米底亚人、非洲人、西班牙人跟随汉尼拔从新迦太基出发并且翻越阿尔卑斯山；还有那些在波河流域加入的高卢人；在汉尼拔待在意大利南部时，加入的不少布鲁提乌姆人——这支饱经沧桑的部队是史上最有作战经验的军队之一。无论面对何等艰难险阻，这些老兵都会坚定不移地保持忠诚，而汉尼拔在指挥他们的时候是如此的睿智和谨慎，以至于这支部队未曾遭遇重大败绩。但是这些老兵成了这支混合军团的一部分，而另外两个部分不仅是对他们和汉尼拔，而且就彼此之间而言，都是生疏的。汉尼拔麾下的这支军队的素质，甚至可能都不如当初罗马为了坎尼会战而拼凑出庞然大物。[81]

　　由于没有时间将这些部分整合到一起，所以汉尼拔必须以三支部队来对付敌人——看上去似乎合理，但是只能沦为骗局。营地中还挤满了大象，足有 80 多头[82]——如此多的大象，让人觉得其中的大部分可能是最近刚从丛林中围捕到的，这些大象尚未被完全驯服。回想一下，在古代战场上比那些训练有素的战象还要不靠谱的，可能就只剩下这种未经训练的大象了。不过，身处扎马的汉尼拔，只能将发给他的满手烂牌尽可能地加以利用，从而制造出军容强盛的幻象，用计谋来掩饰自己的弱点。然而，对他而言不幸的是，他的对手拥有一手好牌，而且不会被轻易蒙蔽。

　　在他们结束会晤后的清晨，两位指挥官将自己的部队开出军营，准备会战。汉尼拔将他的大象放在阵前，希望能够对敌军发起一次毁灭性的冲锋。接下来，汉尼拔将马戈的部队列阵于后，而在他们的后面，他部署了迦太基人和利比亚人。最后，针对西庇阿袭击侧翼的偏好，汉尼拔在战阵后方数百码的地方，部署了自己的老兵，作为预备部队和后卫部队。[83]他在迦太基军的两翼部署了骑兵，迦太基骑兵在右，而努米底亚骑兵在左。

　　西庇阿则将马西尼萨的骑兵部署在了右翼，拉埃柳斯率领的意大利骑兵则位于左翼，而他的步兵则按照三线阵型排列——新兵列、主列、老兵列——但并不按照通常的棋盘式的排布。相反，中队与中队前后间紧密排列，而作战单位间的活动间隙则由轻装部队填充。[84]在西庇阿所有的部队中，这些轻装部队可能是自坎尼会战以来改善最大的部分。西庇阿在西班牙的非常规作战，以及这些轻装部队击败西法克斯的经验，两者均显示出了他们已经是久经战阵的老兵，在抛掷投枪上，可与汉尼拔在扎马会战中的任何一支部队相抗衡，也不会——这点很重要——因为面对大象而惊慌失措。

那些庞然大物掀起的混乱拉开了整场会战的序幕。战前演说刚结束——值得一提的是，据波利比乌斯记载（15.11.11），汉尼拔提醒自己的老兵们，他们现在面对的，都是他们当年在坎尼摧毁的军团所留下的"低劣的渣滓"——号角声便从四面八方响起，使大象都受到惊吓，导致它们过早地发起了进攻。那些在左侧的战象发生了偏移，转过身去，踩向了迦太基方的努米底亚骑兵。发现有可乘之机后，马西尼萨率领骑兵发起了冲锋，迅速将战象逐出战场。而在战场中央的大象则攻入了罗马的步兵战阵中，不过那些轻装部队用投枪激怒了大象，大象的注意力被吸引，然后跟着轻装部队顺着战阵的间隙，从后部离去，也脱离了战场。而右边的大象也遭遇了相同的困境。这些大象转变方向，冲向意大利骑兵，但是遇到了如同落雨般的投枪攻击，它们只得掉过头冲向迦太基的骑兵，从而让拉埃柳斯对敌军溃退的右翼发起了凶猛的追击。

战争才刚刚开始，而汉尼拔的手里已经没有了骑兵，不过罗马也是如此，这就引发了一个有趣的可能。有人认为，这是一个诡计，汉尼拔知道自己的两翼较为薄弱，所以他命令骑兵

退让，从而让敌方骑兵也脱离战场。[85]尽管这个计划因为那些大
象的受惊而变得复杂，但取得的效果是相同的……现在，汉尼
拔的步兵开始与西庇阿的步兵对战，对坎尼的幽灵而言，已经
到了最关键的时刻。

　　除了汉尼拔的老兵维持不动，双方的步兵都开始向前推进。
随着两方逐渐靠近，罗马人开始用标枪猛烈击打自己的盾牌，
发出了协同一致的战吼，而与之相比，由多方构成的迦太基军
队所发出的杂乱无章的喊叫便相形见绌了。[86]不过，马戈招募的
雇佣军勇敢而积极地参与了战斗，重创了罗马新兵列中的许多
士兵。然而罗马军团的士兵并没受挫，继续无情地向前推进，
迫使他的对手们不断后退。据李维记载，他们用的是典型的盾
牌推击战术。[87]当前方迦太基战线的士兵感到疲惫，想要后方部
队进行支援时，中间战阵的迦太基人和利比亚人开始犹豫，他
们从未像一个彼此协调的战斗整体那样接受过训练。而当马戈
的佣兵部队终于被突破时，两支迦太基军队之间险些爆发了冲
突，因为后面的迦太基人拒绝让那些溃兵穿过自己的战阵进行
撤离，或许他们是得到了汉尼拔的指令，也或许如同后世史家
所讽刺的那样，他们是在无意中模仿了那些战象，调转了
矛头。[88]

　　一旦与罗马人对阵，第二梯队的迦太基部队，便如同波利
比乌斯所描述的那样，以"癫狂和非凡的勇气"投入作战，让
罗马军团的新兵列陷入混乱，并且抑制了他们向前推进的动
力。[89]此时，主列的军官们将部队投入战斗，这样一来，罗马的
整个战线又开始向前推进，最终突破了迦太基人、利比亚人和
剩余的佣兵所组成的战阵，于是迦太基的军队开始四散奔逃，

而罗马人则乘胜追击。

但是后方的老兵并没有崩溃，在汉尼拔的命令下，在迦太基的败逃者们接近时，他们纷纷将自己的矛平举，传达出禁止通行的信号。于是那些没有被击倒的士兵开始转向迦太基阵线的两翼，在那里开始集结并且进行重组。

关键的时刻来临了。在两支军队之间塞满了死尸与濒死之人，地面因为他们流淌的血液而变得湿滑无比。[90]在罗马人那边，新兵列因为持续的追击已经陷入了混乱，而主列的各个中队或许也因为短暂的交战而略显凌乱。只有老兵列已经做好准备来迎击更多的迦太基老兵，这些迦太基老兵以完美的作战阵容投入了战场。或许西庇阿已经意识到，他已经被敌方老将的伎俩所蒙骗，过早地投入了过多的部队，假如换成另一个罗马指挥官的话，肯定会一头扎进这个修罗场。但是西庇阿吹响了号角，命令部队暂时后撤，开始尝试一场最为困难的军事行动，要在会战中重组阵型。而那些坎尼的幽灵们顺利地完成了任务，扭转了战局，重新和百夫长取得联系，重整各个中队，然后再次完成布阵，这次他们摆出了单排横列阵型，新兵列居中，而主列和老兵列分列两翼。

在罗马进行战阵重组时，他们无疑处于一种极度危险的脆弱状态。然而，汉尼拔和他精力充沛的老兵却在一旁，眼睁睁地看着罗马人跑来跑去，将伤员送往后方，并且稍作休整。机遇在召唤，而这位杰出的机会主义者却在那里停滞不前。或许，汉尼拔担心在穿过尸横遍野的战场进行攻击时，难以让战阵保持良好的秩序。又或许是，他对西庇阿在侧翼发动的攻势，表现出了警惕。但无论什么原因，他都在等待，让罗马人对他主动出击。这将为他带来灭顶之灾。

如果命运是一位剧作家，那么此刻便是最好的幕间休息。整场战争已经简化成了士兵间的厮杀，而非统帅间的博弈。终极的再度交锋即将展开；在经过漫长的 14 年之后，坎尼的幽灵将会在殊死一战中，再度与他们曾经的征服者对阵。当他们准备就绪，这些罗马人直接向迦太基人推进，战斗开始了。据我们所知，这场战斗没有军事上的诡计，没有佯攻，没有伏兵，没有拉长或是内缩的中军。这是两支经验丰富、杀人如麻、装备精良的部队进行的面对面的厮杀。据波利比乌斯（15.14.6）记载："他们在兵力、士气和勇气上旗鼓相当，而且同样都装备精良，战事陷入了长时间的胶着，士兵们都抱有必死的信念。"

然而，当双方部队相互厮杀，即将彼此消耗殆尽时，前去追击的拉埃柳斯以及马西尼萨返回了战场，打破了僵局。两者结合而成的罗马骑兵对迦太基战阵的后方展开了袭击，接着屠杀开始了。大多数士兵在战阵中丧生；而那些逃跑的士兵遭到了敌方骑兵的追杀，因为战场地形平坦，所以他们无处可逃。在会战完全结束之前，有 2 万名迦太基士兵惨遭屠戮——余下的大部分被擒——而罗马人只损失了 1500 名士兵。[91] 但是伤亡数字并不能完全阐释扎马的战事。坎尼的幽灵们完成了一次在军事史上难出其右的复仇。那支可能是在人类记忆中获胜最多的军队，现在已经倒毙在他们脚下，而汉尼拔作为有史以来最优秀的指挥官，因为自身的犹豫而痛失了一切。现在，汉尼拔只率领着一些骑兵逃回了哈德鲁梅。他还要再活 20 年，并且一直在罗马的噩梦中和迦太基高层政治的边缘占有一席之地，不过事实上，现在轮到他来扮演幽灵的角色了。

252

五

第二次布匿战争结束了。挑起这场战争的人很清楚这一点。没有军队的汉尼拔在离开母邦36年后，受到了长老议事会的召唤，怀着惴惴不安的心情返回了迦太基，因为之前有许多战败的指挥官都被处以极刑。但是汉尼拔受到了长老们客气的接待，这实属一个军事上的矛盾。而他自己也坦言，现在迦太基除了乞求和平，已经别无希望。

之后，当一位名叫吉斯戈的长老（和坎尼会战前，震惊于罗马军队规模的吉斯戈是不是同一个人？）反对西庇阿提出的初步要求，汉尼拔随即将他轰下了讲台，并且激情澎湃地说道，如果现在哪个迦太基人"不向命运赞美，罗马人如此大发慈悲，给予我们这样宽松的条件"，那简直是不可思议。[92]而这些条款似乎确实如此。

最终的和平协约虽然温和，但是具有欺骗性，总体上沿用了西庇阿原先的停战协定。迦太基将依照自身的法律和习俗继续自治，并且将继续保有战前在非洲的全部资产。迦太基将交出所有海军船只，只留下10艘三列桨战舰，交出所有的战象，并且承诺不再训练战象（这对迦太基可能是一件好事）。战争赔偿金的数额也提高到了1万塔兰特，在古代世界这是一笔巨款，相当于57.2万磅的白银，按照今天的价格约为1.2亿美元。[93]

更为沉重——甚至可称为阴险——的是迦太基获得了罗马"朋友及同盟"的称号，同样的术语也用于表达存在于意大利的从属依赖关系，这标志着，没有罗马元老院的许可，迦太基不得擅自与任何人开战。阿庇安认为，这些条款专门禁止了迦太基人对劲敌马西尼萨发动战争。[94]这无疑是个"恶魔协议",为未来罗马的干涉提供了借口,最终导致了这座城市覆灭的厄运。[95]但是,迦太基人会充分利用其中的条款所带来的利益,甚至有一段时间,这种新型关系实际上对迦太基还是有利的。

但在陈腐法条的掩盖下,罗马,尤其是元老院中的保守分子,已然铭记着战争带来的创伤,并且满怀仇恨,一直在推进一项方针,对应该为战争负责的那一方展开报复。报复的行动将在公元前 2 世纪的头几十年中被提上罗马外交政策的议程,甚至隐隐超出了报复的范畴。

出于他们独特的恐惧愿景,罗马人完全将第二次布匿战争视为了"抗击迦太基人和高卢人的战争",这也是合乎罗马人性格的。巴卡家族的危险已经被消除,现在轮到居住在波河流域的凯尔特人来承受台伯河畔的怒火了。罗马发起了无情的攻击:在公元前 200 年之后的十几年间,罗马人往山南高卢派去了比其他地方更多的军团和执政官。[96]因为罗马的军队是从海岸南北夹击的,所以结果是必然的。那些博伊人被罗马人挑出来重点打击,在公元前 191 年,他们的势力已经崩溃,他们的半数土地也被罗马人没收。其他的当地部落——因苏布雷人和切诺马尼人——的待遇稍好一些,不过我们应该知道,最终他们沦为罗马的附庸。罗马人也未曾忘记当地的其他居民——利古里亚人,这些人在马戈到达的时候,响应了他的号召。虽然他们生活在山区地带,征讨需要耗费更长的时间,但是到公元前 155 年的时候,他们已经被击垮了。[97]

马其顿王国的腓力五世——在坎尼会战之后与汉尼拔缔结了同盟,这无疑决定了他的命运——也被罗马列为报复对象。

虽然腓力会抗议道，他并没有做出任何违背"腓尼基和平"（Peace of Phoinike）的事情，而且此时罗马人也十分疲惫——李维（31.6.3）认为，起初森都利亚大会是拒绝开战的——但是元老院难掩其恨，最终决定一意孤行。

具有讽刺意味的是（或许也没那么讽刺），坎尼军团的部分军队参与了这次报复行动。他们被当作志愿部队，但是在一年之后，他们当中有 2000 人发生了哗变，他们愤怒地表示，他们在非洲的时候本来是要被送往西西里的，结果却被装上了驶往马其顿的船只，这与他们的想法背道而驰。[98]执政官普布利乌斯·维留斯·塔普鲁斯（P. Villius Tappulus）说服他们留在这里继续服役。在他们服役了两年之后，也就是公元前 197 年，30 岁的提图斯·奎克提乌斯·弗拉米尼乌斯率领他们在大雾笼罩的西诺赛法拉（Cynoscephalae，又译作狗头山）遭遇了腓力的军团。双方势均力敌，直到一位不知名的军团长官利用西庇阿所赋予坎尼幽灵的灵活性，抽出了 12 支中队，率领他们绕到之前一直表现极佳的马其顿军的侧翼和后方。[99]因为无法调转长枪来与罗马人交战，这些马其顿方阵步兵只得被罗马人的短剑砍得七零八落。

因为自己的军队全军覆没，腓力只得接受和平条款，这些条款与当初强加给迦太基的类似。现在假如没有罗马的批准，马其顿不得在国土之外发动战争。[100]在坎尼会战之后，腓力同汉尼拔的结盟，不过是按照地中海区域内的"大博弈"进行的操作，然而现在腓力已经明白，罗马只关注输赢。

战争的结束意味着坎尼军团终于可以稍事休息了。虽然两支胜利的军团依旧在待命，但是军事上的威胁已经过去了，或许一些已然老迈的老兵很快获准乘船返回了意大利。[101]公元前196 年，弗拉米尼乌斯在地峡运动会上宣布了"希腊人的自由"，2 年之后，他仍然在希腊安排着新秩序，而同时，他在当地发现了多达 1200 名在坎尼惨败时被俘的士兵。很久之前，在元老院拒绝赎回他们之后，这些战俘便被汉尼拔卖到了阿凯亚的奴隶主手里，而他们现在终于被赎回，并被送回家乡。[102]6 年后，另一批相当数量的坎尼奴隶在克里特被发现，并被送还故乡，此时距坎尼会战的发生已经过去了整整 28 年。[103]

与此同时，在西庇阿的坚持下，元老院指示城市副执政官（praetor urbanus，又译作内事裁判官）派出了一个 10 人委员会，把一些萨莫奈和阿普亚地区的公共土地分配给曾在西班牙和非洲服役的士兵，每服役一年可以获得 2 尤格（jugera，约合 1.3 英亩）的土地。但是这种分配方案并没有将坎尼军团在西西里沦为幽灵的时间计算在内。[104]如果这就算平反的话，那么其实并不算慷慨，因为这些部队在扎马和西诺赛法拉的战场英勇作战之前，已经遭受了长期的痛苦与羞辱。但是至少共和国已经为那些长期蒙受苦难的士兵担负起了一些责任，并没有将主动权下放到指挥官的手里——正如共和晚期经常发生的那样，这将对国家的稳定造成灾难性的后果。无论在哪个时代，兵事盛行的国度都应当照顾好他们的老兵。

但是，就像坎尼军团的要求只得到了微末的回馈那样，"希腊人的自由"实际上也比看上去的要大打折扣。尽管罗马终于从希腊的土地撤走了全部军队，但是希腊作为受保护国的潜在地位，使罗马会不可避免地加以干涉，以防其他因素来进行主导——无论这一因素来自内部还是外部。这种关系最终会让希腊

255

人顺理成章地并入罗马的疆域。不过，就目前而言，存在这样一个问题，"希腊人的自由"是否要延伸到小亚细亚的希腊人，还有色雷斯——马其顿旁边的欧罗巴地区——的希腊人。现在安条克——塞琉古王国的国王，同时也是希腊化地区大博弈的顶级选手——宣称对色雷斯拥有控制权。或许罗马和安条克之间可以拟定解决的方案，但是在公元前195年，这位希腊化国王拒绝了，并且聘请了一名军事顾问。令人遗憾的是，这位顾问正是汉尼拔，从那时起，安条克便成了台伯河畔的目标人物。

回到迦太基之后，汉尼拔暂时变成了一位政客，并且在公元前196年通过了一项明确针对商业寡头派别的改革方案，赢得了民众的支持，从而复兴了巴卡派系，顺势当选了执政官。毫无疑问，为此他树立了不少敌人，而其中有些人便前往罗马，在那里发现了热衷于此的听众——但并不包含西庇阿·阿非利加努斯——愿意倾听他们的指控。元老院不顾西庇阿的反对，决定派出三名元老前往迦太基，虽然表面上是为了解决迦太基和马西尼萨的争端，但真正的用意是在长老议事会面前控告汉尼拔。汉尼拔并没有上当，他悄悄地离开了迦太基，前往海岸的一处要塞，那里会有一艘船将他送往推罗。这将是一段亡命生涯的开端，至死方休。他先在安条克的治下做了短暂的停留，对于安条克和汉尼拔来说，这都将是不祥之事。[105]

假如安条克真的想要把他同罗马的"冷战"[106]，变成为主宰地中海而进行的胜者为王的竞争的话，那么选择汉尼拔作为战略规划者无疑前景辉煌。这位巴卡家族的成员完全知道如何达成这个目的——同马其顿的腓力结盟，入侵意大利，同时有可能的话，说服迦太基重起战端。[107]但是安条克目光短浅，另外，他从来没有真正信任过汉尼拔（尽管后者向他告知了其童年时便宣告过的对抗罗马的誓言），也没有认真对待过汉尼拔的建议……这无疑是下下策——没有获得任何好处，却因受牵连而获罪。所以在拖延敷衍中——这是对阵罗马的大忌——安条克将他部队葬送在公元前189年的马格内西亚（Magnesia）战役中，这场由西庇阿·阿非利加努斯策划的战事在此达到了高潮。因为这些麻烦，罗马让安条克支付1.5万塔兰特的赔偿金，这比之前加诸迦太基人的还要多出一半，并且将安条克彻底踢出了小亚细亚。

汉尼拔继续流亡，最终到达了位于今日马尔马拉海岸的比提尼亚，成了普鲁西阿斯三世的座上宾，他受聘为市政规划者，这无疑是汉尼拔所任的较有建设性的职务之一。[108]普鲁西阿斯也充分利用了这位迦太基人的毁灭才能。当时，普鲁西阿斯卷入了同帕加马国王欧迈尼斯（Eumenes）的领土争端，最终于公元前186年升级成了公开战争。由于双方都是"罗马人民的朋友"，所以元老院迟迟没有回应，直到公元前183年才开始干预。在这期间，汉尼拔一度担任海军指挥官，据说，他曾将装满毒蛇的罐子抛向欧迈尼斯麾下的船只；并且向国王递送信件，查看哪艘船接收了信件，以此来定位，对载有国王的船只展开追击，险些擒获欧迈尼斯。[109]欧迈尼斯这位"东方的马西尼萨"，派遣他的兄弟向罗马人抱怨普鲁西阿斯的行径，特别提及了普鲁西阿斯曾经使用过马其顿国王腓力派来的增援，想必他也提到了汉尼拔受聘于普鲁西阿斯的事情。

元老院派出了与希腊人相处融洽的弗拉米尼乌斯，让他进行罗马人所认为的监护性管束。很难说究竟是弗拉米尼乌斯想

256

取汉尼拔的项上人头，还是普鲁西阿斯想要借此来抚慰罗马人。然而，这位巴卡家族的成员，尽管已经 63 岁了，依旧抱有足够的警觉，企图通过地下通道逃跑。但是不幸的是，他碰到了一支国王卫队，意识到结局到来后，他服毒自尽，并且表示："让我们现在终结罗马人饱受煎熬的忧虑吧，他们认为等待一个他们所仇视的老人死去，是一件冗长而艰难的事情。"[110]

就这样，汉尼拔成为历史和传奇的一部分：没有人比他更能赢得战役，但他无法赢得战争，然而战争才是至关重要的。他虽死犹生，他是一名骑士、一位军阀，他身处的环境是希腊化时代英雄人格主导的权力政治的变化舞台。而罗马则象征着更为强大的事物，这就是为何汉尼拔黯然落败，而罗马之后如此突然地接管了整个地中海。同时，我们可以提出一个观点，现在的史家从现代具有整体性的单一民族独立国家角度来书写，往往将汉尼拔的行为同作为经济和政治载体的迦太基进行过分关联。当然，汉尼拔从来都不是一位完全独立的演员，而迦太基也从来不是第二次布匿战争中无辜的旁观者。不过，如果用怀疑的态度来审视这些亲罗马的史料，那么似乎巴卡家族是这次战争的煽动者，而迦太基只是尾随罢了。因迦太基所支持的是另一件事，那就是赚取金钱。

可怜的迦太基——假如你能这么称呼一个活祭婴孩的地方。不过，如果你愿意忽略掉这个不幸的习俗，那么这座城市在第二次布匿战争之后似乎确实洗心革面了。从根本上说，迦太基似乎已经接受了从属于罗马的地位，对"朋友与同盟"这个词严肃以待。在摆脱了战争和霸权野心之后，迦太基开始转向他们最为擅长的事情——不仅恢复了他们先前的繁荣，而且变得愈发富有。刚刚过去 10 年，他们便提出要偿还全部的战争赔偿——而这笔赔偿款本来是要花上 50 年之久才还清的，但是罗马人愤怒地拒绝了这项提议。[111]大约在同一时间，元老院派来的使者向迦太基索取了数量惊人的粮食，包括运往军队的 50 万蒲式耳谷物。迦太基方面表示他们可以免费提供，但是元老院坚持付款。

派系斗争依旧在迦太基政坛继续，不过没有任何一方与罗马是敌对的，在公元前 201 年以后，这座城市的种种迹象都表明，它是罗马的忠实盟友。[112]但是，他们竟然愚蠢到在台伯河畔罗马当局的面前炫耀自己的财富，罗马人并非出于嫉妒，而是因为无法理解，并将之看作潜在的军事威胁。

普通罗马人对于迦太基和迦太基人的看法，显然是无法以确凿之言阐释的。最能透露内情的文献证据，或许就是普劳图斯（Plautus）所写的《布匿人》（Poenulus）。剧作的主角是一位名叫汉诺——非常常见的名字——的迦太基商人，他展现了很多关于迦太基人的负面成见（佩戴耳环，热衷狎妓，虽然能听懂拉丁语却故意装作听不懂）。不过，当这出剧目在公元前 190 年上演时，尽管汉诺显然是一个滑稽人物，但他并不是那种能够引起罗马观众仇视迦太基的反派人物。[113]而且这只是一场戏剧，事实上身为迦太基人的汉尼拔屠杀了许多罗马人。

在罗马的统治阶层中，肯定有人依然对迦太基抱有敌意，尽管确实有人在元老院替这些非洲人说话（阿非利加努斯的堂弟西庇阿·纳西卡便是其中之一），但是舆论倾向愈发地转向了保守派马尔库斯·波尔基乌斯·加图的那一边。公元前 153 年，他作为调停迦太基和马西尼萨冲突的代表团中的一员，造访了这座城市，当他返回时，已经深深地被那个地方的繁荣震惊了。对于罗马人而言，它的繁荣就意味着危险，特别是因为迦太基对于雇用佣兵的偏好，于是加图会以"迦太基必须毁灭"来结束他的每一个演说。有一次，他让一些新鲜的无花果从他的托加袍中落下，并说明这些是在三天前刚从迦太基挑选而来的新鲜果实，言下之意是迦太基人的战舰也可以如此迅速地抵达罗马。就像弗洛伊德对雪茄所做的著名论述一样，有的时候，一个无花果就只是一个无花果，但罗马人显然不这么认为。阿庇安[114]认为，从加图的代表团回国的那一刻起，元老院便已经决定发起战争，现在只是在等待一个借口。

马西尼萨已年近 90 岁，但是仍然能够跨上战马，率军作战，而他对迦太基领土的不断蚕食，为罗马人提供了所需的借口。公元前 150 年，当迦太基人决定在没有得到罗马许可的情况下进行战斗，并且募集了一支军队——这支军队很快就在战斗中折损，元老院决定抓住时机。

首先，罗马人要求迦太基提供 300 名年轻的人质，迦太基人也照办了。接着，罗马人要求迦太基人解除武装，迦太基人也照办了。最后，当迦太基人被告知要迁出城市的时候，他们选择了反抗。然而这场斗争注定是绝望的，抵抗一直持续到公元前 146 年，这座城市最终化为了一片火海。幸存下来的民众被贩卖为奴，迦太基作为一个聚落以及一个城邦，已经成为历史——种族灭绝的真正受害者。当这座城市最终陷落的时候，波利比乌斯和罗马指挥官西庇阿·埃米利安努斯——卢修斯·埃米利乌斯·保卢斯（战死于坎尼）的孙子，同时也是西庇阿·阿非利加努斯过继来的孙子——在一起，波利比乌斯还看到了小西庇阿的痛哭流涕，当目睹城市陷入火海时，小西庇阿不禁背诵出了《伊利亚特》中特洛伊陷落的诗句。[115]但这些可能都只是鳄鱼的眼泪。

那么对于罗马来说呢？第二次布匿战争的经历，可能在经过坎尼惨败的催化后，如何影响了罗马之后的历史道路？1965年，当时著名的历史学家阿诺德·汤因比曾发表了一部长达两卷篇幅的宏大研究成果，取名为《汉尼拔的遗产》。汤因比认为，迦太基的入侵对于意大利南部造成了极其严重的伤害，以至于在2000年之后仍旧没有恢复；不仅如此，入侵还引发了恶性社会力量的滋生，譬如，小农经济被基于奴隶制的商品农业（大庄园）所取代，而这一直持续到古代文明的终结。[116]或许部分是因为汤因比的声誉在之后已经急剧下降，而且还因为他声称持续千年的损害过于浮夸，他的命题受到了最为严厉的批评，之后学界出现了一种趋势，尽可能地淡化汉尼拔的破坏所带来的影响。[117]维克多·戴维斯·汉森指出，通过军事行动对于农业资产，尤其是对农作物造成损害是多么的困难。[118]还有人指出，罗马早在公元前4世纪就已经成了奴隶制社会，而在汉尼拔踏入意大利之前，大庄园便已经存在。[119]

不过，最近的学术研究已经转而弥合这种差异，并且承认汤因比的有些观点是正确的。汉尼拔的军队在意大利的南部一隅待了近13年，而在那段时间里，这个地区确实遭受了最为残酷的劫掠。土地或许难以被摧毁，但是耕作者可能会被恐吓、被杀害并被驱逐到其他地方以寻求庇护。[120]当农民和退伍的老兵返回故土时，很多人因为缺乏资源来恢复自己的财产，所以不得不转而投向城市。而这反过来加速了富人大地产的形成，他

259

们有资金让罗马的军事成功猎取的奴隶为他们工作。

　　而那些以坎尼的幽灵为缩影的士兵们呢？长期的服役使他们远离家乡和家庭，最终导致倾家荡产，那他们又该怎么办？历史学家阿德里安·戈兹沃西认为，这些人并没得到太多的回报，如果元老院拒绝以更有意义且更具持续性的方式来照顾他们，那么他们自然而然地就会向他们的指挥官寻求未来，并且在这个过程中，更加忠于统帅，而非忠于共和国的政治体制。[121]在东部的战争将会被证明十分有利可图，让那些将领们不仅可以对自己的士兵进行丰厚的犒赏，而且可以将资金投在公共娱乐的花费上，例如越来越受到欢迎的角斗。这不仅加剧了权贵间无止境的官职竞争，而且将荣誉的理念加入了令人沉醉的军事烈酒之中。

　　需要强调的是，汉尼拔所造成的影响不容忽视。他接连击败了三名平民派执政官——森普罗尼乌斯·隆古斯、弗拉米尼乌斯以及瓦罗——的事迹已经表明，业余的统帅不能胜任统军之职，而且长期在任的指挥官是非常有必要的，这就打破了统治者必须轮换的信条。[122]

　　然而，就算是更为出色的将领，辅以费边·马克西穆斯的战略，也只能将汉尼拔困在一隅，而不能将其除去。许多国之柱石——马塞卢斯、提比略·森普罗尼乌斯·格拉古、昆图斯·福尔维乌斯·弗拉库斯、盖乌斯·克劳狄乌斯·尼禄，甚至是费边本人——都曾与这位迦太基梦魇交过手，但是他们谁也没有胜过他。最后，战事的需求催生了西庇阿——一位在超凡魅力和过人才智方面能够与汉尼拔相匹敌的将领，他取得了成功。不过，这种情况也把恺撒与庞培的原型引入了罗马政治当中。假如你是一位共和主义者，那么这无疑是一剂毒药。最后，我们回到早先西利乌斯·伊塔利库斯所做出的论述，他认为在对阵汉尼拔的战争中，罗马通过依靠富有超凡魅力的将领来求取生存，从而将自己置身于通向内战的道路上。倘若果真如此，那么汉尼拔才是笑到最后的那个人。

尾声　坎尼的阴影

一

　　坎尼会战注定不会从军事史上消失，不过关于它的记忆，尤其是关于它的现代记忆，已经拥有了自身的驱动力，将普通的会战推上了传奇的巅峰，也让战术策划者汉尼拔享尽荣耀。可以这么说，这只有在面对一种无法避免的情况时——所有的决定性会战都要产生赢家和输家，胜利者和受害者——才会发生。这是一柄双刃剑，对双方都可以造成伤害。因此，那些宣称对于坎尼会战的交战过程进行了大量研究和效仿的人，[1]若是费些精力致力于如何避免另一场坎尼会战的发生，而非简单地去重复它，将会取得更好的成效。

　　在当时的历史情境下，这或许至少看上去是正确的。既然汉尼拔和迦太基都没有多少未来，那么对于坎尼会战的记忆以及不朽只能落在战败者的头上。对于波利比乌斯（一位同情罗马的希腊人）和李维而言，坎尼会战就是一场灾难，而且这场灾难更多地应该归咎于特伦提乌斯·瓦罗的无能与缺乏经验，这甚至比汉尼拔发挥聪明才智更为重要。至于其他的历史学者——普鲁塔克、恺撒、塔西佗、苏维托尼乌斯、塞勒斯特（Sallust）、维吉提乌斯（Vegetius）——对于这场会战要么缺乏分析，要么甚至都缺乏具体的提及，这可能表明，他们倾向于忽略这场被视为罗马悲情插曲的会战。换言之，坎尼会战在一定程度上被后世的罗马人认为是一种警告，而非一种机遇。

　　随着黑暗时代降临帝国的西部，罗马军事思想的光辉在那里渐渐熄灭，唯有拜占庭帝国坚持关注着战争的系统性方略。君士坦丁堡政权不仅因为兵力上时常捉襟见肘，所以对军事上的杠杆效应尤为关注，而且还汇编并记录下了一系列军事作品，这些作品直接涉及指挥官所遇到的问题与机遇。在这种情况下，汉尼拔的事迹，尤其是他在坎尼会战中的表现，顺理成章地被以正面的形象所铭记。但是绝大多数的战术手册——譬如，尼基弗鲁斯·佛卡斯（Nikephoros Ⅱ Phokas）所著的《论战争》（*Praecepta militaria*），或者是尼基弗鲁斯·乌拉诺斯（Nikephoros Ouranos）所著《战略》（*Taktika*）已发表的部分——都以讲求实际、注重基础为根本，对如何最为有效地组织、装备、部署战斗部队进行了指导。然而这些文献中最有趣的，当属军人出身的皇帝莫里斯（Maurice）所撰的《战术学》（*Strategikon*），这部作品引人入胜地推崇了一种近似坎尼会战的作战方法："不要将你所有的部队集中在前方，即使敌军数量占优，也务必从侧翼和后方对敌方进行攻击。"[2] 然而，坎尼会战并没被具体提及，而汉尼拔只是在其他无关的逸事中被提到了两次。很可能，这些身处君士坦丁堡的作者和其他人，曾阅读过相关的文献，也知晓坎尼会战，但是这场会战本身并不是他们关注的焦点。

　　这并不奇怪，考虑到中世纪对战中的个人主义和自发性，坎尼会战在这一时期欧洲战争的形成中并没有起到多少作用。这个年代的重要军事史诗——《贝奥武甫》、《罗兰之歌》，冰岛的萨迦（Sagas）或者《熙德之歌》（*El Cid*）——中都没有提到

262

过汉尼拔以及坎尼会战，尽管在史诗《熙德之歌》中，主人公罗德里戈·迪亚斯·德·维瓦尔（Rodrigo Díaz de Vivar）确实命令过他的军队士兵在战前阅读希腊和罗马的书籍来获得乐趣和灵感。而另一个对汉尼拔和坎尼会战可能的承认，是在 1476 年格拉松战役（Battle of Granson）时，勃艮第的大胆的查理（Charles the Rash）为了让瑞士军队承受来自两翼的打击，故意让他的中军后撤，让瑞士兵团方阵深入。然而，最终勃艮第人却陷入了恐慌，四散奔逃，而且我们只有历史学家查尔斯·阿曼所做的一句话描述：那位与其绰号相称的查理，有一定的倾向、博学以及谋略来使用坎尼会战作为模板。[3] 不过从实际作战的反馈来看，似乎并非如此。

在文艺复兴时期重新发现的那些古典文献中，似乎有一部分是关于军事的，而一些军事理论家则受到了这些古代典籍的影响。然而，很难确定哪些反映的是坎尼会战的具体影响。例如，达·芬奇的手稿中便没有提及任何有关汉尼拔或者坎尼会战的东西。马基雅维利确实在《论李维》中三次提到了坎尼会战[4]，但只是一掠而过，将之视为差点使罗马覆灭的失败。他谴责了瓦罗的鲁莽之举，并且对于坎尼军团的放逐表现出了一定程度的嘉许。在《君主论》中，马基雅维利称赞了汉尼拔，因为他能够率领一支多民族组成的军队来到陌生的土地，并且避免了逃兵的出现；[5] 然而在《兵法》（Art of War）一书中他严厉批评了汉尼拔，因为后者"在坎尼会战中消灭了罗马人之后，却在加普亚消磨了自己的时间"。[6] 从战术上讲，马基雅维利唯一与坎尼相关的考察，在于提及汉尼拔在阿普利亚的恐怖一日中，明智地让自己的部队背对风向以及日光。[7] 如果说，坎尼会战为文艺复兴时期的其他人提供了素材，那么显然这一点并不明显。

二

一个明显的转变发生在了 16 世纪末的荷兰，当时统治该地的两名拿骚家族成员，威廉·洛德韦克（William Lodewijk）伯爵和他的堂弟奥兰治的莫里斯亲王，在阅读古代典籍之后，发明了群射（volley fire）的作战原则。特别是他们从罗马的三线阵型的替换模式中获得了灵感，将之作为"反方向行进"（countermarching，部队在完成射击之后，从战阵缝隙后退，在完成重新装填之后，再向前行进）的基础，而有关罗马阵型的描述正是出自埃里安（Aelian）所著的《战略》（Tactica）一书。[8]

这两个人在精心完善了这种战法的同时，还教导了他们的部队如何将之加以运用，而威廉·洛德韦克则继续沉湎于古典作品，尤其是波利比乌斯的作品，并且在这一过程中注意到了坎尼会战。1595 年春，在威廉送给他堂弟的一篇简要论述中，他提出了一种作战准则，将荷兰军队比作获胜的迦太基人，而将他们的敌人西班牙人比作那些罗马受害者。[9]

在理论上似乎合理的东西，却花了 5 年时间来实践——在尼乌波特（Nieuwpoort）战役中——但最终的结果并不尽如人意，或许也说明了坎尼会战作为模板的复杂性。历经波折之后，荷兰人确实取得了一定的胜利——在付出惨重伤亡之后，迫使西班牙人撤退，但是让自己处于战略上的弱势地位……几乎不能算是一场坎尼会战。实际上，基于齐射和有条不紊地重新装填的火力攻击，这种作战模式注定要在接下来两个世纪中的大部分时间里主宰着欧洲的战争，而这不太适合实现坎尼式的作

264

战效果，因为它更多的是基于消耗而非冒进，基于谨慎的部署而非决定性的战术调遣。这就使军事启蒙时期基本忽视了坎尼会战的影响，而且甚至直到卡尔·冯·克劳塞维茨写作时，都没有提及坎尼会战。[10]即使在当初，威廉·洛德韦克也持有一些保留意见，他在1607年曾建议正在备战的莫里斯，不要试图实现一个坎尼会战，而是要尽力避免成为它的牺牲品！[11]

三

坎尼会战的现代军事形象——一位现代评论者[12]称之为"柏拉图式的胜利构想"——似乎源于一位军人的痴迷，他便是阿尔弗雷德·冯·施里芬（Alfred von Schlieffen）伯爵，他曾在1891~1905年担任普鲁士的总参谋长。施里芬对这场会战的关注是围绕几个因素的。其一是德国的战略位置，它夹在两个潜在敌人——俄国和法国——中间，这就使迅速对其中任意一方取得决定性胜利变得十分可取。其二是他的前任——赫尔穆特·冯·毛奇（Helmuth von Moltke）——在总参谋部提供的范例，他在1870年的色当战役中，通过双重包抄的方式，包围了法军，并且生擒了拿破仑三世，从而一举让德国取得了普法战争的胜利。最后，所有的这一切可能都是施里芬在阅读古代历史时所收获的，尤其是他阅读的汉斯·德尔布吕克（Hans Delbrück）所写的《战争艺术史》第一卷中便详细描写了坎尼会战。假如做个比喻的话，那么很可能就是一个灯泡在施里芬的脑袋上亮起，接着突然之间，坎尼会战似乎照亮了一切。

虽然这个启示可能早在1901年就发生了，但似乎更可能的是，晚至1909年施里芬将军退休之后才受到这个启发。这一点很重要，因为直到最近，有人一直认为汉尼拔的胜利是所谓的"施里芬计划"的灵感来源，这份计划被认为是第一次世界大战初期德国经由比利时攻入法国的战略基础。作为作战综合方案的施里芬计划是否真的存在，一直饱受质疑[13]。而且很明显，1901～1905年对法战争期间，总参谋长的建议都是基于集中兵力攻击敌军的一侧，尽管之后有人试图将这种作战方案强行套用到坎尼的情境中，但是这个方法非常不符合坎尼的印记。[14]

265

这并不是说施里芬没有痴迷于坎尼会战，也不是说他没有将近来的军事史同他所谓的"完美歼灭作战"相权衡；这不过是一个时机掌握的问题。在他去世当年1913年发表的施里芬作品集中便包括了对于坎尼会战的研究。然而，这些作品似乎并没有太大的影响力，直到第一次世界大战结束。那时这些思想被一些人奉为圭臬，这些人认为德国军队之所以输掉了第一次马恩河战役（乃至整场战争）是因为他们没有坚决贯彻施里芬的告诫——在这一过程中将坎尼会战和施里芬将军的实际建议混为一谈。[15]这就为后续的德国军事思想家奠定了基调，而其中的一个关键环节就是"如同詹姆斯·瑟伯（Thurber）笔下的猫头鹰"一般遵循施里芬的思想，并且梦想着未来的坎尼会战将会随着装甲车的问世而更加合理。[16]

在两次世界大战之间的时期，施里芬对于坎尼会战的研究同样对德国之外的军事界产生了一定影响力。例如，在1931年，施里芬的作品被翻译成了英文，由莱文沃斯堡（Fort Leavenworth）的美国陆军指挥和总参谋学院出版，给美国新晋的基干军官提供了思考多种可能性的机会。

因此，第二次世界大战便涌现出一批熟知坎尼之道的军事名人，其中的一些人，尤其是德国人，正寻求在他们敌人的身上施以此般命运。海因茨·古德里安（Heinz Guderian）认为自己的坦克与哈斯德鲁巴横扫敌军、决定命运的骑兵一样，是它的机动化版本。[17]同样，在 1941 年，埃尔温·隆美尔（Erwin Rommel）在往托布鲁克（Tobruk）方向追击英军的过程中，在日记中如是写道："一场新的坎尼会战正在酝酿。"[18]

即使在面临灾厄之时，德国人依旧坚持这一主题；因而艾哈德·劳斯（Erhard Raus）——在斯大林格勒战役之前指挥过德军第六装甲师，并在 3 个月之后率部投降——将在一处不知名的城镇进行的成功作战，称为"帕克列宾（Pakhlebin）的坎尼会战"。[19]7 个月之后，1943 年 7 月，德国对库尔斯克突出部（Kursk salient）的进攻，就是想要取得一场巨大的坎尼之胜——但是最终遭到准备充分、决心坚守的苏军装甲部队对德军两翼发动的毁灭性攻击。德国军队已经被施里芬的"完美歼灭作战"榨干了鲜血，而库尔斯克战役也标志着这是德国国防军（Wehrmacht）最后一次在东线发动的主动攻势。现在，失败在向德军招手。

然而，德国人并不是唯一对坎尼会战危险的诱惑做出回应的人。英国人普遍较为谨慎，但是美军指挥官的作战思维更倾向于进攻，因此会乐于考虑汉尼拔所取得军事成就。尤其是德怀特·艾森豪威尔（Dwight Eisenhower）有一个毕生之梦想，就是效仿这位迦太基将领对罗马人完成的围歼。[20]当盟军最初攻入德国时，艾森豪威尔便设想了一个巨大的坎尼式军事行动，对鲁尔地区实施双重包抄。[21]而乔治·巴顿（George Patton）这位欧洲战场上最为大胆的美军指挥官，同样也学习了军事历史，并且十分了解汉尼拔的战绩。不过他对此的观点却是不可捉摸的，同时他还认识到坎尼会战背后所隐藏的偶然性。在 1939 年，巴顿写道："常有俗语言：想要进行一场坎尼会战，你必须得要有一位瓦罗……为了赢得一场伟大的胜利，你必须得有一个愚蠢的敌军指挥官。就我们现在所知的，波兰人是符合的……"[22]

第二次世界大战结束了，随之而来的是一场在朝鲜进行的没有结果的战争，接着就是冷战所导致的僵局，以及发生在越南的无序动乱；但是美国人的坎尼梦依旧存在，很显然，这是因为在美国的军校中对于古代军事史的涉猎，培养了这种思维。因此，在 1991 年的海湾战争之后，得胜归来的诺曼·施瓦茨科普夫（Norman Schwarzkopf）将军宣称他"从坎尼会战中学到了很多东西，并且将之应用于沙漠风暴行动中"。[23]事实上，施瓦茨科普夫将军著名的"沙漠左勾拳"更类似于一战开始时的德军行动，不过现在没有哪个具有公关意识的战争英雄会说，他已经准备好进行另一次"施里芬计划"了，对坎尼会战亦是如此。

未来依旧是晦暗不明的。有鉴于反恐和反动乱所占据的主导地位，就目前看来，这种兵力调遣的作战方式可能已经日渐遥远。此外，鉴于现代情报、监视以及侦察的有利条件，这种依靠必要的欺骗手段才能产生的汉尼拔之胜或许难以实现。但是，只要有人还梦想着歼灭数量巨大的敌军，那么我们可以确信，坎尼会战就不会被人们遗忘。

致　谢

　　我的书总是始于同过往朋友的接触，而那时我往往都在十分遥远的地方。这一次，是罗布·考利（Rob Cowley）给身在布宜诺斯艾利斯的我发了一封邮件，告知我他正在为兰登书屋策划一套有关著名战争的丛书，并且询问我是否有意向提交一份关于坎尼会战的计划。很快，我就埋首于第二次布匿战争的史料与写作中，并且时常怀疑当初收到邮件是不是一件好事。不过好在现在已经完成了，毫无疑问这是一件好事。所以，谢谢你，罗布。

　　还要感谢我有幸结识的编辑乔纳森·乔（Jonathan Jao）。好的建议是十分稀缺的，不过这在出版行业尤为重要，特别是现在。所以，感谢你为我的"幽灵"所提供的坚实帮助。

　　感谢我在海军研究学院（Naval Postgraduate School）的同事迈克尔·弗里曼（Michael Freeman），他逐章阅读了我还在写作中的手稿，似乎并没有昏昏欲睡，他首先向我指出了坎尼幸存者们的命运；而且，也感谢海尔·罗斯坦（Hy Rothstein）教我Cannae 的读音。

　　因为我出生于作家世家，我的作品无疑都受到了家族血脉的影响。特别感谢我的妻子本吉（Benjie）、女婿尼克·泰勒（Nick Taylor）以及连襟杰克·麦金农（Jack MacKinnon），他们详细阅读了手稿并提出了很好的建议。

　　最后，感谢我的经纪人卡尔·布兰特（Carl Brandt），是他让我飘忽不定的写作生涯在这 20 年间一直都在有序地进行。

拉丁语、军事术语及专有名词表

同盟翼军（ala）：在拉丁语中有"翅膀"的意思。一支同盟翼军的兵力与一支罗马军团相同。他们的结构与装备均不确定，但是一般认为与罗马军团类似。每支同盟翼军都配备约900名骑兵，骑兵数量或许是罗马军团骑兵的3倍。

壮举（aristeia，也译作美德）：一个希腊词语，意指一系列的英雄行为。

阿司（as）：在第二次布匿战争爆发时，罗马使用的基本铜币单位。

占兆官（augurs，或译作占卜官）：那些诠释征兆和迹象的人员。占兆官并非职业性的祭司，他一般出生于上流家族，同时拥有一定政治履历。

征兆（auspicia）：一些被认为是神灵意志的现象，而且征兆可以从很多来源获得，包括祭祀牺牲的内脏。

巴卡（Barca）：出自迦太基语中的"雷电"，这也是汉尼拔的父亲哈米尔卡的别号，后被历史学家用来指代他的家族成员以及支持者，"巴卡家族"（Barcid）也被作为名词和形容词来指代巴卡家族的成员。

玛尔斯广场（campus Martius）：战神玛尔斯广场（The Field of Mars）。位于罗马城墙之外，有举行仪式之用途，森都利亚大会就在这里召开。

监察官（censors）：两位罗马行政官员，每隔 5 年选举一次，进行人口财产调查（sensus），将公民分配到不同的集会团体中，包括最为重要的团体——元老院。

百夫长（centurion）：罗马步兵序列中的基层指挥官，其职责相当于美国军队中的军士（noncommissioned officers）。

百人队（century）：一个罗马中队的一半，同时也是森都利亚大会的投票单位，因为百人队的起源就是武装起来的公民。

山南高卢（Cisalpine Gaul）：阿尔卑斯山以南的高卢部落所定居的意大利北部地区。

受庇护者（clients）：那些通过种种方法依附于罗马庇护人的人。受庇护者可以包括农民或劳工、受法庭保护的公民、退伍士兵，甚至是异邦人。

森都利亚大会（Comitia Centuriata，又译作百人团大会）：会议负责选举执政官、副执政官和监察官，同时投票表决是否参战或媾和。

特里布斯大会（Comitia Tributa，又译作部族会议）：特里布斯会议负责选举较低阶的官员，例如财务官，并且通过相关法律。

平民会议（Concilium Plebis）：由平民（plebs）参加的会议。除了将贵族世家（patricians）排除在外，其功能基本与特里布斯大会相同。该机构的职能还有选举平民保民官（plebeian tribunes），并通过相关立法。

执政官（consul）：罗马共和国的最高行政官，每年选举两位。其角色多半具有军事性质，在罗马城之外执政官拥有生杀大权。

班（contubernium，即同住一个帐篷的人）：8 个罗马士兵为一个班（squad），吃住均在一起。这是罗马军队结构中最小，同时也是最为亲密的军事单位。

长老议事会（council of elders）：由迦太基显赫的人物所组成的核心团体，它代表着政府构架中的寡头成分。该议事会由 104 位法官（即"一百零四人院"）或另外 30 位核心议员组成的顾问团掌权，也可能是两者同时掌权。

拖延者（Cunctator）：这是罗马人给费边·马克西穆斯的别号。

晋升体系（cursus honorum）：字面意思是"荣耀之路"。这是元老阶级出身者参选官职的序列，其中最高官职为执政官。

第纳尔（denarius）：在第二次布匿战争期间首次出现的罗马银币。

独裁官（dictator）：罗马在紧急情况下任命一位官员来掌控最高权力，期限不能超过 6 个月。在此期间，除了平民会议选出的平民保民官之外，他的执行权胜过其他官员。

骑士阶层（equites）：字面意思是"骑士"。这是一群富有的罗马人，在第二次布匿战争期间，他们多半为元老。这个群体在森都利亚大会中，占有骑兵百人团的 18 个席位。每位骑士阶层的成员在骑兵部队中服役时，都有资格获得一匹国家提供的坐骑。每个人都会佩戴一枚金戒指作为印信。

辅助精锐军（extraordinarii）：从同盟部队中挑选出的部队，由罗马统帅自行支配。

氏族（gens）：拥有共同氏族名（如普布利乌斯·科尔内利乌斯·西庇阿便属于科尔内利家族）的家族。罗马共和国掌握在少数核心氏族的手中，比如埃米利家族（Aemilii）、克劳狄家族（Claudii）、费边家族（Fabii）以及科尔内利家族（Cornelii）。

短剑（gladius）：罗马人常用的一种能砍能刺的短剑，可能是从西班牙传入的，故而得名"西班牙短剑"（gladius hispaniensis）。

长矛（hasta）：罗马传统的刺矛，在汉尼拔入侵之时，这种长矛或许只有老兵列才会使用。

新兵列（hastati）：三线阵型（triplex acies）中的第一排重装步兵。虽然这些人在起初配备的是罗马传统的长矛（hasta），但是在坎尼会战的时候，他们则装备着投枪和西班牙短剑。

执行权（imperium，又译作指挥权、军权或最高治权）：一种广义上的统治权力，和中国的"天命"（Mandate of Heaven）类似，不过罗马的执行权是分散的，而且每年轮换。在拥有该权的官员当中，执行权几乎是不受约束的，只服从于全体罗马公民所拥有的基本权利。

代行执行权（imperium pro）：通过延任（prorogatio）程序将执行权的期限延长，通常发生在原任期即将在年底结束的时候。卸任的执政官或副执政官（有时也有其他官职的官员）可能会被元老院授予这种延任，因此在新的官员被选举出来之后，他们可以以代执政官或代行副执政官的身份继续工作。这被证明是罗马在海外治理和对外军事行动中一种十分有用的手段。

罗马军团（legion）：罗马军队的主要作战单位，通常由4200名步兵（1200名轻装步兵，1200名新兵列士兵，1200名主列士兵以及600名老兵列士兵）构成，同时还有由300名公民组成的骑兵。在特殊情况下，例如在坎尼会战的时候，军团人数可以增加。

坎尼军团（legiones Cannenses）：严格来说，这些部队都是由坎尼惨败之后的幸存者组建的，不过这个术语最后还包含其他战败的部队，这些残兵被迫加入坎尼会战幸存者的队伍，一起生活在耻辱和流亡之中。

扈从（lictor）：委派给罗马官员的护卫（独裁官拥有 24 位，执政官拥有 12 位，而副执政官则拥有 6 位）。在罗马城墙之外，每一位扈从都会手持一柄"法西斯"。这象征着行政官员拥有施以肉体上的刑罚和死刑的权力。

中队（maniple）：字面意思是"一把"（handful）。中队是第二次布匿战争期间罗马军团的基本作战单位。除了轻装部队之外，每个军团各有 10 个中队的新兵列、主列和老兵列。而新兵列和主列当中的每个中队各有 120 人，而老兵列的每个中队则只有 60 人。每个中队由 2 个百人队构成。

骑兵统帅（master of horse）：罗马独裁官下级别略低的助手。和独裁官一样，骑兵统帅的任期最多只有 6 个月。

权贵（nobiles）：罗马的家族成员，这个家族中曾有亲属获得过执政官的位阶。

新贵（novus homo）：政坛"新人"，其家族中首位当选执政官的成员。

小凯旋式（ovation）：对于那些作战英勇，但是不足以获得大凯旋式殊荣的指挥官，所进行的安慰性奖励。指挥官及其士兵徒步或骑马进入罗马城，接受民众的欢呼。

贵族世家（patrician）：罗马公民二元阶层中较高的阶层

（较低的阶层是平民）。这个词大致等于"第一家庭"（first fami-lies）。但是，在第二次布匿战争期间，贵族世家丧失了大部分的政治力量，因为有一些平民出身的政客获得了执政官的职位。因此"贵族世家"和"权贵"并不能画等号。

庇护人（patron）： 罗马庇护关系中的支配者。一位庇护人可以拥有许多依附者，并且照顾他们的利益。作为回报，庇护人也会要求受庇护者向他表示忠诚并提供支持。

护胸铠甲（pectorale）： 一块佩戴在罗马士兵胸部的金属板，可以保护心脏部位。

投枪（pilum）： 一种重型标枪或者是掷矛，通常是新兵列和主列的士兵使用，在战斗开始之后投出。

平民（plebs）： 除了贵族世家之外的所有罗马公民。在第二次布匿战争期间，考虑到诸如福尔维乌斯·弗拉库斯和森普罗尼乌斯·格拉古等平民出身的官员的出现，他们无论是权势还是财富都足以和世家贵族分庭抗礼，平民的内涵已经同过去不符了。

副执政官（praetor）： 一个重要的民选官员，位列执政官之下。在第二次布匿战争期间，罗马每年选出 4 位副执政官并授予其执行权，让他们可以在执政官缺席的情况下，在战时指挥军队。

主列（principes）： 三线阵型中的第二排重装步兵。他们的装备和新兵列基本相同。

布匿（Punic）： 源于拉丁语中的"punicus"（腓尼基人），用以指代迦太基和迦太基人，以及跟迦太基有关的事物。

五列桨战舰（quinquereme）： 第二次布匿战争期间，迦太基的标准规格战舰。战舰配备撞角，但是对于其划桨手的确切配置仍然没有定论。罗马的五列桨战舰或许与迦太基战舰的原型类似，不过在细节和特点上或许有差异。

重型盾牌（scutum）：罗马军团士兵配备的重型盾牌。

元老院（senate）：罗马的顾问委员会，而且是罗马唯一持续举行政治会议的委员会。元老院的权力包括为执政官提供建议，尤其是涉及外交方面的事务。在罗马所有的统治机构中，元老院是最强大的，但是它拥有的权力多半是隐性的。

元老院法令（senatus consultum）：严格来说，这是元老院经过讨论和投票给出的"建议"，但是考虑到罗马社会中的顺服性，所以它基本上拥有法律上的效力。

最高战利品（spolia opima）：这是罗马人可以获得的最高褒奖，指的是一位罗马将军在决斗厮杀中，杀死敌酋并剥取了他身上的武器装备。

执政官（suffete，苏菲特）：迦太基政府的资深官员。在第二次布匿战争期间，每年会选出两位执政官。

老兵列（triarii）：三线阵型中的第三排重装步兵。他们可能配备长矛，也就是罗马人惯用的刺矛。

平民保民官（tribunes of the plebs）：起初面对贵族世家时，为了保护平民利益而选举出的官员。保民官拥有立法否决权，并且可以干预地方官员的政治行为。

军团长官（tribunes of the soldiers，tribuni militum）：每个军团中会委派 6 位军团长官。他们通常都是出身于元老阶级且富有政治野心的年轻人。

三线阵型（triplex acies）：以国际象棋般的阵型排布的三排

阵线，也是罗马重装步兵的标准部署形式。

大凯旋式（triumph）：这项荣耀是授予那些战胜外敌的统帅的。在罗马城中将会专门为其个人举行一场游行，接受荣耀的统帅站在马车上，后面跟着他的部队，有的时候还会跟随着被击败且即将被处决的敌酋。整个凯旋式都会伴随罗马民众的欢呼。

骑兵中队（turma）：罗马骑兵的基本作战单位。

轻装步兵（velites）：罗马的轻装部队或散兵。每个军团拥有 1200 名轻装步兵，这些轻装步兵会被平均分配到 30 个中队中。

注　释

第一章　战火踪迹

1. John Prevas, *Hannibal Crosses the Alps：The Invasion of Italy and the Punic Wars* (Cambridge, Mass.：Da Capo Press, 1998), pp. 73–74, 他相信有足够多的实质证据存在，这些证据可以让他亲自去查证汉尼拔行军的路线。同样的，the Stanford Alpine Archaeology Project 的 Patrick Hunt 也相信，波利比乌斯不像李维，似乎知道汉尼拔行经之处的地理情况。

2. Gregory Daly, *Cannae：The Experience of Battle in the Second Punic War* (London：Rout-ledge, 2002), pp. 203–204.

3. 罗马共和国晚期的典型罗马人名由三个部分构成：前名（praenomen），或者称为名（譬如文中的普布利乌斯），从有限的词库中选出并且与家族并无关联；中名（nomen），与氏族与宗族相关〔如科尔内利（Cornelii）〕；以及位于尾部的姓（cognomen），指宗族内的家族（如西庇阿）。

4. Mary Beard, cited by Jane Kramer, "Israel, Palestine, and a Tenure Battle," *The New Yorker*, April 14, 2008, p. 50.

5. The inscription first cited in F. Ribbezo, Il *Carroctodel Sud*, S. ii, vol. 4. 2, February 1951.

6. "布匿"（Punic）一词源于拉丁语中的"punicus"，用以指代迦太基和迦太基人。

7. Adrian Goldsworthy, *The Punic Wars* (London：Cassell & Co, 2000), p. 11.

8. Serge Lancel, *Hannibal*, transl. Antonia Nevill (Oxford, UK：Blackwell, 1998), p. 29; John Rich, "The Origins of the Second Punic War," in *The Second Punic War：A Reappraisal* (London：Institute of Classical Studies,

1996），pp. 4，32.

9. 可参阅 H. H. Scullard, *Scipio Africanus: Soldier and Politician* （London: Thames and Hudson, 1970），p. 14。

10. Martin Samuels, "The Reality of Cannae," *Militärgeschichtliche Mitteilungen*, vol. 47 （1990），pp. 8-9.

11. Hans Delbrück, *History of the Art of War*, vol. 1, *Warfare in Antiquity* （Lincoln: University of Nebraska Press, 1990），p. 311.

12. J. F. Lazenby, *Hannibal's War: A Military History of the Second Punic War* （Norman: University of Oklahoma Press, 1998）．

13. Daniel Mendelsohn, "What Was Herodotus Trying to Tell Us?" *The New Yorker*, April 28, 2008, p. 72.

14. P. G. Walsh, *Livy: His Historical Aims and Methods* （Cambridge: Cambridge University Press, 1961），pp. 110 ff. , 138ff. , and ix.

15. Daly, *Cannae*, p. 24.

16. Delbrück, *Warfare in Antiquity*, pp. 328-331.

17. D. T. McGuire, "History Compressed: The Roman Names of Silius' 'Cannae Episode,'" *Latomus*, vol. 54, no. 1 （1995），p. 118.

18. J. F. Lazenby, *The First Punic War: A Military History* （Stanford, Calif. : Stanford University Press, 1996），p. 1.

19. 确定战争的年份通常依赖于对战争采取的确切定义。但在公元前 5500 年属于新石器时代的中东地区，建有城墙的市镇以及战争的其他相关 迹象的散布，提供了目前可获得的最佳参考点，这里出现的情形，多 少应该算是较早的持续性的组织性暴力活动。Robert L. O'Connell, *Ride of the Second Horseman: The Birth and Death of War* （New York: Oxford University Press, 1995），pp. 73-74.

20. Glynn L. Isaac, "Traces of Pleistocene Hunters: An East African Example," in R. B. Lee and I. DeVore, eds. , *Man the Hunter* （Chicago: Aldine Publishing, 1968），p. 259; L. S. B. Leakey, "The Predatory Transition from Ape to Man," *International Anthropological and Linguistic Review*, vol. 1, no. 4

（1953），pp. 201-213.

21. 要为这些设计过的工具确定年份是有难度的，因为它们的材质都是有机的，而且会分解，不过将它们的起源定位于智人时代，也就是大约5万年前发生的所谓的大跃进时期，是不无道理的。

22. W. H. McNeill, *The Pursuit of Power：Technology, Armed Force, and Society Since A. D. 1000*（Chicago：University of Chicago Press, 1982），p. 131；也可参阅 W. H. McNeill, *Keeping Together in Time：Dance and Drill in Human History*（Cambridge：Harvard University Press, 1995）。

23. M. N. Cohen, *The Food Crisis in Prehistory：Overpopulation and the Origins of Agriculture*（New Haven：Yale University Press, 1977），pp. 93, 116.

24. S. J. Mithen, *Thoughtful Foragers：A Study of Prehistoric Decision Making*（Cambridge：Cambridge University Press, 1990），chs. 7-8.

25. Edward O. Wilson, *Sociobiology：The New Synthesis*（Cambridge：Harvard University Press, 1975），pp. 242-243.

26. I. Eibl - Eibesfeldt, *Human Ethology*（New York：Aldine De Gruyter：1989），p. 405；Dave Grossman, *On Killing：The Psychological Cost of Learning to Kill in War and Society*（Boston：Little, Brown and Company, 1995），p. xxix.

27. 对此特征的综述，可参阅 O'Connell, Ride of the Second Horseman, pp. 36-37。

28. 来自铁罗（Telloh）的鹫碑出现在苏美尔早期第三王朝时期，现收藏于巴黎卢浮宫。

29. "Gilgamesh and Agga," in J. B. Pritchard, ed., *Ancient Near Eastern Texts：Relating to the Old Testament*（Princeton, N. J.：Princeton University Press, 1950），lines 1-40.

30. "Sargon of Agade," in Pritchard, ed., *Ancient Near Eastern Texts*, pp. v-vi, 5-52, 268.

31. M. A. Edey, *The Sea Traders*（Alexandria, Va.：Time - Life Books, 1974），p. 61.

32. D. Harden, *The Phoenicians* (London：Penguin, 1980), plate 51.

33. P. Bartoloni, "Ships and Navigation," in M. Andreose, ed., *The Phoenicians* (New York：Abbeville Press, 1988), pp. 72–74.

34. S. P. Oakley, "Single Combat in the Roman Republic," *The Classical Quarterly*, no. 35 (1985), p. 402.

35. 例子可见 The Iliad 8. 174；11. 286；13. 5；15. 509–510。

36. The Iliad, 2. 385–387.

37. Livy 1. 43. "塞尔维乌斯式"（Servian）源于半神话性质的罗马国王塞尔维乌斯·图利乌斯（Servius Tullius）。在所有有关李维的引用中，我援引了 *Loeb Classical Library series*（Cambridge：Harvard University Press）。

38. Goldsworthy, *The Punic Wars*, p. 44, 该作者在此处对罗马与迦太基之间的战争提出了这个看法，但是有一些极少数的例外，例如在关键山道以及其他咽喉要道的作战，但是对整个战略环境来说，这个观察是可以成立的。

39. 叙拉古的阿加托克利斯的军队于公元前 310 年击败迦太基人之后，在敌人营区发现了数以千计的手铐。Serge Lancel, *Carthage：A History*, transl. Antonia Nevill (Oxford, UK：Blackwell, 1995), p. 278；另见 Goldsworthy, The Punic Wars, p. 186。

40. 米诺斯对话。Thucydides, *History of the Peloponnesian War* (5. 84–116).

41. H. H. Scullard, *A History of the Roman World：753 to 146 BC* (London：Routledge, 2006), p. 142.

第二章　罗马

1. Adrian Goldsworthy, *The Roman Army at War：100 BC–AD 200* (Oxford, UK：Clarendon Press, 1996), p. 127.

2. Daly, *Cannae*, p. 29; Lancel, *Hannibal*, p. 104; Lazenby, *Hannibal's War*, pp. 75–76.

3. Lazenby, *Hannibal's War*, pp. 3–4, 75.

4. Daly, *Cannae*, p. 57.

5. Lazenby (*Hannibal's War*, p. 17) 说道，这是罗马和一个商人遍地的国度——迦太基之间的主要差异。这种说法基本成立，但是需要一定的扩展。

6. Arnold J. Toynbee, *Hannibal's Legacy: The Hannibalic War's Effects on Roman Life* (London: Oxford University Press, 1965), vol. 2, chs. 1, 2, and 6.

7. M. I. Finley, *Ancient Slavery and Modern Ideology* (New York: Viking Press, 1980), p. 81; Tim Cornell, "Hannibal's Legacy: The Effects of the Hannibalic War on Italy," in Cornell, Rankov, and Sabin, eds., *The Second Punic War: A Reappraisal*, p. 98.

8. 对于古代世界中的数字进行估算，通常是比较困难的。不过，对公元前211年加普亚人口的计算是比较合理的，这一年，这座意大利的第二大城市被奴役，两年之后罗马人将3万名他林敦人贩卖为奴。

9. Goldsworthy, *The Punic Wars*, pp. 257-258.

10. Ibid.

11. H. H. Scullard, *A History of the Roman World: 753 to 146 BC, fourth edition* (London: Routledge, 1980), chs. 3, 5; pp. 128-129.

12. 特里布斯大会（部族会议）由罗马公民构成，包括贵族世家，参会成员依照血统选拔。大会由执政官主持，有时是由副执政官（praetor，又译作大法官）或牙座市政官（curile aedile，或译作贵族市政官）主持。大会选举产生牙座市政官、审判官（quaestors）以及特别委员会，并且通过相关立法。

13. 平民会议，诚如其名，大会成员只包括平民，由平民保民官（tribune of the plebes）主持。大会推举10名平民保民官、平民市政官以及特别委员会。大会具有对立法的投票权，但没有辩论权。

14. 例子见 Livy 21. 63. 2ff, 其中他说道，弗拉米尼乌斯被那些权贵所憎恨，或是在22. 25. 19 他贬称瓦罗是屠夫之子。

15. Scullard, *Scipio Africanus*, p. 162.

16. Adrian Goldsworthy, *Cannae* (London: Cassell, 2004), p. 63; Goldsworthy,

The Punic Wars, pp. 42–43.

17. Lazenby, *Hannibal's War*, p. 4.

18. Scullard, *A History of the Roman World*, p. 127.

19. William V. Harris, *War and Imperialism in Republican Rome*: 327–70 *B. C.* (Oxford, UK: Clarendon Press, 1979), chs. 1 and 2; John Rich, "The Origins of the Second Punic War," in Cornell, Rankov, and Sabin, eds., *The Second Punic War*: *A Reappraisal*, pp. 18–19.

20. Daly, *Cannae*, p. 57.

21. Goldsworthy, *The Punic Wars*, p. 40.

22. Scullard, *A History of the Roman World*, p. 80.

23. E. S. Staveley, *Historia*, vol. 5 (1956), p. 101ff.

24. Theodore A. Dodge, *Hannibal*: *A History of the Art of War Among the Carthaginians and Romans down to the Battle of Pydna*, *168 BC*, *with a Detailed Account of the Second Punic War* (London: Greenhill Books, 1994), p. 42.

25. Goldsworthy, *The Punic Wars*, p. 45.

26. 例子见 Scullard, A History of the Roman World, pp. 365–366。

27. Grossman, *On Killing*, pp. 120–123.

28. James Grout, "Gladiators," Encyclopaedia Romana (penelope. uchicago. edu/ ~ grout / encyclopaedia_ romana/ gladiators/ gladiators. html).

29. J. E. Lendon, *Soldiers and Ghosts*: *A History of Battle in Classical Antiquity* (New Haven: Yale University Press, 2005), p. 176.

30. Scullard, *A History of the Roman World*, pp. 146–149.

31. B. W. Jones, "Rome's Relationship with Carthage: A Study of Aggression," *The Classical Bulletin*, vol. 9 (1972), p. 28.

32. Goldsworthy, *The Roman Army at War*, p. 109.

33. E. Badian, *Foreign Clientelae* (254–70 *B. C.*) (Oxford, UK: Clarendon Press, 1958), pp. 6–7, 154.

34. Scullard, *A History of the Roman World*, p. 363.

35. Goldsworthy, *Cannae*, pp. 49–50.

36. Goldsworthy, *The Punic Wars*, p. 45.

37. Samuels, "The Reality of Cannae," pp. 11, 23–24.

38. Oakley, "Single Combat in the Roman Republic," p. 403.

39. Lendon, *Soldiers and Ghosts*, p. 177–178.

40. Sallust, *Bellum Catilinae* (51.38); op. cit. Alexander Zhmodikov, "The Roman Heavy Infantrymen in Battle," *Historia*, vol. 49, no. 1 (2000), pp. 72–74.

41. Duncan Head, *Armies of the Macedonian and Punic Wars: 359 to 146 BC* (Goring-by-Sea, UK: Wargames Research Group, 1982), p. 157.

42. M. C. Bishop and J. C. Coulston, *Roman Military Equipment* (London: Batsford, 1993), p. 50.

43. Goldsworthy, *The Punic Wars*, p. 47.

44. Livy 31.34.4–6 生动地描述了在第二次马其顿战争中所造成的伤势情况:"当他们见到身体被西班牙短剑砍成碎块,手臂、肩膀以及其他部位遭到肢解,身首分离……内脏外露……他们在四处弥漫的恐慌之中认识到,他们将必须要和何种武器以及何种敌人进行作战。"

45. Flavius Vegetius Renatus, "The Military Institutions of the Romans," in *The Roots of Strategy* (Harrisburg, Penn., 1940), pp. 85–86 (1.12).

46. Goldsworthy, *Cannae*, pp. 135–137.

47. Peter Connolly, *Greece and Rome at War* (revised ed.) (London: Greenhill Books, 1998), p. 131; Bishop and Coulston, *Roman Military Equipment*, pp. 58–59.

48. Daly, *Cannae*, p. 68; Polybius (6.23.13).

49. Daly, *Cannae*, pp. 64–70.

50. Philip Sabin, "The Mechanics of Battle in the Second Punic War," in Cornell, Rankov, and Sabin, eds., *The Second Punic War: A Reappraisal*, p. 74.

51. Samuels, "The Reality of Cannae," p. 15.

52. Delbrück, *Warfare in Antiquity*, pp. 274–275.

53. Carl von Clausewitz 认为是 20 分钟,而 J. F. C. 将之削减为 15 分钟。

Goldsworthy, *The Roman Army at War*, p. 224.

54. F. E. Adcock, *The Roman Art of War Under the Republic* (Cambridge: Harvard University Press, 1940), pp. 8 – 12; Goldsworthy, *The Punic Wars*, pp. 53–54.

55. 例子见 Daly, *Cannae*, p. 62, fig. 2。

56. Goldsworthy, *The Punic Wars*, pp. 51–52.

57. 同上书, p. 49; Daly, *Cannae*, p. 78。波利比乌斯对此没有进行描述。

58. Emilio Gabba, *Republican Rome, the Army, and the Allies*, transl. P. J. Cuff (Berkeley: University of California Press, 1976), pp. 5–6; Samuels, "The Reality of Cannae," p. 12; Lawrence Keppie, *The Making of the Roman Army: From Republic to Empire* (London: Batsford, 1998), p. 33.

59. Daly, *Cannae*, p. 73; Goldsworthy, *The Punic Wars*, p. 48.

60. Livy, 22. 37. 7–9.

61. Samuels, "The Reality of Cannae," p. 13.

62. Goldsworthy, *The Punic Wars*, p. 48.

63. Goldsworthy, *The Roman Army at War*, p. 125.

64. Goldsworthy, *Cannae*, p. 49.

65. Ann Hyland, Equus: *The Horse in the Roman World* (New Haven: Yale University Press, 1990), pp. 88–89.

66. Dodge, *Hannibal*, pp. 63–64.

67. Goldsworthy, *The Roman Army at War*, p. 110.

68. Polybius 6, 27–35; Edward Luttwak, *The Grand Strategy of the Roman Empire: From the First Century A. D. to the Third* (Baltimore, Md. : Johns Hopkins University Press, 1976), p. 55.

69. Goldsworthy, *The Roman Army at War*, p. 113.

70. Ibid. , p. 112.

71. Polybius 6. 35. 4; Daly, *Cannae*, pp. 133–134.

72. 这种重构基本上取自 Goldsworthy, *Cannae*, p. 82; Goldsworthy, *The Punic Wars*, pp. 56–57; Samuels, "The Reality of Cannae," p. 15. 也可

见 Polybius，3. 72，113，6. 31；Livy 34. 46，44. 36。

第三章　迦太基

1. Daly，*Cannae*，p. 132.

2. F. N. Pryce，in H. H. Scullard，*A History of the Roman World：753 to 146 BC*，fourth edition（London：Routledge，1980），pp. 163-164.

3. Gilbert and Colette Charles－Picard，*Daily Life in Carthage at the Time of Hannibal*，transl. A. E. Foster（New York：Macmillan，1961），pp. 154-155.

4. Lancel，*Carthage*，p. 111.

5. Ibid.，p. 205.

6. Goldsworthy，*The Punic Wars*，p. 27.

7. Lancel，*Carthage*，p. 43.

8. C. R. Whittaker，"Carthaginian Imperialism in the Fifth and Fourth Centuries，" in P. D. A. Garnsey and C. R. Whittaker，eds. *Imperialism in the Ancient World：The Cambridge University Research Seminar in Ancient History*（Cambridge：Cambridge University Press，1978），p. 59.

9. Charles－Picard，*Daily Life in Carthage*，p. 60.

10. Whittaker，"Carthaginian Imperialism in the Fifth and Fourth Centuries，" p. 68.

11. 例子可见 Charles－Picard，pp. 83-84；B. D. Hoyos，"Hannibal's War：Illusions and Ironies，" *Ancient History*，vol. 19（1989），p. 88；B. D. Hoyos，"Barcid Proconsuls and Punic Politics，237-218 BC，" *Rheinisches Museum für Philologie*，vol. 137（1994），pp. 265-266 对第二种说法有综述。

12. Goldsworthy，*The Punic Wars*，p. 29.

13. Charles－Picard，*Daily Life in Carthage*，pp. 111，116；Hoyos，"Barcid Proconsuls and Punic Politics，" p. 267.

14. 李嘉图（Ricardo）在他 1817 年出版的 *On the Principles of Political Economy and Taxation* 一书中，首先阐述了这种相对优势。

15. Lancel，*Carthage*，pp. 404-406.

16. Ibid.，p. 140. 这位有虚伪之举的加图或许是从他自己的无花果树上摘取的果实。

17. 见 Appian, *Libyca*, 95 的描述。

18. Scullard, *Scipio Africanus*, p. 117.

19. Diodorus Siculus, 14. 77. 3.

20. Whittaker, "Carthaginian Imperialism in the Fifth and Fourth Centuries," pp. 89−90.

21. Lazenby, *The First Punic War*, p. 25. 有证据显示，利比亚的腓尼基人必须接受军事上的征召，去海外服役，但这在整个国家似乎并非普遍现象。

22. 对于这种关系的其他描述，可见 *The First Punic War*, p. 21; Lancel, *Carthage*, p. 116; 以及 Goldsworthy, *The Punic Wars*, p. 30。

23. Colette and Gilbert Charles−Picard, *Vie et Mort de Carthage* (Paris: Hachette, 1970), p. 307.

24. Polybius, 1. 82. 12.

25. B. H. Warmington, *Carthage* (New York: Praeger, 1960), p. 124, 估计全部人口（包括奴隶、女人和小孩）或许都没有超过 40 万人。以此为据，约四人之中有一人以上可以服役的说法，似乎是合理的。

26. Polybius 1. 75. 1−2.

27. Samuels, "The Reality of Cannae," p. 20.

28. Daly, *Cannae*, p. 125.

29. Lancel, *Hannibal*, pp. 176−177; Charles−Picard, *Daily Life in Carthage*, p. 98.

30. Head, *Armies of the Macedonian and Punic Wars*, p. 49.

31. Lazenby, *The First Punic War*, p. 27.

32. 现代史料对这方面的意见存在分歧，不过在缺乏更多证据的情况下，许多人做出假设，认为迦太基公民以及在利比亚的腓尼基盟友在舰队中划船。例子可以参见 B. D. Hoyos, "Hannibal: What Kind of Genius," *Greece and Rome*, vol. 30, no. 2 (October 1983), p. 172; Goldsworthy, *The Punic Wars*, pp. 31−32。

33. Goldsworthy, *The Punic Wars*, pp. 31−32.

34. Rankov, "The Second Punic War at Sea," in Cornell, Rankov, and Sabin, eds. *The Second Punic War: A Reappraisal*, p. 50.

35. Livy, 30. 43. 12−13.

36. Plutarch, *Pyrrhus*, 24.

37. Lazenby, *The First Punic War*, p. 35.

38. 例子可见 Harris, *War and Imperialism in Republican Rome*, p. 182ff。

39. Lancel, *Hannibal*, pp. 4−5; Lancel, *Carthage*, p. 365.

40. Polybius, 1. 20. 1−2.

41. Lazenby, *The First Punic War*, pp. 71−72.

42. Ibid, p. 81.

43. 卡本半岛（Cape Bon）是现代的名称。

44. Lazenby, *The First Punic War*, p. 110.

45. Diodorus, 23. 4. 1；Polybius, 1. 17. 4−6；Diodorus, 23. 8. 1；Polybius, 1. 38. 1−5；1. 44. 1−2.

46. Tenney Frank, *Cambridge Ancient History*, vol. 7（Cambridge: Cambridge University Press, 1928）, p. 685.

47. Lazenby, *The First Punic War*, p. 114.

48. Appian, *History of Rome, Book 6: The Wars in Spain*, 4；Lazenby, *The First Punic War*, p. 144.

49. 因为汉尼拔的父亲将他带到西班牙时他才 9 岁，所以，可能在他出生的时候，他的父亲正在赶赴西西里。

50. Hoyos, "Hannibal's War: Illusions and Ironies," p. 87.

51. Polybius, 1. 56. 3.

52. Ibid. , 1. 59. 7.

53. Lancel, *Hannibal*, p. 10；C. Nepos, *Hamilcar*, 1. 5.

54. Lazenby（*The First Punic War*, p. 164）以典型口吻说道："我们当然没有迦太基的人口普查数字……不过……他们的损失不会很大。"

55. Hoyos, "Hannibal's War: Illusions and Ironies," p. 88.

56. Appian, *The Wars in Spain*, 4.

57. Hoyos，"Barcid Proconsuls and Punic Politics," pp. 250-251.

58. Goldsworthy，*The Punic Wars*，pp. 135-136.

59. Polybius，1. 72. 3.

60. Appian，*The Wars in Spain*，4.

61. Nepos，*Hamilcar*，（3. 5-8）.

62. Hoyos，"Barcid Proconsuls and Punic Politics," p. 251.

63. Polybius，3. 11. 5-7；Livy，35. 19.

64. Prevas，*Hannibal Crosses the Alps*，p. 41；Dodge，*Hannibal*，pp. 145-146.

65. Hoyos，"Barcid Proconsuls and Punic Politics," p. 274.

66. Lancel，*Carthage*，p. 379；Lancel，*Hannibal*，p. 36.

67. Lancel，*Carthage*，p. 378.

68. Lancel，*Hannibal*，pp. 40-41.

69. Scullard，*A History of the Roman World*，pp. 196-197.

第四章　汉尼拔之路

1. 可以参见 Goldsworthy，*The Punic Wars*，pp. 157-158。

2. Plutarch，"Fabius Maximus," 6. 3；Appian，*Hannibalic War*，14；28.

3. Pliny the Elder，*Naturalis Historia*，3. 103.

4. B. D. Hoyos，"Maharbal's Bon Mot：Authenticity and Survival," *The Classical Quarterly*，New Series，vol. 50，no. 2（2000），pp. 610-614.

5. Plutarch，Fabius，15. 2-3；Livy，27. 16. 10.

6. 李维（21. 3-4）甚至引用了一则传闻，说汉尼拔在他父亲过世之后又回到了迦太基，但在哈斯德鲁巴急切要求之下，又回到了西班牙。

7. Lazenby，*Hannibal's War*，p. 256. 这5个场景分别是特拉西梅诺湖战役、坎尼会战、马尔库斯·森特尼乌斯军队的覆灭、第一次与第二次赫尔多尼亚战役。

8. Goldsworthy，*The Punic Wars*，p. 62.

9. Livy，25. 11. 16.

10. Lazenby，*Hannibal's War*，p. 257.

11. Ibid. , p. 27; Hoyos, "Hannibal's War: Illusions and Ironies," p. 89; Daly, *Cannae*, *p*. 10.

12. Abram N. Shulsky, *Deterrence Theory and Chinese Behavior* (Santa Monica, Calif. : Rand Corporation, 2000), p. 30.

13. Louis Rawlings, "Celts, Spaniards, and Samnites: Warriors in a Soldier's War," in Cornell, Rankov, and Sabin, eds. , *The Second Punic War: A Reappraisal*, p. 84; Oakley, "Single Combat in the Roman Republic," p. 407.

14. Head, *Armies of the Macedonian and Punic Wars*, p. 57; 可见 Dionysius of *Halicarnassus*, Roman Antiquities, 14.

15. Head, *Armies of the Macedonian and Punic Wars*, p. 37.

16. Rawlings, "Celts, Spaniards, and Samnites: Warriors in a Soldier's War," p. 83.

17. Goldsworthy, *The Punic Wars*, p. 139; Jones, "Rome's Relationship with Carthage: A Study in Aggression," p. 28.

18. Polybius, 2. 28. 10; 2. 31. 1.

19. Samuels, "The Reality of Cannae," pp. 11, 18.

20. Goldsworthy, *The Punic Wars*, p. 140.

21. Delbrück, *Warfare in Antiquity*, p. 352.

22. Lancel, *Carthage*, p. 384.

23. Polybius, 3. 15. 7–8; Appian, *The Wars in Spain*, 10.

24. Polybius, 3. 8. 6–7.

25. Prevas, *Hannibal Crosses the Alps*, pp. 57 – 58; Goldsworthy, *The Punic Wars*, p. 155; Rich, "The Origins of the Second Punic War," p. 18.

26. Polybius 3. 33. 17–18.

27. Polybius 3. 35. 1; Appian, *Hannibalic War*, 1. 4.

28. Samuels, "The Reality of Cannae," p. 20; Daly, *Cannae*, pp. 127–128.

29. Plutarch, *Fabius Maximus*, 17. 1.

30. Dodge, *Hannibal*, p. 241.

31. Lazenby, *Hannibal's War*, p. 33.

32. Prevas, *Hannibal Crosses the Alps*, p. 85；亦可见 Goldsworthy, *The Roman Arm*, Appendix：Logistics。

33. Prevas, *Hannibal Crosses the Alps*, p. 84；Livy 21. 23. 4.

34. Polybius, 3. 60. 5；Lazenby, *Hannibal's War*, p. 34.

35. Livy, 21. 30. 8.

36. Delbrück, *Warfare in Antiquity*, p. 355.

37. Lazenby, *Hannibal's War*, p. 50.

38. Polybius, 3. 40. 2 – 13；Livy, 21. 25. 10 – 14；Goldsworthy, *The Punic Wars*, p. 151.

39. Polybius, 3. 49；Livy, 21. 31. 8.

40. Lancel, *Hannibal*, p. 71.

41. 塞尔吉·兰瑟（Serge Lancel）记录了在 19 世纪末，一位法国学者曾算出有超过 300 本书或论文与这次翻山越岭相关，而兰瑟的见解是，在今天需要多一倍的人才能饱览所有的相关文献。

42. Ibid. ；Goldsworthy, *The Punic Wars*, p. 166. 43；Polybius, 3. 50. 3–6.

43. Polybius, 3. 50. 3–6.

44. Livy, 21. 33；Prevas, *Hannibal Crosses the Alps*, p. 114.

45. Hoyos, "Hannibal's War：Illusions and Ironies," p. 90；Prevas, *Hannibal Crosses the Alps*, pp. 127, 151.

46. Prevas, *Hannibal Crosses the Alps*, pp. 129–130；Dodge, *Hannibal*, p. 217.

47. Roger Dion, "La voie heracleenne et l'itineraire transalpine d'Hannibal," in *Melanges a A Grenier*（coll. "Latomus," LVⅢ）（Brussels：1962），p. 538；Werner Huss, *Geschichte der Karthager*（*Handbuch der Altertumswissenschaft* series, vol. 3, no. 8）（Munich：Beck, 1985），p. 305.

48. Eduard Meyer, "Noch einmals Hannibals Alpenubergang," Museum Helveticum, vol. 21（1964），pp. 90–101.

49. Prevas, *Hannibal Crosses the Alps*, p. 172.

50. Livy, 21. 35. 8–10.

51. Polybius, 3. 55；Prevas, *Hannibal Crosses the Alps*, p. 150.

52. Polybius, 3.56.4.

53. Goldsworthy, *The Punic Wars*, p.168.

第五章　狐与猬

1. Lancel, *Hannibal*, p.133.

2. Goldsworthy, *The Punic Wars*, p.311.

3. Polybius, 3.61.1-6.

4. Livy, 21.39.3.

5. 李维（21.42）和波利比乌斯（3.62-3）对此采取了类似的说法，显然相信这象征着汉尼拔的人格及心态。

6. 李维（21.46.7）是这段描述的主要史料来源，尽管波利比乌斯（10.3.3-7）也提及了此事。李维言辞诚恳，说 Coelius Antipater 将此功于一位利古里亚出身的奴隶出手相救。但斯卡拉德（*Scipio Africanus*, p.29）却认为 Coelius 的说法是之后为了污蔑阿非利加努斯而杜撰的。

7. Lazenby, *Hannibal's War*, p.53.

8. Ibid.；Daly, *Cannae*, p.42.

9. Polybius, 3.66；Livy, 21.47.

10. Goldsworthy, *The Punic Wars*, p.172.

11. Charles-Picard, *Vie et Mort de Carthage*, p.239；Lancel, *Hannibal*, p.84；Goldsworthy, *The Punic Wars*, p.174.

12. 见 Goldsworthy, *The Punic Wars*, pp.175-176，作者详细研究了这一想法。

13. Polybius, 3.72.11-13. Livy, 21.55.4 说罗马人有 1.8 万人，但是 Lazenby, *Hannibal's War*, p.56 认为这里有误。

14. Goldsworthy, *The Punic Wars*, p.178.

15. Lazenby, *Hannibal's War*, p.56.

16. Polybius, 3.74.1.

17. Goldsworthy, *The Punic Wars*, p.180.

18. Livy, 21.56；Polybius, 3.74.11.

19. Polybius, 3. 75. 1.

20. Lazenby, *Hannibal's War*, p. 58.

21. Goldsworthy, *The Punic Wars*, p. 181; Lazenby, *Hannibal's War*, pp. 59-60.

22. Polybius, 3. 77. 3-7.

23. Ibid., 3. 78. 1-4; Livy, 22. 1. 3-4.

24. 在此向 Mel Brooks 致歉。

25. Appian, *Hannibalic War*, 8.

26. Livy, 21. 63. 1; Goldsworthy, *The Punic Wars*, pp. 183-184.

27. Lazenby, *Hannibal's War*, p. 61.

28. Polybius, 3. 78-79; Livy, 22. 2. 10-11.

29. Polybius, 3. 82; Livy, 22. 3. 8-9.

30. Ovid（Fasti, 6. 767-8）说这场战争发生在 6 月 21 日。地点存在争议。若是对异议有兴趣，可参阅 Lazenby, *Hannibal's War*, pp. 62-63; Connolly, *Greece and Rome*, pp. 172 - 175; 以及 J. Kromayer and G. Veith, *Antike Schlachtfelder in Italien und Afrika*（Berlin: Weidmann, 1912）, pp. 148-193。不过，任何可以确定的根据，似乎都因为湖水水位以及湖岸在 2200 年间的变化而受到动摇。

31. Dodge, *Hannibal*, p. 299.

32. Livy, 22. 5. 8.

33. Goldsworthy（*The Punic Wars*, p. 189）将此数字归诸费边·皮克托。

34. Livy's（22. 7. 6-14）的这段描述尤为逼真，展现出了史家再现场景的特质。

35. Goldsworthy, *Cannae*, pp. 59-60.

36. F. W. Walbank, *A Historical Commentary on Polybius*, vol. 1（Oxford, UK: Clarendon Press, 1957）, pp. 410-411.

37. John F. Shean, "Hannibal's Mules: The Logistical Limitations of Hannibal's Army and the Battle of Cannae," *Historia*, vol. 45, no. 2（1996）, p. 181.

38. Goldsworthy, *The Punic Wars*, p. 195.

39. Lancel, *Hannibal*, p. 101.

40. Plutarch, *Fabius Maximus*, 1；Goldsworthy, *Cannae*, p. 39.

41. Plutarch, *Fabius Maximus*, 4.

42. Lazenby, *Hannibal's War*, p. 68；Livy, 22. 11. 3–4.

43. Polybius, 3. 87. 1–3；Goldsworthy, *The Punic Wars*.

44. Polybius, 18. 28. 9.

45. Daly, *Cannae*, pp. 89–90 是这样认为的。

46. Head, *Armies of the Macedonian and Punic Wars*, p. 144. 波利比乌斯使用了词语 "long-chophoroi"，有时可以译作长枪手，但是从他使用这些部队作为小规模对战的部队来看，显然他们并没有被用在长枪阵中，而且没有配备长枪。

47. Polybius, 3. 87. 4–5.

48. Ibid. , 3. 88. 9.

49. Livy, 22. 12. 4–5.

50. Dodge, *Hannibal*, p. 317；Shean, "Hannibal's Mules," p. 181.

51. Plutarch, *Fabius Maximus*, 5.

52. Livy（22. 13. 5–8）说只有一个向导，但 Plutarch（*Fabius Maximus*, 6. 3）说有很多名向导。

53. Polybius, 3. 93–94. 5；Livy, 22. 16–17.

54. Livy, 22. 23. 4–5.

55. Polybius, 3. 100. 4.

56. Ibid. , 101–102.

57. Lazenby, *Hannibal's War*, p. 72.

58. Polybius, 3. 104–5；Livy, 22. 28.

59. Polybius, 3. 105；Livy, 22. 29–30.

60. Shean, "Hannibal's Mules," p. 183.

第六章　坎尼

1. Livy, 22. 35. 37.

2. Goldsworthy, *Cannae*, p. 74.

3. Livy, 22. 39-40. 4; Plutarch, *Fabius Maximus*, 14.

4. Ibid. , 22. 45.

5. Goldsworthy, *Cannae*, p. 60.

6. Goldsworthy, *The Punic Wars*, p. 199.

7. Lazenby, *Hannibal's War*, p. 74.

8. Goldsworthy, *Cannae*, p. 67.

9. Ibid.

10. 罗马在泰拉蒙击败高卢人时，双方在人数上旗鼓相当，但战争的最后
    结果则是因为两支加强版的执政官军队，恰巧将一支数量庞大的高卢
    军队夹在中间。

11. Polybius, 3. 107. 9-15.

12. Daly, *Cannae*, p. 27.

13. Samuels（"The Reality of Cannae," p. 12）认为，除了经验之外，很少
    有迹象显示罗马人有任何正式的军事训练。这似乎是极端的看法。诚
    然，证据很少，但似乎确实存在已经完备的程序。例如，当西庇阿·
    阿非利加努斯在新迦太基为其军队制订一套训练计划（Polybius,
    10. 20. 1-4），这似乎太有组织规划，所以几乎不可能会是在仓促之间
    完成的。

14. Lazenby, *Hannibal's War*, p. 77; Goldsworthy, *The Punic Wars*, pp. 200-201.

15. Goldsworthy, *The Punic Wars*, p. 200; Goldsworthy, *Cannae*, p. 67.

16. Samuels, "The Reality of Cannae," p. 12.

17. Livy, 22. 37. 7-9.

18. Livy, 22. 41-43; Polybius, 3. 107. 1-7.

19. Dodge, *Hannibal*, pp. 348-350.

20. Goldsworthy, *Cannae*, p. 75.

21. Ibid. , p. 57.

22. Samuels, "The Reality of Cannae," pp. 18-19.

23. Polybius, 3. 114. 5; Livy, 22. 46. 6; Lazenby, *Hannibal's War*, p. 81; Gold-
    sworthy, *The Punic Wars*, p. 207. 不过，Daly（*Cannae*, p. 29）补充说，

这个数字确实"让人怀疑是估算的"。

24. Lazenby（*Hannibal's War*, p. 81）估计在战线上约有 28600 名重装步兵，以及短暂交战用的 11400 名轻装步兵，而 Goldsworthy（*The Punic Wars*, p. 207）和 Parker（*Cannae*, p. 32）则分配了 32000 人给重装步兵部队，以及约 8000 人给轻装步兵部队。

25. Delbrück, *Warfare in Antiquity*, p. 326.

26. Foster Grunfeld, "The Unsung Sling," MHA：*The Quarterly Journal of Military History*, vol. 9, no. 1（Autumn 1996）.

27. Samuels, "The Reality of Cannae," pp. 19–20.

28. Appian, Han. 17 也认为汉尼拔补给不足；Paul Erdkamp, "Polybius, Livy and the 'Fabian Strategy,'" *Ancient Society*, vol. 23（1992）, pp. 127–147。

29. Polybius, 3. 110–112; Lazenby, *Hannibal's War*, p. 78.

30. Delbrück, *Warfare in Antiquity*, p. 315.

31. Goldsworthy, *Cannae*, p. 101.

32. Dodge, *Hannibal*, p. 396.

33. Appian, Han. 22; Livy, 22. 48.

34. Edward Fry, "The Field of Cannae," *The English Historical Review*, vol. 12, no. 48（1897）, p. 751, 对战场的地理进行了考察。

35. Polybius, 3. 112.

36. Polybius, 3. 117. 8; Daly（*Cannae*, p. 29）讨论了那些被留在战线之后的人员部署的情况，他同意波利比乌斯的看法，认为其中的大部分必然留在了主营区中，因为较小的营区必然会在罗马阵线之后，因而只需要象征性地用一些部队来驻守。

37. Polybius, 3. 113. 2–3.

38. K. Lehmann, *Klio*, vol. 15（1917）, p. 162; Delbrück, *Warfare in Antiquity*, pp. 324–325.

39. J. Kromayer and G. Veith, *Antike Schlachtfelder*, vol. 3, no. 1（1903–31）, pp. 278–388; Lazenby, *Hannibal's War*, pp. 77–79.

40. Connolly, *Greece and Rome at War*, p. 184; Goldsworthy, *Cannae*.

41. Polybius, 3. 113; Livy, 22. 46. 1.

42. Appian, Han. 20; Ennius, Fragment, 282; 李维（22. 46. 9）也提到了烟尘的问题。

43. Appian, Han. 21; Livy, 22. 47. 1; Polybius, 3. 115. 1.

44. Martin Samuels（"The Reality of Cannae," p. 13）将罗马骑兵形容为较像是"英国公学学生外出的单位，而非军事行动的单位"，考虑到罗马骑兵近来蒙受的损失，这种说法或许较为恰当。

45. Plutarch, *Fabius Maximus*, 16. 李维（22. 47. 1-5）也遵循了这个说法。

46. Daly, *Cannae*, p. 165.

47. Delbrück, *Warfare in Antiquity*, p. 316.

48. Goldsworthy, *Cannae*, pp. 111-112.

49. Daly, *Cannae*, pp. 185-186.

50. Goldsworthy（*Cannae*, pp. 127-139）对战斗性质具有的洞见很有说服力；也可见 Zhmodikov, "The Roman Heavy Infantrymen in Battle," p. 71。

51. Lazenby, *Hannibal*, p. 83.

52. Polybius, 3. 116. 5-6.

53. Polybius, 3. 117. 2

54. Daly, *Cannae*, pp. 195-196.

55. Sabin, "The Mechanics of Battle in the Second Punic War," p. 76.

56. Victor Davis Hanson, "Cannae," in Robert Cowley, ed., *Experience of War*（New York: Norton, 1992）, p. 42.

57. Daly, *Cannae*, pp. 196-198.

58. Goldsworthy, *Cannae*, p. 153.

59. Polybius, 3. 117. 1-2；也可见 Appian, Han. 24。

60. Grossman, *On Killing*, p. 71.

61. Goldsworthy, *Cannae*, p. 155.

62. R. J. Ridley, "Was Scipio Africanus at Cannae?" *Latomus*, vol. 34（1975）, p. 161.

63. Lazenby（*Hannibal's War*, p. 84）使用了李维（22. 49-54）的不同数字，得出了这个结果。

64. Daly, *Cannae*, p. 198.

65. Polybius, 3. 117. 7–11.

66. Goldsworthy, *Cannae*, p. 159；Frontinus, Stratagems, 4. 5. 7；Livy, 22. 52. 4.

67. 李维（22. 49. 15）在这方面的数据最让人信服，也最为一致。

68. Livy, 22. 51. 5–9.

69. Lazenby（*Hannibal's War*, p. 84）再次引用了李维的数据。

70. 波利比乌斯（3. 117. 6）认为迦太基方面的损失是 4000 名高卢人，1500 名西班牙人，200 名利比亚骑兵；而李维（22. 52. 6）则将损失定为 8000 人。

71. Lancel, *Hannibal*, p. 108.

72. 对于此事是否发生，存在较大争议。John Lazenby（"Was Maharbal Right?" in Cornell, Rankov, and Sabin, eds., *The Second Punic War: A Reappraisal*, p. 39）认为"就像大部分的好故事一般，这或许是捏造的"。Lazenby 认为，因为波利比乌斯并没有在他有关坎尼的陈述中提及马哈巴尔，所以后者或许并不在场。而在另一方面，Dexter Hoyos（"Maharbal's Bon Mot," pp. 610–611）则指出李维说马哈巴尔在坎尼会战时率领着努米底亚人，他也许已经在特拉西梅诺湖战役之后就催促过汉尼拔进军罗马，或许在坎尼会战之后也是如此，因为这毕竟是个不错的建议。

73. Shean, "Hannibal's Mules," pp. 167–173.

74. B. L. Hallward, "Hannibal's Invasion of Italy," in *Cambridge Ancient History*, vol. 3（Cambridge: Cambridge University Press, 1930）, p. 55.

75. Hoyos, "Hannibal: What Kind of Genius," *Greece and Rome*, pp. 176–177.

76. Daly, *Cannae*, p. 46；Lancel, *Hannibal*, pp. 109–110.

77. Bernard Montgomery, A *History of Warfare*（London: World Publishing Co., 1968）, p. 98.

78. 这个故事出现在李维（22. 53）的作品中。一些现代学界的权威人士质疑其真实性。R. J. Ridley（"Was Scipio Africanus at Cannae?" pp. 162–163）称其为一个"浪漫的故事"，并引用西庇阿传记的作者斯卡拉德的话语加以质疑，因为波利比乌斯从未提及此事。但是斯卡拉德（*Scipio Africanus*, *p.* 30）却指出，波利比乌斯的这一部分作品并未被完全保存下来，而且几乎确定一枚铸造于卡流苏门当地的钱币描绘了西庇阿，显然是为了纪念此事。

79. Livy, 22. 57. 2–6；Appian, Han, 27；Goldsworthy, *The Punic Wars*, p. 220.

80. Lazenby, *Hannibal's War*, p. 91.

81. Livy, 22. 61. 14–15.

82. Ibid. , 22. 57. 9–11.

83. Ibid. , 22. 58. 1–4.

84. Ibid. , 22. 60.

85. Appian, Han. 28.

86. Livy, 23. 16. 15.

87. Livy, 23. 24. 6–13；Polybius, 3. 118.

88. Livy, 23. 31. 1–3.

89. Silius Italicus（10. 649–658）的诠释最为清晰。

第七章　余震

1. Lazenby, *Hannibal's War*, p. 89.

2. Lancel, *Hannibal*, p. 113.

3. Livy, 23. 7. 1–2；Lazenby, *Hannibal's War*, p. 90.

4. Livy, 23. 10. 1–2.

5. Lancel, *Hannibal*, p. 115；Livy, 23. 18. 10–15.

6. Livy, 23. 45. 4.

7. Lazenby, *Hannibal's War*, p. 92；Lancel, *Hannibal*, p. 115.

8. Goldsworthy, *The Punic Wars*, p. 223.

9. Livy, 23. 11. 7–12.

10. Ibid. , 23. 13. 2.

11. Livy, 23. 41. 10–12；Lancel, *Hannibal*, p. 112；Goldsworthy, *The Punic Wars*, p. 226.

12. Goldsworthy, *The Punic Wars*, pp. 220–221.

13. Lazenby, *Hannibal's* War, pp. 94 – 95; Prevas, *Hannibal Crosses the Alps*, p. 212.

14. Lancel, *Hannibal*, p. 115; Cornell, "Hannibal's Legacy: The Effects of the Hannibalic War on Italy," p. 102.

15. Plutarch, Fabius Maximus, 20.

16. Delbrück, *Warfare in Antiquity*, p. 340

17. Goldsworthy, *The Punic Wars*, p. 358. 数字最高的是 Lancel (*Hannibal*, p. 145)。

18. Lancel, *Hannibal*, p. 122.

19. Scullard, *Scipio Africanus*, p. 226.

20. Livy, 23. 33. 5 and 23. 34. 4–5.

21. Polybius, 7. 9.

22. Lancel, *Hannibal*, pp. 117–118. 另见 E. J. Bickerman, "An Oath of Hannibal," *Transactions and Proceedings of the American Philological Association*, vol. 75 (1944), pp. 87 – 102; E. J. Bickerman, "Hannibal's Covenant," *American Journal of Philology*, vol. 73 (1952), pp. 1–23。

23. Goldsworthy, *The Punic Wars*, p. 253.

24. Livy, 26. 24.

25. 这次入侵的史料出自波利比乌斯 (11.7)，而关于曼提尼亚的资料则来源于波利比乌斯 (11.11–18)。

26. Livy, 29. 12. 2.

27. Livy, 23. 32. 7–12, 23. 34. 10–15, 23. 40–41. 7; Lancel, *Hannibal*, p. 120.

28. Lazenby, *Hannibal's War*, p. 98.

29. Livy, 24. 6. 4; Polybius, 7. 2. 1–6.

30. Livy, 24. 29–30. 屠杀 2000 名罗马逃兵的事情在李维 (24.30.6–7) 书中有记载。

31. Lazenby, *Hannibal's War*, p. 35.

32. Plutarch, Marcellus, 13.

33. 李维（25.6）用整章篇幅来陈述他们所蒙受的不白之冤。元老院做出的回应则见李维（25.7.2-4）之叙述。

34. Goldsworthy, *The Punic Wars*, p. 263.

35. Polybius, 8. 3-7.

36. Ibid., 8. 5. 6.

37. Plutarch, Marcellus, 17.

38. Lazenby, *Hannibal's War*, p. 107.

39. Livy, 24. 36.

40. Polybius, 8. 37. 1-13；Plutarch, Marcellus, 18.

41. Goldsworthy, *The Punic Wars*, p. 265.

42. Lazenby, *Hannibal's War*, p. 118.

43. Plutarch, Marcellus, 19. 实际上，普鲁塔克给出了此事的第三种说法，但结果是相同的。

44. Ibid., 21；Livy, 25. 40. 1-3.

45. Livy, 26. 1. 10.

46. Lazenby, *Hannibal's War*, p. 119.

47. Livy, 26. 21. 14.

48. Livy, 26. 29-30.

49. Lazenby, *Hannibal's War*, p. 172.

50. Ibid., p. 50；Daly, *Cannae*, p. 11；Polybius, 3. 97. 1-5.

51. Scullard, *Scipio Africanus*.

52. Goldsworthy, *The Punic Wars*, pp. 246-247.

53. Polybius, 3. 76. 8-11.

54. Ibid., 3. 96.

55. Livy, 22. 20-21.

56. Goldsworthy, *The Punic Wars*, p. 249.

57. Scullard, *Scipio Africanus*, pp. 32-33.

58. 李维暗示这是在公元前 216 年年末，但是考虑到阿尔卑斯山的恶劣天气，这似乎不太可能。

59. Lazenby, *Hannibal's War*, p. 128. Goldsworthy（*The Punic Wars*, p. 250）反对这种比较，认为并没有迹象可以表明哈斯德鲁巴刻意让中央的西班牙部队战阵变薄。但李维（23.29.8）则清楚地表示，西班牙部队犹豫不决，哈斯德鲁巴或许有所了解，而且聪明地善加利用，尤其是自己兄长正是凭借了这个战术在坎尼取得了胜利。

60. Lazenby, *Hannibal's War*, p. 129.

61. Livy, 25.32.3; Rawlings, "Celts, Spaniards, and Samnites: Warriors in a Soldier's War," pp. 91–92.

62. Hoyos, "Hannibal: What Kind of Genius," pp. 174–175.

63. Livy, 25.33.

64. Ibid., 25.34.

65. Ibid., 25.35–6.

66. Lazenby, *Hannibal's War*, p. 131; Goldsworthy, *The Punic Wars*, p. 253.

67. 李维（26.17.1）给出的数字是 6000 名步兵和 300 名骑兵，加上相等数量的同盟步兵以及 800 名骑兵。阿庇安（*History of Spain*, 17）则认为有 1 万名步兵和 1000 名骑兵。

68. Livy, 26.17.3–16.

69. Ibid., 23.43.4.

70. Ibid., 25.13–14; Lazenby, *Hannibal's War*, pp. 112–113.

71. Livy, 25.16–17, 25.20.4; Lazenby, *Hannibal's War*, p. 113.

72. Livy, 25.19.9–17.

73. Ibid., 25.21.

74. Goldsworthy, *The Punic Wars*, p. 237.

75. Livy, 26.1.9–10.

76. Lazenby, *Hannibal's War*, p. 174; Livy, 27.7.12–13.

77. Lazenby, *Hannibal's War*, p. 121.

78. Livy, 26.4.4–10.

79. Ibid., 26.5–6.

80. 另一种说法可参阅 Polybius 9.3–7 及 Livy 26.7–11。

81. Livy, 26. 11. 6。

82. Ibid., 26. 11. 4.

第八章　复仇者

1. Lancel, *Hannibal*, p. 138.

2. 可参阅 Lazenby, *Hannibal's War*, p. 133, and H. H. Scullard, *Roman Politics*, 220-150 B. C. （Oxford, UK：Clarendon Press, 1973）, pp. 66-67。

3. Livy, 26. 19. 3-9.

4. Polybius, 10. 2-3.

5. Livy, 26. 19. 10.

6. Scullard, *Scipio Africanus*, p. 40；Lazenby, *Hannibal's War*, p. 133.

7. Polybius, 10. 9. 3.

8. Ibid., 10. 7. 5. 据波利比乌斯记载，马戈的位置是在海格力斯之柱所在的这一边，但这有些含糊不清，因此可能是传抄者笔误。

9. Polybius, 10. 8. 4-9.

10. Ibid., 10. 11. 5-8.

11. Ibid., 10. 14-15, 1-2.

12. 波利比乌斯对新迦太基沦陷的描述，经常被认为是这种情况下罗马大多表现出的行为，这种行为通常是以无区别的滥杀开始的。波利比乌斯（10. 15. 5-8）如是写道："我认为，他们会如此做是为了引发恐惧，所以当城镇被罗马人攻陷后，人们不仅会看到人的尸首，而且还会看到狗被砍成两段，以及其他动物的尸体残骸……这之后会有信号放出，罗马人停止屠杀，开始劫掠。"波利比乌斯（10. 15. 4-16）接着又继续形容了一个非常讲究方法及秩序和给军团士兵平均分配掠夺品的过程。Adam Ziolkowski "Urbs Direpta, Or How the Romans Sacked Cities," in John Rich and Graham Shipley, eds., *War and Society in the Roman World*（London：Routledge, 1995）, pp. 69-91, 作者认为这一过程可能不会井然有序，而是士兵拿走任何他能够抢到的东西，强暴那些他们没有屠戮的市民。

13. Polybius, 10. 17. 6－14.

14. Livy, 26. 51. 1－2.

15. Polybius, 10. 19. 1－6；Livy, 26. 50.

16. Polybius, 10. 20. 1－4.

17. Lazenby, *Hannibal's War*, p. 140.

18. Livy, 26. 51. 10；Polybius 10. 35. 6－8.

19. Polybius, 10. 37. 4－5.

20. Goldsworthy, *The Punic Wars*, p. 277；Lazenby, *Hannibal's War*, p. 141.

21. Scullard, *Scipio Africanus*, pp. 73－74.

22. Ibid. , p. 74.

23. Livy, 27. 19. 1－3.

24. Ibid. , 27. 19. 8－12.

25. Lazenby, *Hannibal's War*, p. 142.

26. Plutarch, Marcellus, 9.

27. Livy, 27. 9. 1.

28. Ibid. , 27. 10. 10.

29. Ibid. , 27. 12. 1－3.

30. Ibid. , 27. 12－14.

31. Ibid. , 27. 16. 12－16.

32. Lancel, *Hannibal*, p. 143；Livy, 27. 16. 8.

33. Plutarch, Marcellus, 27；Scullard, *Roman Politics*, pp. 20－21；Lazenby, *Hannibal's War*, pp. 176－177.

34. 这或许颇为显著, 尽管昆图斯·费边·马克西穆斯在他林敦取得了成功, 但是他的执行权并没有得到延续。

35. Livy, 27. 26－7, and Polybius, 10. 32. 1－6.

36. Polybius, 10. 32. 7.

37. Lazenby, *Hannibal's War*, p. 179.

38. Ibid. , p. 178；Livy, 27. 24.

39. Livy, 27. 36. 1－4, 27. 39. 1－2, 27. 39. 5－11.

40. Silius Italicus, 15. 513-21.

41. Lazenby, *Hannibal's War*, p. 180.

42. Livy, 27. 34-35.

43. Ibid. , 27. 39. 11-14; Lancel, *Hannibal*, p. 146; Goldsworthy, *The Punic Wars*, p. 239.

44. Livy, 27. 46. 6; Lazenby, *Hannibal's War*, p. 184.

45. Lazenby, *Hannibal's War*, p. 183.

46. Livy, 27. 43. 1-12.

47. Dodge, *Hannibal*, pp. 547-548.

48. Livy, 27. 44. 9.

49. Polybius, 11. 1. 1.

50. Livy, 27. 46. 1-4.

51. Ibid. , 27. 46. 7ff.

52. Ibid. , 27. 47. 1-5.

53. Ibid. , 27. 47. 10-11; Dodge, *Hannibal*, p. 551.

54. Ovid, *Fasti*, 6. 770.

55. Scullard, *A History of the Roman World*, note 6, p. 502; Walbank, *A Historical Commentary on Polybius*, vol. 2, p. 270.

56. Livy, 27. 48. 8.

57. Lazenby (*Hannibal's War*, pp. 188-190) 对于战争过程的解释很清晰也很有逻辑。

58. Polybius, 11. 3. 1.

59. Ibid. , 11. 2. 1; Livy, 27. 49. 3-4.

60. Livy, 27. 50. 1; Lazenby, "Was Maharbal Right?" p. 40.

61. Livy, 27. 49. 5-6.

62. Lazenby, *Hannibal's War*, p. 191.

63. Polybius, 11. 3. 6.

64. Livy, 27. 51. 12.

65. Ibid. , 28. 1. 4.

66. Ibid. , 28. 2. 12.

67. Polybius, 11. 20. 2. 李维（28. 12. 13−14）将迦太基的人数计为 5 万名步兵和 4500 名骑兵。Lazenby（*Hannibal's War*, p. 145）则富有说服力地认为，西庇阿将两翼加以延伸的战术，显示出他在步兵数量上占据大幅的劣势。

68. Goldsworthy, *The Punic Wars*, p. 279.

69. Polybius, 11. 21. 1−5.

70. Ibid. , 11. 22. 1−5.

71. Lazenby, *Hannibal's War*, p. 146.

72. Livy, 28. 14. 12−14, 28. 15. 3.

73. Polybius, 11. 22. 11−23. 2.

74. Goldsworthy, *The Punic Wars*, p. 282.

75. Scullard, *Scipio Africanus*, pp. 94 − 95；Goldsworthy, *The Punic Wars*, pp. 282−283；Lazenby, *Hannibal's War*, p. 150.

76. Polybius, 11. 24. 1.

77. Goldsworthy, *The Punic Wars*, p. 283.

78. Livy, 28. 15. 11；Polybius, 11. 24. 7−9.

79. Livy, 28. 16. 6.

80. Ibid. , 28. 16. 15.

81. Lancel, *Carthage*, pp. 396−397.

82. Livy, 24. 49. 1−6；Lazenby, *Hannibal's War*, p. 151.

83. Livy, 28. 17. 13−16. 一个可以用来对比的情形发生在 1914 年第一次世界大战初期，当时德国海军将领冯·施佩（von Spee）以巡洋舰"沙恩霍斯特"号（Scharnhorst）和"格奈森诺"号（Gneisenau）为主力的舰队正在驶向马尔维纳斯群岛。德国人发现在斯坦利港（Stanley）停泊着一支更为强大的舰队，以新式无畏级战斗巡洋舰"无敌"号和"不屈"号两艘主力舰为首。就像西庇阿的情形一样，冯·施佩最好的赌注就是接近——在对手能够反击之前，还处于被动挨打状态之时，立即对其开战。但是相反，德国人选择了设法逃走，最终被追击并被歼灭。

84. Lazenby, *Hannibal's War*, p. 152.

85. Livy, 28. 22. 2ff.

86. Goldsworthy, *The Punic Wars*, p. 284.

87. Lazenby, *Hannibal's War*, p. 153.

88. Livy, 28. 25-29; Polybius, 11. 25. 30.

89. Livy, 28. 36. 1-2.

90. Ibid. , 28. 37. 4.

91. Ibid. , 28. 38. 5.

92. Ibid. , 28. 40. 3-42. 22.

93. Lancel, Hannibal, p. 162.

94. Livy, 28. 44. 1-2.

95. Goldsworthy, *The Punic Wars*, p. 286.

96. Livy, 28. 45. 8.

97. G. de Sanctis, *Storia dei Romani* (Florence, Italy：La Nuova Italia, 1968),
vol. 3, 2, p. 645ff; M. Gelzer, *Kleine Schriften* (Wiesbaden, Germany：
F. Steiner, 1964), vol. 3, p. 245ff; cited in Lazenby, *Hannibal's War*,
p. 195; Livy, 25. 45. 13; Appian, Lib 7.

第九章　幽灵复生

1. Livy, 28. 46. 7-10; 28. 46. 13.

2. Scullard (*Scipio Africanus*, fn 81, p. 266) 认为，这个故事应当被摒弃，因
为普鲁塔克在有关斯巴达国王阿格西劳斯（Agesilaus）的传记中，说了
几乎相同的故事（Agesilaus，9）。不过，因为李维（59 B. C. -A. D. 17）
生活的年代比普鲁塔克早（A. D. 46-120），所以除非这个故事是基于一
个更早的传说，否则这个故事应该还是可信的。

3. Livy, 29. 1. 15.

4. Ibid. , 29. 24. 12.

5. Ibid. , 29. 24. 14; Lazenby (*Hannibal's War*, p. 203) 认为这数字过大，因
为要等到 30 多年之后发生的第三次马其顿战争时，罗马才会有如此巨

大的军团。Goldsworthy（*The Punic Wars*，p. 287）则表示反对，他认为这种论述"否认了罗马军事系统中存在于根本上的弹性特质"，他还说，"在面对一个特别危险的敌人时，扩大军团的规模是正常的事"。这当然指的是坎尼会战时的情况。

6. Lazenby，*Hannibal's War*，p. 202.

7. Livy，29. 1. 13−14，26. 1. 10.

8. Ibid. ，29. 24. 12.

9. Scullard，*Scipio Africanus*，p. 111.

10. Livy，29. 9. 4−7.

11. Ibid. ，29. 9. 9−11.

12. Plutarch，Cato the Elder，3. 5−6.

13. Livy，29. 19ff.

14. Ibid. ，29. 22ff.

15. Livy 并没有说出具体日期，但是 Lazenby（*Hannibal's War*，p. 204）认为六七月应该是个比较适当的猜测。

16. Livy，29. 25. 12.

17. Ibid. ，29. 28.

18. Appian，Lib 9；Lancel，*Hannibal*，p. 165.

19. Livy，29. 34. 1−6.

20. Ibid. ，29. 34. 7ff.

21. Lancel，*Hannibal*，p. 164.

22. Livy，29. 28. 7.

23. Ibid. ，29. 35. 10−11；Polybius，14. 1. 14；Goldsworthy，*The Punic Wars*，p. 292；Lazenby，*Hannibal's War*，p. 206.

24. Polybius，14. 1. 3.

25. Livy，30. 3. 1−7.

26. Ibid. ，30. 4. 9.

27. Polybius，14. 4. 10.

28. Livy，30. 6. 8；Lazenby，*Hannibal's War*，p. 208.

29. Polybius, 14. 5. 15.

30. Livy, 30. 7. 6-9.

31. Ibid. , 30. 7. 8-9; Polybius, 14. 7. 6.

32. Goldsworthy, *The Punic Wars*, p. 295.

33. Polybius, 14. 7. 9; Lazenby, *Hannibal's War*, p. 209; Lancel, *Hannibal*, p. 203.

34. Lazenby, *Hannibal's War*, p. 209.

35. Scullard, *Scipio Africanus*, p. 129.

36. Polybius, 14. 8. 8; Livy, 30. 8. 7.

37. Lazenby, *Hannibal's War*, pp. 209-211.

38. Livy, 30. 8. 7.

39. Goldsworthy, *The Punic Wars*, pp. 295-296.

40. Livy, 30. 8. 12-13.

41. Polybius, 14. 10. 7-9.

42. Goldsworthy, *The Punic Wars*, p. 297.

43. Polybius, 14. 10. 9.

44. Livy, 30. 10. 12.

45. Ibid. , 30. 11. 5.

46. Lazenby, *Hannibal's War*, p. 212.

47. Livy, 30. 12. 11ff.

48. 狄奥多罗斯（27.7）认为，在哈斯德鲁巴·吉斯戈与西法克斯联手之前，索芙妮斯芭已经是马西尼萨的妻子了。但这不太可能，因为马西尼萨长期驻军在西班牙。而据 Zonaras（9.11）的说法，索芙妮斯芭在嫁给西法克斯之前，曾经与马西尼萨有过婚约。

49. Livy, 30. 13. 12-14.

50. Ibid. , 30. 15. 1-8.

51. Lazenby, *Hannibal's War*, p. 213; Scullard, *Scipio Africanus*, p. 134.

52. Livy, 30. 16. 4.

53. Lancel, *Hannibal*, p. 170.

54. Livy, 30. 16. 10-11.

55. Ibid. , 30. 16. 12.

56. Appian, *The Punic Wars*, 32.

57. Livy, 30. 16. 14－15.

58. Lancel, *Hannibal*, p. 155.

59. Lazenby, *Hannibal's War*, p. 214.

60. Livy, 30. 19. 1ff.

61. 西塞罗（*On Divination*, 1. 24. 48）认为此事源于 Silenos 的记述，这个人是汉尼拔身边的史家。

62. Delbrück（*Warfare in Antiquity*, p. 380）特别提醒要注意时间差。

63. Hoyos, "Hannibal：What Kind of Genius," p. 179.

64. Lancel, *Hannibal*, pp. 156－157.

65. Appian, *The Punic Wars*, 134.

66. Livy, 30. 20. 7－8.

67. Goldsworthy, *The Punic Wars*, pp. 299.

68. Appian, *The Punic Wars*, 34.

69. Livy, 30. 25. 1ff; Polybius, 15. 2. 3－13.

70. Lancel, *Hannibal*, p. 171.

71. Polybius, 15. 4. 2.

72. Polybius, 14. 5. 1－2.

73. Lazenby, *Hannibal's War*, p. 218.

74. Appian, *The Hannibalic War*, 59.

75. Polybius, 15. 3. 5－7; Scullard, *Scipio Africanus*, p. 141.

76. Polybius, 15. 5. 4－7; Livy 30. 29. 2－3. 也有人对此表示怀疑，因为希罗多德（7. 146. 7）曾讲述了几乎相同的事情，但是这有好的战略意义，而且西庇阿很明显是能够进行这种欺敌行为的。他本人也通晓希腊语，或许是从希罗多德那里获取了灵感。

77. Polybius, 14. 6. 4－8; Livy, 30. 30－31.

78. 波利比乌斯并没有明确指出对峙军队的规模。阿庇安（*The Punic Wars*, 40）通常精于数字，认为汉尼拔有 5 万之众，而 Lazenby

（*Hannibal's War*, pp. 220–221）则估计他的步兵为 3.6 万人。

79. Polybius, 15.11.1; Lancel, *Hannibal*, p.175.

80. Lancel, *Hannibal*, p.175; Goldsworthy, *The Punic Wars*, p.302. 李维
（30.26.3 和 30.33.5.）或许设法使用这点来作为日后第二次马其顿战
争爆发之前对罗马进行的辩护。

81. Goldsworthy, *The Punic Wars*, p.303.

82. Polybius, 15.11.1.

83. Goldsworthy, *The Punic Wars*, pp.202–203; Scullard, *Scipio Africanus*,
pp.150–151.

84. Polybius, 15.9.6–10.

85. Scullard, *Scipio Africanus*, pp.149–150. 亦可见 J. Kronmayer and G. Veith,
Antike Schlachtfelder, vol.3 (1912), p.599ff. 和 vol.4 (1931), p.626ff。

86. Polybius, 15.12.8; Livy, 30.34.2.

87. Livy, 30.34.3.

88. Dodge, *Hannibal*, pp.604–605.

89. Polybius, 15.13.6–7.

90. Ibid., 15.14.2.

91. Polybius, 15.14.9. Appian (*The Punic Wars*, 48) 认为有 2500 名罗马人
和一些马西尼萨的部队死于扎马战场。

92. Polybius, 15.19.5.

93. Lancel (*Hannibal*, p.177) 说一个 Euboic 的塔兰特等于 26 千克白银，
或是 57.2 磅的白银。因此 1 万塔兰特等于 57.2 万磅白银或是 915.2 万
盎司白银。如果按 2009 年 3 月 5 日的现价每盎司白银为 13.25 美元计
算的话，那么这共计 121264000 美元。

94. Appian, *The Punic Wars*, 54.

95. Scullard, *Scipio Africanus*, p.159.

96. Goldsworthy, *The Punic Wars*, p.317.

97. Toynbee, *Hannibal's Legacy*, vol.2, pp.277–281.

98. Livy, 31.14.1–2, 32.3.1–5.

99. Scullard, *Scipio Africanus*, p. 185.

100. Goldsworthy, *The Punic Wars*, p. 320.

101. Livy, 33. 25. 6−7.

102. Plutarch, *Flaminius*, 13; Livy, 34. 50.

103. Delbrück, *Warfare in Antiquity*, pp. 340−341.

104. Scullard, *Scipio Africanus*, p. 179.

105. Livy, 33. 48; Lancel, Carthage, pp. 402−404.

106. E. Badian, "Rome and Antiochus the Great, a Study in Cold War," *Classical Philology* (1959), pp. 81−99.

107. Livy, 34. 60. 4ff, 36. 7. 1ff.

108. Pliny the Elder, *The Natural History*, 5. 148.

109. Lancel, *Hannibal*, pp. 206−207.

110. Plutarch, *Flaminius*, 20.

111. Lancel, *Carthage*, pp. 404−405.

112. Goldsworthy, *The Punic Wars*, p. 331.

113. Charles − Picard, *Daily Life in Carthage*, p. 165; Lancel, *Carthage*, pp. 505−506.

114. Appian, *The Punic Wars*, 69.

115. Appian, *The Punic Wars*, 132.

116. Arnold J. Toynbee, *Hannibal's Legacy: The Hannibalic War's Effects on Roman Life*, 2 volumes (London: Oxford University Press, 1965).

117. Cornell, "Hannibal's Legacy: The Effects of the Hannibalic War on Italy," p. 104.

118. Victor Davis Hanson, *Warfare and Agriculture in Classical Greece* (Berkeley: University of California Press, 1998).

119. T. J. Cornell, *Cambridge Ancient History*, second edition (London: Cambridge University Press, 1980), pp. 334, 413; M. I. Finley, *Ancient Slavery and Modern Ideology* (London: Chatto and Windus, 1980), p. 81; Goldsworthy, *The Punic Wars*, p. 364.

120. Cornell, "Hannibal's Legacy: The Effects of the Hannibalic War on Italy," p. 105.

121. Goldsworthy, *The Punic Wars*, p. 362.

122. Lancel, *Hannibal*, pp. 212–213.

尾声 坎尼的阴影

1. 参见 Daly, *Cannae*, p. ix ("在坎尼的会战或许是历史上被研究得最彻底的战役,毫无疑问,它对军事战术的发展有着巨大的影响力"); Dodge, *Hannibal*, p. 379; Lancel, *Hannibal*, p. 107 ("汉尼拔的军事杰作已经影响了战争理论家的想法,对于克劳塞维茨乃至之后的人都有影响,这一点丝毫不令人惊讶")。

2. Ed. and transl. George T. Dennis, *Maurice's Strategikon* (Philadelphia: University of Pennsylvania Press, 1984), p. 27.

3. Charles Oman, *A History of the Art of War in the Middle Ages* (New York: Burt Franklin, 1924), vol. 2, pp. 265–267.

4. Niccolò Machiavelli, *The Prince*, trans. Luigi Ricci, chs. 31, 53, and 44.

5. Machiavelli, *The Prince*, ch. 17.

6. Niccolò Machiavelli, *The Art of War*, transl. Ellis Farneworth (Indianapolis, Ind.: Bobbs-Merrill, 1965), p. 120.

7. Ibid., p. 112.

8. Geoffrey Parker, "The Limits to Revolutions in Military Affairs: Maurice of Nassau, the Battle of Nieuwpoort (1600), and the Legacy," *The Journal of Military History*, vol. 71, no. 2 (2007), pp. 338–339.

9. Ibid., pp. 345–346.

10. 这个结论一部分是基于 John A. Lynn 和 Geoffrey Parker 之间的私人通信,他们两人都认为启蒙时期的军事作品中,没有哪一处对坎尼会战有过深入探讨。

11. Parker, "The Limits of Revolutions in Military Affairs," pp. 357–358.

12. Terence M. Holmes, "Classic Blitzkrieg: The Untimely Modernity of

Schlieffen's Cannae Program," *The Journal of Military History*, vol. 67, no. 3（2003）, p. 744.

13. Terence Zuber, "The Schlieffen Plan Reconsidered," *War in History*, vol. 6（199）; Terence Zuber, *Inventing the Schlieffen Plan*（New York: Oxford University Press, 2002）.

14. Holmes, "Classic Blitzkrieg," pp. 757-759.

15. 这些观察归功于 Bruce Gudmudsson，出现在 2009 年 3 月 31 日的私人通信中。

16. 这个词是 Dennis Showalter 的建议; Holmes, "Classic Blitzkrieg," pp. 764-770。

17. Holmes, "Classic Blitzkrieg," pp. 769-771.

18. Wolf Heckmann, *Rommel's War in Africa*（London: Doubleday, 1981）, p. 113.

19. Antony Beevor, *Stalingrad: The Fateful Siege: 1942-1943*（London: Penguin, 1999）, p. 297.

20. Carlo D'Este, Patton: *A Genius for War*（New York: HarperCollins, 1995）, p. 704.

21. Carlo D'Este, Eisenhower: *A Soldier's Life*（New York: Henry Holt, 2002）, p. 594.

22. Martin Blumenson, *The Patton Papers: 1940-1945*（Boston: Houghton Mifflin, 1974）, p. 594.

23. 引用自 Goldsworthy, *Cannae* 的封面。

索　引

Polybius (*cont'd*)
and Africanus in Africa, 233, 235, 236,
237, 238, 241, 242; and Africanus in
Spain, 201, 202, 203, 204, 216, 218; and
Africanus's leadership abilities, 222; and
Africanus's personality and character,
200; and attempted assassination of
Hannibal, 116; biases of, 8; and Cannae,
4, 6–7, 8, 29, 136, 138, 141, 142, 143, 144,
148, 149, 152, 154, 155, 157, 158, 159,
160, 161, 261; and Capua, 196; and
Carthage's legacy, 59; and Carthaginian
navy, 68; and elective office in Rome, 36;
and equipment and weapons for Roman
army, 46; and evolution of Roman army,
42, 43, 45, 49, 50; and fall of Carthage,
258; and First Punic War, 7, 71; and
Flaminius, 118, 120; and Gaul-Hannibal
relationship, 107; and Gaul-Roman
relations, 88, 89, 90–91; and Gerunium
battle, 129; and Hamilcar-Roman
battles, 75; and Hannibal-Africanus
meeting, 246; and Hannibal as tactician,
112; and Hannibal-Carthage relations,
124–25; and Hannibal in Africa, 245;
and Hannibal in Picenum, 124; and
Hannibal's accomplishments, 6, 244; and
Hannibal's crossing the Alps, 3, 96, 98,
102; and Hannibal's image, 85; and
Hannibal's plans for invasion of Italy, 94;
and Hasdrubal Barca, 212, 215; and
Hasdrubal the Handsome, 81–82; and
impact of First Punic War, 76;
Lodewijk's study of, 263; on Marcellus,
209; and Mercenary War, 77; and
Metaurus River battle, 213–14; and
military obligations of male Roman
citizens, 38; and naval battles, 71; and
Numidians, 140; and order of march of
Roman army, 53; and Philip V, 177;
professional background of, 6;
reputation of, 7; Roman camps,
description of, 53; and Roman-
Carthaginian relations, 69, 70, 78; and
Roman navy, 71, 73, 75; and Romans-
Carthaginians in Spain, 189; and Rome-
ally relationships, 42; and Rome's
reactions to Cannae, 165; and
Saguntum, 92; and selling of Roman
prisoners into slavery, 168; and
Sempronius's role in Second Punic War,
111; and size of Hannibal's army, 141;
and size of Roman army, 29, 42; as
source for other historians, 8, 10; sources

for, 6–7, 8, 11; and sources of knowledge
about ancient world, 6–11; speechifying
of, 9; and Syracuse siege, 182; and
Trasimene battle, 119; and
understanding of rise of Rome, 3; and
Varro, 134; and Venusia battle, 208; and
works of, 7–8; and Zama battle, 249, 250,
251
Pompey, 260
Pomponius, Marcus, 121
praetors, Roman, 36
principes, Roman, 47, 48, 52, 53, 55. *See also
specific battle*
prisoners: African troops as, 206; and
Africanus-Carthaginian peace
negotiations, 241, 242; and Africanus in
Africa, 232, 240, 242; and Africanus in
Spain, 206; Africanus's treatment of,
206; Allobroges as, 108; at Cannae, 161,
163, 167; Cannae survivors as Greek,
254; and Capua-Hannibal relations, 171;
Carthaginians as, 75, 76, 78, 101, 232;
elephants stomping on, 78; in First
Punic War, 72–73; Hannibal's treatment
of, 84, 116, 120, 167, 254; and Hannibal's
undermining of Roman alliance
structure, 116, 120; and Hasdrubal
Barca in Italy, 211–12; Locrians as,
229–30; of Nero, 211–12; Numidian, 78;
and Punic peace delegation, 167–68;
ransoming of, 72–73, 76, 116, 126, 127,
167, 168, 254; Roman allies as, 116, 120,
155, 167; Romans as, 76, 95, 110, 116,
120, 126, 127, 161, 163, 167–68, 171;
single combat among, 108; slaughtering
of, 126; as slaves, 76, 163, 168, 206;
Spaniards as, 206; and Trasimene, 120;
and Trebia, 116
Prusias II (king of Bithynia), 256
Ptolemys, 25, 26
Pulcher, Publius Claudius, 73–74
Pullus, L. Iunius, 74
Punic War, First: African expedition
during, 224; and Africanus-Carthaginian
peace negotiations, 242; beginning of,
58, 70, 92; Celtic tribes in, 89;
crucifixion of Carthaginian
commanders in, 67; and dissension in
Carthage, 66; as epic struggle, 76; and
Hannibal-Roman relations, 87; impact
on Carthage of, 93, 173; impact on
Rome of, 121; land engagements in, 106;
length of, 70; magnitude of, 12; naval
power in, 70–76; prisoners in, 72–73;

图书在版编目（CIP）数据

坎尼的幽灵：汉尼拔与罗马共和国最黑暗的时刻 /
（美）罗伯特·L. 欧康奈尔（Robert L. O'Connell）著;
葛晓虎译 . ——北京：社会科学文献出版社，2018. 5
书名原文：The Ghosts of Cannae：Hannibal and
the Darkest Hour of the Roman Republic
ISBN 978-7-5097-8120-3

Ⅰ.①坎… Ⅱ.①罗… ②葛… Ⅲ.①罗马共和国-
历史 Ⅳ.①K126

中国版本图书馆 CIP 数据核字（2015）第 232624 号

坎尼的幽灵：汉尼拔与罗马共和国最黑暗的时刻

著　　者 /〔美〕罗伯特·L. 欧康奈尔（Robert L. O'Connell）
译　　者 / 葛晓虎

出 版 人 / 谢寿光
项目统筹 / 董风云　段其刚　　责任编辑 / 张　骋　沈　艺

出　　版 / 社会科学文献出版社·甲骨文工作室（010）59366551
　　　　　　地址：北京市北三环中路甲 29 号院 3 号楼华龙大厦　邮编：100029
　　　　　　网址：www. ssap. com. cn
发　　行 / 市场营销中心（010）59367081　59367018
印　　装 / 北京盛通印刷股份有限公司

规　　格 / 开本：889 mm×1194 mm　1/32
　　　　　　印 张：13.375　　字 数：300 千字
版　　次 / 2018 年 5 月第 1 版　　2018 年 5 月第 1 次印刷
书　　号 / ISBN 978-7-5097-8120-3
著作权合同 ／ 图字 01-2017-6802 号
登 记 号
定　　价 / 75.00 元